婺城年鉴

2019

金华市婺城区地方志编纂委员会 编

方志出版社
Publishing House of Local Records

图书在版编目(CIP)数据

婺城年鉴. 2019 / 金华市婺城区地方志编纂委员会编. -- 北京 : 方志出版社, 2021.10
ISBN 978-7-5144-4867-2

Ⅰ. ①婺… Ⅱ. ①金… Ⅲ. ①区(城市)-金华市-2019-年鉴 Ⅳ. ①Z525.54

中国版本图书馆 CIP 数据核字(2021)第 238155 号

婺城年鉴(2019)

编　　者:金华市婺城区地方志编纂委员会
责任编辑:王　品
出 版 者:方志出版社
地址　北京市朝阳区潘家园东里 9 号(国家方志馆 4 层)
邮编　100021
网址　http://www.zgfzcb.cn
发　　行:方志出版社图书经销中心
电话(010)67110500
经　　销:各地新华书店
印　　刷:金华市远大印刷有限公司
开　　本:889×1194　　1/16
印　　张:22.75
字　　数:561 千字
版　　次:2021 年 12 月第 1 版　　2021 年 12 月第 1 次印刷
印　　数:001~300 套
ISBN 978-7-5144-4867-2　　定价:200.00 元

金华市婺城区地方志编纂委员会

《婺城年鉴(2019)》编辑室

主　编：周黎华

副主编：胡　云

编　辑：朱艳萍　　范升元　　方素佳

编辑说明

一、《婺城年鉴(2019)》坚持以马克思列宁主义、毛泽东思想、邓小平理论、“三个代表”重要思想、科学发展观、习近平新时代中国特色社会主义思想为指导，坚持辩证唯物主义和历史唯物主义的立场、观点和方法，记述婺城区2018年改革开放、经济建设、全面建设小康社会等内容，汇集全区各系统、各部门、各行业在改革开放和社会主义现代化建设中的新成就、新经验、新情况、新矛盾，客观反映婺城区的新发展。

二、本年鉴采用分类编辑法。框架结构分为类目、分目、条目3个层次，以条目为主要记述单元，个别内容设有子目。为方便检索，不同层次的标题用不同的字号、字体和版式。书后设主题词索引。本书设特载、专辑、大事记、婺城区概况、中国共产党婺城区委员会、婺城区人民代表大会常务委员会、婺城区人民政府、中国人民政治协商会议婺城区委员会、民主党派 人民团体、法治、军事、农业 农村 水务、工业、园区、城乡建设、商贸业、交通 通信、财政 税务、金融、旅游、教育、科技、文化、体育、民政、人物 荣誉、乡镇 街道27个类目。

三、本年鉴记述时限为2018年1月1日至12月31日。为保持事物的完整性，部分内容记述时间适当上溯或下延。收录范围为婺城区(含委托婺城区管理)的机关部门、园区、乡镇、街道和企事业单位。建置沿革类目内容记述时间起自事物发端。特载中有4个报告的时间为2019年。

四、本年鉴采用的资料由区各机关、各部门、单位指定专人负责撰写。撰稿人姓名加括号列在类目、分目或条目后面。

五、本年鉴中的综合性数据以区统计局提供的统计年鉴为准。

六、组织机构及负责人名录由区委组织部提供。

9 月 26 日，市委书记陈龙(右一)等领导考察街道基层党建社会治理试点工作

(新狮街道供稿)

10 月 17 日，区委书记蔡艳(左二)到仙源湖度假区开展调研活动

(安地镇人民政府供稿)

3 月 16 日，区政协组织部分委员视察重点工程项目实施情况

（区政协供稿）

12 月 27 日，婺城区政协委员代表到竹马乡开展“五送五服务”活动

（区政协供稿）

1 月 17 日，婺城区政协四届六次常委会议召开

（区政协供稿）

1 月 27 日 ，民革婺城区基层委员会纪念民革成立 70 周年暨 2017 年工作总结大会召开

（民革婺城基层委供稿）

3 月 17 日，婺城区全科网格工作总结表彰暨交通劝导员业务培训大会召开

（区政法委供稿）

6 月 26 日，婺城区平安建设大会召开

（区政法委供稿）

6 月 28 日，雅畈镇纪念建党 97 周年党员大会召开

（雅畈镇人民政府供稿）

7 月 16 日，共青团金华市公安局婺城分局第五次代表大会暨第一次青年代表大会胜利召开

（区公安分局供稿）

8 月 9 日，“讲文明 树新风”婺城区创建全国文明城市宣讲进家庭首场报告会现场
（区教育局供稿）

11 月 28 日，婺城区人民调解协会第一次会员大会暨协会成立大会召开
（区司法局供稿）

12 月 29 日，婺城区第六次妇女代表大会召开
（区妇联供稿）

2月5日,"美丽乡村行·文艺送农家"婺城区戏曲家协会送文艺下乡活动现场

(区文联供稿)

2月5日,金华市八咏公园2018年"让婺城更自信 让百姓更幸福"文化大过年系列活动之阖家幸福秀

(孙傲雪摄)

2月9日,“吹响奋进号 迈向新征程”2018婺城首届新年音乐会活动现场

（区文联供稿）

3月22日,城东街道居家养老服务中心

（区民政局供稿）

6 月 23 日，塔石乡大茗村开展“红色基因 初心传承”红色主题教育重走红军路活动

（傅卫明摄）

6 月 29 日，婺城区瑜伽比赛活动现场

（区总工会供稿）

5 月 12 日，婺城区平安校园建设推进会地震应急疏散演练现场

（区科技局供稿）

8 月 24 日，婺城大队干部做客《相约 119》畅聊厨房消防安全知识

（区消防大队供稿）

9 月 17 日，区文化馆婺星剧场 2018 年创建全国文明城市荣誉战之“文明婺城 你我同创”文艺演出现场

（孙傲雪摄）

9 月 21 日，万家农村文化礼堂庆丰收音乐会走进白龙桥筱溪村

（区文联供稿）

9 月 23 日，第二届中国山水四项公开赛马拉松比赛现场

（区文联供稿）

9 月 28 日，顾锡东戏剧艺术第七届长三角越剧票友大赛金华初选赛现场

（区文联供稿）

11 月 18 日，金华市第五中学建校 120 周年纪念大会现场

（区教育局供稿）

11 月 22 日，婺城区市场监督管理局在西市街举办放心消费示范商圈启动仪式

（区市场监管局供稿）

11 月 23 日,婺城区文化馆婺星剧场“非遗传承 文明构建”婺城区第四届婺剧坐唱班大赛现场

(孙傲雪摄)

12 月 5 日,以全国劳动模范、下张村党支部书记钱瑞华为人物原型创作的电影《黄牯头》开机

(竹马乡人民政府供稿)

12 月 14 日，新农村新气象文艺演出现场

（区文联供稿）

12 月 24 日，婺城区第七届精神文明建设“草根奖”颁奖典礼现场

（区委宣传部供稿）

12 月 26 日，民盟婺城总支参观陈望道故居

（民盟婺城总支供稿）

12 月 28 日，金华市文化中心"担当赶超 婺城图强"婺城机关干部迎新诗歌朗诵会现场

（孙傲雪摄）

12 月 23 日，学生志愿者争当文明交通劝导员在路口执勤

（区文联供稿）

9 月 29 日，塔石乡岭边丰收美景

（区文联供稿）

1 月 27 日，古子城雪景

（区文联供稿）

8 月 22 日，美丽竹马

（贾占勇摄）

9 月 7 日，白龙桥镇新昌桥村乡愁记忆馆

（白龙桥人民政府供稿）

12 月 20 日，罗埠镇云夕水岸

（龚胜军摄）

目 录

中国共产党婺城区委员会

婺城区人民代表大会常务委员会

婺城区人民政府

中国人民政治协商会议婺城区委员会

民主党派 人民团体

法　治

军 事

农业　农村　水务

工 业

园 区

城乡建设

商贸业

交通　通信

财政　税务

金　融

旅　游

教　育

科 技

文　化

卫　生

体　育

民　政

人　物

乡镇　街道

附　录

名词解释

索引

《婺城年鉴(2019)》撰稿人名单

特 载

担当赶超 婺城图强
全面开启“都市经济创新城 美好生活幸福城”的奋斗新征程

——在区委七届五次全体(扩大)会议暨区政府九届四次全体会议上的报告

蔡 艳

2019 年 1 月 23 日

婺城在蓬勃发展中阔步前行

2001 年,新婺城区成立。18 年来,在历届党委政府的坚强领导下,全区党员干部和婺城人民一道艰苦创业、奋发图强,婺城大地风生水起。

——主要指标实现“三个翻番”,经济实力不断增强。2018 年,全区地区生产总值达到 282.19 亿元,是 2001 年的 8.34 倍。财政总收入达到 45.77 亿元,是 2001 年的 7.94 倍,实现翻三番;城镇、农村居民人均可支配收入分别达 53131 元、23134 元, 同比 2001 年分别增长了 4.1 倍和 5.6 倍,实现翻两番。

——经济结构实现“三个优化”,产业基础不断夯实。三次产业结构从 2001 年的 23:45:32 到 2018 年的 4.3:20.5:74.2,服务业总量居全市第二;全社会研究与试验发展投入预计增长到 3.7 亿元, 高新技术产业增加值达 14.05 亿元, 占规上工业增加值的 44.92%,被认定为省级知识产权示范区;数字经济年交易额超 60 亿元。

——城市能级实现“三个迈进”,城市首位度不断提升。建成区面积从 16 平方千米扩展到 38.59 平方千米, 仙源湖省级旅游度假区从 9.8 平方千米扩容至 40.57 平方千米,金华山形成大旅游发展格局,迈进都市时代;杭金衢高速、杭长高铁相继建成,区域性高铁枢纽站地位进一步巩固,迈进“高铁高速”时代; 浙师大等一批院校师生总量超过 3 万名,全区高级职称人才 3727 名,占全市 13%,迈进人才经济时代。

——民生事业建成“三个体系”,百姓获得感不断增强。社会保障体系更加健全,户籍人口基本养老保险参保率超 90%,失地农民实现“应保尽保”,城乡医保实现了同城待遇, 人均寿命提高到 79.15 岁,建成居家养老照料中心 288 个,实现服务全覆盖;公共服务体系日益完善,婺城人民医院由金华中心医院全面托管并启用, 区图书馆获评国家一级,教育布局得到优化,交通体系更为完善;社会治理体系创新发展,“基层党建+社会治理” 经验在全市推广,平安建设获评全省首批“平安金鼎”。

——党的建设实现“三个跃升”,全面从严治党更加深化。管党治党水平有了新跃升,坚持党建工作和中心工作同向发力, 党建引领作用全面发挥,党的政治建设、思想建设、组织建设、作风建设、纪律建设更加过硬,政治生态更加清朗;基层党建质量有了新跃升,各领域基层基础更为夯实,提升了凝聚力、组织力、战斗力;干部队伍建设有了新跃升,一批又一批忠诚干净担当的干部脱颖而出,成为了婺城事业发展的坚强保障。

18年来,我们风雨兼程,崛起争先,在婺城千年文明的大地上奋力书写了无愧于时代,无愧于人民的锦绣华章。

2018年,对婺城来说是不平凡的一年。我们面对中美贸易摩擦带来的宏观经济影响;我们面对实现"三大攻坚战""九场硬战"首战必胜带来的挑战;我们面对经济下滑,发展后劲不足的挑战;我们面对机构改革、市区体制调整、村庄撤扩并等改革叠加带来的挑战;我们面对省委机动式巡视整改等重要政治任务。面对挑战,我们迎难而上,大家众志成城,团结一致,拼搏实干,敢于碰硬,用忠诚担当,打出了婺城的精气神。

2018年,我们大力实施"拼争抢创、实干兴婺"十大行动,"九场硬战"战战硬打。全年实现社会消费品零售总额339.6亿元,同比增长9.4%。规上工业增加值增速7.8%,列全市第三,外贸增速13%,列全市第一。招商引资迈出新步伐,高新科技类、重大产业项目纷至沓来。全国文明城市创建首战告捷,文明之花遍满城乡;330国道(婺城段)建成通车,衢江航运婺城段建设完工,内畅外联的交通格局更加健全;治水治气治土治废一体发力,全面完成中央环保督察交办问题整改。新一轮行政村规模调整顺利完成,全区行政村数量由329个减少到189个,104个省定集体经济薄弱村实现摘帽。推动岭上乡体制调整,有力呼应了群众的呼声。10所薄弱学校得到提升。坚持群众提、代表定、政府办、人大评,十方面民生实事全面完成。荣获省示范文明城区、省食品安全区、省体育强区等荣誉称号,宜居优势更加彰显。

一年里,我们攻坚克难,打出硬气。束缚多年的"二七、上浮桥"拆迁遗留问题基本完成,双"1"清零行动提振了精气神,展现了婺城干部新形象;第二生活垃圾焚烧发电及飞灰填埋项目打造了破解"邻避效应"的全省样板,"八个早"的做法得到省委车书记肯定;婺州城市广场商业综合体顺利破产重整,开创全市先河,得到市委主要领导肯定。

一年里,我们开拓创新,勇立潮头。引入中规院专家团队,高起点规划高铁新城,启动铁路文化遗址公园项目,长山和琅琊867.53公顷全域土地综合整治项目成为全市标杆,竹马、长山获评小城镇环境综合整治省级样板。发布人才新政22条,引进落户国家项目2个,新增正高级教师2名、特级教师3名。人才企业上国际板实现零的突破,婺城籍科学家龚晓南、徐日庆、吴文传分别获国家科技进步奖一等奖。

一年里,我们拉高标杆抓好省委机动式巡视整改,党的建设得到加强。围绕"组织满意、干部满意、群众满意""三满意"目标,全面抓好思想建设大检修,省委巡视组反馈的7个方面32个问题中,28个问题已整改到位,另外4个也在持续整改,推动政治能力、思想认识、工作状态、作风建设、纪律保障、制度建设等方面"六个转变"。

一年里,我们唱响了"担当赶超、婺城图强"主旋律。"不忘初心、牢记使命,当好新时代婺城答卷人"大调研解决问题3398个,"两送两增"企业大走访满意率全市第一,5次得到市委主要领导批示。以"心连心、暖人心、共图强"为主题的"三服务"活动,打响婺城"家服务"品牌。纪念改革开放四十周年诗朗诵等系列活动进一步凝心聚力,奏响了婺城崛起的实干强音。

此外,人大、政协、统战、双拥、民族、宗教、外事、对台、港澳等工作与中心大局靠得更紧、服务得更有力,工会、共青团、妇联、工商联、红十字会、关工委、侨联、文联、科协、残联等团体为婺城赶超发展形成了更广泛的共识、汇聚了更磅礴的力量。

美好的成绩属于我们奋斗者!40年的改革开放见证了婺城的光辉历史,18年的艰苦奋斗书写了"八八战略"的婺城答卷。伟大的时代变迁,离不开省委、市委的正确领导,离不开历届班子的不懈努力,离不开婺城人民的艰苦奋斗,离不开各民主党派、工商联、无党派人士、人民团体、解放军和武警驻婺官兵的大力支持。

回望过去,我们信心满怀。总结过去,我们深刻体会到：

唯有坚持党的领导才能交好时代答卷。我们忠实践行“两个维护”，用主题教育砥砺绝对忠诚的政治品质，以“实绩论英雄”激励干部担当作为，聚焦基层组织力建强基层战斗堡垒，团结带领全区上下开创了婺城经济社会发展的历史性成就。党政军民学，东西南北中，党是领导一切的。实践告诉我们，只有把党的领导核心作用全面落实下去，把党的全面领导、党的全部工作通过坚强有力的组织保障去实现，不断增强党的政治领导力、思想引领力、群众组织力、社会号召力，凝心聚力共谋图强，才能把宏伟蓝图变成美好现实。

唯有勤政为民才能创造美好生活。我们建设7个下山移民村，安置1.2万人，实施14个城中村改造、6个棚户区改造，圆了数万群众的安居梦；新增就业岗位7.6万个，全面消除省定集体经济薄弱村，圆了老百姓的“致富梦”；建成标准化学校49个，集团化办学达9家，培育和引进特级教师22名，圆了孩子们的“优学梦”。实践告诉我们，民生无小事，枝叶总关情。要把百姓的事当成家里的事来办，做到哪里有问题改革就推进到哪里，哪里有需要服务就延伸到哪里，让婺城成为一个有温度、有温情、有温暖的大家庭。

唯有抢抓机遇才能赢得主动。2002年，我们抢抓“一中两翼两三角”发展战略机遇，建设婺城新城区，打造了都市的新引擎；2011年，抢抓浙江省新兴产业大平台规划的机遇，把金西经济开发区建成为省级开发区；2014年，抢抓“棚改”机遇，实施二七区块改造，拓展了都市能级提升的主平台。实践告诉我们，一个地区的跨越发展，抓住机遇至关重要。当前，我国仍处于并将长期处于重要战略机遇期，长三角一体化上升为国家战略、金华加入G60科创走廊，金义都市区核心区扩容，金华列入全国性综合交通枢纽，市区体制调整落地等历史机遇相继呈现，给了我们赶超发展的“机会窗口”。全区上下要争分夺秒抢机遇，殚精竭虑谋发展，求真务实抓落实，让婺城乘势而上。

唯有改革创新才能成就未来。婺城过去取得的各项成就，离不开改革攻坚的勇毅笃行，更得益于创新驱动的澎湃动力。实践告诉我们，改革创新是时代最强音，是婺城重振雄风的唯一途径。在县域经济向都市经济转型的新征程中，我们要锐意改革，激励创新，以“敢为天下先”的勇气开展一场轰轰烈烈的自我革命，让一切创业创新的活力竞相迸发。破除一切束缚发展的思想观念和体制机制，就必须要靠思维创新；实现婺城的经济腾飞，必须要靠产业创新；培育婺城的发展新动能，必须要靠科技人才创新；提升发展的软实力，必须要靠文化创新；形成生机勃勃的发展局面，发扬基层首创精神，构建政府有为、市场有效、社会参与的协同发展机制，必须要靠制度创新。

唯有拼搏实干才能开创图强之路。面对改革、发展、稳定的繁重任务，婺城干部用心用情干事业，苦干实干抓落实，持续推进“五水共治”，勇夺大禹鼎；连续十三年创建省级平安区，夺取平安金鼎；我们完成了5254户居民的九峰水库移民大搬迁、办成了全省最大棚户区改造——二七征迁、长湖“垃圾河”整治等一批被认为不可能办成的大事。实践告诉我们，只要一心为民、拼搏实干，就没有闯不过的难关。开创图强之路，我们仍需接力探索、接续奋斗，闯关夺隘不停步，攻城拔寨建新功，再拓发展宏图！

全面开启“都市经济创新城、美好生活幸福城”的奋斗新征程

成绩属于过去，未来仍需奋斗。面对现代化都市核心区建设重任，面对宏观形势的不确定性，面对中美贸易摩擦加剧、经济下行等压力，按照中央经济工作会议“六个稳”的新要求，我们要审时度势、清醒冷静，准确把握当前发展的阶段性特征：一是首位度不高、能级不强。婺城作为浙江第四大都市区核心区，与其他三大都市区的核心城区相比，差距十分明显，2017年婺城地区生产总值为269.99亿元，仅有余杭的1/10、海曙的1/5、鹿城的1/4；大婺城的地区生产总值为564.89亿元，也仅有余杭的27%、海曙的49%、鹿城的60%，远没有形成都市核心区相匹配的能级。提高都市能级、增强综合实力、提升首位度，是当前首要任务。与省内越城、吴兴、

秀洲、椒江、莲都、柯城6个同类城区相比,排名不高,追兵渐近,经济总量、区级一般公共预算收入、固定资产投资、社会消费品零售总额、外贸出口、城镇居民人均可支配收入、农村居民人均可支配收入7项主要经济指标中,我区仅社会消费品零售总额排第二,其余6项指标均排名靠后。2017年我区地区生产总值比柯城区高出84.94亿元,但近两年平均增速均落后1个百分点。与八婺兄弟县(市、区)相比,"弱区强县"现象突出,综合实力不强,地区生产总值仅占全市的7%。二是产业结构不优。工业不强,工业增加值占全市的3.96%。工业七大主导产业总产值均低于50亿元,未形成现代化的产业体系。亩均税收仅9.3万元,列全省76名、全市5名。服务业结构不优,石油、烟草等大宗商品占比达10%、房地产业占5%。外贸总量仅占全市的1.5%。科技研发投入不高,2017年R&D仅0.86%,远低于金华的1.69%、全省的2.43%。推进发展高质量、提高竞争力、产业现代化是婺城赶超发展的当务之急。三是城乡发展不协调。婺城已进入了城市化率最快的历史时期,城市化率达到67%,但城乡二元结构明显,城乡人均收入比为2.3:1,均低于全省2.05:1、全市2.12:1的平均值。城乡公共服务不均衡,农村公共卫生服务、学校教育体系、优质的交通组织体系与群众需求还有较大差距。城乡统筹任重道远。四是发展软实力、竞争力不强。与四大都市区核心区相比,婺城人才总量为10.33万人,仅为余杭区的34%、鹿城区的55%。婺城专利申请量1717项,占全市的6%,大幅落后余杭占杭州全市的17.5%、鹿城占温州全市的14.3%。婺城专利授权988项,占全市的5.7%,大幅落后余杭占杭州全市的16.6%、鹿城占温州全市的13.5%。婺文化的传承创新还面临挑战,文化竞争力、辐射力、影响力还不够强。提升软实力是婺城增强竞争力的必要路径。五是平安建设喜中有忧。我区连续十三年获评省级平安区,位列全省第一梯队。但近年来全省平安考核成绩靠后,2018年虽有进步,但公共安全、社会矛盾风险隐患仍然不少,平安创建参与率不高,平安建设任重道远。六是少数干部精气神不足,具体表现为:政治意识不强,对上级政策的理解和执行从上到下层层递减,执行中央"八项规定"精神、纠正"四风"和严守党的纪律方面存在不少问题,全面从严治党责任落实不力。核心区意识不强,满足于为市区发展做服务、做配套、做保障,缺少工作自主性,缺乏奋勇争先的雄心壮志。担当意识不强,思想上"庸懒散"、行动上"推脱拖",履职尽责不到位,怨体制、怨客观甚至成了习惯,遇到困难绕着走,遇到责任往外推的现象依然存在。创新意识不强,眼界不够宽,思想保守,知识陈旧,办法不够多,业务不够精。服务意识不强,官僚主义、形式主义仍有不同程度存在,围绕企业转、项目转、基层转的主动性不强,还存在"旋转门、玻璃门、弹簧门"等隐性壁垒。奋斗意识不强,图安逸、图清闲,低目标、低标准,缺乏勇争一流、拼争抢创的胆略和气魄。干部自身不过硬,发展就不会过硬,必须要以"脱胎换骨"的决心和勇气开展自我革命。

这些阶段性特征,是婺城发展的矛盾所在,也是我们谋划发展的基本依据。当今世界处于百年未有之大变局中,婺城谋划新未来,必须要跳出婺城看婺城,在大格局、大视野中谋定婺城战略方向。我们要清醒认识到,"都市经济"是区域发展的大势。美国"布鲁金斯学会"发布的《全球大都市监测报告》显示,全球300个大都市贡献了全球地区生产总值67%的增长。北上广深以0.3%的国土和5%的人口贡献了全国1/8的经济总量,长三角26座城市以2.2%的国土面积和11%的人口贡献了全国20%的经济总量。都市经济已经成为全球经济的增长源,中国已经进入了都市引领的地区时代。"都市经济"是浙江发展的大局。省委提出"四大建设",并把金义都市区作为全省第四大都市区来谋划,作出了推动县域经济向都市经济转型的重大部署,这是全省的发展大局。作为金义都市区的核心区,婺城的使命就是建设都市核心区,发展都市经济。"都市经济"是婺城后发赶超的大道。尽管婺城基础仍较薄弱,但我们有发展都市经济的区位优势、人文优势、产业基础、公共服务保障和要素资源支撑,也面临着都市经济转型的重大机遇,只要我们遵循都市经济发展规律,坚持走好"两山""两鸟"路子,增强实力、提升能级、优化服务、创建品牌,大幅提升都市的承载力、竞争力、辐射力，就能形成区域性的“虹吸效应”，推动婺城弯道超车、后发赶超。

发展都市经济是时代所需，改善人民生活是始终不变的初心。在十三五“工业强区、科创兴区、生态立区、城乡统筹”发展战略基础上，基于新时代、新使命和群众对美好生活的新期盼，我们郑重提出“都市经济创新城、美好生活幸福城”的发展战略（“双城”战略）。“都市经济创新城”基于如何在都市核心区建设中，用创新的力量，做强婺城经济实力、加快城乡统筹走出婺城赶超图强的新路子。都市经济的发展最终是为了人民的美好幸福生活。“美好生活幸福城”是“双城”战略的最后落脚点。两者之间既有递进关系，又有相互促进关系，两者不可割裂，必须全面统筹推进。建设“双城”，是我们的战略方位，是我们追求的共同愿景，也是顺应时代潮流、顺应人民期待、符合婺城实际的总战略。

都市经济创新城是指资本、技术、劳动力、高端人才、信息等生产要素的高度密集和扩散效应突出的经济区，其核心是城市经济。根本要义是以思维创新、产业创新、科技人才创新、文化创新、制度创新为新动力，充分利用新技术革命，大力推进传统产业改造提升，大力发展数字经济、人工智能、智能制造、新材料、新能源、新商业、新金融等战略性新兴产业，以都市服务业为统领，促进都市工业、都市农业三业融合，推进“产城人文金科”融合，打造具有创新活力的现代都市产业新城。

美好生活幸福城是人人享有高品质城市公共服务和生态环境的生活形态。要坚持以人民为中心的发展思想，把满足人民对美好生活的追求作为我们的奋斗目标，充分发挥婺城人文优势、环境优势，强民生、补短板，让婺城人民有优质的空气，有优质的饮用水，有优质的教育，有优质的医疗，有优质的食品，有优质便捷的公共服务体系，有公平安全的社会环境，构建自由、平等、公正、安全、宜居、和谐，能实现梦想的美丽城市。

新愿景振奋人心、新征程催人奋进。都市经济就是婺城高质量发展之路，美好生活就是我们的奋斗目标。我们必须要干字当头，夙兴夜寐抓紧干，甩开膀子加油干，以非常之力、下非常之功高质量建设“都市经济创新城”、高品质建设“美好生活幸福城”，干出婺城新效率、跑出婺城加速度，走出一条不寻常的发展之路，交出赶超发展的时代答卷。

2019 年，是新中国成立 70 周年，也是“双城”战略开局之年。2020 年，是全面建成小康社会的收官之年。2021 年，党成立 100 周年。站在历史关口，我们要继续努力奔跑，做新时代的追梦人。

今后一段时期的指导思想是：高举习近平新时代中国特色社会主义思想伟大旗帜，全面贯彻落实党的十九大、十九届二中、三中全会和省委十四届三次全会、市委七届四次全会精神，不辜负习近平总书记对浙江的新期望、对金华的 14 次讲话要求，坚持稳中求进总基调，推进“八八战略”再深化、改革开放再出发，以“九场硬战”为主抓手，围绕“调结构、增动能、稳企业、防风险、优环境、惠民生”主线，唱响“担当赶超、婺城图强”主旋律，大力实施“都市经济创新城、美好生活幸福城”战略，突出“都市经济、科技人才、民生事业”3 个优先，拼搏实干，善作善成，走在“打造增长极、共建都市区、当好答卷人”的前列，为全面开启“都市经济创新城、美好生活幸福城”的奋斗新征程、建设现代化都市核心区而努力奋斗。

2019 年，要实现地区生产总值增长 6.5%左右，一般公共预算收入增长 6.5%左右，交通投资、生态环境和公共设施投资、高新技术产业投资、民间投资等 4 个结构性指标增长 10%以上，社会消费品零售总额增长 9%左右，城乡居民收入增长高于经济增长速度，城镇登记失业率控制在 3.5%以内，节能减排指标完成省市下达目标任务。到建党 100 周年，力争实现地区生产总值达到 400 亿元，工业增加值达到 100 亿元，固定资产投资年均增长 20%以上，社会消费品零售总额年均增长 9%，实现全社会研究与试验发展投入、亩均产值等翻一番。赶超目标是：各项指标全市占比逐年提高，增速赶超全市、全省均值；图强要求是做到“五个强”，即：党建强、经济强、干部强、作风强、风气强。构建产业结构更优、经济实力更强，城乡发展更协调、生态环境更优美、百姓生活更幸福的现代化都市空间体系、都市经济体系和都市公共服务体系。一年打基础、两年见轮廓、三年初步形成“双城”发展体系和发展实力,至十四五期末基本奠定现代化都市核心区实力地位。

一、高质量建设“都市经济创新城”,加快县域经济向都市经济转型

统筹都市空间、产业、公共服务三大体系,构建以空间为骨架、产业为基石、公共服务为支撑、创新为动力的城乡协调一体发展新体系。

(一)统筹城乡发展大局,创新都市空间体系。聚力打好都市能级提升战、交通廊道突击战,坚持规划先行,推动多规合一,从根本上破解城乡发展不充分不平衡问题。

打造大平台。以规划一张图、发展一盘棋统筹谋划产业布局和城乡空间,以产业布局为引领,实施“金茶花”计划,打造五朵“金茶花”。具体为:以“城北门户、新城区门户+西二环轴线”为组团,围绕师大经济圈,打造以信息经济、科创研发、文化产业等为主体的“科创文创”之花;以“高铁新城、二七区块和西郊片区”为组团,打造以金融业、建筑业、生产生活性服务业等为主体的“高端服务业”之花;以“新城区”为核心,打造人工智能等为主体的“智慧经济”之花;加大乡镇工业功能区改造提升,以“临江栅川+龙蟠+界首区块”为组团,以汽摩配、五金工量具现有产业基础为依托,打造以智造装备、新能源、新材料为主体的“智造材料”之花;以省级仙源湖旅游度假区为龙头,以“西南7个乡镇+古子城+金华山+竹马”为组团,打造以康养旅居、休闲旅游为主体的“休闲旅游”之花。破解平台不足是婺城经济发展的关键所在,也是难点所在。要深化“优资源、强平台、促发展”活动,以破为先,破立结合,打好“四破”、退二进三、低小散乱整治组合拳,做好大破大立、大立大破文章。举全区之力实施工业“百千万”计划,开展2019年“双1”行动(即招商引才和平台拓展、项目落地),项目为王、平台为要、人才为本、落地为重,以“亩均论英雄”“平方论英雄”,统筹推进城市平台、工业平台、农业平台、乡村平台的大建设。实施“工业平台双千工程”,每年拓展工业平台66.67公顷,项目落地66.67公顷,盘活总部楼宇、闲置资产10万平方米以上,至2021年,打造百亩级小微园8个以上、千亩级园区3个、万亩级园区1个。巩固杭州、北京、深圳等商会建设成果,在大城市设立异地商会6个以上,争取在上海、杭州建立飞地园区。把招商引才作为领导带头“一把手”工程,以一流营商环境、一流服务抓签约、促落地,实现招引500强企业、百亿项目、上市公司3个“零”突破。

发展大交通。交通是都市经济的骨干,要全力对接大通道,统筹发展轨道交通、铁路、水运、航空港,以衢江航运为枢纽打造公铁水联运一体化物流码头,建立“一港一轨四高四干五联”多元便捷立体式综合交通体系。围绕“东西大联通、南北大拓展”织密“六纵六横”路网,东西大联通重点谋划轨道交通进新城,加快打通婺江西路、双溪西路、人民西路3条断头路,建设杭金衢高速栅川互通口、龙乾大桥和龙乾北街,让主城新区连接更通畅;南北大拓展重点启动“客内货外”改造,推进G60杭金衢高速(二期)、235国道金武快速路建设,启动南山大道、221省道婺城段一期建设,拓宽发展腹地。大力发展枢纽经济,打造商贸、旅游目的地、中转地和集散地。大力发展物流经济,推进衢江航运开发,做大竹马货港。谋划45省道交通经济廊道,建设“四好农村路”,“一路一业”形成交通经济带。

推进大开放。拓宽国际化视野,以海纳百川的气度营造开放、大气、包容、共赢的开放格局,构建开放型经济体制。携手开发区、金华山共建大婺城,共建共享共赢提升核心区首位度。主动参与G60科创走廊9城市产业协作,全面融入长三角,积极对接北上广深,提高对外开放层次和能级。依托“两园、三通道”借船出海、借道出境,大力支持合丰服务外包产业园发展,做强中国服务外包高地和世界服务外包基地。建成中铁鹰鹏国际环保工业城小微园,打造内陆与台湾的合作基地。大力发展路上、海上、网上“三大通道”,接轨大湾区,走向五大洋,提升婺城企业“买全球、卖全球”能力和水平。

(二)高举实体经济大旗,创新都市产业体系。聚力打好实体经济翻身战,坚持质量第一、效益优先,做好盘活存量、招商引才文章,全力推动工业、农业、服务业向现代化、都市型转型,打造数字经济、智造装备、新材料、现代商贸、文化旅游五大百亿产业，挺起“婺城图强”的经济脊梁。

大力发展都市工业。都市工业是都市经济的支柱。要以数字产业化、产业数字化为方向，以数字经济为1号工程，加大传统产业改造提升力度，推动工业经济高质量发展。开展新旧动能转换行动，提高全要素生产率，紧抓5G时代、新能源汽车蓬勃发展的机遇，构建智能制造、新材料和生物健康三大主导产业新体系，力争规上工业总产值年均增长超15%。打好“尖峰行动”“雄鹰行动”“雏鹰行动”“腾笼换鸟”等高质量发展组合拳，推进智能制造特色小镇、安云小镇建设，强化军民融合，创建国家级汽车变速器及车辆齿轮产业创新服务综合体，打造人工智能发展先行区。紧扣“三强一制造”，推动大企业“顶天立地”、成长型企业“铺天盖地”，实现“独角兽”企业零突破。2019年新增上市挂牌企业6家，至2021年新增上市挂牌企业18家，新增20亿元企业3家，10亿元以上企业3家。要坚定贯彻“两个毫不动摇”，关心民营企业家健康成长，着力解决融资、用工等方面的难题。大力开展企业家素质提升行动，加大政银企互动，激活微观主体动力，构建“亲清”新型政商关系，把婺城打造成营商优地、创业宝地、宜居福地。

大力发展都市农业。都市农业是都市经济的基础。要以都市市场需求为导向，发展绿色、优质、特色、高效、安全的农业经济新产品，培育新业态。以安地、竹马“一区一镇”为抓手，加快农业组织化、规模化、产业化、集群化步伐，加快发展乡村新型服务业，积极打造一个核心、三大板块、多点联动的一二三产业融合发展农业体系。深入推进农业供给侧结构性改革，打造茶花、桂花、油茶、茶叶、富硒农产品、毛竹、石道畈连片土地综合开发7大万亩平台，深化土地全域综合整治，打造全域土地综合整治示范区。

大力发展都市服务业。都市服务业是都市经济的统领。要充分发挥我区服务业发展优势，以消费升级和消费分级为引领，做好都市服务业布局规划，加大划行归市力度，建设一批特色商业街区和特色产业集聚区，打造百亿级都市服务业集群。以西市街为核心，推进传统商贸转型升级，打造新商业地标。以万泰城市广场为核心，繁荣发展新城区服务业，打造特色商业地标。以城市与小城镇为依托，打造特色商业街区。实施数字经济振兴计划，大力发展楼宇经济、总部经济，高质量发展浙中信息产业园“一园八区”，全面启动城北工业园区退二进三，力争2019年实现数字经济产值70亿元，到2021年形成百亿级“一号产业”集群，成为数字经济的领跑者，打造全省数字经济先行区。实体经济是婺城图强根基所在、命运所系，是全区党员干部的历史责任和担当。目标已定，关键在于落实。要广泛开展“平台大拓展比担当、产业大招商比贡献、项目大会战比血性、基层大服务比作风”的“四大四比”活动，每年安排“十大重点项目”，实行工作专班制，上下同欲、攻城拔寨、闯关夺隘，共同实现美好目标，迎来婺城高质量发展的艳阳天。

（三）聚力“三大变革”大势，创新都市动能体系。聚力打好改革开放攻坚战，集聚高端要素，优化资源配置，运用改革开放、科技人才两大新动能，推动动力变革、质量变革、效率变革。

增强改革新动能。全面落实“巩固、增强、提升、畅通”八字方针，纵深推进供给侧结构性改革。突出改革牵引，深化“最多跑一次”改革，特别要突出政府内外、上下“最多跑一次改革”，以数字科技创新为关键动力，推动政府、经济和社会三大领域数字化转型。深化“标准地”制度改革，探索“企业拿地即开工”，80%以上的新批工业用地按“标准地”供地。突出改革发力，深化机构改革，进一步构建系统完备、科学规范、运行高效的现代管理体系。推进城乡公共服务改革，巩固提升行政村规模调整成果，人人共享改革红利。突出制度改革，以投融资改革为突破口，加大供给侧结构性改革力度，推进国企改革，建立婺城城投、交投两大国有集团公司，构建政府有为、市场有效、企业有利、群众受益的体制机制。

增强科技新动能。科技是第一生产力，也是第一动力。要树立“科技即人才，人才即科技”的新科技观，以人才与科技相融相促推动传统产业高新化，高新技术产业化。构建高能级科研平台，建设上海大学金华汽车零部件先进材料产业化研究院、上海理工大学金华工业设计研究院，构建与上海交大、重庆科学院等科研院所的合作平台，加快院士工作站建设，至2021年累计建设省级以上科研平台、科技企业孵化器30家。积极对接工科会、科技大市场等平台，推动“产学研用金、才政介美云”十联动，建设一流的创新创业生态系统。高水平建设科创廊道，构建“一轴五区”科技创新示范区。积极营造大众创业万众创新的氛围，促进科技创新融入各行各业，力争2019年新增国家高新技术企业10家，省科技型中小企业50家；到2021年，力争全区新增国家高新技术企业突破70家，省科技型中小企业300家。

增强人才新动能。人才是最大财富、最大动能，树立“不求所在、但求所用”人才观，写好招引育留用5篇文章，共享市区23.73万余人才建设婺城，打造人才生态最优区。全面落实22条人才新政，以乡贤经济、科技人经济、年轻人经济为重点，形成“招引一个人才，带动一个产业”新格局。以人才为根本，为人才提供一流创业环境，形成人才发展全服务链。开展科技人才节会，举办婺城乡贤大会，浓厚引才引技氛围，新引进高层次人才100名，国家级、省级领军人才6名以上；到2021年，力争实现全区人才总量超过15万人，新引进培养海内外高层次人才600名。

二、高品质建设“美好生活幸福城”，不断顺应人民群众对美好生活的向往

建设“美好生活幸福城”是我们守护初心、勤政为民的生动实践，我们要以“六大幸福城”建设为载体，努力创造高品质的城乡环境、高品质的公共服务、高品质的社会环境，提高人民群众的获得感、幸福感、安全感。

（一）高水平建设“花满婺城”，提升城乡美。以大花园建设为目标，以“花满婺城”为载体，聚焦全域秀美、生态富美、景致精美，聚力打好生态环境保卫战，形成“城市花漾街区+田园山林花海+花旅综合体+花卉特色村落”城乡格局，打造大花园、美丽集镇、和美乡村升级版，形成山如黛、水连通、林珍彩、田有耕、湖闪光、草整齐的旖旎风光。建设“花满婺城”，要人人当园丁，处处见花园，让婺城全域成景、移步换景、花满城乡，成为“本地人自豪、外地人向往”的花园城市。

建设和美乡村。大力实施乡村振兴战略，强化三级书记抓乡村振兴责任。深化“千万工程”，完善村庄规划，实施产业提质、生态环境修复、乡风文明提升、乡村治理创新、惠民富民五大行动，推广“一村万树”等行动，至2021年建成精品村60个、秀美村88个、A级景区村庄70个、“花满人家”6万户，建设一批和美乡村示范区，争取召开全市和美乡村现场会，争创省级美丽乡村建设示范区。继续开展“百企联百村”活动，持续打好政银合作、下山脱贫、异地抱团、“农产红盟”、盘活国有资产等组合拳，实施村集体创富、农民致富“双富”工程，全面消除集体经济薄弱村，所有行政村经营性收入每年翻一番，农民人均可支配收入达到全省平均水平。

建设美丽城镇。实施城乡规划年，高起点编制城市“全景图”。城市是一本打开的书，要让老城有厚度，新城有温度。要高标准建设、高强度投入、高质量管理，推进城市东进、西连、南拓、北延、中崛起，开创拥江发展时代。要深耕老城有机更新。以高铁新城、二七区块为核心，精心建设国内一流、金华特色的铁路文化公园，加快西郊区块征迁，打造浙中城市新地标、浙中财富新中心、品质生活新标杆、城市文化新客厅。注重“颜值+内涵”，建管并举、古今交融，统筹抓好老城区背街小巷、老旧小区改造，每年改造30万平方米，着力破解农民建房和城中村难题，打造城市有机更新可持续发展示范区。新城区再启航，推进新城与白龙桥镇融合发展，将蒋堂打造成为新城区的副中心，做强白龙桥-蒋堂组团，成为智慧科技新城。提升城乡品质，营造城乡立体花景，打造以330国道、西二环等入城口、入镇口为核心的风情大道、花漾街区，环城环镇织就“彩虹围脖”。建好“城市大脑”，用足“绣花功夫”，提升城乡管理精细化、数字化、智慧化水平，2019年完成琅琊、雅畈、安地、白龙桥小城镇建设，2021年全域建成“六美”小城镇，让小城镇大步迈向“绿、富、美”。

发展美丽经济。启动全域旅游规划，以婺文化为核心，以优美生态为依托，以美丽村庄为基础，推进多业态深度融合，做好“旅游+”文章。推动康养旅游、乡村旅游、文化旅游、城市旅游、工业旅游融合发展，做大地方特色旅游，举办“花满婺城、幸福生活”旅游年，大力支持金华山AAAAA级景区、古子城AAAA级景区创建，提供优质旅游服务，打造省级全域旅游示范区。着重发挥花木资源优势，谋划建设一批以花卉为主题的城市景观、郊野公园、花旅综合体、特色村落。加快推进长山国际设计走廊，打造南山国际慢城，加快乌啦乌、花博园等农旅项目落地，擦亮“中国茶花之乡”“中国桂花之乡”等金字招牌，打造长三角花卉休闲产业示范区。

打造优美环境。以再夺大禹鼎为目标，以“婺城水·幸福城”为总揽，以最大政治担当和历史使命感保护金华“大水缸”，做好水安全、水环境、水生态、水经济4篇文章。在保护中发展，深挖生态金矿，打通绿水青山就是金山银山的转化通道，实现美丽河湖、生态廊道全域成景，创建“金华南山省级自然保护区”“婺城九峰省级湿地公园”“塔石梨树源省级森林公园”，争创省级生态文明建设示范区。打好“五水共治”“三改一拆”“垃圾分类”“厕所革命” 等组合拳，开展蓝天、碧水、净土、清废四大行动，深化河长制、路长制，争创省级污水零直排区。高标准开展“大棚房”清理整治，健全防违控违长效机制，实现“无违建”乡镇（街道）全覆盖，争创省级“无违建”区。

（二）高水平提供公共服务，提升生活美。聚力打好民生改善持久战、文明创建荣誉战，着力在提高公共服务的优质化、均衡性、精准度上下功夫，大力推进都市公共服务依托网络延展、向农村基层延伸，基本形成“体系完善、结构合理、公平均等、供给多元、优质便捷、群众满意”的民生保障体系。

促进社会保障扩面提升。“兜底线、织密网、建机制”，不断提升社会保障水平。深入实施全民参保计划，推进社保服务下延，2019年全面实施“全民选档法”统一基本医疗保险制度，实现就医报销“无异地”。创新养老服务模式，2019年实现福利中心“公建民营”正常运行。推进公办养老机构、医养护一体化，探索“居家养老+智慧医疗”，打造智慧养老示范区。把稳定就业放在更加突出位置，拓宽城乡居民收入渠道，提升创业就业质量，实现城乡居民收入稳步增长。

促进社会事业优质均衡。坚持教育优先发展，以“优学婺城·幸福城”建设为总揽，以创建教育现代化区为目标，加快基础教育重点县脱帽。补齐学前教育短板，做优基础教育，做特实验学校等职业教育，深化与浙师大、金职院校地合作，完善学校、家庭、社会三位一体教育体系，推进教育信息化2.0工程，促进教育高质量均衡化。以“健康婺城·幸福城”建设为总揽，以做全公共医疗体系，做强人民医院，做专康复医院、特色医院为工作思路，建设紧密型、高水平医联体。加大与大都市优质教育、医疗资源对接招引，举办“教育节”“教师节”“医师节”，营造尊师重教、尊医重卫社会风尚，增强教师和医师职业荣誉感，打造浙中教育最高地、浙中医疗最高地。

促进文化繁荣兴盛。以“人文婺城·幸福城”建设为总揽，坚持以人民为中心的创作导向，强化文化传承创新，突出文化需求导向，让人民群众文化更富有、更优质。发展精品文化，争取金华斗牛、金华山歌等申报国家级非遗项目，获评一批国遗、省遗项目。丰富群众文化，深化“农民微圈”工作，进一步完善公共文化服务体系。夯实文化阵地，实现农村文化礼堂全覆盖，推动乡镇文化站提档升级。壮大文化产业，建成婺窑小镇、白沙文化小镇等一批龙头工程，稳妥有序推动传统文化市场化转型，重点扶持壮大“互联网+”文化企业，扩大婺文化的实力、魅力、影响力。深化全国文明城市创建，以“我爱婺城，市民参与年”为突破口，推进基础设施大提升、市民素质大提升、城市管理大提升三大行动，实施“打造花漾街区”等六大工程，抓好移风易俗等4项工作，深化文明机关、文明社区等文明细胞建设，破解牛皮癣等十大顽疾，确保连战连胜、排名争先，高标准高质量完成创建工作。打造文化品牌，选树一批“担当赶超、婺城图强”典型人物，继续举办“草根奖”，为突出贡献人士颁发“金茶花”奖，做好庆祝新中国成立70周年和建党100周年等重大主题活动，弘扬主旋律，举办“歌唱党”“歌唱祖国”“歌唱婺城”等系列文化活动，增强文化自信，引领群众热爱祖国，永远跟党走。

（三）高水平推进社会治理，提升和谐美。聚力打好基层治理巩固战,深化“基层党建+社会治理”,推进社会治理再上新台阶。

深化平安婺城建设。以“平安婺城·幸福城”建设为总揽,深入贯彻《中国共产党政法工作条例》,创新发展“枫桥经验”,构建“党委领导、政府负责、社会协同、公众参与、法治保障”的治理体系。推进“基层党建+社会治理”乡镇(街道)全覆盖,以“基层治理四平台”为依托,深化“雪亮工程”和“天罗地网”监测防控系统建设,抓好“六方协作”“两站两员”扩面推广,加大行业协会建设管理,强化红色网格作用发挥,打造共建共治共享的社会治理格局。开展领导干部大接访、矛盾纠纷大排查、信访积案大化解系列活动,从源头入手,探索形成“上访、接访、教育转化、化解”全过程信访工作体系,开展“无积案信访村”创建。2019年实现上级交办信访件100%办结,化解率达65%;到2021年信访总量较2018年下降30%,矛盾纠纷化解率达95%以上。深化应急管理体制机制改革,完善统一指挥、专常兼备、反应灵敏、上下联动、平战结合的应急管理体制,提高全社会防灾减灾救灾能力,力争连续三年安全生产事故起数、死亡人数同比下降14%以上,暂夺星级平安金鼎。

深化法治婺城建设。继续深入开展“七五”普法,通过领导干部先学一步、深学一层,严格依法行政,引导全民学法守法用法。支持和保障人大及其常委会依法行使职权,政协依章程进行民主监督,从严落实党政主要负责人推进法治建设第一责任。健全法律顾问制度,深化法院调解速裁中心等建设,搭建公共法律服务“互联网”,不断提高运用法治思维和法治方式的能力和水平。走好乡村善治之路,完善党支部领导下的民主决策机制,规范完善村规民约,健全村级事务公开跟踪监督机制,加强民主法治村选树,构建自治、法治、德治三治融合乡村治理体系,提升基层自治法制化水平。

扎实做好统战、双拥、民族、宗教、外事、对台、港澳、工会、共青团、妇联、工商联、红十字会、关工委、侨联、文联、科协、残联等工作,凝心聚力开创共建图强新伟业。

全面从严治党,为实施“双城”战略提供坚强政治保证

坚持把党建作为最大政绩,以全面进步、全面过硬为目标,建设“学习型、创新型、服务型”党组织。巩固拓展省委机动式巡视整改成果,聚力打好“清廉婺城”推进战,把党的政治优势、组织资源转化为实施“双城”战略的领导优势和战略资源,打造“忠诚担当、拼搏实干、高效廉洁”的排头兵。

(一)强化思想引领,实现政治强。建设“双城”,首先要思想大解放、观念大转变、境界大提升。要旗帜鲜明把政治建设放在首位,以“婺城图强”大讲堂等为载体,学深悟透习近平新时代中国特色社会主义思想,高起点谋划、高标准要求、高质量推进“不忘初心、牢记使命”主题教育,深入推进“两学一做”学习教育常态化制度化,引导全区上下增强“四个意识”、坚定“四个自信”、做到“两个维护”,坚定不移听党话、跟党走。持续加强政治能力建设,强化斗争精神,着力防范化解重大风险,坚决打赢三大攻坚战,确保中央精神、上级部署在婺城全面落地成效。要坚持民主集中制,严肃党内政治生活,涵养风清气正的政治生态。紧扣“举旗帜、聚民心、育新人、兴文化、展形象”新使命,大力弘扬新时代金华精神,推进意识形态守正创新,夯实农村文化、网络、公共文化服务三大阵地,建好用好新闻宣传、“乡音宣讲”、婺城网军三支队伍,把意识形态工作领导权、管理权、话语权牢牢握在手中。

(二)强化基层基础,实现组织强。坚持把“双城”建设重大任务落实作为检验基层党组织组织力的试验石、磨刀石,深入学习贯彻《中国共产党支部工作条例》,全面打造内有凝聚力、外有吸引力、富有战斗力的“活力党建”,确保到2020年示范村社和示范乡镇(街道)达到1/3以上,达标村社和提升乡镇(街道)达到100%,让党的旗帜在“双城”建设第一线上高高飘扬。有力建强组织体系,深化项目党建、民生党建、商圈党建、楼宇党建、网络党建、智慧党建,全面深化走村入户扫码制,做到哪里有群众,哪里就有党的工作;哪里有党员,哪里就有党的

组织。建好用好各领域党建综合体，以日常工作的“有需必应”赢得关键时刻的“一呼百应”。有效激发支部活力，坚持一切工作到支部，深入推进“标准化、规范化、特色化、规模化”建设，推广城中派出所“阳光支部”，让支部在“双城”建设最前沿唱主角，做到逢优必创、见旗必扛。有机深化红色引领，做好党建促发展的文章，抓好党建联盟壮大都市经济、促进乡村振兴，抓好机关党建优化政务服务，抓好两新党建做强民营经济，将党的组织力转化为看得见的生产力。

（三）强化严管厚爱，实现干部强。为政之要，重在用人。实施“双城”战略，干部是决定性因素。要严把德才标准，全力锻造政治过硬、能力过硬、作风过硬、纪律过硬的高素质专业化铁军。政治过硬就是要对党忠诚讲担当。坚定向上看齐，始终做到上级有要求、马上见行动、全面出实效。坚持以政治标准丈量干部“成色”，突出“保持政治定力、驾驭政治局面、防范政治风险”的政治考验，做到首关不过、余关莫论。能力过硬就是要拼搏实干强本领。打好“四大四比”擂台赛，选树“闪光婺星”，瞄准干部干过什么、干成什么，强化一线赛马比担当、乡语口碑比作风、综合考察比实绩，树立有为者有位的鲜明导向。加强机构改革、行政村规模调整后干部的教育管理和基层“领头雁”、“红领新青年”培育，聚力写好“后半篇文章”，打造政治过硬、业务精湛、服务高效、作风优良的机关干部团队；忠诚担当、攻坚克难、用情服务、开拓创新的基层干部团队；讲政治、重团结、能担当、守规矩、肯吃亏的村社干部团队。作风过硬就是要专业高效提效能。加强干部队伍专业化建设，围绕“双城”战略知识、技能所需，分层分类开展干部专业能力培训，做到人岗相适。全力推进“马上办”，推行“137”快速落实机制，开展干部分级、分类、分岗量化评价，打好“红牌+黄牌+蜗牛牌”，让高效干事蔚然成风。纪律过硬就是要廉洁淳朴显本色。以“人人过硬、个个过关”为目标，加快构建干部大监督工作体系，建立容错纠错正负面清单，出台关心关爱干部具体举措，严管厚爱结合，教育党员干部恪守为民初心，明大德、守公德、严私德，真正做到“清白做人、干净干事”。

（四）强化服务支撑，实现作风强。“三服务”活动考验的是作风、是能力、是水平，要持续推进“大学习大调研大抓落实”，聚焦奉献、互助、亲情和精准，真服务、深服务、大服务，真正在为人民服务中展现责任、诠释担当，打响婺城“家服务”品牌。要坚持问题导向，强化现场办公，“乡街吹哨、部门报到”，力量沉到一线，哪里困难多就去哪里服务，哪里问题突出就到哪里服务。建立“家服务”工作清单、目标清单、项目清单、责任清单等“四张清单”，推行沟通零距离、办理零障碍、协调零缝隙、效率零延误的“4零”模式，通过“五员五到”服务企业、“五访五心”服务群众、“五爱五强”服务基层，推动千名干部扎基层、融一线，构建党群、政企距离融合、问题融解、关系融洽的“婺城一家亲”局面。全员实施“三率法”绩效评价。以服务成效论英雄，建立以“服务率”“解决率”“满意率”为核心的干部绩效评价体系，以赛三级述职、赶考排名等形式，推动工作大进位。

（五）强化清廉保障，实现纪律强。水重深而鱼悦，林修茂而鸟喜。政治生态好，党内风气就正、人心就齐、干劲就足，各项事业就能蓬勃发展。要以“清廉婺城”建设为抓手，坚持政治导向、问题导向、群众导向、效果导向，为推进全区各项事业大发展大进步营造清新崇廉氛围、提供坚强纪律保障。打造清朗健康的政治生态。进一步严明党的纪律特别是政治纪律，坚决防范“七个有之”问题，全面强化对党的十九大精神及习近平新时代中国特色社会主义思想贯彻落实情况的监督检查，确保党的路线方针政策和中央、省委、市委、区委重大决策部署不折不扣落到实处。驰而不息落实中央八项规定及其实施细则精神，持续开展不担当不作为专项整治等系列行动，严纠不正之风特别是形式主义、官僚主义，形成清清爽爽的同志关系，规规矩矩的上下级关系。建设清廉高效的权力运行体系。层层抓好“两个责任”落实，夯实管党治党政治责任特别是各级党组织主要负责人的第一责任，使主体责任、监督责任贯通协同、形成合力。完善公共资金管理制度，推行纪检监察、监事会、审计、财务、法务“大监督”机制，提高财政资金使用绩效，以政府的苦日子换来企业和百姓的好日子。严格规范司法执法权力运行,建立开放、透明的阳光司法机制。构建清淳惠民的基层治理体系。全面推开“清廉基层党组织”等八类清廉细胞建设,重点深化“后陈经验”,强化对基层公权力的监督制约,让小微权力亮出来、制度笼子密起来、纪律规矩硬起来。常态打好“四种形态”组合拳,统筹用好“四项监督”力量,坚持把纪律挺在前面、把监督挺在前面,做到监督常在、形成常态。以巩固发展反腐败斗争压倒性胜利为目标,坚持靶向治疗、精确惩治,紧盯重大工程、重点领域、关键岗位,严厉整治群众反映强烈的腐败和作风问题,打掉“保护伞”“恶势力”“土霸王”,持续净化风气、淳化民俗。

新时代风鹏正举,图强业时不我待。高质量建设“都市经济创新城”,高品质建设“美好生活幸福城”,建设现代化都市核心区,这是我们矢志不渝砥砺奋进的目标。让我们紧密团结在以习近平同志为核心的党中央周围,在省委、市委坚强领导下,团结带领全区人民,解放思想、开拓创新、奋发有为,以“担当赶超、婺城图强”的优异答卷向新中国成立70周年、建党100周年献礼!

婺城区人民代表大会常务委员会工作报告

——在婺城区第九届人民代表大会第三次会议上

朱利群

2019年2月16日

2018年，是婺城区高水平建设现代化都市核心区取得重要进展的一年，也是人大工作和民主法治建设取得重要成就的一年。一年来，常委会在中共婺城区委的坚强领导下，紧扣市、区改革发展稳定大局，坚持以习近平新时代中国特色社会主义思想为指导，认真履行宪法和法律赋予的各项职责，充分发挥工作机关和代表机关作用，组织召开常委会会议8次、主任会议19次，听取审议专项工作报告17个，作出决议决定15项，组织代表视察18次，开展执法检查、专项督查47次，顺利完成了区九届人大二次会议确定的各项任务。

一、坚持党对人大工作的领导，着力在服务大局中展现人大担当

人大是党领导下的政治机关。常委会始终坚持党对人大工作的全面领导，强化大局意识和服务理念，扛起人大职责使命，推动市委、区委各项重大战略决策部署落地见效。

一是强化人大工作的理论武装。政治坚定必须理论清醒，行动自觉必须思想自觉。常委会始终把强化人大工作的理论武装放在极端重要的位置，牢固树立"四个意识"，始终坚定"四个自信"，坚决做到"两个维护"，确保区委决策部署在人大工作中得到不折不扣贯彻落实。人大的重大活动和重大事项及时向区委请示报告，切实把党的领导贯穿人大工作全过程，坚定人大工作正确的政治方向。及时传达学习、贯彻落实习近平总书记关于坚持和完善人民代表大会制度重要思想，不断加深对重要思想精神实质的认识，切实增进对重要思想科学内涵的理解，夯实新时代人大工作理论根基和思想基础。

二是积极助力打赢"九场硬战"。由常委会领导分组带队开展"两送两增"活动，累计走访企业17家30余次，梳理企业反映问题32个，当场协调解决7个，交办相关部门研究处理25个。积极助力实体经济翻身战，针对婺城区实体经济运行情况，组织代表到企业进行调研，为实体经济发展把脉献计。紧抓深化"最多跑一次"改革这个牛鼻子，持续组织代表开展走访、暗访和专项视察，全面推进基层政务服务"无差别受理"，积极为改革开放攻坚战贡献人大智慧。精心服务文明创建荣誉战，组织开展专题视察和"创建文明城市，人大代表在行动"活动，将辖区各级代表就近就便编入创建网格，号召代表"用脚步丈量责任，用双眼发现短板，用行动解决问题"，参与"文明礼仪进居入村"义务宣传、"文明创建争先创优" 实践示范、"整治提升问政问效"专项督查三项行动，在全国文明城市创建中争当倡导者、引领者、推动者。常委会机关全员参与联系社区创建工作、斑马线文明劝导等创建全国文明城市活动，利用"两站一平台"、微博微信开展宣传，助推全国文明城市创建首战告捷。

三是扎实开展"大调研"活动。按照省市区委统一部署，认真开展"不忘初心、牢记使命，当好新时代婺城答卷人"大调研工作，结合人大工作性质，突出问题导向，有针对性确定了重大事项决定权行使、新时期财政监督工作新方向、现代化都市核心区建设等7个重点调研课题，逐一明确常委会牵头领导和责任办委，有计划、有步骤、有组织地推进大调研工作。对调研中发现的问题，现场对接相关部门研究讨论解决之策。16个不能当场解决需要综合协调解决的问题，经报送区大调研办研究后交办，现已全部得到整改落实或销号处理。同时，坚持大

调研与拓宽代表知情知政途径、为民办实事解难事相结合,组织区乡代表开展“发挥人大代表主体作用,推进现代化都市核心区建设”大调研活动。一批群众关注的热点难点问题得到妥善处理,其中历时三年多未能解决的“二七区块”5家“房地分离”企业签约问题取得突破性进展。

二、围绕职能抓实人大主业,着力在法治婺城建设中贡献人大力量

推进法治婺城建设,人大责无旁贷。常委会始终坚持以“盯住法”和“管好钱”为重点,抓实监督、决定、任免人大主业,努力在推进依法治区中发挥工作机关的作用。

一是坚持“管好钱”,抓好财政经济监督工作。常委会探索政府专项资金管理监督新模式,委托第三方中介机构对政府信息产业专项扶持资金和扶持薄弱村发展村级物业经济专项资金使用进行绩效评价。充分运用审计报告成果,加强对财政全口径预算资金的审查,以政府财政资金决算和财务管理方面的问题为导向,列出整改清单监督政府整改,推动12个方面的财政制度进行完善。修订常委会关于政府投资重大项目审查监督暂行办法,进一步加强对政府投资项目的审查监督,强化政府债务风险的防范和化解。听取和审议区政府关于2018年上半年计划执行情况、预算执行情况和“十三五”规划中期评估多项报告,依法审查批准2017年财政决算和调整2018年财政预算,围绕经济工作提出意见和建议,助推经济迈向高质量发展。

二是着眼“盯住法”,开展普法执法司法检查。常委会与省市人大联动开展固体废物污染环境防治“一法一条例”执法检查工作,会同乡镇街道人大深入到企业、社区、村庄和固体废弃物处理场所实地查看,采取现场问询、查阅台账、听取汇报等方式,梳理出7方面25个问题转交政府办理,21个问题已得到有效解决。开展贯彻实施大气污染防治法情况执法检查和水环境保护条例等法规实施情况监督,助推治水治气治废工作。高度关注司法改革工作,听取区法院、区检察院关于司法改革工作情况的报告。视察市公安局交管分局婺城大队、开发区大队的工作。听取婺城公安分局关于扫黑除恶专项斗争工作情况的报告、江南公安分局关于“云上基础,智能防控”建设的报告。依法审查区公检法机关报备重要法律文书、文件543件。受理并依法处理群众来信来访67件次,其中涉法涉诉信访问题15件次。批准确定我区人民陪审员名额500名,并对人民陪审员选任工作进行现场督导。开展规范性文件备案审查工作执法检查,审查区政府报备的规范性文件13件,向市人大常委会报备2件。协助市人大常委会召开立法调研会议3次。深入开展宪法宣传,关注“七五”普法决议执行情况,促进了法治婺城建设。

三是行使“任免权”,深化党管干部工作原则。坚持党管干部原则与依法行使任免权相统一,修订任免国家机关工作人员办法,依法对常委会任命和免去职务的人员范围进行了修正,对任前法律考试、见面表态和表决方式进行了必要调整,增加了人事任免工作透明度和灵活性,进一步促进了人事任免工作规范化、制度化。一年来共依法任免国家工作人员17人次,决定撤销职务1人。根据工作岗位调整需要等原因,接受13名区人大代表辞去代表职务,依法补选出缺代表13人,另行选举1人。接受3名市人大代表辞去代表职务,并按照市人大常委会提名补选出缺的市人大代表2人。

三、聚焦热点回应社会关切,着力在增进民生福祉中体现人大作为

“民有所呼、我有所应”是人大的履职理念。常委会始终把重视民生、保护民利、维护民权作为人大工作的着力点,倾听群众呼声,反映百姓意愿,推动群众幸福指数不断提升。

一是推进民生实事落地惠民。严格按照群众提、代表定、政府办、人大评的模式,不断深化民生实事项目代表票决制工作,确保候选实事贴近民意,票决程序规范有序,项目工程按期完成。征集初定阶段,加强与政府的沟通衔接,积极参与年度民生实事项目的征集、论证。审议票决阶段,组织代表多形式多视角酝酿审议。在监督评估阶段,常委会成立7个监督小组,为年度十大民生实事项目建立详细清单,明确监督计划和任务节点,采取听取汇报、代表视察、专题调研等多种形式进行全方位督查督办，并将存在的问题和解决建议及时反馈给区政府，督促相关部门采取措施及时解决，确保民生实事项目按计划推进。在常委会持续监督和政府全力实施下，年度民生实事项目已全部完成，赢得了代表和群众的认可。

二是推进社会事业全面发展。聚焦名校集团化办学工作，组织代表走访城区中小学，开展婺城区名校集团化办学情况调研、专题视察，召开座谈会3次，收集整理意见建议23条，推动义务教育优质均衡发展。多次组织代表对中小学校、幼儿园、餐饮酒店、肉类食品市场等群众关注的领域开展食品安全检查，实地视察区市场监管局及部分乡镇街道基层所了解食品安全监管工作情况。听取和审议区政府关于省级食品安全区创建情况的报告，督促区政府及有关部门对食品安全工作对标补差、重点突破，为顺利完成创建省级食品安全区，筑牢婺城人民舌尖上的安全防线做出了贡献。连续多年跟踪督办婺城区人民医院迁建项目，终于在2018年6月完成搬迁，为婺城人民就近享受优质医疗资源创造了良好条件。高度关注农村饮用水提升工程、农村文化礼堂建设、乡镇文化站免费开放、消防安全基础设施建设、农村危旧房治理等一大批社会关注度高的热点难点事项，及时开展视察调研，向职能部门提出意见建议，持续推动民生不断改善。

三是推进乡村振兴战略实施。按照"绿水青山就是金山银山"的发展理念，对小城镇综合整治、浙中生态廊道建设、全面深化美丽乡村建设开展视察活动，参与村级规模调整工作，全力服务"乡村振兴"战略。听取区政府关于仙源湖旅游度假区规划扩容实施情况、连片土地综合开发项目建设情况和集体经济薄弱村转化工作情况的报告，组织开展婺城区家庭农场建设情况专题调研。配合市人大常委会做好传统村落保护意见征集，听取和审议金华开发区关于寺平历史文化名村保护规划编制情况报告。全力助推小城镇环境综合整治工作，2018年度4个乡镇顺利通过省考核组验收，其中竹马、长山两乡获评省级样板。关注农村土地制度改革工作，督促政府采取措施深化农村土地"三权分置"，落实集体所有权、稳定农户承包权、放活土地经营权，引导土地经营权有序流转，培育新型农业经营主体发展。

四、重视发挥代表主体作用，着力在加强代表管理中激发人大活力

代表工作是人大工作的基础。常委会作为代表机关，坚持联系和服务并重，完善保障机制，创新服务载体，健全管理制度，不断提升代表履职的积极性主动性创造性。

一是代表建议办理扎实。首次采用网上征集、网上提交、网上督办、网上反馈代表建议的新模式。紧盯建议办理工作，采取对口督办和抽查督办的方式，对区九届人大二次会议205件建议办理情况进行全程跟踪督办，并多次听取代表建议较多单位的办理情况汇报，截至2018年底，代表建议的解决率和满意率分别为93.17%、98.05%。开展年度重点代表建议交督办和办理情况二次评价，2018年度10件重点代表建议经领衔代表、部分区人大代表现场无记名投票，二次评价满意率为98.80%，评价结果在《今日婺城》报刊上公布。首次编写年度代表议案建议汇编并印发全体区人大代表，供代表相互学习，开展优秀代表建议和建议承办先进单位评选，引导代表提高建议质量和承办单位的办理水平。

二是代表管理持续规范。制定区人大代表履职考评实施办法和区人大代表向选区选民述职实施办法，修订区人大代表辞去代表职务办法，进一步规范了代表管理。2018年65名区人大代表向选区选民述职，并接受选民评议。落实市人大常委会关于组织辖区市人大代表向原选举单位述职要求，首批12名市人大代表在常委会会议上进行述职。继续邀请基层代表列席常委会会议和活动，向全体区乡代表赠阅人大杂志资料，认真编制代表履职学习培训计划，按计划组织财经线的区人大代表开展专题培训，系统学习人大工作理论和行业领域知识，提升代表履职能力。开展代表风采展示活动，进一步调动和激发代表履职热情。

三是代表活动效果明显。坚持在代表活动中贯彻党的群众路线，密切代表与选民联系，发挥好桥梁和纽带作用。组织代表走访基层群众211次，接待群众2253人次，收集整理群众反映的问题702

个,督办解决649个,架起人大代表联系选民的“连心桥”。开展“为基层群众办一件实事”活动,激发代表履行社会责任、参与社会公益活动的积极性,累计捐资助学24件,扶贫济困103件,义诊1231人次,法律援助91件,化解矛盾438起。开展代表走进“8890”活动15次,收集并提交意见建议88条。通过开展这些形式多样、内容丰富的代表活动,发现并解决了一批关系群众切身利益的现实问题,提高了代表的责任心和荣誉感。

五、加强乡级人大规范建设,着力在夯实基层基础中树立人大品牌

乡镇街道人大工作是婺城人大的重要组成部分。常委会高度重视加强对乡镇街道人大工作的指导,不断推动人民代表大会制度在基层的生动实践。

一是乡镇街道人大会议程序规范。按照浙江省乡镇人民代表大会工作条例要求,精心指导乡镇开好一年两次的人代会和每季一次的主席团会议。街道议政会制度同步得到规范。在安地试点基础上,乡级财政预算审查监督制度向全区推广。在琅琊和莘畈两地开展试点,积累乡镇人代会上听取政府生态环境状况报告经验。扎实推进乡镇街道民生实事项目代表票决制工作。2018年18个乡镇提交人代会候选民生实事170项,票决通过146项;9个街道提交议政会候选民生实事66项,票决通过59项,在金华率先实现了区乡民生实事代表票决制全覆盖。

二是人大代表联络站创新发展。坚持以有场所、有人员、有制度、有平台、有互动、有成效“六有”标准,在新狮街道召开现场推进会,推动乡镇街道人大代表联络站建设。辖区省、市、区代表全部编组进站接待选民,一些乡镇还把人大主席团成员和部分威望高、能力强的乡人大代表作为力量补充。一年来,代表进站515人次,接待选民1554人,收集问题612个,交办560个,督办解决443个。网上联络站建设持续加强,宣传人大、方便代表、服务群众的功能进一步发挥。尊重基层的首创精神,创新“代表联络站+”系列模式。如白龙桥镇、汤溪镇等地把代表联络站延伸至管理处,城中街道代表联络站聘请老干部化解矛盾纠纷等做法,接地气、效果好。新狮街道代表联络站聘请“老娘舅”专职接待选民机制,得到省市人大领导的点赞。

三是基层人大工作和建设得到加强。按照上级加强人大组织建设要求,就设立乡镇街道人大办公室、配强负责人开展专项督查。在区委重视关心和金华经济技术开发区、金华山旅游经济区配合支持下,大部分乡镇街道已落实到位,个别乡镇街道也已经制定落实方案。乡镇街道人大经费列入同级预算已全部得到落实。洋埠镇等地积极争取当地党委支持,对辖区职能部门站所开展工作评议。乡级代表向选区选民述职有序开展。

六、紧扣全面从严治党要求,着力在加强自身建设中提升人大形象

全面从严治党是永恒的课题。常委会坚持与时俱进、求实创新,着力提高执行力、扩大影响力,不断改进工作作风,加强自身建设,人大工作在新时代取得了新发展。

一是机关党的建设迈出新步伐。扎实推进机关党的建设,充分发挥常委会党组在人大工作中的领导核心作用,成立常委会机关党组,形成常委会党组、机关党组、机关党支部多层次党建工作齐抓共管。定期开展集中政治理论学习、主题党日活动,以弘扬“红船精神”、重温入党誓词为主题,推进“两学一做”学习教育常态化制度化,举办常委会组成人员和机关干部履职能力提升培训班,不断提升机关党员党性修养和业务水平,努力做到政治合格、作风优良、业务精湛、监督有力。全面落实从严治党主体责任,坚决把政治纪律和政治规矩挺在前面,严格执行中央八项规定和实施细则精神,加强作风建设,认真开展“三清理一规范”活动、“不担当不作为”专项整治行动,按标准落实机关办公用房,抓好巡视组反馈问题整改。强化“清廉人大”建设,持续正风肃纪,营造风清气正、团结务实的良好局面。

二是工作制度建设取得新进展。认真贯彻落实中央和省委有关加强县级人大工作和建设,推动基层人大工作规范化相关文件精神,结合实际制定街道人大工委向常委会报告工作制度,从制度上对街道人大工委作为常委会派驻街道工作机构的性质

和工作进行了明确和规范。在区九届人大常委会第十六次会议上，9个街道人大工委负责人向常委会报告工作。根据宪法修正案和监察法相关规定，及时修订我区组织宪法宣誓制度，对宪法宣誓的人员范围、组织者、宣誓誓词修改、新增奏唱国歌环节等作出明确和规范，进一步彰显宪法权威，激励和教育国家工作人员忠于宪法、遵守宪法、维护宪法。

三是对外宣传效果实现新提升。高度重视意识形态工作，以加强人大信息宣传工作为抓手，积极发出人民代表大会制度在婺城生动实践的“好声音”。在全区范围内大力宣传和推广“浙江人大”“金华人大”微信公众号，基本实现了区乡两级人大代表和工作人员全员关注，得到省市人大的肯定。制定做好人大信息宣传工作的制度措施，努力营造良好工作氛围。加强与宣传部门和新闻媒体单位的沟通联系，组织好典型推荐和稿件报送，努力提高人大工作的出镜率。一年来，在浙江新闻、浙江人大、金华人大等省市级媒体发表60多篇，选送推荐的城东人大工委通讯稿《人大代表问水通园溪》，荣获金华市人大“好新闻”三等奖，信息宣传工作位处全市人大第一方阵，婺城人大的社会影响力快速提升。

过去一年各项工作取得的成绩，得益于区委对人大工作的坚强领导和高度重视，得益于“一府一委两院”和社会各界的鼎力支持和密切配合，得益于区乡两级人大代表、全体人大工作者的团结协作和辛勤工作。

同时，我们也清醒地认识到，面对改革发展的新形势、依法治国的新要求和人民群众的新期待，常委会工作还存在不足之处，主要是代表主体作用的发挥还不够充分，依法监督的实效还不够明显，对乡镇街道人大的指导还不够有力，区乡人大工作和建设距离上级的要求还有一定差距。对此，我们将自觉接受人民群众的批评和监督，虚心听取代表和各方面意见，在今后的工作中切实加以改进。

2019年是新中国成立70周年，是人民代表大会制度建立65周年，是地方人大设立常委会40周年，是高水平全面建成小康社会的关键之年，也是实施“双城战略”开局之年。站在新的历史起点，今年区人大常委会工作的总体要求是：高举习近平新时代中国特色社会主义思想伟大旗帜，深入学习贯彻习近平总书记关于坚持和完善人民代表大会制度的重要思想，认真落实中央和省市区委重大决策部署，坚持党的领导、人民当家作主、依法治国有机统一，坚持政治机关、工作机关、代表机关一体担当，聚焦打赢“九场硬战”，紧扣实施“双城战略”，围绕“三个优先”发展计划，全力助推婺城经济社会高质量发展，努力为加快实现都市经济创新城、美好生活幸福城的奋斗目标提供有力保障。

一、聚力实现“婺城图强”，进一步助推婺城赶超发展。始终坚持在区委的领导下开展人大工作，把思想和行动统一到区委的决策部署上来，做到与党委同向、与政府同力、与人民同心，在围绕中心服务大局中争当践行“忠诚担当、拼搏实干、高效廉洁”的排头兵，在人大工作中唱响“担当赶超、婺城图强”主旋律。紧扣区委高质量建设都市经济创新城、高品质建设美好生活幸福城“双城战略”，立足人大职能助推区委“都市经济、科技人才、民生事业”三大优先发展计划实施。把服务企业服务群众服务基层工作纳入常委会年度监督重点的同时，发动辖区各级代表和人大干部深入基层、深入一线，切实帮助企业、群众、基层解决困难和问题，努力在深化婺城“家服务”品牌中展示人大的新作为。积极研究新形势下人事任免工作的特点规律，坚持党管干部和人大依法任免相统一，及时、规范做好各项人事任免工作，为婺城经济社会高质量发展提供坚实的人力保障。

二、助力打赢“九场硬战”，进一步发挥人大职能作用。大力助推婺城产业平台打造，围绕都市工业、都市农业、都市服务业发展积极建言献策，推动科创文创、高端服务业、智慧经济、智造材料、休闲旅游“五朵金茶花”在婺城大地绚丽绽放，助力打赢都市能级提升战。继续强化财政资金使用监管和政府性投资项目监督审查，推动政府性债务风险防范和化解。加大国有资产管理情况监督力度，深化重点领域政府投资绩效评价工作。坚持以服务改革发展大局为己任，联动开展促进民营经济高质量发展专项审议，听取和审议司法机关服务和保障民营企业健康发展情况报告、区法院关于企业破产审理情况报告,全面服务实体经济高质量发展,助力打赢实体经济翻身战。开展交通廊道建设视察,助力打赢交通廊道突击战。继续关注深化“最多跑一次”改革,助力打赢改革开放攻坚战。全员参与全国文明城市创建,助力打赢文明创建荣誉战。听取区政府关于省级生态自然保护区管理提升情况报告,联动推进生态环境保护相关法律执法检查活动,健全区乡两级生态环境报告制度,助力打赢生态环境保卫战。联动开展民生领域专项监督,加大2019年度民生实事项目实施监督力度,不断推动民生实事项目代表票决制有效落实,助力打赢民生改善持久战。高度关注行政村规模调整后村级组织运行情况,助力打赢基层治理巩固战。

三、全力服务“六大幸福城”,进一步提升人民幸福指数。围绕“花满婺城·幸福城”,听取区政府关于全域土地综合整治项目进展情况报告,对城中村改造、小城镇环境综合整治行动、和美乡村建设等工作开展调研和视察,动员代表带头参与和就近就便开展监督,推动城乡融合发展。围绕“婺城水·幸福城”,关注省级污水零直排区建设,加强对水安全、水环境、水生态、水经济4篇文章的调研,提出合理化建议,持之以恒助力生态环境治理,弛而不息推进美丽婺城建设。围绕“优学婺城·幸福城”,联动开展学前教育执法检查,持续关注基础教育重点县提升摘帽,大力推进教育现代化。围绕“健康婺城·幸福城”,继续紧盯食品安全工作,跟踪监督区人民医院等级提升工程,开展健康婺城创建工作调研。围绕“人文婺城·幸福城”,开展全国文明城市创建视察。围绕“平安婺城·幸福城”,继续加大规范性文件的备案审查力度,认真做好人大信访工作,抓好新制定、修订法律特别是金华地方性法规的宣传实施,加大执法检查力度,确保法规落地见效。听取区检察院关于公益诉讼的专项报告、婺城公安分局关于推行伤害案件中层领导主办机制的报告,视察江南公安分局智能防控建设工作情况。探索对监察机关的工作监督,制订常委会听取区监察委员会专项工作报告办法。适时对政府工作部门、法院、检察院开展工作评议,促进依法行政、公正司法。

四、强力推动代表工作,进一步突出代表主体地位。加大代表建议办理督查力度,坚持媒体定期公布办理情况,深化重点建议督办及办理情况二次评价,着力提高人大代表建议办理的质量和实效。对“正在办理”的区九届人大二次会议代表建议开展跟踪监督,不断提高代表建议的解决率和满意度。按照上级要求在区九届人大三次会议期间开展代表审议意见立提立办限时回复制度,让代表的建议意见及时得到回应。以硬件标准化、制度规范化、活动经常化、信息多样化和让代表满意、群众满意“四化两满意”为标准,深化人大代表联络站阵地建设。开展联络站管理员业务培训,培育政情咨询员、民情联络员两支队伍。积极探索闭会期间代表活动新形式,完善代表活动考核机制,推动代表活动经常化规范化制度化。组织农业农村领域的区人大代表开展专题培训,提升代表履职专业水平。进一步完善代表依法辞职和出缺代表补选工作,抓好人大代表履职考评、向选区选民述职等相关制度落实,激发代表履职激情与活力。继续做好在婺城的省、市人大代表的服务工作。

五、努力提升自身建设,进一步推动区乡人大工作。以机构改革为契机,优化人大机关机构设置,配齐配强工作力量。开展加强县乡人大工作和建设“四个文件”精神落实督查,贯彻落实省、市人大工作会议精神,协助区委召开一届一次的人大工作会议。突出常委会机关党的建设,完善党组中心组理论学习制度,把学习贯彻习近平总书记关于坚持和完善人民代表大会制度的重要思想和栗战书委员长关于重要思想“十个坚持”的系统概括,作为政治建设和理论武装的首要内容。深化人大调查研究,不断健全人大组织制度和工作制度,完善重大事项报告制度。做好意识形态工作,加强对人大制度和人大工作宣传,着力增强宣传实效。抓好“不忘初心、牢记使命”主题教育,举办常委会履职能力提升培训,不断提升常委会组成人员党性修养和综合素养。贯彻落实中央八项规定精神,强化纪律作风建设,严防“四风”反弹,提升人大工作效能。严格落实党风廉政建设主体责任和“一岗双责”,坚持政治导向、问题导向、群众导向、效果导向,与时俱进推动人大工作和建设,打造清朗健康的政治生态,营造清新崇廉的工作氛围，以加强“清廉人大”建设助推“清廉婺城”建设。

都市经济创新城、美好生活幸福城建设前景光明！让我们更加紧密地团结在以习近平同志为核心的党中央周围，在区委的坚强领导下，坚定信心、振奋精神，依法履职、砥砺前行，以优异成绩迎接新中国成立70周年，为“担当赶超、婺城图强”作出新的更大贡献！

婺城区人民政府工作报告

——在婺城区第九届人民代表大会第三次会议上

黄国钧

2019年2月15日

一、2018年工作回顾

过去一年,面对错综复杂的外部环境和艰巨繁重的改革发展任务,区政府在市委、市政府和区委的正确领导下,在区人大的依法监督和区政协的民主监督下,和全区人民一道,坚定信心、沉着应对、迎难而上,以"九场硬战""十大行动"为抓手,推动全区经济社会稳步协调发展,较好完成了区九届人大二次会议确定的目标任务。

一年来的工作,主要体现在以下8个方面:

(一)经济运行总体平稳。积极应对宏观形势挑战,实现区属地区生产总值282.2亿元,增长3.5%;财政总收入45.8亿元,增长8.4%,其中区级财政收入10.4亿元,增长0.8%;固定资产投资84.2亿元,增长4.1%;社会消费品零售总额339.6亿元,增长9.4%。三次产业结构比重调整为4.5:21.4:74.1。

工业经济稳中有进。规上工业总产值、增加值分别增长9.2%、7.3%。大力推进"两化融合""智能制造""企业上云",列入市级"两化融合"重点项目11个,万里扬"无级自动变速器"入围工信部智能制造示范试点项目,先创能源"智能锅炉物联网云平台"入围省级工业互联网平台培育项目,捷特包装"高强度结构材料弹药包装箱"入围省重点研发计划项目。深入实施"小微企业三年成长计划",新建小微企业园3个,新增"个转企"91家、"小升规"11家。大力实施对接多层次资本市场"尖峰行动",新增股份制企业6家、省股权交易中心挂牌企业9家。狠抓"品牌强区""质量强区",牵头制定"浙江制造"标准3个,新增省级名牌2个、市级8个。

现代农业提质增效。狠抓稳粮增收,提标改造粮食生产功能区539.47公顷,实现粮食播种面积9933.33公顷,总产量6.2万吨。实施安地镇、竹马乡特色农业强镇建设项目18个。农业主体不断壮大,新增农业龙头企业2家、省市示范性家庭农场4家。生态循环农业建设扎实推进,实施市级生态循环农业项目4个,创建省级美丽生态牧场14家,规模养殖场生态化改造提升全面完成,乌啦乌两头乌产业文化园加快建设。农业农村改革扎实推进,农村土地承包经营权确权登记颁证工作通过省级综合验收,农村宅基地及住房确权登记、林业股份制改革等试点启动,新一轮行政村规模调整顺利完成。

第三产业发展良好。商贸服务业加速集聚发展,江北核心商业街区功能进一步完善;深入开展"放心消费在婺城"行动,培育发展放心消费示范单位200家,180家企业承诺无理由退货。旅游业发展势头良好,巨龙温泉旅游度假村、喻斯生态旅游区获评国家AAA级景区,举办"港澳台学子走进金华和美乡村""农民丰收节"等系列活动,全区旅游人数、旅游收入均增长28%。房地产业平稳健康发展,完成经营性用地出让24.67公顷,保利大国璟、万固西江月等项目建设有序推进。

(二)重点平台不断夯实。开展"优资源、强平台、促发展"集中攻坚活动,平台综合承载能力持续提升。高铁新城建设驶入快车道。完成高铁新城城市设计初步方案编制,铁路新金华站投入使用,双龙北街综合整治提升工程全面完工。二七区块开发建设有序推进,铁路文化公园启动建设,解放西路改造全面完工,婺江西路优化改造、工人路、长山街等工程加快实施。婺城新城区产城融合发展全面深化。规划面积11平方千米的金华新能源汽车配套产业园项目启动，完成一期征地33.33公顷，拆除建筑2万余平方米。金华银行婺城支行、区消防大队新营房投入使用，马海路跨白沙溪大桥、金华电业局婺城生产基地主体完工。婺州城市广场完成破产重整。仙源湖旅游度假区开发力度加大。40.57平方千米扩容总规获省政府批复，平台空间全面拓展。紧扣“一心一轴一环三翼”文旅产业规划，全面开展招商推介。金华水上运动中心二期投入运营。梅溪流域综合整治基本完成。浙中信息产业园发展步伐加快。全面落实市区“数字经济十条”，实施数字经济发展三年行动计划，新华创新基地产业布局调整有序推进，城北区块信息产业集聚提升，婺星产业基地配套设施进一步完善，云安阁智慧信息产业园开园运营。

（三）城乡建设协调发展。文明城市创建成效明显。切实担起主城区之责，全面实施创建全国文明城市三年规划，首战当决战倾力做好创建迎检工作，集中组织城乡环境治理、精神文明提升“双十”行动，广泛开展“心连心共创建”等活动，城市品质和市民素质显著提升。城市有机更新步伐加快。“三改一拆”深入推进，改造旧住宅58.2万平方米、旧厂区18.6万平方米、城中村40万平方米，拆除违法建筑216.6万平方米。举全区之力开展“双1”清零行动，二七、城东等区块房屋征收遗留难题成功破解，完成上浮桥、鲍杨、后地、田里等区块集体土地房屋征收。在建棚改安置住房5400套。城市管理更加规范。启用智慧城管信息系统，城市管理资源进一步优化整合。道路管理和治堵保畅富有成效，严厉整治交通违法行为，新增机动车停车位2万个。镇村面貌持续改善。深入实施乡村振兴战略，启动“高水平推进农村人居环境提升三年行动”，实施小城镇环境综合整治项目183个，4个乡镇通过省级考核验收，2个乡获评省级样板；创建美丽宜居示范村2个、美丽乡村精品村13个、秀美村9个、A级以上景区村庄37个，竹马乡获评省级美丽乡村示范乡镇。大力开展“大棚房”专项清理整治。总面积866.67公顷的石道畈区块连片土地综合开发完成过半，美丽田园示范区、乡村振兴先行区“婺城样本”初具规模。基础设施日趋完善。330国道跨宾虹西路立交桥建成通车，衢江航运开发主体完工，金义东城际轨道进场施工313省道（45省道）、235国道金武快速路、杭金衢高速拓改二期、婺城莘畈至武义白姆公路等重点工程加快推进。“四好农村路”建设取得实效，完成农村公路大中修60千米。

（四）发展动能持续增强。改革全面深化。“最多跑一次”改革深入实施，大力推广“一窗受理、集成服务”，政府职能部门“八统一”事项标准化工作全面完成，主要服务事项实现“中心全进驻”“无差别全科受理”，网上办事100%全覆盖，67%的民生事项实现“一证通办”；赋码备案的一般企业投资项目实现开工前审批“最多100天”；实施“标准地+承诺制”改革，成功出让“标准地”8宗。“亩均论英雄”改革不断深入，完成亩均税收1万元以下低效企业出清60家，关停“低散乱”企业（作坊）150家，盘活闲置低效用地72.93公顷，消化批而未供土地72.73公顷。商事制度改革持续推进，“工商通办”“多证合一”事项拓展至27个，常态化企业开办时间压缩至4个工作日。政府机构改革全面完成。项目稳步实施。全面实施投资新政，大力推进“十大工程项目”“十大产业项目”，全省集中开工及省、市重点项目开工率、投资完成率均达100%。交通运输投资完成16.4亿元，增长22.6%；民间投资完成52亿元，增长16.9%；生态环境和公共设施投资完成9.6亿元，增长22.3%；高新技术产业投资完成8.1亿元。开放纵深推进。招商引资力度加大，完成“招商地图”编制，引进浙（婺）商回归项目38个，到位资金19.8亿元；内资项目39个，到位资金21.6亿元；实现外贸进出口总额54.1亿元，增长31.5%。全球揽才号角全面吹响，发布人才新政22条，开展“智汇婺城全球引才”“百企万岗进校园”等活动，引进海外院士1名、国家“千人计划”专家4名，新增“万人计划”“双龙计划”等省市领军人才7名。加强与吉林省四平市铁西区的对口合作。创新力度加大。金义科创廊道婺城区块建设规划编制完成，金华科技城共建有序推进。“婺城汽车变速器及车辆齿轮产业创新服务综合体”获市级认定。获批各级科技立项18项，新增国家高新技术企业10家、省级科技型中小企业51家、省高新技术研发中心4家。顺利通过“省知识产权示范区”复核验收。婺城籍科学家龚晓南、徐日庆、吴文传分别获国家科技进步奖一等奖，万里扬股份有限公司获国家科技进步奖二等奖。

(五)生态建设成效明显。环保督察成果深化巩固。全面完成中央环保督察、国家饮用水源专项督查、城市黑臭水体专项督查、省级环保督察交办问题整改，扎实推进第二次全国污染源普查，强势开展十大行业专项整治，全区生态环境质量公众满意度全省排名提升30位。生态廊道建设扎实推进。金华江、洪源溪、长湖水质改善工程全面完工，婺窑小镇、琅峰印象、白沙文化主题公园建成开园，长山国际设计走廊完成供地，新建廊道沿线彩色林带6.1千米、绿道15千米。创建省级森林城镇2个、市级森林村庄15个，完成植树造林6779亩。“五水共治”持续发力。打响碧水保卫战，琅琊镇、金轮小区、印染小区“污水零直排区”建设试点通过省级验收，莘畈溪创建市级“美丽河湖”，实施临江污水处理厂二期扩容工程，完成河道整治8.2千米、清淤345万立方米，沙金兰等饮用水源涵养生态功能区建设深入推进，安地水库、九峰水库创建市级合格规范饮用水源保护区，全区交接断面水质保持稳定，勇夺“大禹鼎”。大气污染防治卓有成效。打响蓝天保卫战，集中开展治污减排、降尘抑尘等八大行动，燃煤锅炉、煤气发生炉淘汰改造全面完成，关停一批涉挥发性有机物“散乱污”企业，空气质量优良率达84.5%，PM2.5浓度降至34微克/立方米。治土治废有序开展。打响净土保卫战，深入开展重点行业企业用地土壤污染状况调查，细致抓好污染地块治理；第二生活垃圾焚烧发电及飞灰填埋项目顺利开工，打造了破解“邻避效应”全省样板；城区生活垃圾分类覆盖率扩大至80%，垃圾处理体系进一步完善。

(六)社会事业全面进步。教育改革发展步伐加快。推进中小学布局优化调整，优质教育资源覆盖面进一步扩大。教学硬件设施不断完善，投入2.8亿元实施教育基建工程12个，完成25所学校维修改造，金师附小凤山校区投入使用。启动发展学前教育第三轮行动计划，新改建幼儿园6所，撤并幼儿园13所，公办幼儿园实现乡镇全覆盖。中小学教师“县管校聘”管理改革及“名师名校长”工程深入推进，新增省特级教师3名，师资水平全面提升。公共文化事业亮点纷呈。大力实施公共文化“十百千”工程，完成2个重点乡镇(街道)、17个重点村(社区)建设。金华四中、环城二小“24小时悦读吧”投入运营，新建、提升农村文化礼堂30家，举办文明创建、乡村振兴、改革开放等大型主题文化活动46场。“农民微圈”信息服务“百事通”工程获评国家级“民生示范工程”、省级“宣传思想文化工作创新奖”。“健康婺城”建设扎实推进。出台《健康婺城2030实施纲要》。实现省级卫生乡镇全覆盖，创建省级卫生村46个，区人民医院新院区投入使用。妇幼健康和计生服务保障持续加强。完成10个小康体育村提升工程，成功举办“中国山水四项公开赛”“中国围棋甲级联赛”“浙江省毅行大会”等43项体育赛事活动，婺城籍运动员勇夺全国田径冠军赛女子1500米冠军。

(七)民生保障更加有力。城镇、农村居民人均可支配收入均增长9.5%。社会保障体系日益健全。新增被征地农民参保700人，大病保险政策全面实施，城乡居民养老保险基础养老金增长20%。新建居家养老服务照料中心31家，区福利中心“公建民营”项目启动实施。发放各类救助款3357万元。就业基础不断夯实。推进就业公共服务体系建设，新增就业5946人，完成农村劳动力培训1383人，城镇调查失业率和登记失业率分别控制在5%和3.5%以内。扶贫工作成效明显。启动“低收入农户高水平全面小康计划”，实施山区扶贫项目18个，完成“一亩山万元钱”辐射推广面积220公顷，发放来料加工费2.4亿元，蒋堂移民新村二期开工建设。全区所有行政村实现年收入超10万元，104个省定薄弱村全面完成“消薄”任务。社会保持和谐稳定。坚决捍卫国家政治安全，深入开展扫黑除恶专项斗争，圆满完成“进博会”、各级“两会”等安保任务，公共区域视频监控实现全覆盖，连续13年获评省级“平安区”。“七五”普法深入实施，法治阵地建设实现区、乡、村全覆盖；区社区矫正中心投入使用，在全省首推“码上矫正”信息化立体管教平台，监管效能明显提升。健全预防和化解社会矛盾机制，一批突出信访问题得到有效化解。坚决打好金融风险防控攻坚战，加快处置企业“两链”风险和银行不良贷款，有序推进政府隐性债务风险化解。安全生产形势平稳向好，生产安全事故、火灾事故起数同比分别下降56%、6.1%；在全省率先开展农村道路交通信息化建设试点，创新“两站两员+网格化+信息化”交通安全管理模式，交通事故起数和死亡人数同比分别下降61.1%、14.3%。完善食品安全监管机制，获评省级“食品安全区”“农产品质量安全放心县”“放心粮油示范县”。进一步提升防灾减灾和应急处置能力，全省应急联动2018实战演练在婺城举行，区综合应急指挥中心全面启用，建成规范化避灾安置点45个，整治农村C级危旧房2634户，提前完成地质灾害隐患点三年清零任务。

（八）*政府建设得到加强*。牢固树立“四个意识”，坚定“四个自信”，做到“两个维护”，坚决贯彻上级党委政府和区委的各项决策部署。深入开展“信义和美、拼搏实干、共建图强”新时代金华精神大讨论和“不忘初心，牢记使命，当好新时代婺城答卷人”大调研等活动，切实转变作风、大抓落实。大力推进政府工作规范化、程序化、法治化，依法行政水平进一步提升。深化政务公开，发布政府信息9521条，依申请公开及时答复率达100%。及时办理人大代表建议205件、政协委员提案263件，满意率分别达99.02%、99.6%。以省委机动式巡视整改为契机，全面抓好政府系统党的建设，认真履行区政府党组全面从严治党主体责任，深化应用监督执纪“第一种形态”，营造良好党风政风。“两送两增”企业大走访满意率全市第一，帮扶三联集团等企业顺利解困；率先在全市启动“心连心、暖人心、共图强”“三服务”活动，打响“婺城·家服务”品牌。

人民武装、文物保护、民族宗教、慈善、外事、侨务、对台以及工青妇、双拥、老龄、残疾人、红十字等各项事业都取得新的成绩。

回首一年来，工作忙忙碌碌，日子酸酸甜甜，大家都非常辛苦，各级干部都非常给力，政府的工作赢得了全区人民的关心、支持和理解，也收获了更多更好的成绩！我们深深体会到：

惟其艰难，方显勇毅。发展从来没有平坦大道，总是伴随着艰难险阻，但再大的困难，都不能阻挡我们前行的步伐。我们婺城人务实肯干的精神永不消褪，敢为人先的勇气永不消褪，创先争优的胆识永不消褪。当前，正着高水平全面建成小康社会的关键时期，大业在前、民心所向，保持定力、勇破荆棘，没有意志不行，没有坚持更不行。有困难，上；有责任，扛；有软肋，强。赶超发展、不辱使命，坚韧不拔、勇于担当，最是良方。

惟其笃行，弥足珍贵。婺城多年来取得的发展成就，不是吹出来、喊出来的，是实实在在干出来的。我们要真诚做事、诚信服务，凡确定的事、安排部署的工作，必须不折不扣落实到底，严格履行向人民作出的庄严承诺。要主动应对新形势新任务新要求，敢于摆脱定势、突破常规，用创新的思维探索新路，用创新的胆略突破瓶颈，用创新的举措克难攻坚，在落实中见功夫、见智慧、见担当，干出成效、干出气势、干出信心。

惟其磨砺，始得玉成。只有经历过困难艰险的打磨才能像块玉一样琢磨成器，显示出非凡的美丽。广大干部在“双1”清零、重大项目建设等攻坚中得到锤炼，埋头苦干、勤奋工作正在成为大家的自觉行动，不甘落后、争先竞位正在成为大家的思想共识。我们要看到这样的精气神来之不易、延续不易，只有打造再打造、提升再提升，才能真正将其凝聚成一股强大的正能量，辐射人人、激增倍长，鼓舞我们用一腔热血、一份情怀和一身担当去谱写共建图强的壮丽诗篇。

过去一年，婺城区在现代化都市核心区建设的道路上迈出了坚实步伐，成绩令人鼓舞。这是市委、市政府和区委正确领导的结果，是区人大、区政协和社会各界全力支持的结果，是全区人民创业创新、奋力拼搏的结果，也是历届区委、区政府打下坚实基础的结果。

在充分肯定成绩的同时，我们也清醒看到，在前进的道路上还存在很多困难和问题，主要表现在：经济总量不大、结构不优、增长不快的现状没有根本改变，土地、资金、人才、机制等要素制约仍然突出；作为金华中心城区的首位度不高、能级不强，城市有机更新任务艰巨；发展不平衡不充分问题仍较突出,城乡统筹任重道远;生态环境领域短板不少,污染防治需持续发力;优质公共服务供给仍显不足,发展软实力没有真正形成;平安建设与新时代要求还有差距,基层治理水平需进一步提升;少数干部责任意识、大局意识不强,不担当、不作为现象时有发生,党风廉政建设仍需常抓不懈。对此,我们一定高度重视,采取更加有力的措施,认真加以解决。

二、2019 年目标任务和重点工作

2019 年是新中国成立 70 周年，是高水平全面建成小康社会关键之年,也是实施“双城”战略开局之年,做好今年工作至关重要。必须清醒看到,宏观经济运行不确定不稳定因素增多,但长期向好的基本面没有改变,改革红利将不断释放;我区正处在转型跨越的关键阶段,区域经济激烈竞争和生态环境建设的倒逼动力不断增强,现代化都市核心区建设的发展动能不断凸显。我们要深刻领会习近平总书记关于重要战略机遇期的科学论断,在用好机遇中乘势而上,在拼争抢创中赶超发展,努力走在“打造增长极、共建都市区、当好答卷人”的前列,用实干实绩续写“八八战略”婺城新篇章。

今年政府工作的总体要求是:高举习近平新时代中国特色社会主义思想伟大旗帜,全面贯彻落实党的十九大、十九届二中、三中全会和省委、市委、区委全会精神,不辜负习近平总书记对浙江的新期望、对金华的 14 次讲话要求，坚持稳中求进总基调,推进“八八战略”再深化、改革开放再出发,以“九场硬战”为主抓手,围绕“调结构、增动能、稳企业、防风险、优环境、惠民生”主线,唱响“担当赶超、婺城图强”主旋律,大力实施“都市经济创新城、美好生活幸福城”战略,突出“都市经济、科技人才、民生事业”3 个优先,着力平台提质、转型升级、改革创新、环境改善、生活美好、基础保障,为高水平全面建成小康社会收官打下决定性基础,以优异成绩迎接中华人民共和国成立 70 周年。

综合考虑内外部各种因素，建议 2019 年国民经济和社会发展的主要预期目标为:地区生产总值增长 6.5%左右，一般公共预算收入增长 6.5%左右，固定资产投资增长 20%以上,交通投资、生态环境和公共设施投资、高新技术产业投资、民间投资等 4 个结构性指标增长 10%以上,社会消费品零售总额增长 9%左右，城乡居民收入增长与经济增长基本同步,城镇登记失业率控制在 3.5%以内,节能减排指标完成省市下达目标任务。

为实现上述目标,我们将着力抓好以下六方面工作：

(一)着力平台提质,优化拓展都市空间

持续打好都市能级提升战,大力实施“金茶花”计划和工业“百千万”计划,开展 2019 年“双 1”行动,深化“优资源、强平台、促发展”集中攻坚,全面提升城市综合承载力和辐射带动力。

城市平台提能级。高质量完成高铁新城规划,做好新城控规编制和重点区域城市设计;推进二七区块开发,加快建设铁路文化公园,婺江西路、工人路、长山街等道路全面建成通行,实施连片改造、整合提升,打造金华“城市会客厅”。推进城北工业园区“退二进三”,金华电子商务创业园二期、科贸文创园二期、贝乐产业园投入运营;以浙师大经济圈、婺城科创园建设为重点,加速西二环轴线科创文创产业布局,打造金华“靓丽北大门”。强势开展西郊等重点区块房屋征迁清零行动,集中攻坚,拔钉清障,全面推进。

工业平台强拓展。实施“工业平台双千工程”,拓展工业平台 66.67 公顷,项目落地 66.67 公顷。推进土地节约集约利用，消化批而未供土地 66.67 公顷，完成低效用地再开发 34.67 公顷，盘活总部楼宇、闲置资产 10 万平方米以上。深入谋划婺城新城区发展规划,整合提升临江区块,加快开发龙蟠、界首、栅川区块,推进新能源汽车配套产业园建设,与金华新能源汽车产业园实现联动错位发展。改造提升乡镇工业功能区,推进与园区联建共享,增强产业集群发展承载能力。

农旅平台抓提升。依托金华山旅游经济区和仙源湖旅游度假区，整合西南 7 个乡镇和古子城、竹马等板块,大力发展康养旅居、休闲旅游等新业态,打造全域旅游示范区;举办“农民丰收节”“婺百碗”旅游美食推广等系列活动,力争旅游人数、旅游收入均增长 30%以上。加速拓展仙源湖旅游度假区开

发空间，完成核心区首期控规编制，不断完善园区基础设施。以长山国际设计走廊建设为重点，加快打造“南山国际慢城”。深化农业供给侧结构性改革，打造万亩油茶等七大万亩平台。全面完成石道畈连片土地综合开发，垦造耕地2000亩133.33公顷，打造全域土地综合整治示范区。

基础设施促完善。持续打好交通廊道突击战，加快推进313省道(45省道)、235国道金武快速路、杭金衢高速拓改二期、金义东城际轨道、衢江航运开发等工程，推动与长三角城市群、都市区各城市主体的快速连接；启动解放西路西延、婺江西路西延、南山大道、S221省道(婺城段)前期，武义江大桥改建、双溪西路西延及下穿公铁立交主体完工，持续打通一批断头路、瓶颈路；抓好“四好农村路”建设，改造农村公路6.67公顷，提升完善南部山区路网。加强电网建设，开展新一轮城市电力专项规划编制，启动110千伏对岳变、江家变电站建设，完成江北区块、龙蟠区块线路网架提升工程。

(二)着力转型升级，大力发展都市经济

持续打好实体经济翻身战，全力推动工业、农业、服务业向现代化、都市型转型。

大力发展都市工业。全面融入金华市“中国制造2025”示范区建设，以智能化、网络化、数字化为引领，不断提升制造业整体竞争力，力争规上工业总产值、增加值分别增长15%、12%。加快新旧动能转换，推进传统产业改造提升，大力发展智能制造、新材料、生物健康等新兴产业，重点推进智能制造小镇、聚新科技、金晟照明等项目建设，加快集聚一批领军企业和关键配套企业。培育优强企业梯队，深入实施对接多层次资本市场“尖峰行动”，新增股改企业、上市挂牌企业各6家；扎实推进“雄鹰行动”“雏鹰行动”，新培育产值20亿元和10亿元以上企业各1家，新增“小升规”企业10家、“专精特新”入库企业90家，新建小微企业园5个。坚定贯彻“两个毫不动摇”，关心民营企业家健康成长，着力构建“亲清”新型政商关系，不断优化营商环境。

大力发展都市农业。以都市市场需求为导向，大力发展高集约化、多功能、复合型的农业经济新业态。全面落实粮食安全责任制，确保粮食供给安全。推进农业“两区”“一区一镇”建设，积极创建“一二三产业深度融合现代农业园区”，新建都市休闲农业园10家。加快培育一批“农创客”“农二代”和产业带头人，新增市级农业龙头企业1家，培育新型职业农民120名。大力发展无公害、绿色农产品，打响塔石高山蔬菜、箬阳有机茶等优质生态品牌，新增“三品一标”认证农产品7个，争创省级“农业绿色发展先行示范项目县”。加快畜牧业转型升级，乌啦乌两头乌产业文化园一期建成，创建省级“畜牧业绿色发展示范区”。

大力发展都市服务业。加快多业态跨界融合，大力发展高附加值、高层次、知识型的生产性服务业和生活性服务业。实施总部经济提质增效行动计划，以新华创新基地产业布局调整为重点，着力引进和培育一批总部企业。实施商业中心提档升级行动计划，积极打造新型购物中心、商业街区、商业综合体，创建西市街“放心消费示范商圈”；推进婺城新城区万泰城市广场、新宇宏腾生活广场运营，加快提升商业核心圈人气商气。深入实施数字经济发展三年行动计划，高质量发展浙中信息产业园“一区八园”，在大数据、云计算、人工智能、物联网赋能实体经济上发力，实现数字经济产值70亿元，打造全省数字经济先行区。促进房地产业平稳健康发展。

(三)着力改革创新，全面增强发展动能

持续打好改革开放攻坚战，深入贯彻习近平总书记在庆祝改革开放40周年大会上的重要讲话精神，努力把改革之路走得更快、开放之门开得更大、创新之势蓄得更足。

增强政务提效推动力。坚持将“最多跑一次”改革进行到底，所有政务服务事项实现“一窗通办”“无差别全科受理”，60%以上服务事项实现“掌上办理”，70%以上民生事项实现“一证通办”。持续发力“标准地+承诺制”改革，80%的新批工业用地按“标准地”供地。深化企业投资项目制度改革，推行“区域能评、环评+区块能耗、环境标准”改革，实行重大项目“容缺审批”和“代办制”，实现企业投资项目开工前审批“最多90天”。深化工程建设项目审批制度改革，实现“政府项目最多80天”“企业项目最多40天”。全面实施行政审批事项“证照分离”改革。深入开展“三服务”活动,建立以“服务率”“解决率”“满意率”为核心的干部绩效评价体系,进一步打响“婺城·家服务”品牌。

增强机制优化内动力。继续推行领导领办、难题周报、联合督查等项目落地、推进机制,狠抓“十大重点项目”“省市县长项目工程”实施,持续扩大有效投资。进一步完善婺城新城区、仙源湖旅游度假区管理体制和运行机制,全面提升园区发展水平。深化投融资体制改革,持续推进国企改革,引导江城投资、宾虹建设投资等国企集团做大做强,提升国有资本、国有资产统筹运营能力。

增强产业转型拉动力。坚持以供给侧结构性改革为主线不动摇,努力在“巩固、增强、提升、畅通”上下功夫。深化“亩均论英雄”改革,扩大综合评价范围,推广“提升亩均效益十法”,基本出清亩均税收1万元以下企业,规上工业企业亩均税收、亩均增加值均增长8%以上。巩固“三去一降一补”成果,淘汰落后产能涉及企业8家,整治提升“低散乱”企业(作坊)30家。完善农村基本经营制度,统筹推进农村土地制度、集体产权制度、“三位一体”农合联改革,不断激发农村发展新活力。

增强招商招才带动力。主动融入长三角一体化国家战略,积极对接“一带一路”、长江经济带、环杭州湾大湾区、“义甬舟”开放大通道,借势借力推动高质量发展。完善招商机制和招商架构,整合商会、乡贤会、联谊会等资源,开展更加精准有效的招商对接活动,引进内资22亿元、浙(婺)商回归19亿元、外资1500万美元。积极应对中美贸易摩擦,落实好省“外贸10条”,力保市场份额不降低。加大招才引智力度,用足用好人才新政22条,大力实施“婺星回归”“院士智力集聚”等工程,举办婺城乡贤大会,力争引进海内外高层次人才100名,其中国家级、省级领军人才6名,努力打造人才生态最优区。

增强科技创新驱动力。以金华创建“国家创新型城市”为契机,以共建金义科创廊道、金华科技城为重点,全面融入G60科创走廊建设,全力打造“产学研用金、才政介美云”十联动创业创新生态圈。大力实施科技型企业“三倍增”计划,新增国家高新技术企业10家、省科技型中小企业50家、市级以上科技孵化器2家。加大技术改造力度,实施市级以上技改项目18个、科技项目10个。推进“婺城汽车变速器及车辆齿轮产业创新服务综合体”建设,打造行业内有影响力的创新服务平台。实施“标准化+”三年行动计划和质量品牌提升行动,力争规上企业采标率达65%以上,牵头制定“浙江制造”标准4个。

(四)着力环境改善,提升生态宜居品质

持续打好生态环境保卫战,大力实施全域环境整治提升,高水平推进“花满婺城”建设。

让花卉之乡更富盛名。启动“花满婺城”规划编制,以城市花漾街区、田园山林花海、花旅综合体、花卉特色村落为主要形态,打造大花园、美丽集镇、和美乡村升级版,打响“花满婺城·幸福城”品牌。将花卉苗木产业规划与城市景观规划、旅游规划通盘考虑、整体设计,精心打造竹马茶花、安地桂花、雅畈杜鹃花等特色区块,建设“花满人家”2万家,力争花博园核心区块完工,推动花卉绿植等景观资源串珠成链、形成规模,做大做强“美丽经济”,打造长三角花卉休闲产业示范区。

让全域环境更加靓丽。坚持以“花满婺城”撬动全域环境整治提升。深耕老城更新,改造城中村21万平方米、老旧小区30万平方米、沿街立面20万平方米、背街小巷10条,完成安置房建设30万平方米,打造城市有机更新可持续发展示范区。加强城市花景立体营造,打造1条区级风情大道、18个乡镇(街道)花漾街区。持续抓好小城镇环境综合整治,确保所有乡镇通过省级考核验收,努力争创省级示范镇。高举乡村振兴大旗,推进“和美乡村示范区”创建,因地制宜打造“一村一景”“一村一韵”,创建美丽乡村精品村5个、秀美村10个、A级以上景区村庄18个。实现村庄规划全覆盖。以省级“无违建区”创建为抓手,深入推进“三改一拆”“治危拆违”“大棚房”清理整治,健全防违控违长效机制,实现“基本无违建乡镇”全覆盖。推进“金华南山省级自然保护区”“婺城九峰省级湿地公园”“塔石梨树源省级森林公园”创建,提升森林资源保护水平。

让生态发展更可持续。持续打好污染防治攻坚

战，以“省级生态文明建设示范区”创建为统揽，以巩固中央、省级环保督察成果为重点，深入推进蓝天、碧水、净土、清废四大行动。实施蓝天保卫战三年行动计划，开展降尘抑尘、废气减排等专项行动，推进能源、产业、运输、用地四大结构优化调整，不断改善空气环境质量。持续抓好“五水共治”，深化落实“河湖长制”，有序推进“污水零直排区”建设，白沙溪争创市级“美丽河湖”，临江污水处理厂二期扩容工程完工，加强水源涵养生态功能区管理和保护，加快建设金华江-武义江、梅溪、白沙溪、桐溪、莘畈溪、北山水系等生态廊道精品线，打响“婺城水·幸福城”品牌。狠抓固废全过程闭环式管理和危废存量清零动态化管理，确保危废无害化处置率达100%，城区垃圾分类覆盖面达90%。

（五）着力生活美好，提供优质公共服务

持续打好民生改善持久战，加快推进城乡基本公共服务均等化、标准化、一体化，擦亮教育、人文、健康“金名片”。

实施“优学婺城”建设行动。大力推进省教育基本现代化区创建，完成基础教育重点县提升脱帽，高标准办好“婺城教育节”，打响“优学婺城·幸福城”品牌。均衡发展义务教育。进一步优化调整中小学布局，积极推进城乡学校组团式发展，持续扩大优质教育资源覆盖面。深入实施“名师名校长”工程，加强教师梯队培养和轮岗交流，不断提升整体师资水平。深化“双堂双进”“家校合作”等教育模式，做强德育特色品牌。办好“四点半学校”，着力破解放学后学生管理难题。优质发展学前教育。深入实施发展学前教育第三轮行动计划，开展小区配套幼儿园专项整治，区实验幼儿园投入使用，加快建设安地镇中心幼儿园。扶持发展职业教育、民办教育。积极发展社区教育、老年教育，争创“浙江省学习型城市”。实施7个重点教育基建工程，完成金华四中扩建，启动建设一所义务教育段学校。

实施“人文婺城”建设行动。文化是婺城最美的底色，要把文化建设作为展示特色、提升区域竞争力的重要抓手，努力打造文化强区，打响“人文婺城·幸福城”品牌。加强文化传承创新，狠抓历史文化资源保护和开发利用，扶持壮大“互联网+”文化企业，扩大婺文化的实力、魅力、影响力。加强文化惠民服务，组织好庆祝新中国成立70周年等重大主题活动，持续开展文化走亲、送戏下乡、全民阅读等系列活动，做强“视觉婺城”“书香婺城”等特色品牌；继续举办“草根奖”，为突出贡献人士颁发“金茶花”奖，选树一批“担当赶超、婺城图强”典型人物。巩固和拓展基层文化阵地，推进文化重点镇、村建设，新建农村文化礼堂25个，形成“社区15分钟文化圈”“农村30分钟文化圈”。持续打好文明创建荣誉战，以“我爱婺城，市民参与年”为突破口，推进基础设施、市民素质、城市管理三大提升行动，开展“星级文明社区”创建评比，抓好移风易俗等四项工作，破解牛皮癣等十大城市管理顽疾，不断提升城市文明程度。

实施“健康婺城”建设行动。深入实施“大健康”战略，打响“健康婺城·幸福城”品牌。加快医疗卫生事业发展。加强基层医疗卫生机构软硬件建设，区妇计中心新业务大楼、5个街道社区卫生服务中心投入运营，积极打造“一院一品”特色专科，形成“15分钟医疗卫生服务圈”。深化公立医院综合改革，推进卫生信息化建设，完善“双下沉、两提升”长效机制，高水平构建“医联体”，不断提高医疗服务水平。推进体育事业发展。实施10个小康体育村提升工程，实现全民健身广场中心村全覆盖，推进公共体育设施和学校体育场地设施向社会开放工作，形成“15分钟健身圈”。继续办好“中国山水四项公开赛”等赛事活动，进一步提升品牌赛事影响力。

（六）着力基础保障，推进社会和谐发展

坚持以人民为中心，关切安居乐业，守住民生底线，形成有效的社会治理、良好的社会秩序。

加强治理安民。深化平安婺城建设，认真贯彻《中国共产党政法工作条例》，创新发展“枫桥经验”，暂夺星级平安金鼎，打响“平安婺城·幸福城”品牌。持续打好基层治理巩固战，深化“基层党建+社会治理”，发挥“基层治理四平台”全科网格作用，着力构建共建共治共享的社会治理格局。深入开展扫黑除恶专项斗争，依法打击和惩治违法犯罪活动，深化“雪亮工程”和“天罗地网”监测防控系统建设，确保社会安定、百姓安宁。持续打好金融风险防控攻坚战,加大政府债务风险、“两链”风险化解力度,严厉打击逃废债行为,推进P2P网络借贷风险处置,坚决守牢金融稳定底线。扎实推进“七五”普法,积极创建民主法治村(社区),不断完善公共法律服务体系。有效推进政府购买人民调解服务工作,妥善处置各类矛盾纠纷,加强信访积案化解,争创省“无信访积案区”。做好新中国成立70周年等安保工作。严格落实安全生产责任制,全力抓好生产、消防、交通、食品药品、网络信息等领域安全工作,加强应急联动处置,有效防范和坚决遏制重特大事故发生。

攻坚扶贫富民。持续打好精准脱贫攻坚战,全力推进城乡居民收入、农村集体经济收入双增长,重点解决好实现“两不愁三保障”面临的突出问题。全面实施“低收入农户高水平全面小康计划”,支持发展特色种植、农村电商、光伏发电、来料加工等富民产业,全面推广林下经济产业模式,低收入农户收入增长15%;狠抓下山移民工作,力争蒋堂移民新村二期主体完工。深入推进消除集体经济薄弱村工作,因地制宜实施股份合作、资产盘活、利益联结、共建开发等模式,切实增强村集体“造血”功能。继续做好行政村规模调整后续工作。

筑牢保障惠民。加强全方位公共就业服务,抓好高校毕业生、农民工、退役军人、城镇困难人员等重点人群的就业创业,力争新增就业1万人、失业人员再就业1800人。持续开展“婺城无欠薪”行动,擦亮“无欠薪”品牌。加快推进社会保险扩面提质,基本养老保险参保率达92%。深化医保制度改革,全面落实医疗保险市级统筹工作,实现市内就医报销“无异地”。加快构建多层次养老服务体系,积极鼓励民间资本兴办养老机构,创建示范型居家养老服务照料中心15家,区福利中心投入运营。健全社会救助机制,区康复护理院和残疾人康复托养中心投入运营。

支持人民武装、文物保护、民族宗教、慈善、外事、侨务、对台、工青妇、双拥、老龄、红十字等事业发展。

三、加强政府自身建设

推进政府转型、构建现代国家治理体系是改革所趋、发展所需、民心所向。我们将始终把发展使命扛在肩上,始终把群众期待牢记心头,积极践行“忠诚担当、拼搏实干、高效廉洁”总要求,切实营造有利于高质量发展的市场环境、法治环境和政务环境,努力打造人民满意政府。

要科学施政,解放思想争一流。深入贯彻落实党的十九大精神,自觉用习近平新时代中国特色社会主义思想武装头脑、指导实践。用心领悟“干在实处永无止境,走在前列要谋新篇,勇立潮头方显担当”的深刻内涵,坚持以“八八战略”为总纲领、总方略来谋划重大战略、制定重大政策、部署重大任务、推进重大工作。科学研判新时代婺城发展的新阶段和新使命,深入开展大学习、大讨论、大调研活动,全面推进思想创新、方法创新、制度创新,大胆破除制约高质量发展的坛坛罐罐,不断续写“八八战略”婺城新篇章。

要高效勤政,奏响实干最强音。狠抓政府“两强三提高”建设,广泛开展“平台大拓展比担当、产业大招商比贡献、项目大会战比血性、基层大服务比作风”的“四大四比”活动,以奋发有为的精神状态、勤勉务实的工作作风,拼争抢创、扎实做事、久久为功。健全抓落实的“指标、工作、政策、评价”四大体系和“块抓条保”工作机制、“137”快速落实机制,确保说一件、干一件、成一件,形成“滚雪球”效应。加强督促检查和绩效管理,集中整治“慵懒散”,全面打通“中梗阻”,切实提高执行力、战斗力。建立健全正向激励和容错纠错机制,为敢闯敢试者撑腰,给改革创新者鼓劲,营造想干事、会干事、干成事的良好氛围。

要依法行政,转变作风拼服务。深化法治政府建设,不断增强依法履职能力。严格落实政府常务会议学法、行政首长出庭应诉、“三重一大”等制度,健全重大决策公众参与、专家论证、风险评估、合法性审查等机制,切实按照法定权限和法定程序行使权力、履行职责。支持检察机关依法提起公益诉讼。规范婺城政务服务网运行,全面深化“五公开”,增强政府工作透明度。认真执行区人大及其常委会的决议决定,自觉接受人大监督和政协民主监督,及时办理人大代表建议意见和政协委员提案,广泛听取各民主党派、工商联、无党派人士、各人民团体和社会各界的建议意见。

要廉洁从政,从严管理抓队伍。持续打好清廉婺城推进战,紧扣基层党建“两个全面”,坚定“两个维护”,强化“四个过硬”,统筹用好“四项监督”力量,着力营造风清气正良好政治生态。巩固拓展省委机动式巡视整改成果,深入推进政府系统党风廉政建设和反腐败工作,切实履行区政府党组全面从严治党主体责任,认真落实“一岗双责”,持续推进“不担当不作为”专项整治、“三清理一规范”专项行动,认真贯彻落实中央八项规定及其实施细则精神,驰而不息纠“四风”正作风,力戒形式主义、官僚主义。全力支持纪检监察机关履行职责,充分发挥审计监督作用,加强工程建设、政府采购、公开招投标等重点领域环节监管,严厉查处违法违纪行为。坚持集中财力办大事,加强政府资金使用监管,严控“三公”经费支出,消减一般性公务支出5%以上。

光荣的使命鼓舞我们砥砺奋进,人民的期盼鞭策我们勇往直前。婺城必须要崛起,也必然会崛起。让我们更加紧密团结在以习近平同志为核心的党中央周围,在上级党委政府和区委的坚强领导下,坚定信心、主动作为,担当赶超、奋发图强,为高质量建设“都市经济创新城”、高品质建设“美好生活幸福城”而努力奋斗!

中国人民政治协商会议第四届婺城区委员会常务委员会工作报告

——在政协第四届婺城区委员会第三次会议上

张茹先

2019年2月4日

2018年工作回顾

一年来,区政协常委会在中共金华市婺城区委的坚强领导下,坚持以习近平新时代中国特色社会主义思想为统领,认真学习贯彻中共十九大和习近平总书记系列重要讲话精神,深入贯彻落实区委各项决策部署,围绕中心、服务大局,较好地发挥了政协优势和职能作用,为推动我区高水平全面建成小康社会、高水平建设现代化都市核心区做出了积极贡献。

一年来,我们主要抓了以下几方面工作:

一、坚持政治引领,共同思想政治基础更加巩固

坚持理论先导,注重引领,把好方向,广泛凝聚思想政治共识,为中心工作构筑最大同心圆、汇聚最强正能量。

*把思想政治建设放在首位。*建立党组会议、主席会议、常委会议专题学习制度,全年共组织学习48次。常态化召开主席会议、常委会议、读书会、政协机关干部会议,深入学习习近平新时代中国特色社会主义思想、习近平总书记系列重要讲话精神。政协大讲堂专门邀请专家宣讲十九大精神,开展"习近平总书记关于加强和改进政协工作的重要思想"专题讲座和研讨,引导广大政协委员和机关干部树牢"四个意识",坚定"四个自信",坚决做到"两个维护",增进"四个认同",夯实团结奋斗的共同思想政治基础。

*把坚持党的领导作为根本。*坚决维护以习近平同志为核心的党中央权威和集中统一领导,自觉在思想上政治上行动上同以习近平同志为核心的党中央保持高度一致。坚定不移地在区委领导下开展工作,坚决服从区委安排,做到重大事项及时请示、重要活动及时汇报、重要精神及时传达,主动向区委常委会汇报工作6次,真正把坚持党的领导融入政协工作的全过程。秉持区委区政府工作推进到哪里、政协工作就跟进到哪里,围绕区委打赢"九场硬战"的部署,作出《关于助推打赢"九场硬战"的决定》,为了弘扬"信义和美、拼搏实干、共建图强"的新时代金华精神,发出《弘扬和践行新时代金华精神倡议书》,确保与党委同心同向同行。

*把政协党的建设作为重点。*充分发挥政协党组在政协工作中把方向、管大局、保落实的领导核心作用,团结带领全体政协委员坚定贯彻执行党的路线方针政策和党委重大决策部署。建立区政协机关党组,充分发挥支部战斗堡垒作用、党员先锋模范作用,夯实政协党建工作基础。健全"三会一课"、主题党日活动等制度,开展形式多样的党建活动,以党建工作引领政协工作。

二、坚持服务大局,助力婺城发展成效更加明显

坚持围绕党委政府中心工作,聚焦政协主业,认真履行政治协商、民主监督、参政议政职能,为助推全区改革发展提出金点子,发出好声音。

*政治协商助推发展。*加强政协协商与党委政府工作的有效衔接,重要协商活动的议题主动与党委、政府协商沟通,围绕党政所需、群众所盼、政协所能开展协商议政,确保找准建言的着力点。高效组织全会协商。四届二次全会期间,委员们通过分组讨论、大会发言等形式,围绕一府两院报告、经济社会发展大事、民生关键小事,认真为全区经济社会发展议政建言,政协全会协商议政主平台作用充

分发挥。重点开展双月协商。紧扣“实施十大行动、打赢九场硬战”等开展协商议政8次。助推打赢实体经济翻身战，开展“振兴实体经济”专题协商，委员们从“完善金融服务、加大扶持力度、降低企业成本、优化发展环境” 等5个方面提出意见建议25条；助推打赢民生改善持久战，开展“加快推进卫生与健康事业发展”专题协商，提出8个方面40条意见；助推打赢基层治理巩固战，开展“加强公共领域安全工作，助力基层治理巩固战，促进平安婺城建设”专题协商，提出12个方面39条建议；助推打赢文明创建荣誉战，开展“我与文明城市创建面对面”暨“城乡垃圾分类处理”民主协商，基层干部群众代表和政协委员与区委区政府领导、部门单位负责人互动协商，在落实城市精细化管理、加强统筹协调等方面达成共识。累计参加双月协商的专家达93人次、委员600余人次，来自农村、社区、乡镇(街道)基层干部群众186人次，建言献策300余条，表达社会各界的愿望诉求，说出基层群众的真心话，体现了政治协商的开放性、平等性、对话性。在各次协商中委员们积极发表意见，协商取得丰硕成果，其中“最多跑一次”协商做法在省政协网络媒体“同心苑”上进行交流。

民主监督精准有力。探索创新政协民主监督的机制、形式，寓监督于各类政协履职活动之中。专项监督出成效。结合“一村一委员”，积极开展专项集体民主监督。助力城乡生活垃圾分类处理，近400名省、市、区政协委员进村入户发放问卷5600份，开展“五问”“五看”调查，提出六大方面200多条意见建议，并形成《城乡生活垃圾分类专项集体民主监督报告》报送区委区政府。与市政协联动，针对深化 “最多跑一次” 重点领域改革问题，80余名委员200余人次赴行政服务中心、公安办事大厅、乡镇便民服务中心等部门机构明察暗访，提出问题和建议140多条，监督助推作用有效发挥。专题视察献良策。关注党委、政府重点工作和重点项目工程建设情况，组织委员就生态廊道建设、全域化土地综合整治、城中村改造、消除农村集体经济薄弱村、农产品质量安全、小微企业园建设、基础教育提升、破解法院执行难、推进公益诉讼等方面，开展专题视察20次，提出意见建议230余条。专门组织委员对市经济技术开发区、金华山旅游经济区的经济社会发展情况进行视察。民主评议动真格。常委会首次对经商局、文体新局开展提案双向评议，并将部门年度重点工作纳入评议范围，通过提案者对提案办理效果和部门工作提出意见，办理者对提案质量提出建议，促进提案质量和办理质量双提高，进一步助推部门工作落实。

参政议政务实有效。把参政议政作为履职的基础性工作，选题求精、调研求深、论证求细、建言求实。调研重精品。结合“不忘初心、牢记使命，当好新时代婺城答卷人”大调研，紧扣改革发展大局的重要方面和人民群众关心的热点问题，围绕乾西区块城市化发展、数字经济发展、城北综合区“退二进三”、培植体育品牌赛事、文化助力乡村振兴等课题深入开展调查研究，形成5篇务实有效的建议案和调研报告，区委、区政府主要领导对调研成果高度重视并多次批示，对策建议转化成有关部门推动工作的具体举措。提案重落实。完善提案办理协商机制，加强提案办理跟踪督办，切实发挥提案工作在促进改革发展、服务民生改善方面的助推作用。提案办理坚持同类提案打包统办、重点提案主席督办、跨届提案追办、全程协商联办、委员与承办单位双向评议商办、考核评比促办的“六办”原则，将所有提案办理落在实处。四届二次会议以来立案交办的263件提案，已经解决和正在解决232件，解决率88.2%，其中12件重点提案有8件已经解决或基本解决。27件三届提案、78件四届一次提案得到深化办理。热点重持续。关注发展和民生热点问题，综合运用重点课题调研、重点提案、大会发言、视察监督、参与一线工作等履职方式，多维发力，持续推进重点民生工作。为了助推壮大农村集体经济发展，全面消除集体经济薄弱村，在先期深入调研的基础上形成了《关于全面消除集体经济薄弱村的调查报告》；两会上又以大会发言《“大水缸”边的百姓路在何方》以及重点提案《关于多措并举推进农村集体经济薄弱村消除的建议》的形式持续助推；后续又开展了消除集体经济薄弱村专项视察；并有3家委员企业联系3个薄弱村，7名政协委员担任7个薄弱村第一书记在持续助力助推消薄各项工作中发挥了政协的积极作用。

服务一线主动有为。积极关注和支持区委区政府的中心工作，组织委员和政协机关干部参与一线、服务一线,加强一线作为。积极参与“三服务”“两送两增”“双1清零”、全域化土地综合整治、五改、行政村规模调整、经济薄弱村消除、全国文明城市创建、城乡垃圾分类处理等重点工作;发挥法律界委员、委员“老娘舅”的专长和作用,协助党委政府做好政策宣传、释疑解惑、情绪疏导等工作。向全体委员发出“同心同向行,共创文明城”倡议,累计4000余人次参加全国文明城市创建活动。

三、坚持履职为民,促进民生改善举措更加务实

恪守为民理念和价值追求,把重民情、解民困、惠民生贯穿于履职的各个领域、各个环节,传递正能量,持续助推民生改善,促进社会和谐。

架好民生连心桥。搭建有序有效的民主议政参与平台,畅通民意汇集表达渠道。以“三进三联三促”递民意。全会期间,主席带队、委组牵头“进企业、进农村、进社区”,组织全体委员下基层、听民声、集民意,通过“联企、联村、联户”,进一步畅通民声、顺达民意,为“促民生、促改革、促发展”搭好政民连通桥。收集社情民意193条、金点子162条,交由部门承办,帮助基层群众解决了一批社会关注度高的民生热点难点问题。以“一村一委员”联民生。落实“一村一委员”工作机制,394名市、区政协委员与婺城区、市经济技术开发区、金华山旅游经济区的394个村建立了一对一的联系,委员们在联村亲历中关注民生、了解民情、反映民意,在一线中展示政协委员的责任担当和为民情怀,得到了基层干部群众的普遍好评。以“委员工作室”解民忧。目前,已建立委员工作室21个，其中城西和新狮街道委员工作室、民革委员工作室、严亮奇委员工作室等8个特色品牌工作室受到省、市政协领导的充分肯定。委员工作室按照“民情站、连心桥、委员家”的工作定位,建立一月一进村、一月一接待、一季一恳谈的工作机制,定期定点接待群众,收集反映社情民意,帮助群众协调解决困难和问题。一年来,接待群众800余人次,帮助反映和解决问题320个,收集社情民意信息167条,其中32条转化为提案。

深入基层集民意。充分发挥委员联系界别群众的优势,悉心倾听民声传递民意汇聚民智。四届二次会议以来，收集和反映社情民意信息531条,其中《“交流”变“淘汰”,“县管校聘”变味执行亟需扭转》《线段过短间隙过长易造成“领海忽略”,建议修改中国地图领海国界线绘制》被省政协采用并专报全国政协;《我国中小学校机构设置“一刀切”,严重制约中职学校办学水平》《基层政协委员建议将有毒有害物排除生活垃圾范围》被省委办公厅采用,《新建教室不符合采光和照明标准影响学生视力》被省委统战部采用。在市政协“一村一委员”助推“乡村振兴战略和美乡村建设”宣传报道中，有20名委员的联村经验、联村日志在《金华日报》刊发,列全市第一。《架起“连心桥”,扩大影响力》《“六个一”助力“最多跑一次”》等信息在《联谊报》上刊发,扩大了区政协的社会影响力。

丰富活动暖民心。组织医卫、教育、科技、科协等界别委员开展以送科技、送法律、送政策、送医疗、送温暖为主要内容的“五送五服务”活动,发动委员走进基层、走进群众,解民忧、解民怨、解民困。委员积极承担社会责任,帮扶弱势群体。组织开展扶贫、帮困、敬老、助学等爱心慈善活动,为经济薄弱村、困难群众、敬老院等捐款捐物达1080余万元,拉近了与群众的距离,赢得良好的社会声誉。

四、坚持凝心聚力,团结民主氛围更加浓厚

充分发挥政协大团结、大联合爱国统一战线组织的团结联谊功能,团结一切可以团结的力量,调动一切可以调动的积极因素,汇聚改革发展强大力量。

深化联络联谊工作。完善政协领导联系走访制度,不断加强与各民主党派、工商联、人民团体的合作共事。全力配合省、市政协到婺城开展“创建全国文明城市工作专项民主监督、‘和美乡村’视察、‘医养护融合发展,完善居家养老服务体系’协商议政”等课题调研活动，组织前往外地政协学习考察,认真做好兄弟县(市、区)政协到婺城考察交流的服务保障工作。密切与新社会阶层人士的联系与沟通,进一步扩大团结面。以乡情、亲情、友情为纽带,加强与在外婺城乡贤的联系,鼓励在外婺商回乡投资创业。

做好宣传文史工作。编撰出版了《古韵白沙》文史书籍，大力宣传婺城本土文化。征编并向省政协推送浙江改革开放40周年口述史料，积极参与省政协“浙江文化印迹”征稿工作，全力支持市政协《金华祠堂》征编出版工作，发挥了文史工作“存史、资政、团结、育人”作用。纪念改革开放40周年之际，组织全体委员参观金华市城市展览馆，邀请先锋模范代表作“口述改革开放40周年亲历”专题报告，回望改革开放40年的沧桑巨变，感怀当代日新月异的美好生活。

五、坚持固本强基，政协自身建设全面加强

坚持把加强自身建设作为推动政协工作务实发展的重要保证，夯实基础、转变作风，履职能力和服务水平进一步提升。

提升委员履职能力。加强委员教育管理，组织常委和部分委员赴复旦大学开展新时代政协委员履职能力提升培训，提高委员队伍的思想觉悟、担当意识和履职能力。提升信息化建设，利用“婺城政协”微信企业号，办好政协大讲堂、微课堂。规范委员履职管理，依据《政协金华市婺城区委员会委员管理办法》《政协金华市婺城区委员会委员履职考评办法》《关于健全婺城区政协委员退出机制的若干规定(试行)》，以“一事一督促、一季一提醒、半年一小结、全年一通报”的方式对委员履职开展量化考核，发出履职提醒43条，辞退履职不到位委员2名。开展常委和委组向常委会、委员向委组履职述职183人次，促进各项履职工作落到实处。

推进“清廉政协”建设。自觉落实党风廉政建设“主体责任”和“一岗双责”，出台《关于建设“清廉政协机关”的实施意见》。坚持问题导向，抓实源头管控。认真抓好省委巡视组、机动式巡视等巡视反馈意见的整改落实，做到问题查找、原因分析、整改落实、制度完善四到位。深入推进政协党风廉政建设和作风建设，强化纪律和规矩的执行力，架起政治纪律的“高压线”，念好贯彻落实党风廉政建设的“紧箍咒”。组织委员观看《平语近人》《蜕变》等宣传教育片，强化政协队伍坚守信念、遵纪守法、履职为民的责任感和使命感。支持纪检监察组履行职责，营造风清气正的良好政治生态。

一年来，区政协所取得的工作成绩，是区委正确领导的结果，是区人大、区政府、金华经济技术开发区、金华山旅游经济区大力支持和社会各界积极配合的结果，是政协各参加单位、广大委员和政协工作者共同奋斗的结果。

在肯定成绩的同时，我们也清醒地认识到，政协工作仍然存在差距和不足。民主监督的形式有待进一步丰富，民主协商的规范化制度化有待进一步加强，建言资政的质量有待进一步提高，团结联谊的范围有待进一步拓展，委员的整体履职水平有待进一步提升，机关服务保障水平有待进一步优化。对这些问题，我们将认真研究，切实改进。

2019年工作建议

2019年是新中国成立70周年，也是人民政协成立70周年，是决胜全面建成小康社会第一个百年奋斗目标、全面完成“十三五”规划和全面深化改革的关键之年，也是婺城区实施“双城战略”的开局之年。今年区政协工作的总体要求是：高举习近平新时代中国特色社会主义思想伟大旗帜，深入学习贯彻习近平总书记关于加强和改进人民政协工作的重要思想，深入学习贯彻上级政协和区委的决策部署，牢牢把握团结和民主两大主题，把加强思想政治引领、广泛凝聚共识作为履职工作的中心环节，共唱“担当赶超、婺城图强”主旋律，共启“都市经济创新城、美好生活幸福城”的奋斗新征程，聚焦高质量，服务高水平，努力推动区政协各项工作提质增效，以优异成绩庆祝中华人民共和国和人民政协成立70周年。

一、把握新要求，坚持正确方向

要旗帜鲜明讲政治，始终把政治理论学习作为首要的政治任务，学懂弄通做实习近平新时代中国特色社会主义思想，增强“四个意识”、坚定“四个自信”、坚决做到“两个维护”，筑牢在政治立场、政治方向、政治原则、政治道路上同中共中央保持高度一致的共同思想政治基础。深入学习贯彻习近平总书记关于加强和改进人民政协工作的重要思想，明确人民政协事业前进的方向。

充分发挥政协党组的领导核心作用,加强政协机关党组建设,不断提高政治引领、履职尽责的能力,不折不扣落实好党的各项决策部署。依托“一村一委员”委员联村工作小组,设立临时党小组,实现党的组织对党员委员、党的工作对全体政协委员两个“全覆盖”。探索建立“政协党组委员联系常委党员、常委党员联系党员委员、党员委员联系党外委员”机制,做到“支部建在委组里、委员聚在党旗下”。

围绕“担当赶超、婺城图强”主旋律,紧密结合政协工作实际,自觉把政协工作置于区委的领导之下,放到全区发展大局之中,始终与区委思想同心、目标同向、行动同步,做到“党委想什么,政协就议什么”“政府抓什么,政协就帮什么”“群众盼什么,政协就呼吁什么”。

二、紧跟新时代,广泛凝聚力量

紧跟中国特色社会主义进入新时代的步伐,清醒认识新使命,强化做好新时代政协工作的责任担当,扎实做好政协统战工作,在把握大团结大联合的主题中画出最大同心圆,在坚持一致性和多样性的统一中找到最大公约数,努力把党的指导思想和政策主张转化为政协各参加单位和各族各界人士的思想共识,广泛凝聚起新时代同心筑梦的磅礴力量。

建立健全联动调研、联合监督、联谊联络等工作机制,积极为区级各民主党派、工商联和无党派人士在政协更好履职创造条件。继续与各党派团体开展调研视察,积极支持以党派团体名义提出提案、进行大会发言。继续密切与非公经济人士、新社会阶层人士、归国留学人员等的联络联谊,着力推动构建“亲”“清”政商关系。继续加强同港澳台侨各界人士的联系,以乡情、亲情、友情为纽带,推动地区间的交流与合作。继续加强同少数民族、宗教界代表人士的联系,努力促进民族团结和宗教和睦。开展人民政协成立70周年庆祝活动。加强文史资料的征集编辑出版工作。

三、探索新实践,推进高质发展

始终把履职质量放在更加突出位置,把提质增效贯穿政协履职全过程。各项履职活动从注重“做了什么”“做了多少”向“做出什么效果”转变。强化精品意识,着力打造特色工作品牌。注重提案工作高质量,搭建好“提”“办”双方沟通协商平台,切实提高提案办理质量。充分发挥政协作为专门协商机构的作用,探索网络议政、远程协商,进一步丰富协商形式,增加协商密度,提高协商成效。

拓展“三进三联三促”“委员工作室”民情平台,深化“一村一委员”工作。继续探索委员知情明政、常态化建言履职平台,加强乡镇(街道)基层民主协商平台建设。创新民主监督形式,与纪委牵手共同向政府职能部门委派民主监督小组、民主监督员。探索打造“请你来协商”协商品牌、专项集体民主监督品牌等,打好监督组合拳,弹好协商多重奏,推动政协工作高质量发展。

四、聚焦新部署,积极履职尽责

紧紧围绕区委区政府重大决策部署,谋划和组织好重点履职工作。紧扣区委七届五次全会精神,扎实开展“服务企业服务群众服务基层”活动,做好政策宣传,统一思想,服务助推“都市经济创新城、美好生活幸福城”建设。

聚焦“都市经济创新城”建设,助推县域经济向都市经济转型。围绕都市空间体系创新,关注城乡统筹发展,持续推进智慧交通建设,助推打好都市能级提升战、交通廊道突击战。围绕都市产业体系创新,就做大做强实体经济、做好做优民营经济、加快发展都市农业、提升现代服务业、优化营商环境等方面,深入调查研究开展专题协商视察,助推打好实体经济翻身战。围绕都市动能体系创新,就深化“最多跑一次”改革、推进科技创新、加强人才引培等方面积极建言献策,助推打好改革开放攻坚战,推动动力变革、质量变革、效率变革。

聚焦“美好生活幸福城”建设,着力助推民生共建共享,为增强人民群众的获得感幸福感安全感聚智聚力。围绕高水平建设花满婺城,就推进和美乡村建设、生态环境保护、垃圾分类处理等方面,积极开展专项民主监督,助推提升城乡美。围绕高水平提供公共服务,关注教育卫生健康事业发展、提高创业就业质量、公共文化体育设施建设等,开展议政建言,助推提升生活美。围绕高水平推进社会治理，就法治婺城建设、重大风险防控化解、健全公共安全体系、社会救助体系建设等方面，积极献计出力，助推提升和谐美。

五、展现新气象，强化自身建设

面对建设“双城”新任务，自觉践行“一线”新要求，保持奋斗者的姿态和干劲，展现作为，彰显价值。切实加强委员队伍建设，继续组织开展好委员教育培训、政协大讲堂等，积极搭建互动交流和知情明政的平台，推动委员不断提高“懂政协、会协商、善议政”的能力。着力健全委员履职评价和考核激励机制，强化委员履职责任，引导广大委员“守纪律、讲规矩、重品行”。加强宣传报道工作，充分展现新时期政协委员履职建功新风采。进一步抓好专委会建设，更好地发挥专委会在政协履职中的基础作用。继续加强学习型、创新型、服务型机关建设，夯实工作作风，提升工作能力与工作实效。

新使命要求共担当，新征程需要齐奔跑。让我们更加紧密团结在以习近平同志为核心的党中央周围，在中共金华市婺城区委的坚强领导下，唱响“担当赶超、婺城图强”主旋律，振奋精神，担当有为，群策群力，尽心履职，为迎接中华人民共和国和人民政协成立70周年，全面开启“都市经济创新城、美好生活幸福城”的奋斗新征程做出新的更大的贡献！

专 辑

2018 年婺城区重点建设项目

2018 年婺城区重点建设项目一览表

表 1

单位：万元

序号	项目名称	建设规模及主要内容	总投资
	总　计(19)		977448
	新城区(13)		292400
1	双溪西路下穿公铁立交工程	40 米×150 米下穿铁路立交建设	9600
2	宾虹星城	项目总建筑面积 761670 平方米，用地面积 40.33 公顷	268500
3	年产 5000 蒸吨/年燃水煤浆有机热载体锅炉项目	年产 5000 蒸吨/年燃水煤浆有机热载体锅炉项目，用地 4.67 公顷	23600
4	时通电气环保节能型电力设备生产基地	主要生产电动汽车充电设备和 12~40.5 千伏气体绝缘设备，项目用地 5.4 公顷	12800
5	年销售产值 2800 万(劳动防护用品及其配件)新经营场地建设项目	项目用地面积 0.53 公顷	2400
6	年产 150 万套搬运工具、手推车项目	项目用地面积 2.47 公顷	9500
7	年加工 5 万吨钢筋建设项目	项目用地面积 0.4 公顷	2000
8	金华市婺城区茶叶加工中心项目	项目用地面积 0.53 公顷	2580
9	年产 1.6 万吨木薯粉及衍生产品项目	项目用地面积 0.73 公顷	3300
10	年产 150 万套搬运工具、手推车配件项目	项目用地面积 0.47 公顷	1850
11	双溪西路西延工程	2500 米×140 米道路及两侧绿化工程	23000
12	建筑工业化基地建设项目	项目用地面积 9.27 公顷	42000
13	年产 4000 辆专用车建设项目	项目用地面积 5.67 公顷	25500

续表 1

序号	项目名称	建设规模及主要内容	总投资
	交通局(5)		379633
14	313 省道(45 省道)婺城至兰溪段改建工程(婺城段)	本项目婺城区段主线长约 9 千米,同步建设婺城连接线长 4.869 千米,该项目主线及连接线均按一级公路技术标准设计,设计速度 80 千米/小时,其中二环内路基宽度 55 米,其余主线及连接线 32 米	134895
15	330 国道金东岭下朱至兰溪沈村段(婺城段)(包括 330 国道上跨宾虹西路立体交叉工程)	本项目主线长约 22.295 千米,1 级公路, 设计速度 100 千米/小时,大桥 188.5 米/1 座,中桥 122 米/3 座。(330 国道上跨宾虹西路,该方案全长 1398 米,其中路基长 988 米,桥梁长 410 米,桥梁全宽 28 米,两侧匝道宽度为 9.0 米)	84681
16	金安公路生态景观廊道优化改造工程(道路部分)	全长 6.5 千米,双向 4 车道,路基宽度 32 米	11537
17	婺城莘畈至武义白姆公路 (白门线至湖大线段)建设工程	全长 14.83 千米,本项目全线采用双向二车道四级公路标准,设计速度 20 千米/小时,路基宽 6.5 米,路面宽 6 米	11520
18	235 国道金华至武义公路(婺城区段)	本项目起点在八一南街与二环南路交叉口处与 44 省道武义段交叉,与武义温泉北路顺接。全线 16.032 千米,项目主线采用一级公路标准进行建设,设计速度 80 千米/小时	137000
	建管中心(1)		135569
19	婺城区洪源区块棚户区改造项目	城中村改造征地拆迁、安置房建设、基础配套等费用。用地面积 71722 平方米,总建筑面积 21.5 万平方米	135569

2018年婺城区十项重点惠民实事

1.改善城乡交通条件。农村公路路网完善3.1千米,涉及白龙桥、雅畈、琅琊、岭上等4个乡镇。农村公路病旧桥改造3座:湖大线南坑口桥、白汤下线白龙桥中桥、汀杨线寿溪桥。在雅畈镇、新狮街道新建5个公交站棚。实施治理交通安全隐患工程(增设信号灯、机非隔离、电子劝导员等)。

2.提升养老服务体系。新建示范型居家养老服务中心15家。涉及15个乡镇(街道):白龙桥4家,沙畈2家,雅畈2家,蒋堂、乾西、竹马、长山、塔石、安地、琅琊各1家。

3.推进农村饮用水达标提标工程。区农村饮用水达标提标人口2.23万人。涉及11个乡镇:雅畈、安地、白龙桥、琅琊、蒋堂、长山乡、罗店、沙畈、塔石、莘畈、箬阳。

4.双溪西路西延工程道路全长2533米,项目总投资2.3亿元,工程项目建设招标投资1.2亿元,计划2月份开工,合同工期600天。计划2019年完成投资5000万元,完成道路雨污水管道及部分路基施工,完成桥梁下部结构施工。

5.保障食品安全。推进农贸市场提档升级,创建放心农贸市场2家(白龙桥蔬菜市场、雅畈综合市场);"名特优"食品小作坊4家。新培育发展放心消费示范单位200家,无理由退货承诺单位100家。

6.推进"污水零直排区"建设和"美丽河胡"创建。完成8个乡镇、189个生活小区的"污水零直排"建设;创建白沙溪白龙桥段美丽河湖,共3000米。涉及8个乡镇:塔石、沙畈、莘畈、箬阳、长山、蒋堂、竹马、乾西。

7.推进文明城市创建。二环内8000个楼道粉刷整治、绿植补种、消防器材配备、弱电管线规整、停车泊位施画、公益广告提质、红色物业联盟建设等。完善城区生活垃圾分类体系:建设3个垃圾分类省级高标准示范小区 (城中街道西市街社区御江帝景、城西街道双龙社区翰林诚品、新狮街道东方前城社区凤凰一品),1个"定时定点"投放、清运小区(城东街道旌孝街社区静听风语),城区垃圾分类覆盖面达90%。

8.残疾人庇护中心(爱心家园)建设。加强助残服务能力建设,建设6家规范化乡镇、街道残疾人庇护中心(爱心家园),为80名重度、精智残疾人提供庇护服务。涉及6个乡镇(街道):白龙桥、蒋堂、雅畈、乾西、塔石、岭上。

9.幼儿园扩容工程。新建婺城区实验幼儿园。

10.生态公墓建设。建设6000穴生态公墓。涉及8个乡镇:琅琊、安地、雅畈、白龙桥、蒋堂、塔石、箬阳、竹马。

大事记

1月

2日，区四套班子领导，区直机关干部有关部门主要负责人在婺城分会场参加省委召开的面深化改革大会。会上，省委书记车俊强调要高举改革大旗、扛起改革担当，当好新时代全面深化改革的排头兵。

9日，省信访局副局长徐建化率省信访局结对帮扶慰问组到婺城区岭上乡九峰村、桃源村开展结对帮扶慰问。

11日，省治水办副主任、省财政厅副厅长邢自霞率省“五水共治”考核组对婺城区2017年度“五水共治”工作进行年终考核。

同日，区总工会第五次代表大会开幕。

16日和17日，婺城区政协四届二次会议和区九届人大二次会议相继开幕。2018年，婺城区将坚定不移做强新城区、做优老城区、做美大郊区，开展“三大廊道”建设、实体经济强基、改革转型深化、精品城市建设、园区拓展提质、助力乡村振兴、民生保障提高、重大风险防范化解、低收入百姓增收、生态质量提升“十大行动”，为高水平建设现代化都市核心区、与全省同步实现“两个高水平”奠定更加坚实的基础。

19日，省商务厅厅长孟刚到婺城区走访信息经济企业。

24日，省卫计委妇幼处处长张万恩、省妇联家庭和儿童工作部副部长董欢秋一行对婺城区现有0~3岁婴幼儿早期服务机构概况进行调研。

31日，全区召开武装工作会议，区委书记王健强调要不断开创婺城武装工作新局面。

2月

7日，全区举行2018年纳税千万元以上企业家座谈会。

24日，省委召开农村工作会议，区领导在婺城分会场参加会议。

28日，婺城区召开全区干部大会，区委书记王健作主题报告。

3月

6日，区人民检察院召开2017年度总结表彰大会。

7日，省综治办专职副主任沈智深带队到婺城考核平安建设和综治工作。

10日，“发展特色产业，推动乡村振兴”系列活动暨第九届茶花节在竹马乡下张家村开幕。

19日，浙江省暨金华市“3·19”森林消防宣传日广场活动在婺城区启动，副省长彭佳学出席活动并为森林消防队伍授旗。

29日，全省召开建设平安浙江工作会议，区委书记王健在杭州主会场参会并代表婺城区接受省级平安区表彰。

4月

10日，区科学技术协会第四次代表大会召开。

20日，全区召开二季度区政府工作暨十大重点工作、十大产业项目、十大工程项目现场推进会。

同日，浙江省应急联动2018实战演练在婺城新城区缤虹星城工地举行。

5月

15日，市长尹学群到婺城区调研工业经济发展情况。

21日，全区召开创建全国文明城市工作领导小组(扩大)会议。

25日，全区召开农村工作会议，区四套班子领导参加会议。

29日，全省召开深化“亩均论英雄”改革工作电视电话会议。

6月

5—6日，省公路管理局局长洪秀敏带队到婺城区开展“大学习、大调研、大落实”交通调研工作。

12日，婺城区与开发区召开工作对接会，就经济发展、农业农村、民生等重点工作中存在的困难和问题进行对接协调，夯实两区高质量协调发展的基础。

21日，全区召开文明创建工作现场推进会。

26日，婺城区召开平安建设暨安全生产工作会议，回顾总结前一阶段工作，研究分析当前形势，并安排部署下一步全区平安建设和安全生产工作。

28日，区政府与浙江省金华监狱举行战略合作框架协议签约仪式。

7月

10日，市委常委、组织部部长余杰带领市委组织部机关党委、市招才局、市建设局、市水利局、市规划局等部门负责人到婺城调研婺江西路优化改造工程。

17日，全区召开深入学习宪法推进全面依法治国宣讲报告会。区委理论学习中心组全体成员，婺城新城区、仙源湖度假区、浙中信息产业园管委会副科级以上干部，各乡镇(街道)党政主要负责人，区机关各部门、单位班子成员等参加会议。

18日，婺城区政府与中石油金华分公司举行战略合作签约仪式。

21日，婺城喜迎37名港澳台学子“回家”。

23日，“港澳台学子走进金华和美乡村”活动启动仪式在安地镇岩头村举行。

8月

3日，全区召开招商引资工作汇报会。

15日，区领导在婺城分会场参加全省扶贫开发工作会议。

23日，做美大郊区推动乡村振兴现场会暨“五水共治”、生态廊道建设、小城镇环境综合整治及“三改一拆”重点工作推进会召开。

29—30日，省食品药品稽查局局长周晓林为组长的省第七考核组到婺城开展为期两天的创建省级食品安全区现场考评工作。

9月

6日，全区召开“九场硬战”誓师大会暨新时代金华精神大讨论活动动员会。

11日，市委书记陈龙到婺城区调研产业平台拓展情况。

14日，婺城区政府与国家电网金华供电公司召开联席会议。

23日，第二届中国山水四项公开赛在婺城举行。中国铁人三项运动协会主席、北京体育大学体育休闲与旅游学院院长张健，浙江省体育局副局长李华，上海复旦大学文博系主任陆建松，体操奥运冠军何可欣，区领导钟春宏、方锦瑞、应跃成及相关部门负责人出席开幕式。

25日，婺城区召开全区领导干部大会，宣布省委关于区委主要领导调整的决定：蔡艳任中共金华市婺城区委委员、常委、书记，提议其不再担任兰溪市市长职务。

29日，省十三届人大代表金华中心组第一小组在婺城开展视察调研活动，走乡村进企业，实地调研婺城乡村振兴及实体经济情况。

10月

11日，全区召开文明创建荣誉战暨“双十”行动进展情况汇报会。

13日，婺城区东方红林场邀请中国林科院研究员王开良、浙江农林大学教授夏国华以及金华市种苗站、婺城区种苗站相关专家到东方红林场油茶油桐良种基地开展薄壳山核桃测产工作。

16日，婺城区乾西乡黄桥头村举行庆祝“圣奥老年之家”正式启用文艺演出。省人大常委会原副主任、浙江文史馆馆长王永昌，圣奥集团董事长倪良正，浙江圣奥慈善基金会会长郑明治，市人大常委会副主任周剑敏，区领导蔡艳、朱利群、徐妙芳参加活动。

19日，婺城区参加全省第六批集中开工项目——万固置业有限公司西江月花园项目顺利开工。

21—24日，全国文明城市创建成员迎接省测。

23日，区四套班子领导成员在婺城分会场参加全省机构改革动员大会。

24—27日，浙江省第十届残疾人运动会在杭州举行。婺城区陈柏平、潘小兰、江润桦、曾婷4名运动员代表金华市参赛。在比赛中陈柏平夺得1金4银，潘小兰夺得铅球铁饼2银、飞镖1铜，江润桦夺得50米仰泳铜牌。

11月

2日，全区召开全域土地综合整治动员培训会。省自然资源厅全域土地综合整治生态修复办公室主任钟天明、浙江大学新农村发展研究院常务副院长王珂作专题辅导。

同日，金华市婺城区被命名为“浙江省食品安全县(市、区)”。

5日，全区召开创建全国文明城市第三次现场会。

7日，全区召开统计工作会议。

8日，区农林局被省委省政府评为“千村示范、万村整治”工程和美丽浙江建设突出贡献集体。

9日，婺城区政府与浙江省农业科学院推进乡村振兴战略合作签约暨农产品质量安全提升行动启动仪式在婺城举行。省农科院院长劳红武，常务副区长李小庆、副区长赵燕华出席签约仪式。

12日，区委书记蔡艳参加第17届中国·金华工业科技合作洽谈会开幕式。

13日，国务院副秘书长、国家信访局局长舒晓琴一行到婺城区调研指导信访工作。

17日，金华山徐霞客研究会高峰论坛在蝶来原素酒店召开，来自全国和省内各级徐霞客研究会代表、有关市县和高校徐霞客文化研究专家学者齐聚一堂，共同为金华山文化旅游发展建言献策。

18日，金华五中举行建校120周年纪念大会。

20日，市委书记陈龙带领市相关部门到婺城区城北街道常乐小区调研“污水零直排区”建设。

25日，杭州五生农业科技发展有限公司董事长杨明寿带领考察团到婺城区农业综合开发平台(三石道畈全域土地综合整治开发)项目现场开展实地考察。

25—26日，上海市发改委研究院和复旦大学专家学者一行7人到婺城区考察，并参加“担当赶超、婺城图强，扛核心之责”婺城都市经济发展研讨会。

27日，市委书记陈龙到婺城区民营企业调研。

30日，省督查组就“五水共治”“三改一拆”、小城镇环境综合整治和生活垃圾分类等专项工作督查情况召开反馈会。

12月

3日，婺城区召开领导干部大会，宣布省委、市委关于黄国钧同志任中共婺城区委副书记、提名为婺城区人民政府区长候选人的决定。

4 日，代区长黄国钧走访区行政中心各部门单位。

11 日，全区召开行政村规模调整工作动员部署暨业务培训会。

13 日，兰溪市委书记朱瑞俊率党政代表团到婺城区考察交流。

15 日，婺城区"农民微圈"信息服务"百事通"工程入选"2018 年民生示范工程"。

17 日，代区长黄国钧、副区长赵燕华在婺城分会场参加全省农村饮用水达标提标行动会议。

19 日，市区城建重点项目集中开工仪式在婺城区雅畈镇举行。

19—22 日，全国文明城市创建迎接国测。

23 日，杭州市婺城商会成立大会召开，区委书记蔡艳参会。

24 日，市长尹学群到婺城区检查全面从严治党主体责任落实情况。

25 日，区领导蔡艳等在婺城分会场参加市改革开放攻坚大会。

28—29 日，婺城区举行"担当赶超、婺城图强"庆祝改革开放 40 周年迎新诗歌朗诵大赛。

婺城区概况

建置　区划　人口

【建置沿革】 金华市婺城区地域为禹贡扬州之地。春秋时属越国，其中原汤溪县地域属姑蔑国。战国楚威王七年(前333)灭越为楚地。秦王政二十五年(前222)置会稽郡乌伤、太(大)末县，其地分属两县。新莽建国元年(9)改乌伤为乌孝。东汉建武元年(25)复名乌伤，隶扬州。初平三年(192)分乌伤县西南地置长山县，为长山县县治，以境内长山而得名(长山或称常山，即金华山)。三国吴宝鼎元年(266)分会稽郡西南部置东阳郡，以地处縠水(今衢江)之东、长山之阳得名。郡治设长山县。南朝宋孝建元年(454)属东扬州。永光元年(465)仍属扬州。此后，东扬州五废五置，郡属相随。梁绍泰二年(556)就东阳郡置缙州。陈天嘉三年(562)省缙州复东阳郡，后改金华郡。隋开皇九年(589)改东扬州为吴州，废金华郡；改长山县为吴宁县；废太末县分入吴宁、信安二县。隋开皇十二年(592)吴宁县改称东阳县。隋开皇十三年(593)废郡改置婺州，盖因“其地于天文为婺女之分野”而得名，为州治之所。隋开皇十八年(598)东阳县更名金华县。大业元年(605)改吴州为越州。大业三年(607)废婺州复置东阳郡。唐武德四年(621)复称婺州。同年，以太末故地复置太末县，分金华县为金华、长山二县。唐武德八年(625)废长山县复入金华县，废太末县入信安县。垂拱四年(688)改金华县为金山县。神龙元年(705)复名金华县。天宝元年(742)改婺州为东阳郡。乾元元年(758)复称婺州。五代后晋天福四年(939)改称婺州武胜军。宋淳化元年(990)改称婺州保宁军。元至元十三年(1276)置婺州路，为路治。元至元十四年(1277)于大云乡(金华城区)置录事司。至正十八年(1358)朱元璋攻取婺州，改婺州路为宁越府。二十年(1360)改称金华府。明成化七年(1471)析金华、兰溪、龙游、遂昌四县边境之地置汤溪县，以附近有汤塘得名，属金华府。清沿明制，金华、汤溪二县仍属金华府。民国元年(1912)2月，废府，实行省、县两级制。民国3年(1914)5月，置金华道。民国16年(1927)4月，废道，直隶于省。民国21年(1932)6月，改设浙江省县政督察专员办事处第八区，9月改为浙江省行政督察专员办事处第六区。民国24年(1935)8月，改设兰溪区(公署兰溪)。民国25年(1936)2月，改为第四行政督察区，公署兰溪。民国36年(1947)10月，改为第五区。民国26年(1937)4月，移驻金华。民国32年(1943)5月，专署驻宣平县(今武义县)。民国36年(1947)10月，属第五区，专署驻衢县。民国37年(1948)4月，调整为第三行政督察区，驻金华，8月改为第八区。

1949年5月7日金华解放，8日汤溪解放，10日成立金华市军事管制委员会和汤溪县军事管制委员会，17日成立汤溪县人民政府，18日成立金华县人民政府，两县均隶属浙江省第八行政区。同年10月10日浙江省第八行政区改名金华专区，公署驻金华县。10月20日，析金华县城区建立金华市(县级)。1950年5月15日撤销金华市，并入金华县。同年9月27日，金华专区改称金华区。1951年7月20日复设金华市。辖3个镇公所，36个居委会。

1953年5月21日金华市改为省辖市，仍由金华专员公署领导。1955年2月，金华区复称金华专区。1958年2月21日，撤销中共金华市委，归金华县委领导，保留市人委，市仍为一级行政机关。同年9月5日，撤销汤溪县并入金华县。1960年3月12日湖镇人民公社从衢县划归金华县。1962年12月22日，国务院批准撤销金华市，并入金华县。1968年4月，改金华专区为金华地区。1979年9月10日，国务院决定恢复金华市，未实施。1981年1月14日，国务院批准撤销金华县并入金华市，下辖3个街道，69个公社。1983年9月13日湖镇区划归龙游县管辖。

1985年5月15日，国务院批准撤销金华地区，金华市升为地级市，原县级金华市地域分设婺城区和郊区。7月26日，中共金华市委宣布将金华市城区和近郊13个乡划给婺城区。12月23日，撤销郊区复置金华县。

1994年4月6日，中共金华市委、市政府作出婺城区机关部分部门与市机关合署办公的决定，除区人大和公安局、检察院、法院、人武部外，其余机构均纳入市、区合署办公体制。

2000年12月30日，国务院批准撤销金华县，设立金华市金东区，将原金华县雅畈等14个乡镇划归婺城区，原婺城区的仙桥、多湖、东孝3个乡镇划归金东区管辖。婺城区与市机关合署办公体制也随之结束，重新按照区一级党政机构的规范工作。

2013年10月，根据市委、市政府《关于完善金华经济技术开发区和金西经济开发区管理体制的意见》，两个开发区成建制整合，管理机构实行“一块牌子、统一对外，一套班子、统筹管理”。同时，保留金华高新技术产业园区和金西经济开发区牌子。原由金华经济技术开发区、金西经济开发区托管的乡镇(街道)由整合后的金华经济技术开发区托管，包括三江街道、江南街道、西关街道、秋滨街道、苏孟乡、汤溪镇、罗埠镇、洋埠镇，面积253.86平方千米。

2015年7月6日，金华山正式推出“大金华山”概念，设立金华山旅游经济区管理委员会。婺城区罗店镇、金东区赤松镇和新狮街道7个行政村，将由金华山旅游经济区全面托管。金华山旅游经济区管理委员会是金华市政府直属单位，将与金华双龙风景旅游区管理委员会、金华双龙风景名胜区管理委员会合署办公。这三块牌子将变成一套班子、统一管理。这是一个以经济旅游开发为重点的新区，区域面积有150平方千米，其中涵盖了双龙景区79.7平方千米的规划区。

【行政区划】 婺城区辖9镇9乡9街道(其中3镇1乡4街道由金华市经济技术开发区托管)，98个社区居民委员会，571个村民委员会。全区土地总面积1391.24平方千米。

【人口】 截至2018年年底，全区常住人口78.74万人，户籍人口65.11万人(区属户籍管理人口388622人。其中男性194044人，占总人口的49.93%；女性194578人，占总人口的50.07%；全年出生人口4251人，人口出生率为10.96‰，死亡人口2475人，死亡率为6.38‰，人口自然增长率为4.58‰)。金华市经济技术开发区96910户、262447人。

2018年，区属有60周岁以上老年人90758人，占全区总人口的23.35%。至年底，百岁以上老人11人，年龄最大者103周岁。

地理环境

【位置面积】 婺城区地处浙江省中部，金华市中西部。东连金东区，南接武义县，西南与丽水市遂昌县接壤，西与衢州市龙游县毗邻，北与兰溪市交界。介于北纬28°44′~29°15′、东经119°18′~ 119°46′之间。东西长45千米，南北宽55千米。距省会杭州市135千米(径距)。土地面积1391.24平方千米，约占浙江省总面积的1.36%。婺城区是金华市辖区，金华市人民政府驻地，浙中城市群中心城市的核心区块。区人民政府驻宾虹西路2666号。

【地形地貌】 婺城区地处金衢盆地中段，地势西南与东北高，中部低。婺城区地跨浙西大复向斜与浙南变质地体两个Ⅱ级构造单元。由于两个构造单元地质历史演化截然不同，因而地层、岩性也不尽相同，大致以江山—绍兴深断裂为界，以北为江南地层区，以南为华南地层区。

江南地层区 属于扬子准地台的一部分，也称

浙西台皱带，在地质历史时期经过一系列凹陷与隆起而形成的格局。一般地说，江南地层区，在整个古生界，地壳下沉，接受沉积，有页岩、灰岩、砂岩等浅海相沉积建造，主要分布于金华山。进入中生界后，该区地壳褶皱上升，仅在局部凹陷带有陆相沉积建造，主要分布于金华山及金衢盆地北缘。中生代侏罗系后期，地壳运动加剧，形成大片火山岩覆盖和大量侵入岩。白垩系及其后期，地壳岩石经历了强烈剥蚀，在盆地北缘与南缘有红色砂岩沉积。新生界，又经燕山运动、喜马拉雅运动的影响，形成多峡谷小盆地、地面起伏较大的现代河谷地貌以及喀斯特地貌发育的特色。

华南地层区 属于华南地槽褶皱带一部分，也称浙东华夏褶皱带，在元古界有古老变质岩系和灰岩零星分布，主要出露于塔石乡一带。在中生界，该区属于稳定上升地区，整个地表都被火山岩系覆盖。侏罗系后期，地壳运动进一步加剧，有大量的岩浆活动，形成大片火山岩系覆盖和大量侵入岩，后经强烈剥蚀。这些火山碎屑岩和熔岩，主要分布于金华南山和盆地盆底南侧斜坡地带。新生界期，华南地层区在喜马拉雅运动影响下，局部地区有玄武岩喷发和覆盖，从而导致该区多浅小盆地的现代河谷地貌和火山造岩地貌的特色。

以金华江为中轴，向两侧呈阶梯式分布。地形根据绝对和相对高度、坡度可分为山脉、丘陵、平原三种不同类型。

山脉 高低起伏，坡度较缓，绝对高度在500米以下，相对高度一般在200米以下的为丘陵。绝对高度500~1000米的为低山。绝对高度1000~3500米的为中山。3500米以上为高山。其中，丘陵面积约364.46平方千米，占全区总面积的26.20%；低山面积162.89平方千米，占全区总面积的11.71%；中山面积33.98平方千米，占全区总面积的2.44%。

金华山 又称长山，俗称北山。主要绵延于区境东北部罗店、竹马两个乡镇的东北和北部。

金华山北连龙门山脉，由于墩头盆地的陷落和向东侵蚀，浦江盆地的不断向西侵蚀，遂形成龙门山脉两头隔离、中间相连的格局。

金华山南坡，自兰溪市至金东区伸展着一条长25千米、宽约1千米的石灰岩带，有大小溶洞50多个，有效面积大于1万平方米。这些溶洞洞景绮丽多姿，区境内可供旅游的有双龙、冰壶、朝真、桃源、仙瀑、二仙、讲堂等多个溶洞，其中双龙、冰壶、朝真三洞为国家级重点风景名胜区。

金华山西起兰溪市城区兰江东岸，东走经王大尖、白露尖、扁担岗，至兰溪市与婺城区界上的西坑岗。自此沿婺城区、兰溪市界东走6.5千米，经九龙山（海拔1245.2米），至金华城北东4°，距城15千米（方位、距离均以通济桥北堍为基点，下同）、海拔1312米的大盘山。复东北走11.5千米，经武平山（亦名玉壶山）、双尖（城北东15°，距城16千米，海拔1017米）、螺蛳尖出区境入金东区与兰溪市界上，续东走至兰溪、义乌、浦江三市县界上，北与龙门山北支相连，续东走沿浦江、义乌边界，至义乌市大陈江西岸，隔江与会稽山相望。以上为金华山干脉。

南山 区境内西南及南部诸山的统称，绵亘于塔石、沙畈、箬阳、莘畈、岭上、安地诸乡镇，呈西南—东北走向。由于新构造运动上升强烈，在流水侵蚀下，西南诸山，谷深坡陡，多千米以上山峰（50余座）。是白沙溪、厚大溪诸溪与瓯江水系的松阳溪、宣平溪的分水岭。向东北延伸，山势渐趋平缓，多呈块状丘陵。

南山属仙霞岭余脉，经遂昌县华表坑，至棋盘石北入区界，分支沿婺城区、遂昌县界西北延伸为鹅卵石大岗，至金鸡头隔梨树源与塔石乡东长坪（海拔1165米）相望。干脉沿婺城区、遂昌县界东北走3千米，过金竹湾，至区境内最高峰小金竹尖（海拔1336米），复北走1千米，有龙坑尖（海拔1328米），折东转东南走4千米，经白岩（海拔1250米）至小龙葱尖（海拔1324米）。复前走4.5千米，经风门山（海拔1233米），出区界至遂昌县狮子岩。折东北至婺城区、武义县界上的龙潭背。自此沿婺城区、武义县界东北走，经大阳山（海拔1320米）、大坞尖（海拔1180米）、茶园头（海拔1203米）和横岗岭（海拔1048米），于林坑尖（海拔1151米）入武义县。经龙门亭，至婺城区与武义县界上的八县尖（海拔

964.2 米)、鲤鱼尖、宣家岭和高塘顶,隔武义江与武义县焦岩相望。

丘陵 海拔 70~500 米,坡度 15°~25°的丘陵地 364.46 平方千米,占全区总面积的 26.20%。主要分布在:

一、西起婺城区与龙游县界上,东至白沙溪左岸,南自莘畈乡、琅琊镇一线,北至浙赣铁路南北,包括汤溪镇中南部、琅琊镇北部、蒋堂镇大部、白龙桥镇西北部。地势呈南北走向,丘岗与溪谷相间。土壤以网纹红土发育而成的黄筋泥为主,面积约 180 平方千米,为全区最大的丘岗区。

二、西以白沙溪,北起山嘴头,东至雅畈镇西大路的三角地带,包括琅琊镇东北部、长山乡中北部、安地镇北部、雅畈镇中北部和苏孟乡及秋滨街道的中南部。多呈馒头状浑圆低丘地貌。大黄山一带为冰碛阶地,土壤以红紫色砂页岩发育而成的紫色土为主,面积约 150 平方千米。

三、自城北街道的洪源、杨梅山向西北,沿金兰北线,至竹马乡姜徜一线东北,包括城北街道北部、新狮街道和罗店镇南部、竹马乡东北部。多为自北而南的低岗与溪谷相间地形,其中杨梅山和洪源一带为冰碛阶地,冲沟由山顶向四周网状延伸。土壤以红沙土为主,面积约 40 平方千米。

平原 海拔 70 米以下,横向坡度一般小于 10°,主要由江河冲积而成。面积约 315 平方千米,占全区面积 22.64%。主要分布于以下三片:

一、三江冲积平原。东起东关大桥以下义乌江两岸,南自武义江左岸的雅畈镇,西至环城西路。包括城东、城中、江南、三江诸街道全部,城西、西关两街道东部,城北街道南部,雅畈、苏孟两乡镇的东北部。地势略有起伏,海拔多在 45 米左右,面积约 90 平方千米。

二、城西冲积平原。环城西路以西的金华江两岸。包括右岸的城西街道西部,乾西乡全部,竹马乡西南部。境内有乾溪、盘溪自东北向西南蜿蜒曲折流贯其间,并有西湖、下湖、长湖等金华江故道残迹湖。地势低平,海拔多在 40 米以下。左岸东起环城西路,西至西溪,北止于婺城区与兰溪市界。包括白龙桥镇全部,长山乡北部。地势低平,其中白龙桥镇雅苏,海拔 31 米,为全区最低点。漪溪、桐溪、白沙溪、西溪自南而北流贯其间,沿溪有大小不同的溪谷平原与平畈。面积约 120 平方千米。

三、衢江冲积平原。西起婺城区与龙游县界上,东北止于婺城区与兰溪市界上,东南大致沿浙赣线和黄路溪。包括洋埠、罗埠两镇全部,汤溪和蒋堂镇北部。有莘畈溪、厚大溪、黄路溪自南而北流贯其间。海拔多在 40 米左右。面积约 105 平方千米。

【水资源】 婺城区江河属钱塘水系,有钱塘江一级支流衢江、二级支流金华江及其上游义乌江和支流武义江。流入以上 4 江的溪河,10 千米以上的有 18 条。诸溪下游和四江沿岸,水网交织,水利称便,唯受地形和气候影响,溪河之水暴涨暴落,山丘易旱,水土流失比较严重,河床淤积,沙洲迭见。

金华江 义乌江与武义江于燕尾洲汇合后称金华江,亦称婺江、婺港。通济桥以上亦称双溪。唐严维诗“明月双溪水,清风八咏楼”,宋李清照《武陵春》“闻说双溪春尚好,也拟泛轻舟”均指此。

双溪西流,穿通济桥,过金虹桥、双龙大桥、河盘大桥,越橡皮坝至婺江大桥,转向西北流,经筱溪、石柱头,至雅苏北出境入兰溪市,至马公滩与衢江汇合后称兰江。

双溪西南别出为龙渎,穿过城南大桥,沿五百滩南缘西流,至河盘桥复入金华江。

金华江自燕尾洲至雅苏出区境,长 15 千米。河床宽 140~300 米,水深 1.7~4 米,比降 0.43‰。沿岸地势低平,水网交织,是全区水稻主要产区。有 10 千米以上溪流 6 条汇入:

玉泉溪 发源于苏孟乡西南部石人坑,北流经朱店过清江塘入湖海塘,出湖海塘至金华职业技术学院院区和茶花公园园区的金大塘和馒塘,复北流过湖海塘电站,沿磐安街北流于西关汇入金华江。全长 14.5 千米。

漪溪 发源于长山乡猴岭,北流经上溪、石门,过白龙桥镇黄碧塘,于邵家埠头西北汇入金华江。长 16 千米。

桐溪 发源于长山、安地、沙畈三乡镇界上的太平尖,曲折北流,经桐溪、长山、邵村,过白龙桥镇龙蟠、怡村、塌水桥,于下潘家入金华江。长 22 千米。

乾溪　发源于罗店镇西湖，南流过鹿田水库，至前庄头，经后园、溪塍至乾西乡黄桥头，转西流经竹马乡谢村，转西南流，于坛里郑南入金华江。长20千米。

白沙溪　曾名白龙溪，发源于武义、遂昌两县界上的狮子岩。南流过门阵入沙畈乡小洋坑，续北流经芝肚坑至柿树岭入沙畈水库(中型)，出沙畈水库，北流经岭脚、周村、山脚，于皂里入金兰水库，出水库经琅琊徐、高田塍，北流经新昌桥、白龙桥、临江，于后杜叉东入金华江。全长65千米，区境内长55千米。汇入白沙溪的支流有2条：银坑溪发源于沙畈乡与遂昌县界上的小龙葱尖，北转东流，经银坑，于黄坛井西入白沙溪，长10千米；左别溪发源于沙畈乡大坞头南与遂昌县界上，北转西流，经水碓基、黄家田，于半溪西入白沙溪。长14千米。

盘溪　发源于罗店镇九龙山，西南流过洞前，至西旺入双龙水库，出水库经罗店，至罗大门西南入竹马乡竹马馆，转西流入乾西乡，经栅川入兰溪市，于烟溪西入金华江。全长17.5千米，区境内约15千米。

义乌江　为金华江之上游，亦称东港、义乌港，古称乌伤溪。源出磐安县龙鸟尖，经东阳、义乌、金东三区市，过东关大桥入区境，沿清风公园西流，过宏济桥，复西流于八咏公园、婺州公园与燕尾洲之间，至通济桥东与武义江汇合。义乌江自东关大桥入境，至通济桥长2.22千米，河床宽约350米，水深1~6米，比降0.3‰，两岸公园和民居相间。区境内汇入义乌江溪流有通元溪。

通元溪　发源于罗店镇盘前，南流经弹子下，过里宅入新狮街道山下吴水库(小型)，出水库至山下曹，折东流至唐村南复南流，经沙溪、车头、道院塘，入城东街道，穿越浙赣铁路、人民东路，于清风龙头东汇入义乌江，长约17千米。

武义江　为金华江最大之支流，亦称永康江、永康溪、武义港。源出武义千丈岩，经缙云、永康复入武义县，于金东区焦岩东2千米处入区境，曲折西流，至寿溪转东北流，过国湖电站转北流，至竹园东转西流，接纳梅溪后沿苏孟乡北流，过豪乐、洪坞、李渔、金婺诸大桥，至燕尾洲与义乌江汇合。

武义江自焦岩入境至燕尾洲，长25千米，河床宽100~300米，水深2~3米，国湖以下比降0.65‰，金东区横店以下河道几分几合，沿岸平原渐见，梅溪口以下平原连片，进入三江平原。汇入10千米以上溪流(不计右岸金东区汇入溪流)有：

寿溪　发源于雅畈镇与武义县壶山街道界上的鲤鱼尖，北流经大山、罗芳埠，于寿溪北入武义江，长28.5千米。

梓溪　发源于雅畈镇东坞南与安地镇界上，北流经下新屋、宜山，于雅畈北入武义江，长14.5千米。

梅溪　发源于箬阳、沙畈两乡与武义界上的平顶坑，东北流经瀛头至武义县龙潭，复东北流入箬阳乡，经琴坛至安地镇山道、黄泥岗转北流，经郑宅，于小同北入安地水库(中型)。出水库经安地至苏孟，沿苏孟和雅畈两个乡镇边界流至金桑园东南入武义江。长54千米。安地水库以上比降10‰，安地水库以下比降3.3‰。汇入梅溪的支流有3条：外畈溪发源于箬阳乡上罗坪，至安地镇外畈汇入安地水库，长约14千米；上干溪发源于安地镇与沙畈乡界上的横路山，东北流经文明、项村、上干口，于安地西南入梅溪，长12千米；雅干溪发源于安地镇与武义县界上的彭公尖东南麓，北流经和村、雅干、郭村，至下傅西北汇入梅溪，长15千米。

衢江　又称信安江，古称榖水。源出安徽省休宁县青芝埭尖。经开化、常山、衢州、龙游等县市，于洋埠西入境。沿洋埠、罗埠两镇和兰溪市游埠镇边界流，至罗埠镇后张北出区界入兰溪市，区界上长11千米，宽250~450米，水深3~6米，比降0.3‰，为婺城区与兰溪市之界河。沿江和汇入衢江的莘畈、厚大两溪下游有广阔的冲积平原，是全区主要水稻、棉花、甘蔗和淡水鱼产地。

莘畈溪　又名西源，亦称兰源。源出塔石乡青莲山，向北穿流于高山峡谷之中，经井上至莘畈乡井下，过学岭头注入莘畈水库(中型)，出水库经姓李，至祝村北入汤溪镇，复北流，经曹界、寺平，至中祝北穿越浙赣铁路入洋埠镇，北转东流于罗埠镇黄稍与厚大溪汇合。

莘畈溪原在洋埠镇下徐，穿万年桥后分两支，一支名鹅头颈，北流1千米入衢江，后已堵塞。莘畈溪长43千米，上游水流湍急，出莘畈水库至洋埠镇盛村比降3.3‰，盛村至黄稍比降1.5‰。汇入莘畈溪的牛桥溪发源于汤溪镇里金坞东南,经戴家、牛桥,至萧家北入洋埠,于盛村北汇入莘畈溪,长12千米。

厚大溪　一名南源,又名塔石溪,源出塔石乡与遂昌县界上的白岩。曲折北流,经里大茗、山坑、塔石,于东店北入岭上乡。复北流,经岭上、黄岩孔、蒋畈,至汤溪镇陶寺,过厚大、蒋村、派溪李北入洋埠镇,于罗埠镇黄稍与莘畈溪汇合后转北流,至董家北注入衢江。全长57千米。自源头至厚大,水流湍急,两岸石岩嵯峨,比降10‰,厚大以下比降3.3‰。

根据金华市水文及水文地质条件,婺城区地下水类型属于一般山丘区,河床切割较深,河床基流量已汇集了地下水排泄量的绝大部分。因此山丘河川基流量即作为地下水资源量。2015年,婺城区地下水资源量2.715亿立方米,比常年值2.4139亿立方米偏多12.5%。

【矿产资源】 婺城区主要金属矿产有锡、多金属、辉钼矿、铅锌矿和金等。非金属矿产有石灰岩、建筑石料、建筑沙砾、沸石、珍珠岩、萤石、砖瓦用页岩和花岗岩。

金属矿

锡　分布于南部的安地镇和村的仁坑垄、沙畈乡黄炫、箬阳乡岭后,有4个矿点,均属锡石—石英脉型高温热液矿床。20世纪60年代中期、80年代早期地质部门做过踏勘调查,规模偏小。

多金属　有安地镇和村、金岭庵,沙畈乡黄石玄、芝肚坑和塔石乡苏坑5个矿(化)点。矿床成因属高中温热液及矽卡岩型,矿体呈脉状或透镜状,充填于花岗岩体节理中,个别产于岩体外接触带,规模小,品位低,无工业价值。

辉钼矿　位于沙畈乡银坑村,产于花岗斑岩中,呈细脉状充填于裂隙内,钼矿平均含钼0.04%,品位低,未开采过。

铅锌矿　分布于沙畈乡银坑、塔石乡高田、南坑等地,有4处矿产地,矿床成因属高中温热液型,银坑为小型矿床,其余均为矿点或矿化点。银坑铅锌矿为一小型富铅锌矿,伴生铜钼及银可综合利用,矿脉之主要地段已为前人采空。

金　仅有汤溪镇曹界一处,系地质部门于20世纪80年代初发现,规模小,品位低,无工业价值。

非金属矿

石灰岩　金华山南坡自兰溪市洞源至区境九龙长9千米,预测储量2亿吨。九龙、玲珑岩等处探明储量近5000万吨。

建筑石材　分布广,开采点多,重点分布在雅畈镇。采石层位主要为上侏罗纪西山头组熔结凝灰岩,石材质量以雅畈镇南干、铜山一带为最佳,常用于路基、房基或铁路道砟制作碎石等工程建筑。

建筑沙砾　分布甚广,主要分布在洋埠、琅琊、安地、汤溪、白龙桥镇等地的衢江、金华江、武义江、厚大溪、梅溪和白沙溪之低河漫滩或河床浅滩上,经大量开采之后,日益枯竭。

沸石、珍珠岩　分布在岭上乡黄岩孔一带,矿区范围达30平方千米,含丝光沸石和斜发沸石,矿化有5个层位,以第二层较佳(西山头组顶部)。矿层厚度10~50米,一般20~30米,吸钾量5.95~15.5毫克/克,吸铵值54~186.2毫摩尔/100克,折合丝光沸石48%。沸石常伴珍珠岩,但膨胀系数较低。沸石与珍珠岩矿在小规模开发利用。

萤石　主要分布在安地镇喻斯、凤凰山,琅琊镇大岩和汤溪镇里金坞一带。汤溪镇里金坞萤石矿探明储量103万吨,深部控制长度700米,平均厚度4.37米,平均品位60.38%。70年代开始,陆续开采至2004年2月发生塌陷事故后,即予封井,结束采掘。琅琊镇大岩、安地镇凤凰山、于山垅、竹坞、荣坑、麻车、白峰、岩石背、枇杷弯、横栏下等10处小型矿山,除大岩砩矿、凤凰山砩矿超过10万吨外,其余矿点储量一般在3万~5万吨之间,安地镇所有萤石矿点于2006年结束采掘。雅畈下店、团盘岭,安地郑宅发现有萤石矿点。经多年开采,萤石资源已所剩无几。

砖瓦用页岩　分布在白龙桥、蒋堂、汤溪镇一带,储量丰富。

花岗岩　分布于南部沙畈乡、塔石乡一带,沙畈乡芝肚坑花岗岩矿于20世纪80年代做过勘查,当地曾作小规模开采。

【土地资源】 婺城区山地丘陵地质构造复杂,地层岩性多样,岩石种类繁多。主要成土母质有白垩纪方岩组的暗紫砂页岩、紫红砂页岩、砾岩、砂岩、石灰岩、第四纪的红色黏土、侏罗纪的凝灰岩、流纹岩及燕山运动晚期的花岗岩、花岗斑岩等。山地土壤分成红壤、黄壤、石灰岩土、紫色土4个土类、9个亚类、18个土属、43个土种。四大土壤种类中红壤占63%,黄壤占20%,紫色土占15%,石灰岩土占2%。红壤黄壤具有黏、酸、瘦等主要肥力特征,旱季保水性差,不适于作物高产,主要适于种植茶、竹、果等经济特产及玉米、甘薯等旱粮作物。

2018年，全区耕地减少49.12公顷，园地减少117.12公顷,林地减少72.30公顷,草地减少19.36公顷,城镇村及工矿用地增加206.25公顷,交通运输用地增加73.27公顷，水域及水利设施用地减少19.81公顷,其他土地减少1.81公顷。

2018年，全区国家所有土地18148.47公顷,集体所有土地120975.45公顷,与年初面积相比,国家所有土地增加28.42公顷,集体所有土地减少28.42公顷。

2018年,全区设施农用地414.10公顷,与年初面积相比,减少1.38公顷。

【水文水情】 2018年1月1日至10月15日全区累计降雨量1231.9毫米,比常年同期1449.7毫米偏少15.02%。6月20日入梅,7月9日出梅,梅雨期20天,梅雨量158.6毫米，比常年梅雨量253.5毫米偏少37.44%。出梅后,多晴热高温少雨天气,高温(日最高气温35℃以上)日数总计43天。入汛后全区江河水情平稳,水库总蓄水量较往年偏少,梅汛期梅雨量显著偏少。台汛期,第8号台风“玛莉亚”、10号台风“安比”、14号台风“摩羯”和18号台风“温比亚”对全区有影响。7月10—11日受第8号台风“玛莉亚”外围环流影响，全区出现小到中雨，平均面雨量10.0毫米。7月21—22日受第10号台风“安比”外围环流影响,出现阵雨和局地强降水,全区平均面雨量10.6毫米。8月12—13日受第14号台风“摩羯”影响,出现一次明显的降水和风力增大过程，全区平均面雨量25.4毫米,其中超过50毫米的站点有3个,最大为65毫米(箬阳乡罗坪)。8月16—17日受18号台风“温比亚”影响,全区出现小雨(1.4毫米)。区防指共启动防台风Ⅳ级应急响应一次。由于防汛抗旱工作准备充分、指挥正确、措施得力,全区将灾情损失降到最低程度,未发生人员伤亡情况。

【植物资源】 婺城区境属亚热带常绿阔叶林植被地带,按海拔可划分四类:海拔400米以下以马尾松和常绿阔叶林为主,主要由松、杉、茶、果等人工栽培树种和次生灌丛组成;海拔400~800米,以常绿阔叶林和杉木林、竹林为主,主要树种有松、杉、青岗、木荷、白砾、苦槠、石砾、枫香、浙江楠、大叶榆、牛筋树等;海拔800~1000米,以常绿落叶混交林和落叶阔叶林为主,主要树种有黄山松、柳杉、白砾、茅栗、化香、冬青、石楠、三尖杉、红花油茶等;海拔1000米以上以灌丛、草丛为主。

全区植被类型分阔叶林、针叶林、灌丛、草丛4个植被型组;常绿阔叶林、竹林、暖性针叶林、温性针叶林、常绿混交林、落叶混交林、落叶阔叶林、灌木林、草丛9个植被型和18个群系。植物种类有161科1500多种,其中森林树种83科439种,毛竹8属34种2个变种2个变型,草本植物约70科300余种,农作物品种资源800余种。

全区植物资源丰富，不计常年栽培的粮、棉、油、茶、果和野生的藻、菌、蕨、苔藓、地衣等种类在内的主要植物有148科971种,其中,裸子植物门9科44种;被子植物门139科927种,其中双子叶植物纲113科761种,单子叶植物纲26科166种。有常见野生蔬菜39科68种。列为国家和省级重点保护的,有南方红豆杉、银杏、金钱松、竹柏、福建柏、鹅掌楸、香果树、浙江楠、半枫落、榉树、花榈木、半枫荷、天竺桂、杜仲、凹叶厚朴、青檀、珙桐、短穗竹等近20种。东方红林场被列为浙江省“油桐育种程序系列研究”项目试验基地。

【动物资源】 区境内动物资源计92科340种。其中无脊椎动物5科35种;脊椎动物中鱼类11科42种,两栖类6科18种,爬行类8科27种,鸟类40科137种,兽类22科81种。国家一级野生保护动物有云豹、豹、黑麂、白颈长尾雉(鸟类)4种。国家二级野生保护动物有猕猴、穿山甲、豺、水獭、小灵猫、原猫、鬣羚、鸳鸯、鸢、赤腹鹰、雀鹰、松雀鹰、红隼、领鸺鹠、斑头鸺鹠、草鸮、短耳鸮、白鹇、虎纹蛙等。列为国家三级保护动物的有虎纹蛙、鸢、苍鹰、赤腹鹰、松雀鹰、普通鵟、乌毛脚鵟、勺鸡、灰鹤、草鸮(猴面鹰)、猫头鹰、黑熊、大灵猫、狸猫等。省级重点保护动物有狐、狼、貉、豹猫、鼬、獾、食蟹蟹、豪猪、毛冠鹿、凤头鹇鹛、中白鹭、白鹭、夜鹭、四声杜鹃、大杜鹃、小杜鹃、姬啄木鸟、黑枕绿啄木鸟、斑啄木鸟、星头啄木鸟、三宝鸟、虎纹伯劳、牛头伯劳、红尾伯劳、棕背伯劳、红嘴蓝鹊、喜鹊、松鹊、黑枕黄鹂、眼镜蛇、五步蛇、滑鼠蛇、黑眉锦蛇、平胸龟等。省级一般保护动物在区境内普遍分布,其中兽类有32种,包括刺猬、花面狸、黄鼬、黄腹鼬、狗獾、猪獾、华南兔、野猪、小鹿及翼手目所有种(23种)。鸟类中,国家及省级重点保护以外的所有鸟类均作为一般保护动物。爬行类有14种,包括王锦蛇、乌梢蛇、劲棱蛇、紫灰锦蛇、灰鼠蛇、水赤链游蛇、赤链蛇、玉斑锦蛇、银环蛇、蝮蛇、烙铁头、乌龟、黄睺水龟、缘闭壳龟。两栖类有2种,分别为棘胸蛙和大蟾蜍。列为国家二类保护动物的有大鲵(娃娃鱼)、鸳鸯、白鹇、猕猴、穿山甲、棕熊、水獭、金猫、毛冠鹿(乌獐)。畜牧业历史悠久,主要养殖种类有猪、牛、羊、兔、鸡、鸭、鹅等。金华两头乌为地方优质品种。主要经济鱼类有青鱼、草鱼、鲢鱼、鳙鱼、鲤鱼、鲫鱼、鲴鱼、鳜鱼、鳇鱼、长春鳊、三角鲂、团头鲂、泥鳅、黄鳝和鲶鱼等30多种。

【旅游资源】 婺城区拥有国家AAAA级旅游景区1个、AAA级旅游景区2个、AA级旅游景区1个、国家级重点风景名胜区1个、省级旅游度假区1个、市级风景名胜区1个、省特色旅游村7个、省旅游特色经营点1个。区属旅行社6家,星级宾馆4家。其中四星级2家(浙江金华大唐国际旅行社有限公司、浙江君悦国际旅行社有限公司),3星级1家(金华美好假期旅行社有限公司);星级饭店3家,市旅游推荐饭店1家(金华市伟达·雷迪森广场酒店);省级特色旅游村(点)6家。

全国重点文物保护单位有太平天国侍王府、天宁寺、法隆寺经幢和铁店窑遗址群4个;省级重点文物保护单位有八咏楼、汤溪城隍庙、金华府城隍庙、鹿田书院、七家厅、陈村桥、滕氏宗祠、汉灶窑址、白沙堰、石楠塘徐氏宗祠、寺平村乡土建筑、永康考寓、金华通济桥、宏济桥码头、方梅生故居、北山摩崖题记、邵飘萍旧居、台湾义勇队旧址等18个;县(市)级文物保护单位48处;市级文物保护点112处。

城乡规划

【概况】 2018年,婺城区启动编制完成10个单元13个局部地块控规调整工作并上报市政府获得相关批复,主要包括:浙师大单元(后地、田里地块)、金华站单元(五星地块)、乾西单元(鲍杨、洪源地块)、高桥单元(三联地块)、西郊单元(局部地块)等单元小地块控规方案的报批;完成婺城新区(中心区、高教区)控制性详细规划修改必要性论证及规划方案的报批;完成婺城新区(临江、白龙桥、吕塘单元)局部地块控制性详细规划方案的报批;完成金华市婺城新城区宾虹西路以北、白沙溪以东等地块控制性详细规划(修改)的报批。

完成金义东轨道交通(婺城段)两侧建筑外立面改造方案和双龙街区域(人民西路两侧及以北区域)建筑外立面改造方案;金华市婺城区浙中生态廊道建设规划和白龙桥集镇汽修行业选址相关问题研究规划成果。

【农民建房及镇、村规划编制工作】 2018年,全区完成村民建房审批备案478宗,审批农房面积43179平方米。

2018年,编制40个村庄规划,其中20个村庄规划已报批;6个村庄规划已通过专家评审会评审;9个村庄规划已通过分局内部讨论会讨论(待评审);另有5个村庄规划正在编制过程中。

2018年,报送市局3个乡镇控规和2个小控规,分别为《金华市婺城区长山乡规划》《金华市婺城区蒋堂镇区控制性详细规划》《金华市婺城区雅畈镇(雅畈单元WC-09)控制性详细规划》《金华市婺城区雅畈单元(WC-09-02)镇北局部地块控制性详细规划》和《金华市婺城区蒋堂镇界首工业园(WC-01-JS)区块控制性详细规划》,其中《金华市婺城区长山乡规划》和《金华市婺城区雅畈单元(WC-09-02)镇北局部地块控制性详细规划》已经市政府批复;另有《金华市婺城区琅琊镇总体规划及集镇控规》正在编制中。

(胡　敏)

中国共产党婺城区委员会

综　述

【基本情况】 2018年,婺城区委高举习近平新时代中国特色社会主义思想伟大旗帜,深入学习贯彻中共十九大和十九届二中、三中全会精神,以“九场硬战”“十大行动”为抓手,解放思想,改革创新,迎难而上,唱响“担当赶超、婺城图强”主旋律,较好完成年初确立的各项目标任务。全年实现区属地区生产总值282.2亿元,增长3.5%;财政总收入45.8亿元,增长8.4%,其中区级财政收入10.4亿元,增长0.8%;固定资产投资84.2亿元,增长4.1%;社会消费品零售总额339.6亿元,增长9.4%;农村、城镇人均可支配收入分别达到23134元和53131元,均增长9.5%;三次产业结构比重调整为4.5:21.4:74.1。

【转型升级】 发展动能持续增强,生态建设成效明显。经济发展稳中有进,规模以上工业增加值增速7.8%,列全市第三,外贸增速13%,列全市第一。投资新政全面实施,项目稳步实施。招商引资迈出新步伐,高新科技类、重大产业项目纷至沓来。发布人才新政22条,引进海外院士1名,新增省市领军人才7名,人才企业上国际板实现零的突破。创新力度加大,婺城籍科学家龚晓南、徐日庆、吴文传获国家科技进步奖一等奖,万里扬股份有限公司获国家科技进步奖二等奖。治水治气治土治废一体发力,“五水共治”成效显著,获大禹鼎。空气质量优良率达84.5%,PM2.5浓度降至34微克/立方米。第二生活垃圾焚烧发电及飞灰填埋项目打造破解“邻避效应”的全省样板,“八个早”的做法得到省委书记车俊的肯定。城区生活垃圾分类覆盖率扩大至80%,垃圾处理体系进一步完善。中央环保督察交办问题整改全面完成,生态廊道建设扎实推进。

【城乡发展】 城乡建设协调发展,重点平台不断夯实。引入中规院专家团队,启动铁路文化遗址公园项目,高起点规划高铁新城。婺州城市广场商业综合体顺利破产重整,开创全市先河,得到市委领导肯定,婺城新城区产城融合发展全面深化。仙源湖旅游度假区开发力度加大,浙中信息产业园发展步伐加快。担起主城区之责,全国文明城市创建首战告捷。城市有机更新攻坚破难,“双1清零行动”实现二七、上浮桥征迁历史遗留问题基本解决。“三改一拆”深入推进,改造旧住宅58.2万平方米、旧厂区18.6万平方米、城中村40万平方米,拆除违法建筑216.6万平方米。新一轮行政村规模调整顺利完成,全区行政村数量由329个减少到189个,104个省定集体经济薄弱村实现摘帽。推动岭上乡体制调整,有力呼应群众的呼声。长山和琅琊867.53公顷全域土地综合整治项目成为全市标杆,竹马、长山获评小城镇综合环境整治省级样板。交通网络日趋完善,“四好农村路”建设取得实效,农村公路完成大中修60千米。330国道(婺城段)建成通车,衢江航运婺城段建设完工,内联外畅的交通格局更加健全。

【民生事业】 社会事业全面进步,民生保障更加有力。教育改革发展步伐加快,10所薄弱学校得到提升,新增正高级教师2名、特级教师3名。文体卫事业亮点纷呈,“农民微圈”信息服务“百事通”工程获评国家级“民生示范工程”。省级卫生乡镇实现全覆盖,成功举办“中国山水四项公开赛”等43项体育赛事活动,婺城籍运动员勇夺全国田径冠军赛女子1500米冠军。社会保障体系日益健全,大病保险政策全面实施,城乡居民养老保险基础养老金增长20%,新建居家养老服务照料中心31家,发放各类救助款3357万元。就业基础不断夯实,新增就业5946人,城镇调查失业率和登记失业率分别控制在5%和3.5%以内。社会保持和谐稳定,深入开展扫黑除恶专项斗争,完成“进博会”等安保任务,生产安全事故同比下降56%,交通事故同比下降61.1%,连续13年获评省级“平安区”。全省首推“码上矫正”管教平台,法治阵地实现全覆盖,一批突出信访问题得到有效化解,公共法律服务体系进一步健全。建成规范化避灾安置点45个,地质灾害隐患点三年清零任务提前完成。区人民医院新院区、区社区矫正中心、区综合应急指挥中心等一批服务管理机构全面启用,十方面民生实事全面完成,荣获省示范文明城区、省食品安全区、省体育强区等荣誉称号,宜居优势更加彰显。

【党的建设】 推进“两学一做”学习教育常态化制度化,树牢“四个意识”,坚定“四个自信”,做到“两个维护”。全面落实从严治党各项规定,拉高标杆抓好省委机动式巡视整改。围绕“组织满意、干部满意、群众满意”“三满意”目标,全面抓好思想建设大检修,省委巡视组反馈7个方面32个问题中,28个问题已整改到位,另外4个也在持续整改,推动政治能力、思想认识、工作状态、作风建设、纪律保障、制度建设等方面“六个转变”。以“当好党和人民刀把子”的自觉护佑社会和谐稳定,城中派出所“阳光支部”连续7263天无违纪、无责任事故,深入开展“不忘初心、牢记使命,当好新时代婺城答卷人”大调研,解决问题3398个,“两送两增”企业大走访满意率全市第一,5次得到市委主要领导批示。全市率先开展以“心连心、暖人心、共图强”为主题的“三服务”活动,打响婺城“家服务”品牌。纪念改革开放40周年诗朗诵等系列活动进一步凝心聚力,奏响“担当赶超、婺城图强”实干强音。

(何超华)

【深化改革】 2018年,全区召开改革领导小组会议、专项小组会议、联络员会议等各类会议8次,区委全面深化改革领导小组2018年起草出台《区委全面深化改革领导小组2018年工作计划》和《区委全面深化改革领导小组2018年工作要点》等文件,共梳理改革任务91项,其中区领导领衔重点突破改革项目20项。以“最多跑一次”全面深化“放管服”改革,30个部门纳入“最多跑一次”办事事项925项,其中已实现“最多跑一次”事项910项,占比98.38%,实现“零跑次”事项281项,占比30.38%。推广“标准地+承诺制+代办制”制度,实现企业投资项目审批线上由投资项目在线审批平台2.0版“一口受理”,线下由行政服务中心“一窗受理”,11月,首个“标准地+承诺制+代办制”项目,即同元土特产项目(用地0.53公顷,总建筑面积7681平方米)已顺利完成。深化文化事业体制改革,实施公共文化“十百千”工程,完成11个公共文化服务重点村(社区)建设,电影下乡1400场、送戏下乡66场、大型文化活动22场,启动10个小康体育村提升工程,举办各类体育赛事活动16项。

(骆尧天)

区委办公室工作

【概况】 2018年,区委办公室以服务区委中心工作为己任,不断改进方式方法,创新工作载体,增强责任意识,提高服务水平,为区委各项决策部署落地和各项工作顺利推进发挥“参谋助手、综合协调、督促检查”的职能作用,开创区委办公室工作新局面。

以开展“两学一做”学习教育活动为契机,创新教育形式、搭建教育载体,制定学习配档表,采取集中学习与个人学习相结合的办法,通过认真学习党章、中央十八届六中全会、中共十九大、习近平新时代中国特色社会主义思想和中央、省、市、区委一系列重大决策部署,努力增强全办干部职工在政治上的坚定性、敏锐性和鉴别力,确保做到在重大原则问题上立场坚定、旗帜鲜明,在大是大非面前始终保持清醒的头脑。

区委办公室坚持在高效、严谨、规范上下功夫,力求快节奏、高效率做好办文办会办事的工作。牢固树立“值班工作无小事”的思想，完善规章制度，严肃值班纪律，确保信息畅通和各项临时任务正常安排和运作落实。深化调查研究，提升办文水平。围绕区委中心工作和影响全区发展的新情况、新问题，领导关注和群众关心的热点、难点问题，科学设定一批调研课题，提出有针对性、可操作性的意见和建议，为领导科学决策提供依据。围绕中心工作，加大督察力度。坚持把抓落实放在更加突出的位置，推动区委各项决策部署得到贯彻落实。对区委、区政府重要决策部署和全区重点工作任务进行分解立项，定工作任务、定责任单位、定责任领导、定工作要求、定完成时限，有计划、有重点地开展多种形式的督促检查，督促责任单位按期完成所承担的任务。

区委办公室作为区委的中枢机关，自觉带头严格落实中央八项规定精神，狠抓作风问题，对遵守纪律提出明确具体严格的要求。倡导清正廉洁的作风，时刻保持清醒头脑，廉洁自律，在私下行动上筑起拒腐防变的防线。要求全办干部职工真正把忠诚作为办公室的首要精神，把团结作为班子和队伍建设的要求，把务实作为各项工作的理念，把廉洁作为党员干部的日常纪律，真正把握“服务”二字的精髓，不断提升服务工作水平，于细微之处、在细节之间做深做精各项服务工作。

（项雅馨）

【秘书工作】 2018年，区委秘书科以区委工作为中心，组织大中型会议70余次，小型会议340余次，短信通知8000余条。做好接待接访工作，接待来人来访50余批次，处理突发的上访事件6次。做好传真、机要等各类文件的上传下达工作，做好文件的分类和保存，填写文件办理情况登记表，以备文件查阅。全年收办各级各类文件1400余件。

【值班工作】 2018年，区委、区政府总值班室在办公室的领导下，围绕区委中心工作，认真细致地做好值班室工作，牢固树立“值班室工作无小事”的责任意识，创新值班工作的方法、工作的理念，按照值班制度工作要求，做到24小时在岗在位，认真填写好值班记录，做到各种信息的上传下达，确保信息往来畅通无阻。特别是针对婺城区发生的重大或突发事件，值班人员协助领导处置紧急、突发事件，及时掌握事件发生的时间、地点、事由、经过，事件发生的伤亡情况或损害程度的状况等相关信息，严格按照值班工作程序做好紧急事件的上报、传达等各项工作。做好区委重要会议的通知和文件寄发工作。

（洪志生）

【信息调研】 2018年，紧急信息抢抓时点，确保各级党委第一时间掌握事态状况；上报信息注重时效，提高信息政治站位，紧密结合工作大局，高标准高效率地向上报送高质量高水平的信息；日常信息把握时机，紧扣不同时期的信息需求重点，树立精品意识。2018年，共编发《婺城信息》18期，其中专报10期；市委办采用区各类信息75条，获领导批示2次；省委办采用区各类信息115条；中办采用区各类信息5条。

（李俊杰）

【督察工作】 2018年，督查科先后参与区行政村规模调整、中央环保督察回头看、上浮桥“双一”清零行动等一系列重点工作，牵头组建组织督考组，为重点工作推进保驾护航。紧扣区委、区政府中心工作，不断创新工作方法，加大督办检察力度，重点对年度惠民实事、重点建设项目和技改项目、经济运行目标管理、克难攻坚项目、文明城市创建等工作开展专项督察，客观反映进展情况，提出督察建议和意见，促进目标任务的达成。对其他经常性、随机性督察活动，发现问题及时向区委领导反馈报告，主动协调，狠抓落实，确保区委重要决策落实到位，取得实效。2018年，对各类重点工作下发督查通知单37期，印发督查通报30期，上报督查专报5期，有效促进区委重大决策及重点工作部署的贯彻落实。研究制订全区机关部门、乡镇街道工作目标责任制考核办法，开展考核办法前期调研5次，多次征求各单位考核意见，赴兰溪等地学习兄弟县市优秀经验，牵头组织各部门制订考核细则，组织实施考核。跟踪督办上级以及媒体曝光问题。对市级督办的“蜗牛工程”，省、市媒体曝光问题开展重点督察，其中，市蜗牛工程项目督促整改完成一个，《今日聚焦》栏目整改落实2个，《正风问效》

栏目整改落实4起。

(童 佳)

【机要保密工作】 2018年,婺城区机要保密科协助市委机要局做好英雄孟祥斌的先进事迹材料和图片搜集工作;强化保密意识,严格落实机要保密工作制度;规范电报使用管理,提升服务水平;提升机要保密人员综合能力,增强队伍素质;高标准高质量完成好年度视频会议的保障工作。

按年度计划,对全区进行保密工作大检查,参加省、市保密培训会议,及时更新保密业务知识,完成杂志的征订任务。

(张纯陆)

【档案管理工作】 2018年,婺城区档案局做好区机关各部门(单位)、各乡镇(街道)及临时机构2017年度文件材料归档、档案数字化、档案登记备份的档案业务指导监管工作。督促各单位统建系统和自建系统归档模块的参数配置,开展九大类权力事项电子文件归档范围和保管期限在线归档工作。对28个"最多跑一次"任务单位开展9大类权力3251个事项归档范围和保管期限的审核和归档模块设定,其中798个列入"最多跑一次"事项,380个在统建平台上办理的事项已完成归档模块设置。为全面贯彻落实中共十九大会议精神,按照习近平总书记关于大兴调查研究之风的重要指示和金华市委、婺城区委关于开展"不忘初心,牢记使命,当好新时代答卷人"大调研的要求,根据市档案局工作安排,档案局开展乡镇街道档案管理情况调查,收发调查问卷18份,座谈讨论38人次,实地查看3个乡镇1个街道。为深入推进创建全国文明城市工作,根据《婺城区创建全国文明城市三年规划(2018—2020年)》和《婺城区创建全国文明城市"双十"行动方案》的有关要求,设立婺城区级城市荣誉体系档案室和金华好人档案室。完成乡镇户籍档案资料实体移交工作。为深入推进"最多跑一次"改革和档案数字化建设,有效整合公安、乡镇(街道)户籍档案资料,有效解决群众多头查询的问题,由区档案局组织,公安分局牵头,将各乡镇(街道)管理的全部历史户籍档案归并到公安机关,进行数字化加工。通过前期自查、实地指导,共收集5个乡镇400卷户籍档案。加快推进数字档案室建设。全区71(包括2个临时机构)家进馆单位,2017年已完成58家规范化数字档案室的创建,2018年有5个单位创建规范化数字档案室、2个单位创建示范数字档案室。

(项雅馨)

【对台工作】 2018年,婺城区对台工作在区委、区政府正确领导下,以党的十九大精神及习近平总书记对台工作重要思想为指针,认真贯彻落实中央对台工作方针政策,较好地完成各项工作任务。

组织区台联会、基层分会开展党的十九大精神及习近平总书记新时代对台工作重要思想大讨论活动,组织台联届开展中央、省、市、区惠台政策的学习宣传。在接待台湾参访团和回乡探亲台胞时,精心准备,突出重点,展现婺城美丽风貌,让台胞深刻感受到改革开发40年来的变化和成就,增强民族凝聚力。

对全区范围内台胞台属台企开展调查,对调查中发现的生活困难的台胞台属,开展结对帮扶。建立区台联会挂钩联系片区制度,确保责任到人,工作落到实处。增强服务台企意识,深入企业开展调研,关心生产经营情况,帮助企业协调解决实际困难。认真组织、细致做好台胞居民居住证发放工作。

2018年,共接待台湾到婺城考察团和台胞亲属10批次。经贸交流方面,婺台两地企业进一步深化合作,开创婺城与台湾企业技术交流的先河。

(童 佳)

纪检监察

【概况】 2018年,婺城区委坚决践行"两个维护",政治监督更加有力。全区纪检监察组织坚决扛起"两个维护"的特殊历史使命和重大政治责任,强化监督执纪。积极协助区委完成省委"机动式"巡视整改政治任务,推动32项105条整改措施的落实,全部办结18件交办信访件,健全完善制度24项,追缴资金500.11万元,追责问责73人,巡视整改报告一次性通过省委巡视办和巡视组审核。强化对"三大攻坚战"、中央环保督察、信访维稳、文明城市创建、双"1"清零行动等各项决策部署执行情况的监督，共开展专项监督14批次，发现问题90个，党纪政务处分16人，保证政令畅通。加强对上级决策部署执行情况和区委中心工作落实情况的监督检查，全年围绕扶贫攻坚、"最多跑一次"改革、文明城市创建等中心工作开展监督检查14批次，发现问题90余个，印发专报4期。

【区纪委七届三次全会】 2月12日，中共金华市婺城区第七届纪律检查委员会第三次全体会议召开，会议听取和审议了题为"全面贯彻落实党的十九大精神　奋力谱写新时代全面从严治党婺城新篇章"的工作报告，总结回顾2017年全区党风廉政建设和反腐败工作，研究部署2018年工作任务。

【深化体制改革】 制度优势充分彰显。巩固拓展监察体制改革先行试点成果，探索完善工作运行机制，建立健全纪检监察机关与执法、司法等单位的问题线索移送、提前介入等制度4项，推动纪法贯通、法法衔接。健全完善监察监督体系，赋予12家派驻机构相应监察职能，设立27个派出乡镇（街道）监察办公室，实现监察监督全覆盖。持续深化区委巡察制度，成立配备巡察办及4个巡察组，修订完善巡察工作规划、实施细则等配套制度8项，对5家党组织开展巡察，督促14家党组织落实巡察整改，推动整改问题579个，追责问责420人，其中党纪政务处分9人，健全完善制度120项，挽回经济损失978.79万元，创新实施巡察整改"七账"工作法和"回访检查"，动真碰硬抓好巡察整改"后半篇文章"。

【清廉建设】 助推清廉建设，"清廉婺城" 首战告捷。积极创新实践，落实带头责任，制定出台《婺城区纪委关于开展"十大提升"行动为建设"清廉婺城"站岗护航的实施意见》，明确10个方面34项措施，切实发挥纪委监委在"清廉婺城"建设中的主力军和排头兵作用。发挥"清廉婺城"建设指挥部作用，协助区委制定《"清廉婺城"建设重点工作任务分工方案》，细化任务110项，逐一落实牵头领导、责任单位，推动形成齐抓共管、合力共建的良好态势。以清廉细胞建设为突破口，构建清淳惠民的基层清廉体系，建成清廉机关、清廉学校等6个试点样板，创建首批18个清廉村居，经验成果获得省纪委领导肯定。以清廉文化建设为抓手，打造蒋堂莲廉文化馆、城东街道清青工作室等一批清廉文化教育阵地，搭建本地优秀家规家训平台，深挖本地优秀传统家训25项，充分发挥家规家训的教育引导作用，助推社风民风清新崇廉。拍摄展播廉政微视频5部，开展廉政漫画巡展19场，创作清廉婺剧《周敦颐》演出10场，营造清新崇廉的社会氛围。

【监督职责】 严格执行新修订的党纪处分条例，履行好监督这个基本职责、第一职责，融合运用纪律、监察、派驻、巡察"四项监督"，加强问题线索的集中管理研判，共处置问题线索709件，精准运用"四种形态"701人次，其中第一种形态占83.7%，"红红脸、出出汗"成为常态。严把党员干部廉政审核关，共回复审核意见2469人次。严格按照"三个区分开来"原则做好党员干部容错纠错工作，对95件举报失实的问题线索予以非立案了结，为党员干部担当负责，推动营造干事创业的良好氛围。探索实施党内政治生态分析研判、评估报告制度，强化对"两个责任"落实情况的监督，全区共有7家党组织、28名党员干部因责任落实不力受到问责。

【作风建设】 常态化开展监督检查，加大正风肃纪力度。2018年，开展正风肃纪检查7次，共检查单位406家次，查处违反中央八项规定精神问题23件，追责问责54人，其中党纪政务处分7人。针对"车轮腐败"问题开展专项治理，对全区229辆公车管理使用情况进行抽查，立整立改问题60个，追缴资金9004.71元，追责问责52人。聚焦形式主义、官僚主义问题开展专项整治，查处典型问题2件，追责问责7人。在全区范围内开展清理违规借贷、违规持股、低价购房和规范"一家两制"专项行动，发现各类违规人员62人，在全市范围内率先进行党纪政务处分3人，清退违规收益8.65万元，退出、转让股份5万元，进一步规范全区领导干部利益冲突问题。开展"三清理一规范"行动，组织全区3729名党员干部进行个人申报，重点抽查核实556人，追责问责55人，取得亮明底线、教育提醒、整改纠偏的政治效果和社会效果。

【基层作风治理】 聚焦基层治理，群众身边腐败和作风问题进一步得到整治。聚焦处置信访积案、信访举报、信访源头三大重点，集中排查侵害群众利益问题线索，对其中群众反映强烈的问题办理情况进行公开反馈，得到群众的认可。重点围绕群众反映强烈的“三务”公开、“三资”管理、工程项目招投标等方面问题，强化对基层公权力的监督，进一步完善乡镇(街道)干部廉政档案、村居干部任前廉洁履职承诺等制度。2018 年 12 月，组织全区党员干部观看警示教育片《蜕变》、学习《金华市党员干部违纪违法典型案例警示录》，并组织全区 361 名村(居)务监督委员会主任进行业务培训，有效提升村(居)务监督委员会的监督能力。

【反腐倡廉】 2018 年，受理信访举报 435 件，同比下降 22.46%；立案 120 件，党纪政务处分 114 人，其中科级领导干部 11 人，采取留置措施 8 人，移送司法机关 10 人。严肃查处区交通运输局腐败窝串案，依法移送司法机关 5 人，形成强有力的震慑。加强追逃防逃工作，对全区党员和国家公职人员外逃、失联情况进行集中排查，对 2721 本出国(境)证照的使用情况进行抽查，对不如实申报、不上交证照保管的 38 人进行追责问责，提请采取限制出境措施 16 人次。强化案件查办的治本功能，及时总结审查调查中发现的体制机制漏洞，举一反三、以案促改。

【专项整治】 开展群众身边腐败问题集中排查，梳理处置问题线索 95 件，党纪政务处分 20 人。推进扶贫领域腐败和作风问题专项治理，对 2016 年以来受理的相关问题线索进行“大起底”和“回头看”，排查整改各类问题 42 个，追责问责 112 人，追缴资金 34.76 万元。开展扫黑除恶专项斗争，深挖彻查涉黑涉恶腐败及其“保护伞”问题，移送公安机关涉黑涉恶问题线索 6 件，党纪立案 2 人。

【权力监督】 加强对基层公权力的监督制约，落实基层干部廉政档案制度，建立健全镇街、村社干部廉政档案 6075 份；进一步提升村(居)务监督委员会监督能力，组织全区 361 名村(居)监会主任业务培训；进一步畅通群众监督渠道，创建“婺江廉风”监督举报平台，设立近 10 万个二维码举报点，获《中国纪检监察报》刊发推广。

【自身建设】 以“两学一做”学习教育为抓手，围绕“五个干事”积极打造忠诚干净担当的纪检监察铁军。强化思想政治建设，通过“主题党日”活动、对照查摆短板等方式，学深悟透习近平新时代中国特色社会主义思想和中共十九大精神。强化干部能力建设，组织业务培训 10 次，开展“廉风微课堂”12 期、“应知应会”测试 17 次、顶岗锻炼 5 批次，有效提升纪检监察干部能力素质。强化内部监督管理，坚持“严管就是厚爱”“信任不能代替监督”，认真开展“五张清单一张网”建设，健全完善《区纪委区监委干部监督工作机制》《纪检监察干部个人有关事项报告制度》《婺城区纪检监察干部廉政谈话制度》等内控监督机制，全面梳理潜在岗位风险 72 项，制定防控措施 88 项，层层签订党风廉政建设责任书 110 份，不断强化自我监督能力。积极推动监察监督向基层延伸，全面完成 27 个乡镇(街道)监察办公室设置工作，分别任命乡镇(街道)监察办公室主任 27 名、副主任 27 名，实现监察机构全覆盖。研究制定《婺城区乡镇(街道)监察办公室监察立案和政务处分程序办案指南》等 4 个配套制度，有效推动乡镇(街道)监察办公室照单履责、高效运行。

(叶小磊)

组织工作

【概况】 截至 2018 年年底，全区有党组织 1065 个，其中党委 58 个、党总支 28 个、党支部 979 个。有党员 23339 人，其中女党员 6656 人，占党员总数的 28.52%；35 岁以下 4443 人，占 19.04%；36~45 岁 3969 人，占 17.01%；46~60 岁 6920 人，占 29.65%；61 岁以上 8007 人，占 34.31%。大学本科以上学历 5465 人，占 23.42%；大专学历 3525 人，占 15.10%；高中、中专学历 5300 人，占 22.71%；初中及以下学历 9049 人，占 38.77%。

全区行政机关干部 1430 人，其中，女干部 476 人，占 33.29%；党员干部 1147 人，占 80.21%；35 岁以下干部 416 人，占 29.09%；36~45 岁 339 人，占 23.71%；大专以上学历 1420 人，占 99.30%。

【婺城答卷人大调研】 2018年，全区成立136个调研组，形成“全域+全员”的常态化调研格局，创新构建“三变三落实”“四联动”“五办”“六常态”等“3456”婺城模式，探索建立“共案共商、三包一保、追踪问效、回炉重修”四大机制，画出制度性成果转化“路径图”；同时，结合常态化督导工作，成立3个“追踪问效”检查组，组建区级“市民问调团”，面上开展专项督导4轮，切实解决一批难点问题、形成一批调研成果、健全一批长效机制，有效推动各级领导干部作风大转变、工作效率大提高、事业大发展。全区共开展调研1.7万余次，累计查找、梳理问题（建议）4124项，有效解决4048项，解决率达98.16%；完成调研手记和调研报告198篇，形成制度机制、经典案例等201项。

【“两学一做”学习教育】 2018年，婺城区抓住“关键少数”，抓实基层支部，在各领域党支部严格落实主题党日、“三会一课”、组织生活会、民主评议党员等制度，构建完善“三端两微”红色党端、主题党日“每月一赛”、在职党员进社区、打赢9场硬战先锋行动等多层次、立体式“学”“做”平台，推动各级党员干部学有重点、做有成效，各领域党员参与志愿服务6.2万余人次，认领微心愿3410余个。开展主题党日十佳“最主题”网上评选活动，点击量达22万，投票次数达36万次。开设“党建二十四节气”“红色书信品读”“红色故事”等系列专栏，宣传各地各单位先进经验做法和先进党员典型65篇，以通俗易懂的方式推动广大党员深学深思、对标赶超。

【全力打赢消除集体经济薄弱村攻坚战】 坚持党建引领消除集体经济薄弱村攻坚，逐村落实落细“2+1”结对帮扶、派驻副科级以上第一书记，推行干部“消薄”实绩考核。注重项目为王、一村一策、精准发力，在全市率先打出消薄贷、闲置国有资产盘活、组建区乡村惠民发展合伙企业等组合拳，推动区级平台项目、镇级抱团项目、村级特色项目齐头并进，村村都有“造血功能”愿景基本实现。104个省定经济薄弱村全面“摘帽”，全区经营性收入5万元以上行政村达313个。

【干部队伍建设】 2018年，围绕新时代好干部标准，对标“忠诚担当、拼搏实干、高效廉洁”要求，打好干部培育、选拔、管理、使用组合拳，打造忠诚干净担当的高素质婺城铁军。聚焦政治素养，强化政治培训，建好用好区级干部教育基地，出台婺城区领导干部政治表现考察工作办法，细化“政治标准”具体表现指标，制定《“政治标准”细节性问题清单25条》和《政治表现反向测评15项具体情形》，打出政治体检、评价测评、分析研判“组合拳”。坚持围绕婺城事业发展需要选用干部，凭实绩选用干部，注重人岗相适调配干部，累计到一线走访60余次，谈心谈话1000余人次，18名表现优秀、实绩突出的干部得到提拔使用，先后对27个机关单位、乡镇街道45名班子成员进行岗位优化调整。精准施训教育培训干部，先后组织开展涉及综合素质提升、履职能力提升、现代化都市核心区建设专业素质3个方面20个主体班次和40个部门培训班次，培训干部达1200余人，有效提升各级党员领导干部的政治理论水平和专业化能力。加大培养选拔优秀年轻干部力度，研究制定《关于深入实施“红色薪火”工程大力发现培养选拔优秀年轻干部的实施意见》，对今后5年全区年轻干部队伍建设工作进行全面规划，组织44名优秀年轻干部参加2018年中青年干部培训班，持续深化“婺城年轻干部成长学堂”，先后组织开展专题授课10次，选派18名“三门”机关干部到乡镇，17名乡镇年轻干部到市、区机关职能部门和先发地区挂职锻炼，抽调200名年轻干部到重难点一线蹲苗压担，进一步提高其做群众工作、应对复杂局面的能力。平稳有序推进机构改革工作，按照“先定原则、再配班子，厘清总盘子、定好总目标”要求，系统谋划人事调整方案，注重人岗相适、人事相宜，通过“提拔一批、交流一批、推出一批、留任一批”，选优配强区直单位正职岗位，班子整体结构功能得到优化加强，新组建部门挂牌、人员转隶等组织实施工作平稳有序。全要素正向激励干部，探索建立干部正向激励机制，推行担责奖学、“三必访、四必谈”关怀慰问机制，设立干部谈心谈话室，开展“大家访”活动，打出“鼓劲、加油、暖心、解忧”组合拳。用好嘉奖记功等激励措施，严格落实干部职工带薪休假、疗休养、健康体检等制度，从政治、待遇、心理上全方位关爱激励干部。建立健全容错免责机制,旗帜鲜明为担当者担当,真正从机制上让干部放手放胆干事创业。从严进行干部监督管理,研究出台《关于构建干部大监督工作机制的实施意见》,探索建立干部大监督“1+5”机制。全面落实领导干部个人有关事项报告制度,对发现不一致的14名干部依规处理。全面开展干部选拔任用“一报告两评议”,结合区委巡察对5家部门单位开展选人用人专项检查,检查反馈问题16个,全部督促整改落实到位。注重抓早抓小抓苗头,累计提醒函询诫勉干部66人次。深入开展领导干部兼职专项督查工作,对689名区管干部、1162名一般干部(含离退休)逐人登记造册,做到应清必清、应批尽批、应退尽退,清退违规取酬44.13万元,违规兼职、违规取酬问题得到有效整治。深入开展“不担当不作为”专项整治,约谈不担当不作为乱作为干部19人次、纪律处分7人次,选树和宣传18名担当作为典型,营造鼓励尽责、崇尚担当的干事创业环境。

【基层组织】 2018年,树牢“大抓基层、大抓支部”的鲜明导向,以提升基层组织力为重点,突出发挥整治功能,以“钉钉子”精神推进全面从严治党向纵深发展,推动基层党建全面进步、全面过硬。全面完成行政村规模调整,10月,集中2个多月时间圆满完成行政村撤并各项工作,整个过程零舆情、零信访、零案件,全区行政村总数从原来的327个减少至189个,调减率达42.2%。全方位建强基层带头人队伍,成立“治村导师联盟”,从政治素养好、治村经验足、党建工作专、致富思路广的优秀基层党组织书记中择优选聘13名治村导师,点对点指导帮扶结对村,实施“红领新青年”培养工程,建立全区红领新青年人才库,共计1000余人,开展集中培训2次,为村社干部队伍注入新鲜血液。不断深化村社干部“8+X”作为管理法,结合村社组织换届回头看,调整不称职村干部26人。深化推行不合格党员“回炉教育”,累计处置不合格党员106人。加大对党员关心关爱力度,累计走访慰问困难党员1407人次,发送党员政治生日温馨提示2万余条。全面提升各领域党建水平,完成19个软弱后进村党组织整顿任务,打造69个村社党建示范点及梅溪、白沙溪两条区级党建示范带;秉持“区域+领域”的理念,拓宽城市基层党建新路径,在全市率先出台《关于全面推行“街道大工委”推进区域化党建工作的实施办法》,全面推行“街道大工委”制和社区大党委制,先后打造完成西市街社区“家的三部曲”、郑岗山社区“五心服务”等城市基层党建品牌。创新推进“基层党建+社会治理”。全面推行“党建+全科网格”“红色街长制”,全区配备的541名网格长、专职网格员,党员比例高达80%。发动全区1万多名党员担任兼职网格员,实行“一网格+一党支部(小组)”模式,织密一张“红色网格网”。首创境外人员服务管理“六方协作机制”,涌现出柳湖花园社区“六和六美”新载体、城东街道青春路社区“三全融合”新途径、安地镇岩头村“三治融合”新模式等“基层党建+社会治理”新典范,为全市“基层党建+社会治理”提供婺城样板。深化党员干部联村入户扫码制,全面推行“红动婺城”APP,为基层治理插上信息化翅膀。

【人才工作】 2018年,聚焦产业发展,深入实施智汇婺城全球引才行动,全年引进海外院士1名,入选“双龙”等省、市领军人才4名。举办第二届“精彩婺城”人力资源高峰论坛,组团赴长江经济带、高铁沿线招才引智,意向引进中高级人才200余人。大力实施“婺星回归”工程,举办“我为家乡做件事——智汇婺城·尖峰讲坛”系列活动12场,健全在外婺城籍高层次人才库,入库2500余人,全年引进婺城籍高层次人才28人,人才回归项目12个,总投资6.5亿元。加大青年人才引进力度,开展“百家名企进名校”“百企万岗进校园”等招才引智活动,组团到西安、杭州、安徽等人才密集地招引大学生,为高校毕业生提供2000余个岗位,意向引进230多人。聚焦乡村振兴,深入培育乡土人才,培训农村实用人才1000余人次、新型职业农民500余人次。聚焦产业振兴,加强婺州窑传统产业人才队伍建设,陈新华入选第七届中国工艺美术大师和第五批国家级非物质文化遗产“婺州窑烧制技艺”代表性传承人。围绕婺城平台建设和产业发展实际,赴上海、杭州、嘉兴等地招才引院,积极对接浙江清华长三角研究院。出台婺城人才新政22条,吹响全球揽才号角。利用“最多跑一次”人才窗口开通服务直通车，对人才服务实行“一平台受理、一站式服务、一次性办结”，营造拴心留人的良好氛围。推进科技贷和科技创新券应用，累计发放科技贷5310万元、科技创新券123万元。加大人才住房保障建设力度，推进金奥花园物业用房改造为人才公寓。全年落实人才专项资金4100余万元，占本级公共财政收入3.97%，创婺城历年新高。全面落实党管人才政治责任，牢牢把握党管人才原则，建立健全人才工作领导小组及其成员单位职责任务和运行机制，建立人才办主任会议制度，开展首次乡镇（街道）党（工）委书记抓人才工作述职。完善区领导联系结对高层次人才制度，29名区级领导同58名高层次人才结成对子。强化对人才的政治引领和政治吸纳，组织32名区拔尖人才、青年拔尖人才赴四川阿坝开展“爱国奋斗长征行”学习培训活动，常态化推进“弘扬爱国奋斗、建功立业新时代”系列活动。

【自身建设】 2018年，全力打造“讲政治、重公道、业务精、作风好”的模范部门和过硬组工队伍。开展“争标兵、作表率”行动，突出加强政治建设，依托部委理论中心组、“周一夜学”“红动婺城”等载体，推进部机关支部“两学一做”学习教育常态化制度化。服务保障全国文明城市创建工作，赴结对社区开展志愿服务600余人次。严格落实廉政风险防范管理办法，定期开展廉政谈话，制定完善组织工作重要事项请示报告制度，重要节点召开组织系统党风廉政专题部署会，引导组工干部干净干事。开展“强素质、强作风”行动，深入开展“大学习大调研大抓落实”行动，瞄准基础业务、岗位业务、基层实践、创新创优4个方面练兵，通过“人人上讲堂”、每月读一本好书、业务知识测试、调研成果评比等活动及实行“传帮带”机制，推动组工干部熟悉业务、勤练内功。组织开展全区组织系统全员大调研活动，调研走访各类对象400余家，形成调研报告、调研手记30余篇。推行“周总结、月通报、季问效”工作督办机制，做到定事、定责、定人，推动组工干部扛起责任、主动谋划、大抓落实。常态化开展组工干部“聚焦基层、聚力一线”联系服务活动，5个服务组累计谈心谈话2000余人，帮助基层解决实际问题150余个，不断提升组织工作满意度。开展“提质量、提精度”行动，建立组织系统信息宣传联席会议，搭建“头脑风暴”平台，每月对信息宣传重点进行集中分析研判和联席会商，提高组工信息宣传时效性和精准度，中组部、省委组织部、市委组织部录用信息18篇，在《中国组织人事报》《浙江日报》《今日浙江》等省级以上媒体刊发稿件69篇。做精“婺城组工”微信公众号，坚持每日发声，累计发布信息宣传稿700余篇，唱响红色主旋律。高质量开展组织工作“互学互比”党建项目擂台赛及基层党建工作现场会，吹响“拼争抢创、实干兴婺”行动集结号。加强部机关信息化建设，不断深化组织系统智慧党建工作。

（王朱敏）

宣传工作

【概况】 2018年，婺城区打造理论学习“云”平台，“学习贯彻习近平新时代中国特色社会主义思想”微宣讲系列活动网络点击量超80万次。深化“乡音宣讲”“文艺宣讲”等进基层宣讲活动，利用农村文化礼堂阵地、广播电视“村村通”工程，组织各类理论宣讲300余场。修改完善《党委（党工委、党组）理论学习中心组学习制度》，开展“婺城论坛”专题报告会4次，区委理论学习中心组集中学习7次。通过专题讨论、开设专栏、“寻找最美”“我为婺城图强献一计”等不同活动载体加强新时代金华精神学习讨论宣传。

【宣传舆论引导】 2018年，婺城区做好重大主题宣传，开设最多跑一次、大调研大走访、乡村振兴、打赢九场硬战等重大主题宣传策划和专栏报道50余个。首部中英文外宣片《千年古婺 文明之城》广受好评。《浙江日报》刊发涉婺报道30篇，同比增长30%以上；《浙报内参》报道1篇并获省领导批示；浙江新闻客户端婺城频道正式开通，刊发报道1500多篇；《金华日报》刊发头版头条28篇。举办全省毅行大会、中国山水四项公开赛、婺城人才新政、香溪玫瑰园特大入户盗窃案通报4场新闻发布会。探索利用“农民微圈”打通农村意识形态工作最后“一纳米”，此工程获2018年民生示范工程和省市委宣传部2018年度“创新奖”,被推荐至省深改办作为改革经典案例。

【文化建设】 新建农村文化礼堂39家，完成市级任务数的126%,建成社区文化家园3家,企业俱乐部3家,婺文化公园1个。围绕纪念改革开放40周年主题，以竹马下张家村党支部书记钱瑞华为原型,拍摄婺城首部院线电影《黄牯头》。“德育共建双堂双进”工作,被市政府列为文化体制改革重点项目。2018年文化产业规模以上产值59.35亿元,同比增长4.1%。培育发展“仙源湖渡假区”“白沙文化创意园”“婺窑小镇”等文化产业。童眼看世界——少儿移动端AR平台、中央厨房平台V5、年产3000万套印刷品扩建及绿色节能印刷工程实施项目、农耕文化园4个项目入选金华市重点文化产业项目,占全市总入选项目近一半。获2019—2021年每年1000万元的浙江省文化产业发展专项资金。

【精神文明建设】 开展乡风文明示范镇(村)建设、文明校园创建、“草根奖”评选等活动。制定《婺城区“提高公民文明素质”乡风文明培育提升行动工作方案》,明确乡风文明示范村建设指导标准,以2个乡风文明示范乡镇和10个示范村为重点，开展乡风文明提升行动。开展各级文明校园创建,全区43所中小学全部达到区级以上创建标准。开展“春泥计划”活动,启动第九届“温暖的旅程”未成年人亲子读书活动。部署“我们的节日”系列活动,开展创编“节日小报”。开展好人选送,1人入选中国好人提名,5人入选浙江好人榜,14人入选金华好人榜。2018年度“草根奖”共设重信守义、孝老爱亲、敬业奉献、志愿服务、文明创建5个奖项,评选出25名“草根”人物。5月20日,正式开通全省首个文明主题的官方抖音号,推行“原创+群众征集”双轨模式,发布视频23个,点击量超560万次,获赞16万次。建成学雷锋志愿服务站点64个，实现二环内社区和窗口服务单位全覆盖,2018年度志愿汇注册人员43280人,活跃度达73%。

【创建全国文明城市】 完善顶层设计、补齐创建短板、强化宣传报道,多措并举推进全国文明创建工作。制定《三年规划》和《“双十”行动》,建立三级路(街)长制,下发《婺城区文明城市创建区领导包干下沉蹲点指导方案》，长效化落实区级领导联系社区制度。开展万人志愿者助力文明城市创建誓师大会、“十大”顽疾行业联合执法行动、“六小”行业专项整治、创建全国文明城市荣誉战之“烟头不落地 婺城更美丽”启动仪式、“文明婺城 你我同创”文艺巡演、“死角盲区大围剿” 等大型主题宣传活动。2018年，规整弱电飞线2299个楼道、131500余米，绿植补种37600余平方米,楼道粉刷3152个。新建改建停车场6个,新增1100余个停车位。推进文明示范社区创建,开展专题培训4次,上报第一批文明示范社区19个。下发督办交办单和督察通报657期，交办问题4729个，开展全区性执法大联动7次。全区新增450处灯杆公益广告,制作街角小品182处，完成楼道墙绘16824平方米，印刷和发放《金华市民文明手册》宣传折页15.8万份,调查问卷3万份。

(鲁杭燕)

两新工委工作

【概况】 2018年，婺城区两新党建工作紧紧围绕省、市委组织部和两新工委工作部署,以“争双强当先锋”活动为主线,完善体制机制抓落实,开展集中攻坚强基础,巩固扩大示范集群树标杆,发挥实质实效作用助发展,实现全区两新党建工作的全面提升、全面过硬。

【体制机制】 根据区委关于“两新党建工作要勇于创新、发挥实效,推进全区基层各领域党建工作全面进步、全面过硬”的要求,不断完善两新党建工作机制。完善领导机制,坚持将两新党建作为基层党建的重要组成部分，与区委中心工作同心同向,人才物力优先保障。及时配齐配强乡镇两新党委班子,新选配两新工委委员1名、两新党委委员5名,各级抓两新党建工作的力量充沛。完善落实机制,继续深化乡镇街道两新党委“实体化”运作机制,落实《金华市两新党建服务民营企业发展十条举措》,推行乡镇两新党建季度例会、月度党委会、工作月报、重点工作立项包干、年底“一把手”党建述职等制度，让两新党建工作任务“件件有落实、事事有回音”。完善督导机制，坚持开展工委委员“五联五促”活动，给每位工委委员明确年度职责和工作任务，同时，常态化开展“走基层、送党课、督落实”活动，推动区、乡两级委员们在下基层中宣扬党的主张、推动工作落实，2018年工委委员联系两新党建项目15项，开展全区范围两新党建工作督察6次，发现、整改问题200余项，打通联系服务两新组织的最后一公里。完善保障机制，构建区、乡、企三级综合配套的两新党建工作经费保障机制，区级层面，在财政十分紧缺的情况下，每年列支两新党建专项工作经费60万元，另外对于重大工作额外追加经费，2018年获批项目3个共115万元。在乡级层面，全面落实“两新党组织党费全额拨返”制度，拨返党费由乡镇街道(机关部门)党(工)委党费账户统一保管，各两新党组织实报实销，2018年共拨返两新组织党费39.6万元。在企业层面，打通“两新党建工作经费税前列支”渠道，经常性宣传税前列支政策，多措并举加强两新党组织工作经费保障。同时，以“两新党建工作项目化管理”落实市“薪火基金”要求，实行项目资金区、乡、企1:1:1配套，2018年共完成项目15个，拨付奖励金46万元，带动企业落实党建工作经费60余万元。

【“固本强基”行动】 将“固本强基”行动作为全面提升“两个覆盖”水平的主载体，一以贯之，全年推进，实现两新党组织单建率上升、联建党组织结构优化、原有党组织晋位升级。各乡镇街道划分责任区块，基层两新党委委员分区包干，牵头推进，分类摸排。落实“十个一批”组建举措，按照“行业相近、地域相邻、工作方便”原则，分行业、区域组建联合党组织，同时依托党群服务中心兜底开展党组织活动。2018年，全区共走访排摸两新组织1320个，新建党组织50个，实现企业党组织总数增长33%。落实好“建一个、强一个”的要求，持续推进两新党组织规范化建设，分类推进企业党建“6+1”和社会组织“20条”等党建标准，细化制定“阵地布置、活动台账、公示栏内容、上墙制度”等标准化建设模板，并按每个2000元标准由乡镇街道指导新建党组织做好阵地建设，全区两新党组织标准化建设达标率达85%以上。组织两新党组织书记素质提升班、新任两新党组织书记业务培训班、新生代出资人培训班等班次，培训学员200余人次；连续第3年选派新一批9名重点两新党组织书记到区经济部门挂职锻炼；组建两新“好书记导师团”开展结对帮建，第一批9名导师结对帮扶27个两新党组织实现晋位升级；区乡两级派遣两新党建指导员108名，其中退二线领导干部11名，实现党建指导员双管两新组织重点联系、区域网格分片联系。分类推行两新党组织规范化运行标准，细化各行业“党员五星评定细则”，制定各领域“组织力评价体系”；开展基层两新党建“项目化”管理工作，为两新党组织的工作品牌创建、大型活动开展提供支持，新涌现“楼宇党建3·3工作法”、CRC文创园“青橙汇”创业沙龙、西市街商圈“惠农直通车”、万里扬集团“红色车间”等多个优秀两新党建品牌。

【两新党建示范集群】 持续推行婺城区两新党建五年规划，不断提升两新党建示范集群体质和量，新建两新党建示范点16个，实现3条示范带(临江西路、宾虹西路、西二环路)和1个示范区(浙中信息产业园区党建示范区)的提质扩面，范围内两新党组织四星级达标率超70%，基本实现全区两新党建工作各行业都有比学赶超对象、各区域都有学习借鉴单位。

【选树典型】 在各行业、各领域开展“双强争先”好故事评选展播，全年共选树“群众身边的典型”31余个，在《今日婺城》报纸、婺城新闻客户端、婺城组工微信公众号、《“争双强、当先锋”好故事选编》等平台持续宣传优秀案例，累计阅读量超万人次，同时，以山山家志愿服务队与悦欣公益为主体，拍摄制作婺城区两新党员志愿服务红色公益片2个，在全区营造“争双强、当先锋”的良好风尚。

【新业态党建】 联合区民政局推进社会组织党建工作，成立区社会组织服务中心党支部，实现社会组织“双孵化”基地常态化运行。成立法律服务行业党委，理顺党组织隶属关系，完善律师行业党组织规范化建设标准，引领律师行业健康发展。持续擦亮浙中信息产业园区“云党建”工作品牌，用好园区党群服务中心，常态化开展党组织生活、文化交流、业务培训、文体竞赛等主题活动,园区党组织影响力不断提升,接待江苏省委组织部等市外参观考察团 26 批次。

【两新组织服务中心工作】 引导两新组织服务中心工作、贡献社会价值,组织 104 家企业参与“2+1”双百结对帮扶集体经济薄弱村活动,全面完成省定经济薄弱村“消薄”任务;连续 3 年开展“红动婺城”两新党员志愿者服务工作,授旗 20 支专业化党员志愿者服务队伍,在全国文明城市创建等中心工作中发挥重要作用。出台《全区组织系统服务保障民营经济健康发展的十二条举措》,区委常委、组织部长徐妙芳带队各级两新党组织干部分 13 组同步深入开展“暖企、联企、助企、护企、惠企、强企”六大行动,累计收集解决各类问题 46 件。

【“红色引擎”】 紧贴市委“实体经济振兴”战略和区“三条廊道”建设部署,在商圈楼宇、产业园区、上市企业打造助推婺城优势产业发展的“红色引擎”。在城市经济核心成立西市街商圈联合党委、时代楼宇党建联盟,推行“3·3 工作法”,探索《商圈党建工作 30 条标准》,推进各领域党组织共建共强、区域发展共促共享。通过“三张清单”工作法,完成党建项目 44 个,形成“红领达人服务团”“啄木鸟暗访督查团”等常态化服务机制,其中“西市街电商学院”已实现 90 余个商户的“电商梦”,2018 年“双 11”新增线上收入 550 万元;“商圈惠农直通车”已累计为山区助销农产品 60 余种、600 多万元。打造 CRC 文创园党建示范点,并在浙中信息产业园区各子园区推行“一站(党群服务站)、一云(云党建工作平台)、一队(党团服务队)、一会(“青橙荟”品牌)”标准,2018 年各园区共联办活动 7 场,开展政策宣讲等服务 10 余次,参与人数超 300 人。打造好万里扬集团党委这个龙头,总结创新以党小组“三项竞赛”、党员“五带头”、入党“双考察”为主要内容的“红色车间”做法,承接金华市“党建+发展”现场会迎接各县市区党委书记调研指导,接待尼泊尔共产党代表和省委两新工委等省级调研指导 4 次,得到充分肯定。总结推广万里扬集团党委的先进经验,在全区规上企业推行“红色车间”“党员创客工作室”创建,打造红色车间 45 个,引导党员在车间生产一线创新创效、攻坚克难,党建助推发展的效果不断显现。

(郑俊杰)

统战工作

【概况】 2018 年,婺城区委对统战工作的重视不断增强。区四套班子主要领导参加港澳台学子走进金华和美乡村、杭州婺城商会成立大会等活动,党政主要领导作重要讲话,就做好新时代下统战工作提出方向性和指导性意见。

【多党合作 政治协商】 2018 年,指导支持各民主党派抓好思想政治教育,学习贯彻中共十九大会议精神开展形式多样的主题活动,组织开展中共中央发布“五一口号”70 周年纪念活动,区四套班子主要领导、各民主党派主委、党外中青年知识分子联谊会(简称知联会)会长等共计 34 人参加。党政领导、机关部门联系民主党派等工作制度进一步完善,联系对接民主党派、党外知识分子,政党协商制度化、规范化、程序化水平有所提高。实施民主党派意见建议直通车制度,在市区两级“最多跑一次”改革中,全区民主党派成员参与 300 多人次。区级各民主党派、知联会、市区两级政协委员、人大代表提交各类提案议案 200 余件。

【党派阵地建设】 2018 年,建成占地 400 平方米的婺城区“党派之家”,解决婺城区各民主党派多年没有固定场所的历史问题。建成同心学“习”吧基地 2 个。

【党外代表人士队伍建设】 2018 年,婺城区加大党外代表人士教育培训工作力度,调整新登记无党派人士 10 人,选送 10 名优秀民主党派、党外知识分子骨干、党外干部参加市委统战部组织的各种培训班。

【宗教事务法治化管理】 开展社会主义核心价值观上墙全覆盖、新修订《宗教事务条例》的宣传教育活动,提高宗教界人士法治意识。开展为期 5 天的“同心圆”主题教育实践活动;组织 100 多名宗教界人士到武义参加讲经交流普法活动。加强宗教活动场所安全管理,举办全区消防安全实战化演习 1 次,改组管理薄弱的宗教活动场所管理小组 2 个,联合开展安全生产大检查 10 次,明确专职网格员、安全巡查员 120 余人，落实宗教网格化工作经费 15.84 万元。抓好平安宗教活动场所创建工作。不定期开展安全隐患大排查，在春节等传统节日开展专项安全检查。深化“最多跑一次”改革，完成群众到政府办事事项的精简优化，办结 3 项许可、备案事项。

7 月 29 日，开展港澳台学子走进金华和美乡村活动　　（区委统战部供稿）

【少数民族地区发展】 2018 年，婺城区落实民族扶持项目 2 个，争取中央、省、市各级扶持资金 45 万元，佛教慈善捐款 20 万元，为民办实事。实施城市民族之家提档扩面工程，白龙桥镇玉龙社区推出“四点半学校”；新建八达服饰有限公司城市民族之家 1 个。

【非公经济健康发展】 2018 年，婺城区改善非公经济发展环境，推进构建新型政商关系，通过“两送两增”，帮助解决企业经营过程中的困难与问题，坚定企业发展信心。鼓励会员企业大力助推“千企帮千村”精准扶贫行动。调整薄弱村结对企业 19 家，结对企业走访薄弱村 260 多次，支持资金 200 余万元，完成省定经济薄弱村经营性收入 5 万元以上行政村 104 个，完成率 100%。新建绍兴中国轻纺城金华婺城商会和杭州婺城商会 2 个。

【拓展海外联谊】 2018 年，坚持用好美国婺城引才站、印度尼西亚联络站等工作站，及“婺城区侨界之家”等微信群，密切与海外高层次人才对接，2018 年有十余家企业到印度尼西亚开展贸易联络，达成合作意向 4 家。开展“两送两增”活动，帮助涉侨企业协调解决问题 15 个，协助注册成立涉侨公司 3 家。举行各类联谊活动 4 次，配合市侨联、市外侨办开展印度尼西亚侨胞彩云歌咏队考察团、日本浙江商会考察团等活动，春节中秋走访慰问侨界重点人士与生活困难侨界群众 40 户。

10 月 7 日，印度尼西亚侨胞彩云歌咏队考察团成员在“歌唱祖国”晚会后合影　　（区统战部供稿）

【强化自身建设】 2018 年，建成全区首个“侨之家”活动基地。指导留联会强化自身建设，丰富活动载体，激发社团活力。开展统战干部“大培训”，通过任职培训、业务培训、专题研讨等多种形式，提高干部理论素养和业务能力。开展统战工作“大调研”，围绕统一战线重点难点问题，深入基层走访调研，积极撰写各类信息及理论文章，其中民族工作信息得到市委领导的批示肯定。

【成立乡贤联谊会】 全区 18 个乡镇（街道）建立乡贤数据库，15 个乡镇（街道）成立乡贤联谊会，全区乡贤会员达 1200 余人。重视乡贤作用的发挥，通过乡贤联谊会加强组织领导，力促各领域乡贤作用竞相发挥。

（胡　珊）

民族宗教工作

【概况】 2018 年，区民宗局不断健全和完善“三级网络两级责任”制度，把宗教和民间信仰有关事务纳入乡镇（街道）全科网格管理，民宗局和所有乡镇（街道）分别签订“宗教场所安全管理工作目标责任书”、各乡镇（街道）与辖区内宗教场所签订责任书，落实属地管理职责，明确镇（街）、乡（村）各自的监管责任。全区从制度管理、排查整治、安全教育、化解矛盾、应急预案5个方面对乡镇(街道)民族宗教领域提出具体要求,共同编织婺城区宗教安全网。

【平安场所创建】 为加强全区宗教活动场所和民间信仰场所消防安全工作,提高一线人员应急救援能力,确保场所人员生命财产安全,区民宗局联合区委政法委、区安监局、区消防大队、雅畈镇政府于7月5日在雅畈镇铜山寺举办消防业务知识培训和实战化消防演练现场会,提高基层宗教干部、宗教界人士的安全意识。

【监管"数字化"】 2018年,婺城区开展"高水平推进平安宗教活动场所"创建工作。围绕省委、省政府"政府数字化转型"工作要求,10月,启用"平安宗教活动场所创建管理系统",开通巡查账号的民宗干部(包括乡镇统战委员和干事)共40余人,平安巡查员30余人,实现每月一查一上报制度,对宗教活动场所存在的问题和隐患做到及时发现及时整改。此外,全区实现宗教团体、宗教活动场所的财务工作统一纳入"浙江省宗教财务服务平台",不断提高依法管理宗教事务能力。全区除城区教会因危房停用,完成财务上线的宗教团体和场所19处,6处于12月底完成上线工作。

【普法宣传】 区民宗局增印新《宗教事务条例》单行本300余册,发放给各宗教活动场所和宗教人士;联合区国安办在宗教活动场所开展国家安全和反邪教宣传教育,通过拉横幅、贴海报、发手册等多种多样的形式,在宗教活动场所普及国家安全相关法律法规;联合区司法局在"婺城普法"微信公众号上刊登以"法律保护下的宗教信仰自由"为题的普法文章,通过生动的案例,对新《宗教事务条例》主要内容进行解读。组织局机关干部、乡镇统战委员、宗教界人士参加《中华人民共和国宪法》《中华人民共和国国家安全法》、新《宗教事务条例》学习培训,不断提升宗教团体、宗教界人士及基层宗教工作人员的法治意识,提高基层宗教工作的法治化水平。坚持依法行政,健全重大决策制度,加强民宗干部法律知识学习,提高执法水平和能力。全区民宗局在编人员3人,其中行政编制3人,持有执法证1人,事业编制2人(无执法主体资格)。

【民族团结工作】 2018年,区民宗局开展民族团结进步创建、教育宣传等活动,助力全国文明城市创建。组织区少数民族村主职干部参加2018年全市民族乡村振兴专题培训班,学习中共十九大精神,提高少数民族村干部的能力素质,加快助推金华民族地区经济社会全面发展。严格管理民族项目资金,配合相关部门开展项目审计工作,配合市、区两级人大到塔石乡高塘村、大坑村两个少数民族村视察指导工作。

【大调研工作开展】 2018年,为了解全区宗教界人士对网络宗教的看法,区民宗局调研小组先后走访区4个宗教团体及12处宗教活动场所,于4月11日组织辖区内五大教及主要宗教活动场所负责人在三清宫召开专题座谈会,了解掌握全区网络宗教的发展情况,剖析互联网时代宗教工作现状。

创新城市民族工作新方法。2018年5月,区民宗局以问卷调查的形式对部分重点社区、企业外来少数民族群体的生产、生活状况进行专题调研,其中"您觉得当地村(社区)在少数民族群体方面还需要完善的地方有哪些"一题,63%人选择"帮助解决子女就学相关问题",高居第一。经了解,大部分外来少数民族子女放学后面临无人看管的情况。为此,区民宗局联合白龙桥镇玉龙社区创新手段,以民族之家为载体,创办"四点半学校",组织志愿者队伍在下午4:30至6:00期间,为当地外来少数民族务工人员子女提供接送、托管、学习辅导、心理疏导等服务,解决家长的后顾之忧,赢得当地学生和家长的一致好评。

(邵玲奕)

侨务工作

【概况】 2018年,侨务办按照区委关于开展"不忘初心、牢记使命,当好新时代婺城答卷人"大调研的要求,走访侨资企业。陪同省、市领导走访缤虹星城、怡景园家庭生态农场、城建混凝土、合丰信息科技和天下谱局文化有限公司等企业,响应"两增两送"大走访活动,调研10余家企业,了解企业发展现状，帮助解决生产经营中的实际问题，推动企业更好发展。发挥印度尼西亚联络站作用，联合区经商局一同发文调查全区企业在印度尼西亚、马来西亚等国的出口投资意向。5月召开“一带一路”投资贸易座谈会，13家企业参加。区统战部相关领导陪同徐祖茂走访12家有印度尼西亚出口意向的婺城区制造业企业。

【维护侨胞利益】 深入推进“最多跑一次”改革，根据省“八统一”标准完成办事事项的梳理公开，对接一窗受理平台，为侨界群众提供更便捷的服务。对来咨询涉侨事务的侨胞侨眷热情接待，详细解答，2018年为3名华侨办理回国定居审批，为4名华侨子女办理“三侨生”认定，为1名华侨子女协调入学就读问题，得到侨胞一致称赞。

（袁倩蕾）

机关党建

【概况】 婺城区直属机关工委推进“不忘初心、牢记使命，当好新时代婺城答卷人”大调研活动，41个区直机关部门党组织围绕基层党建、社会管理、经济综合等领域中存在问题，深入一线找难点破堵点，主动把改革发展稳定中存在的障碍找出来、把解决的办法找出来，为基层和群众提出符合实际、措施具体的解决方案。全区机关党组织开展调研1300余次，覆盖调研对象860余家，共形成调研手记34篇，成效性经验做法信息87篇，调研报告54份，采取措施483条，解决问题243个，做到真调研、实调研，紧盯问题不放手，以大调研推动大发展。

【抓基层打基础】 以提升组织力为重点，实施机关党支部建设提升工程，重点推行“标准化+信息化”建设，通过抓紧抓实“211工程”这个“牛鼻子”，对全区238个党支部的日常工作任务加以明确和规范。严格部署开展好“三会一课”、民主生活会、组织生活会等各项政治生活制度，不定期对党员领导干部参加双重组织生活情况进行重点督查，有效推动党内政治生活不断规范。借助“红动婺城”APP，对全区3202名机关在职党员实施积分制管理，有效创新教育管理方式。注重增强党员仪式感，推行“政治生日”制度，鞭策教育党员坚守入党初心，4000余名机关党员收到“政治生日”短信祝福，受到党员普遍赞誉。

【服务中心工作】 各机关党组织立足岗位履职、乡村振兴、百姓民生、急难险重等中心大局，建强“恪尽职守主力队、乡村振兴帮扶队、民生服务志愿队、攻坚克难突击队”四支队伍，当好红色示范标杆。持续打好消薄攻坚战，新选派17名优秀机关党员干部进驻软弱后进村进行帮扶转化，推进“和美乡村”建设；深化在职党员进社区活动，机关在职党员干部对结对联系的困难群众帮扶达784人次；深化党员志愿服务活动，全国文明城市创建过程中，全区机关党员进社区、进街道，累计参与文明劝导、卫生整治1.5万余人次，党员自主参与志愿服务的意识更强，闪动在街头巷尾的“志愿红”让城市更有亮度。

【增强内生动力】 注重加强基层党组织凝聚力，先后共同举办“不忘初心跟党走 我为党旗添光彩”庆“七一”联合大宣誓活动、“红色领创、共建图强”主题活动启动仪式，以活动为依托，增强带头学习提高、带头争创伟绩、带头服务群众的责任意识和行动自觉，引导党员以饱满的热情、热忱的态度投入到工作中。重视后备队伍建设，对113名入党积极分子、发展对象进行培训。重视对党员关心关爱，营造严肃活泼的机关文化，在工作上、生活上加大关注力度，以“七一”等特殊节点、重要节日向机关困难党员开展慰问，送去党组织的关怀和温暖，以“三走进、三远离、一强化”活动为载体，组织开展第二届莘畈毅行活动，全区14个直属机关党委共493名党员参加活动，取得良好效果。

（项移娟）

信访工作

【概况】 2018年，婺城区信访总量共2210件。其中群众走访985批、3037人次；群众来信206件；网上信访1019件。群众通过“12345”热线投诉举报咨询来电20088件。信访事项办结率达100%，群众满意率达98.4%。

【健全接访机制】 根据区委、区政府《关于加强区级领导干部坐班接访工作的通知》的要求,区委主要领导带头,区四套班子领导轮流到信访局视频接访室接访群众,倾听民声、了解民情、化解矛盾、维护民利。2018年区委、区政府主要领导批处群众来信36件,区四套班子领导轮坐班接待来访群众46批次、113人次,组织协调信访事项17件,助推化解信访矛盾9起。

【基层信访】 2018年,建立初次信访事项办理质量每月督察机制。查出信访事项处理不规范169件,涉及9个乡镇(街道)、7个机关部门,截至12月底已全部整改到位。坚持开展社会矛盾纠纷的日常排查与专项排查相结合工作机制,信访问题力求做到“早发现、早控制、早解决”。对全区83件(其中市级交办14件)信访积案进行交办,实体化解13件(其中市级交办5件)。在两个乡镇(街道)开展“基层党建+信访”试点工作,发挥基层党组织战斗堡垒作用,力求做到矛盾纠纷化解在乡、村二级。全国“两会”“一带一路”峰会等重大敏感节点,采取强有力的稳控措施。

【工作机制完善】 建立律师参与接访群众的工作机制,律师为来访群众免费提供法律咨询,提高群众遵法守法用法意识,引导上访人依法理性有序表达信访诉求,通过法定途径解决问题。针对闹访、缠访等违法行为,依法予以处置。2018年,依法处罚各类非正常信访行为人16人次,其中刑事拘留6人,取保候审7人,行政拘留3人。开展法治信访宣传活动,通过各社区电子显示屏滚动播放宣传标语,引导信访群众通过法定途径和程序,依法理性反映诉求,营造良好信访环境。

(李荣飞)

新闻传媒工作

【概况】 婺城区新闻传媒中心(以下简称中心)围绕区委、区政府中心工作,强化宣传意识,压实工作责任,凝聚新闻力量,有力宣传全区各项重大决策部署和重点工作,为加快建设现代化都市区,加速浙中崛起营造浓厚舆论氛围。

【主题宣传】 2018年,中心以报纸《今日婺城》为核心,《婺城新闻》、婺城新闻网、婺城新闻移动客户端为三足,婺城新闻官方微博、“婺城发布”官方微信平台为两翼,围绕区委、区政府的中心工作,开展最多跑一次、大调研大走访、乡村振兴、小城镇整治、大干二季度、双龙北街区块改造、文明城市创建、文化礼堂展示、五水共治、“不忘初心、牢记使命,当好新时代婺城答卷人”大调研、“践行金华精神,打赢九场硬战”等重大主题宣传,唱响婺城“好声音”、讲好婺城“好故事”。

【新闻宣传】 中心记者采写的人物报道《博鳌亚洲论坛上的婺城“巾帼之声”》被泰国媒体(thai.china.com)全文转载,这是中心新闻报道首次以外文形式转发;《浙江金华:众人爱心接力 勇救落水男孩》《2018中国山水四项公开赛落幕》在中央电视台新闻频道《新闻直播间》栏目播出;《民生实事暖人心:金华婺城区——地质灾害点农户喜迁新居》《中国山水四项公开赛在金华开赛》《金秋时节硕果累累,各地举行多种活动欢庆丰收》在浙江卫视《浙江新闻联播》栏目播出。此外,《新时代新征程新业绩:婺城外贸经济绽放“微笑曲线”》《新时代新作为新篇章:婺城区加快项目落地增强发展后劲》《践行新时代金华精神的婺城安监局:以实干担当筑牢安全生产根基》等一系列宣传婺城区经济社会发展的新闻在金华电视台《金华新闻联播》头条播出。2018年1—12月由中心采写的新闻在浙江卫视播出6条,在金华电视台《新闻联播》栏目播出95条,在《金华日报》等市级媒体刊发100多篇,其中《金华日报》头版头条稿件21篇。

【媒体改革成效】 2018年,中心实施版(页)面改革。报纸打造《今日关注》《今日视点》《特别报道》《特别策划》《婺江》《城事民生》《婺城故事》一系列品牌版面;婺城发布进一步改版,做强策划,重点提升融媒体宣传能力;婺城新闻客户端探索解决技术难题,实现视频与图文的融合,多样的报道形式,给读者更加生动的阅读体验。

【新闻品质提升】 大力推进新闻精品化工程。中心荣获2017年度金华市广电总台新闻协作先进集体三等奖，荣获城市新跨越合作奖；婺城新闻网荣膺浙江在线"全省十佳支站"；《读城记——剑指"不文明"，创建美丽婺城》获（2017年度金华新闻奖）新媒体作品一等奖；《代表委员呼吁为"婺"正名系列》获报纸新闻作品二等奖；《花开月正圆，四海婺乡情》获新媒体作品三等奖；中心7件作品获省县市区域报好新闻奖。其中2件作品获一等奖，4件作品获二等奖，1件作品获三等奖。

【融媒转型突破】 "婺城发布"1—12月份发布信息1200多条，头条的平均阅读量达2000人，关注量达14万；婺城新闻网上传稿件5000余篇，按上级要求转载各类稿件2000余篇；完成"网络中国节""微力无穷梦想在身边"等专题的制作；婺城新闻客户端24小时实时发布；2018年对重大主题活动展开现场直播21篇次；中心积极参与"农民微圈"的建设，"婺彩云"主推信息平均浏览量达5000人。

【队伍建设】 2018年，中心注重加强党组织建设、党风廉政建设，严格落实"一岗双责"；注重加强新闻队伍业务培训工作，推动全体采编人员融合转型，在采编人员中开展岗位练兵、技能竞赛、业务研讨、观摩交流等活动，不断提高新闻队伍的素质。

（戴　翔）

老干部工作

【概况】 2018年，区委老干部局在区委、区政府的正确领导和上级老干部工作部门的指导下，贯彻落实中共十九大、省第十四次党代会及市、区第七次党代会精神，按照全国老干部局长会议、全省老干部工作会议、全市组织工作会议和全市老干部工作会议部署，遵循新时代党的建设总要求，坚持以政治建设为统领，坚持正能量价值取向，坚持精准服务工作理念，加大力度提升离退休干部"三项建设"和服务管理水平，进一步优化学习活动阵地，积极配合市局开展纪念改革开放40周年系列活动，引导老干部发挥优势作用。

【思想政治建设】 2018年，区委老干部局坚持抓好老干部政治理论学习和思想引导。保证重要思想理论学到位，安排老干部参加重要会议、专题报告会及重大活动，及时传达习近平总书记重要讲话精神、党和国家的大政方针，通报区委、区政府重大决定和重要事项、重要会议精神。全年组织老干部参加十九大报告精神宣讲会、"不忘初心、牢记使命"蹲点大调研座谈会、"我为浙江改革献一计"金点子征集和"老同志眼中的浙江十大改革开放新成就"评选座谈会、情况通报会等各类会议5次。组织学习习近平新时代中国特色社会主义思想、红船精神、观看《窑洞里的读书人》等微视频3次。保障好老干部日常学习，为老干部征订《中国老年》《浙江老年报》《今日婺城》、为老干部党员征订《共产党员》《党员文摘》等主流报刊共640余份，按时更新老干部活动中心阅览室书报杂志、黑板报内容，方便老干部了解时政信息，使老干部紧跟时代，思想常新。

推动离退休干部党组织规范化制度化建设。根据省局、市局关于给予离退休干部党组织书记工作补贴的文件精神，结合本地实际，及时研究出台相应政策，为全区30多名离退休干部党支部书记发放工作补贴，激发各单位成立离退休干部党支部的积极性和老干部的工作热情，离退休干部党支部数从35个增加到45个。联合区机关工委对离退休干部党支部运行情况进行检查，着重了解返还党费使用情况、"三会一课"、民主生活会等制度执行情况，针对部分党支部不知道如何使用返还党费、支部学习活动形式单一、部分老干部长期不参加主题党日活动等问题，向各单位党组织负责人提出针对性的整改建议，明确离退休干部党支部返还党费使用程序，明确因身体、居住在外地等原因不能按时参加支部活动与主观上不积极参加支部活动两种情况的不同处理方式，并督促各单位做好场地保障、经费支持、送学补学、不合格党员处理等工作，强化离退休干部党支部的制度建设和支部工作规范化运行。

建立离退休干部党组织负责人提升机制。继2017年举办首届离退休干部党支部书记培训班后，优化培训方案，举办2018年度离退休干部党支部书记培训班，离退休干部党支部书记、学习小组长、乡镇老年大学校长、"五老"志愿者团队负责人等67名骨干参加培训。邀请金华市酥饼协会党支部书记姜建华、嘉兴市委党校副教授彭世杰分别为老干部们上《党支部书记作用发挥》和《弘扬红船精神 不忘建党初心》的精彩课程。培训还采取现场教学的方式，带领老干部们到义乌市委党校参观乡镇·印记老物件陈列馆、何斯路村和陈望道故居,让老干部们感受乡村振兴成果。

【落实老干部"两项待遇"】 2018年,区委老干部局坚持走访慰问制度。开展好春节慰问送温暖活动。区四套班子主要领导带队,分组走访9名抗日战争时期入伍和曾担任过县(处)级实职的离休干部,老干局和主管部门走访26名长期生病住院或生活有特殊困难的离休干部及遗孀,代表党委政府送去慰问金及新春的祝福。开展暑期"送学送清凉"活动。上门走访全区67名离休干部，发放慰问金3.35万元及书籍《中国之治终结西方时代》《人本无病》67套。开展好"重阳节"祝寿及走访慰问活动。提高重阳节祝寿慰问标准,重阳节当天,区委常委、组织部部长带队走访慰问离退休干部。通过电话、家属微信群等途径与老干部子女保持沟通联系,掌握老干部日常生活情况,确保第一时间给予生病住院或重大变故的老干部关心慰问,让老干部感受到组织的温暖和依靠。2018年,走访慰问离休干部及遗属34人次,发放慰问品、慰问金合计5万余元。

提升老干部医疗保障水平。传达好离休干部住院医疗自费部分补助政策,在走访慰问生病住院离休干部的同时,向家属解释好补助政策所需的相关材料和具体操作流程,确保离休干部及家属能知晓政策、享受到医疗保障福利。督促各单位落实好离休干部医疗自费部分补助政策,安排专门人员帮助老干部做好补助申请表的填写、上报审核等相关工作,尽量让老干部及家属少跑路、少操心,能够及时领取补助资金。2018年,落实离休干部住院医疗自费补助19人次,金额29.17万元。提高体检费用标准。针对老干部多发、易发的病症,适当调整体检项目，提高离休干部体检费标准，由2017年的每人500元提高到800元。

重视解决老干部反映集中的问题和诉求。摆正自身定位,当好老干部的"娘家人"。高度重视老干部反映强烈的"福利费"有关问题,及时了解有关政策及其他各县市区的做法，召集区人力社保局、区财政局负责人及部分老干部代表召开座谈会,为老干部答疑解惑,缓解老干部的心情,积极支持老干部提出合理建议和诉求,督促人社、财政及有关主管部门做好相应整改工作。帮助老干部解决困难问题。如与市建设部门沟通,了解廉租房、经济适用房有关政策,帮助离休干部及家属解决住房方面关心的问题。加大学习活动阵地改造扶持力度,提升老干部获得感。针对老干部提出的活动中心厕所不通风、臭味浓、蚊子多以及会议室采光不好等问题,及时向区财政争取维修资金5万元,用于改造厕所环境卫生及会议室吊顶安装照明。针对白龙桥、蒋堂、琅琊、雅畈4所乡镇老年大学办学经费紧缺等问题,2018年加大经费补助力度,由2017年的3万元提高到4.8万元。

【志愿服务】 开展老干部宣讲十九大精神活动。广泛宣传学习贯彻中共十九大精神，联合区关工委、区退教协会在"婺城区退离休教师宣讲团"的基础上,成立"十九大精神宣讲团",邀请34位退休教师参加,同时,各中小学退教协分会(小组)自由成立宣讲小分队。宣讲团自成立以来,深入全区中小学、社区、农村,利用学校报告厅、社区老年人集中点、农村文化礼堂等地方,以讲座、报告会、知识问答、快板、说唱等形式多样、通俗易懂的方式开展宣讲活动100多场,受教育者达2万多人次,取得较好的宣传学习效果。

开展"银领金华"老干部志愿服务行动。围绕全国文明城市创建、垃圾分类、剿劣护水、乡村振兴等工作,结合全省"银耀新时代·助力新风尚"2018浙江老干部志愿服务、"银领助分类 共创文明城"——金华市老干部带头开展垃圾分类等活动安排,以乡镇街道、部门、社区为单位,积极组织老干部开展劝导文明过马路、指导垃圾分类、整治卫生环境、清除"牛皮癣"、宣讲红色故事、美丽乡村摄影行等志愿服务行动,发动老干部参与各类志愿行动3000余人次，老干部们以实际行动发挥自身优势作用，并有效带动广大群众积极参与,助推区委区政府各项重点中心工作开展。

【敬老美德】 开展"三个最美"和"金婚老干部家

庭”评选活动,宣传好家风,弘扬夫妻和睦、孝老敬老传统美德。5月,联合区委组织部、区委宣传部开展“最美老干部、最美老伴、最美子女”评选活动,推荐原婺城区政府机关事务管理办公室副主任马建明为最美老干部,白龙桥镇政府退休干部苏利金配偶倪秀华为最美老伴。邀请区新闻传媒中心对最美老干部和最美老伴的事迹进行专版宣传报道,传播婺城正能量。10月,联合区人力社保局面向全区离休干部和县处级退休老领导开展寻找“金婚老干部家庭”活动,推选8对符合条件的金婚伉俪,并和老干部子女共同举办一场简单的表彰纪念仪式,广泛宣传老干部家庭美德,为全国文明城市创建工作增添正能量。

(杨　倩)

关心下一代工作

【概况】 2018年,婺城区关心下一代工作以党的十九大精神为指针,深入学习落实习近平总书记对关心下一代工作的重要指示,坚持服务青少年正确方向,教育青少年树立和践行社会主义核心价值观,探索“五老”发挥作用新载体,着力推进“五好”基层关工委创建,为营造青少年健康成长良好环境而发挥作用。

【核心价值观教育】 扎实开展党的十九大精神“五老”宣讲活动。在市委党校举办为期3天的关工委系统人员培训班暨十九大精神专题学习会。成立由58名在职干部、“五老”人员组成的十九大精神“五老”宣讲团,扎实开展“千名万场大宣讲”,向广大青少年深入浅出地解读十九大精神,引导他们增强“四个自信”,从小听党话跟党走。

举办“红领巾走家乡”公益夏令营活动。婺城区关工委、共青团婺城区委、婺城区少工委、金华婺剧院、金华职业技术学院艺术设计学院联合举办“红领巾走家乡”公益夏令营,传播婺城人文、艺术、习俗和精神内涵,激励小学生们志存高远、德才兼修、锤炼品性、勤恳学习,将来为建设家乡、建设祖国贡献力量。

6月1日,市、区关工委联合在浙师大附属小学举办纪念改革开放40周年博雅文化艺术展演活动。组织开展“让爱从家出发、争做美德少年”照片征集活动。

开展“弘扬‘红船精神’争当时代新人”主题教育活动。联合区委宣传部、团区委、区教育局等单位开展婺城区“与文明同行·争做新时代好队员”2018婺城区少先队新队员“六一”集中入队暨红领巾小志愿者助力文明城市创建活动,围绕“你好,新时代”“拥抱新时代,争当好队员”和“创建文明城市,好队员在行动”三部分展开,环城小学和明月楼社区组建“红领巾小雷锋驿站”。

【帮贫济困】 深入开展“爱心圆梦”助学活动。9月19日,联合省关心下一代基金会、市关工委及区慈善总会共同开展2018“爱心圆梦”助学活动,帮助家庭困难学生顺利完成学业、健康快乐成长。同时,区关工委积极联系爱心企业浙江山山家食品公司为贫困学子送上爱心蛋糕,为雅畈小学师生送上中秋节礼物。市关工委主任黄友源一行走进婺城部分困难学子家中,关心其生活和学习情况,送上书包等慰问品。组织“五老”人员向患病孩子献爱心。区某5岁孩童被确诊为急性淋巴细胞白血病后,区关工委第一时间动员组织关工委系统人员开展向患病孩子献爱心活动,共有138位爱心人士捐助了1万多元爱心款,并实地走访送上慰问。

【校外辅导】 指导创建青少年“第二课堂”校外学习实践基地。先后到雅畈镇汉灶村婺州窑博物馆、莘畈乡大立元村、琅琊镇琅峰山爱国主义教育基地指导校外第二课堂建设,不断整合各方面资源,倾力打造青少年校外学习教育基地,联合区文明办、区教育局、团区委对雅畈镇汉灶村婺州窑博物馆、莘畈乡大立元村等6个青少年第二课堂校外学习实践基地进行命名。

探索启动“四点钟学校”建设。为破解青少年课后托管难题,区关工委联合区教育局、街道对四点钟学校建设进行了研究和探讨,并组织街道和社区工作人员到宁波市鄞州区对“四点钟学校”建设情况进行学习考察,同时,在条件成熟的青春路社区、西市街社区、红湖路社区、明月街社区、白龙桥玉龙社区等启动“四点钟学校”建设,各项工作进展顺利。

【助力中心】 全力助推全国文明城市创建工作。扎实开展“弘扬雷锋精神 争创全国文明城市”暨欢庆元宵节万人签名活动。市区的城北街道凤凰山社区、红湖路社区、军民社区、郑岗山社区,城中街道杨思岭社区、城西街道二七花园社区、城东街道八咏楼社区和青春路社区等组织开展“弘扬雷锋精神 争创全国文明城市”暨欢庆元宵节万人签名活动。

区关工委联合区教育局在全区中小学开展“烟头不落地·婺城更美丽”行动。城北街道凤凰山社区关工委组织开展“烟头不落地·婺城更美丽”捡烟头兑换小礼品活动。兑换活动中,各兑换点通过发放倡议书、悬挂横幅、横幅签名等形式,加大宣传力度,引导广大群众积极参与到活动中来。青春小学50余名学生和家长志愿者走进青春路社区开展“以烟头换糖甜进心底”红领巾小志愿者活动,呼吁广大市民不在公共场合吸烟。10月13日,婺城小学学生走出校园,在白龙桥镇各个繁华地段开展“以烟头换糖”活动,以实际行动助力全国文明城市创建。

关心关注校园食品安全助力全国文明城市创建。关工委系统响应党政号召,积极投身创建,持续关心关注食品安全工作,增强做好食品安全工作的责任感、使命感和紧迫感。6月22日,区关工委组织全区各乡镇街道、机关部门关工委人员在区市场监管局工作人员指导下参观检查环城小学食堂、学校周边食品和学习用品经营店。

【夯实基础】 举办全区关工委系统培训班暨“红船精神”专题学习会。6月4—5日,区关工委联合区委老干部局在金华市委党校举办全区离退休老干部党支部书记、关工委系统干部暨红船精神专题学习会。同时,还结合当前工作实际,组织全体学员到义乌考察学习老乡镇纪念馆、新农村建设示范基地何斯路村、陈望道故居。

全面开展关工委工作大调研。根据区委和市关工委有关大调研工作部署要求,区关工委专门下发《关于开展“不忘初心、牢记使命,当好新时代婺城答卷人”大调研活动的通知》和大调研工作方案,并组织人员开展大调研活动,先后到莘畈乡大立元村、蒋堂镇大源头村、黄碧垄村、平水殿村、莘移村和城东街道青春路社区、城北街道红湖路社区进行调研。

六一儿童节到来之际,区关工委联合区教育局在各小学开展形式多样的庆祝活动。5月31日,区关工委会同区教育局关工委先后到琅琊镇中心小学、沙畈乡中心小学开展六一慰问活动,给小学生们送去节日礼物,共庆节日。

组织开展禁燃宣传教育活动。自市委市政府作出在市区全域禁燃决定后,区关工委积极主动开展“老少共携手、三争助禁燃”活动,下发参加禁燃活动的通知,动员“五老”人员及志愿者500余人,发放禁燃倡议书2万份,为禁燃宣传发挥“五老”人员应有的作用。开展新春慰问基层“五老”典型代表活动。走访慰问基层“五老”典型代表,表达区关工委对基层“五老”人员的关心和问候。

2018年年初,组织召开关心下一代工作暨表彰大会,传达省市关工委工作会议精神,回顾总结2017年工作,研究部署2018年工作任务。区委常委、组织部部长,区关工委名誉主任徐妙芳参加会议并作重要讲话。3月28日,区关工委召开全区关工委季度例会,各乡镇街道、机关部门汇报交流第一季度工作情况和下一步工作安排,区关工委主任作全区关心下一代工作部署,推进年初工作任务落实。

(杨　倩)

党史工作

【概况】 婺城区委党史研究室坚持以党史研究为重点,加强党史资料征集工作,提高党史工作科学化水平。以第二卷编写为重点,发挥好党史工作“以史鉴今,资政育人”的功能,全面开创婺城区党史工作新局面,在史料征集、编撰研究、宣传教育、资政服务、党史资料数字化等方面取得实效。

【党史编研】 2018年,在参考其他县、市(区)的党史基本著作的基础上,重新调整《中共婺城历史(第二卷)》的纲目,有序进行资料收集、整理和撰写等工作。根据4编18章50节148目的提纲和目录,共查阅档案资料1300余卷,完成第一编“巩固政权,恢复经济和实现向社会主义过渡”共30万字初稿编写；完成第二编“社会主义建设在探索中曲折发展”的档案资料收集，其中包括金华县委、县人委，汤溪县委、金华市（县级）等档案资料；完成第三编的部分档案资料收集整理和第二章2万余字初稿编写。

在党史宣传教育方面，围绕“不忘初心、牢记使命”主题教育活动，提供党史教育资料，协助完善红色阵地建设；协助婺城区档案局完成红色教育资源调查，提供15处革命遗址的历史资料；做好《中共婺城党史》（第一卷）《足迹》《春秋》等党史书籍党史刊物发放和利用工作，及时收集收藏《婺城区组织史》等党史书籍，为第二卷编写提供辅助资料；为婺城公安分局党建展览室建设，提供解放初期军管会和剿匪有关历史资料及1960年3月14日毛泽东主席视察双龙水电站安保资料照片；7月6日，完成上海市新四军历史研究会常务副会长张晓宇带领“不忘初心，寻访父辈革命路”学习调研组一行赴沙畈乡银坑村粟裕挺进师纪念室参观学习任务；7月7日，协助组织浙江师范大学马克思主义学院“德源婺风”暑期社会实践队完成赴安地镇祭奠革命烈士蒋宝贤同志的活动。

【党史资料数字化工作】 2018年，完成自1985年党史研究室成立以来留存的（除公开和内部出版外的）各类非严格出版物，如手写文献资料、回忆录、专题资料、文件形式印刷品等的分类、统计工作，共300余条，并在市委党史研究室的帮助下，完成婺城区非严格出版物党史资料106卷的数字化工作。

（蒋　涛）

婺城区人民代表大会常务委员会

综　述

【基本情况】 2018年,婺城区人大召开常委会会议8次、主任会议19次,听取审议专项工作报告17个,作出决议决定15项,组织代表视察18次,开展执法检查、专项督查47次。开展“两送两增”活动,累计走访企业17家30余次,梳理企业反映问题32个,当场协调解决7个,交办相关部门研究处理25个。组织代表到企业进行调研,走访、暗访和专项视察“最多跑一次”改革,组织开展专题视察和“创建文明城市,人大代表在行动”活动。常委会机关全员参与联系社区创建工作、斑马线文明劝导等创建全国文明城市活动。结合人大工作性质,突出问题导向,有针对性确定重大事项决定权行使、新时期财政监督工作新方向、现代化都市核心区建设等7个重点调研课题。对调研中发现的问题全部整改落实或销号处理。组织区乡代表开展“发挥人大代表主体作用,推进现代化都市核心区建设”大调研活动。

【助推法治婺城建设】 围绕职能抓实人大主业,着力在法治婺城建设中贡献人大力量。常委会委托第三方中介机构对政府信息产业专项扶持资金和扶持薄弱村发展村级物业经济专项资金使用进行绩效评价。修订常委会关于政府投资重大项目审查监督暂行办法。听取和审议区政府计划、财政、审计、预算等报告。开展固体废物污染环境防治“一法一条例”、大气污染防治法执行情况执法检查和水环境保护条例等法规实施情况监督。听取司法改革工作情况、扫黑除恶专项斗争、“云上基础,智能防控”建设工作情况报告。视察市公安局交管分局婺城大队、开发区大队的工作。审查区公检法机关报备重要法律文书、文件。受理并依法处理群众来信来访67件次。批准确定婺城区人民陪审员名额500人。审查区政府报备的规范性文件13件,向市人大常委会报备2件。协助市人大常委会召开立法调研会议3次。开展宪法宣传,关注“七五”普法决议执行情况。修订任免国家机关工作人员办法。

【推进民生事业发展】 聚焦热点回应社会关切,着力在增进民生福祉中体现人大作为。深化民生实事项目代表票决制工作,确保民生实事项目按计划推进。组织代表开展婺城区名校集团化办学情况调研、专题视察。组织代表对群众关注的领域开展食品安全检查。听取和审议区政府关于省级食品安全区创建情况的报告。跟踪督办婺城区人民医院迁建项目,医院在2018年6月完成搬迁。关注农村饮用水提升工程、农村文化礼堂建设等社会关注度高的热点难点事项,开展视察调研。对小城镇环境综合整治、浙中生态廊道建设、全面深化美丽乡村建设开展视察活动,参与村级规模调整工作。听取区政府关于仙源湖旅游度假区规划扩容实施情况、连片土地综合开发项目建设情况和集体经济薄弱村转化工作情况的报告,组织开展婺城区家庭农场建设情况专题调研。配合市人大常委会做好市传统村落保护条例立法意见征集，听取和审议金华开发区关于寺平历史文化名村保护规划编制情况报告。关注农村土地制度改革工作。

【强化代表管理】 重视发挥代表主体作用，着力在加强代表管理中激发人大活力。代表建议采用新模式扎实办理。开展年度重点代表建议交督办和办理情况二次评价。首次编写年度代表议案建议汇编并印发全体区人大代表。制定区人大代表履职考评实施办法和区人大代表向选区选民述职实施办法，修订区人大代表辞去代表职务办法。落实市人大常委会关于组织辖区市人大代表向原选举单位述职要求，首批12名市人大代表在常委会会议上进行述职。继续邀请基层代表列席常委会会议和活动，向全体区乡代表赠阅人大杂志资料，编制代表履职学习培训计划，按计划组织财经线的区人大代表开展专题培训。组织代表走访基层群众211次，接待群众2253人次，收集整理群众反映的问题702个，督办解决649个。组织代表开展"为基层群众办一件实事"活动。开展代表走进"8890"活动15次，收集并提交意见建议88条。

【加强基层基础】 加强乡级人大规范建设，在夯实基层基础中树立人大品牌。按照浙江省乡镇人民代表大会工作条例要求，指导乡镇开好一年两次的人代会和每季一次的主席团会议。街道议政会制度同步得到规范。在安地试点基础上，乡级财政预算审查监督制度向全区推广。在琅琊和莘畈两地开展试点，积累乡镇人代会上听取同级政府环境报告经验。推进乡镇街道民生实事项目代表票决制工作。在新狮街道召开现场推进会，推动乡镇街道人大代表联络站建设。持续加强网上联络站建设，创新"代表联络站+"系列模式。就设立乡镇街道人大办公室、配强负责人开展专项督察。乡镇街道人大经费列入同级预算全部得到落实。

【自身建设】 紧扣全面从严治党要求，着力在加强自身建设中提升人大形象。推进机关党的建设，成立常委会机关党组，定期开展集中政治理论学习、主题党日活动，举办常委会组成人员和机关干部履职能力提升培训班。全面落实从严治党主体责任，开展"三清理一规范"活动"不担当不作为"专项整治行动，按标准落实机关办公用房，抓好巡视组反馈问题整改。认真贯彻落实中央和省委有关加强县级人大工作和建设，制定街道人大工委向常委会报告工作制度。根据宪法修正案和监察法相关规定，及时修订婺城区组织宪法宣誓制度。在全区范围内大力宣传和推广"浙江人大""金华人大"微信公众号。制定做好人大信息宣传工作的制度措施，组织好典型推荐和稿件报送。

（李双双）

重要会议

【区九届人大二次会议】 2018年1月16—19日，区九届人大二次会议在区行政中心召开。出席会议的区人大代表277人，列席人员211人，参加区政协四届二次会议的全体委员列席会议。会议听取和审查区政府、区长作的政府工作报告，审议金华经济技术开发区管委会、金华山旅游经济区管委会工作报告，审查金华市婺城区2017年国民经济和社会发展计划执行情况及2018年国民经济和社会发展计划草案的报告、金华市婺城区2017年财政预算执行情况和2018年财政预算草案的报告，听取和审查区人大常委会主任朱利群作的金华市婺城区人民代表大会常务委员会工作报告、区人民法院院长张永伟作的金华市婺城区人民法院工作报告、区人民检察院检察长徐洪彬作的金华市婺城区人民检察院工作报告。会议通过关于批准上述报告的相应决议。票决产生金华市婺城区人民政府2018年度民生实事项目。会议表彰2017年度区人大工作各项先进。

【区人大常委会会议】 2018年2月27日上午，区九届人大常委会举行第九次会议。会议听取和审议区九届人大二次会议重点建议督办意见（草案）、2018年度区人大常委会工作要点(草案)。研究关于对区政府2018年度十大民生实事开展依法监督的工作方案。以无记名书面表决方式通过主任会议的有关人事提请。

4月19日下午，区九届人大常委会举行第十次会议。会议听取和审议区政府关于省级食品安全区创建情况的报告,审议金华经济技术开发区管委会关于省级食品安全区创建工作、金华山旅游经济管委会关于省级食品安全区创建工作的报告。听取和审议区人大常委会关于政府投资重大项目审查监督暂行办法(修订稿)、区政府关于调整部分政府投资重大项目投资额度的报告。以无记名投票方式投票表决通过部分政府投资重大项目。

6月26日上午,区九届人大常委会举行第十一次会议。会议听取和审议区政府关于交通重大项目实施情况的报告、区法院关于司法改革工作情况报告、区检察院关于司法改革工作情况报告。审议通过区人大常委会关于街道工作委员会向区人大常委会报告工作的实施意见(草案)。以无记名书面表决方式通过主任会议、区政府、区检察院的有关人事提请,决定免去扎西的区政府副区长职务。

8月30日下午,区九届人大常委会举行第十二次会议。会议听取和审议区政府关于固体废物污染环境防治法贯彻实施情况的报告、区人大常委会执法检查组关于固废污染环境防治“一法一条例”执法检查情况报告、区政府“七五”普法中期情况报告、区政府关于2018年上半年计划执行情况的报告、区政府关于2017年财政决算和2018年上半年财政预算执行情况报告、区政府关于2017年度财政预算执行和其他财政收支审计工作的报告、江南公安分局有关报告。审查批准区政府2017年度区财政决算、区政府关于2018年度政府投资重大项目的调整计划。决定免去叶林的区政府副区长职务,决定任命杨旭锋为区政府副区长。以举手表决方式接受个别区九届人大代表辞去代表职务。

10月29日上午,区九届人大常委会举行第十三次会议。会议听取和审议区政府关于集体经济薄弱村转化工作情况的报告、区政府关于审计问题整改情况的报告、金华经济技术开发区管委会关于寺平历史文化名村保护规划编制情况的报告、区法院关于人民陪审员名额的议案,表决通过关于兰溪市公安局对区九届人大代表采取刑事强制措施的报告。审议通过《金华市婺城区组织宪法宣誓实施细则》和《金华市婺城区人大代表向选区选民述职的实施办法》修订草案。以举手表决方式接受有关区九届人大代表辞去职务,讨论决定补选区九届人大代表事宜。以无记名书面表决方式接受金春波辞去金华市第七届人民代表大会代表职务,补选张旭辉为金华市第七届人民代表大会代表。以无记名书面表决方式通过主任会议、区检察院有关人事提请。

11月30日下午,区九届人大常委会举行第十四次会议。以无记名书面表决方式接受原婺城区区长辞去区人民政府区长职务,辞去金华市第七届人民代表大会代表职务,以举手表决方式接受其辞去婺城区第九届人民代表大会代表职务。

12月4日上午,区九届人大常委会举行第十五次会议。决定任命黄国钧为区政府副区长并代理区长职务。审议通过出缺区人大代表补选的决定。

12月28日上午,区九届人大常委会举行第十六次会议。会议听取和审议区政府关于水环境保护工作情况的报告、区政府关于区九届人大二次会议代表建议办理情况的报告、金华经济技术开发区管委会关于区九届人大二次会议代表建议办理情况的报告、金华山旅游经济区管委会关于区九届人大二次会议代表建议办理情况的报告。听取区政府关于调整2018年度区级财政预算指标的报告、关于“十三五”规划中期评估的报告;审议通过《金华市婺城区人民代表大会常务委员会关于任免国家机关工作人员的办法》《金华市婺城区人民代表履职考评实施办法(试行)》《金华市婺城区人民代表大会常务委员会关于区人大代表辞去代表职务的办法》《金华市婺城区人民代表大会常务委员会关于开展部门工作评议的办法》;以无记名书面表决方式接受范渊辞去金华市第七届人民代表大会代表职务,补选黄国钧为金华市第七届人民代表大会代表。审议通过出缺区人大代表补选安排;研究召开区九届人大三次会议相关事项;听取部分市人大代表口头述职;听取各街道人大工委的年度工作报告。

(李双双)

重要活动

【视察活动】 2018年4月13日，组织部分人大代表视察水利生态廊道建设工作。视察组实地察看桐溪怡村段应急加固、金华江绿化景观综合整治、金华江治理一期等3个在建工程，听取区政府相关工作情况汇报。

5月24日，组织部分人大代表视察全国文明城市创建开展情况。视察组实地查看城东街道东郊农贸市场、城中街道环城村和城北街道北苑小区文明城市创建工作，听取区创建办关于全国文明城市创建开展情况汇报。

8月1日，组织部分人大代表视察区政府“最多跑一次”改革工作情况。视察组实地查看区人力社保分中心、区行政服务中心，听取区政府相关工作情况汇报。

8月10日，组织部分人大代表视察市公安局交通管理分局婺城大队工作情况。视察组实地查看市交通事故快速处理保险理赔服务中心、330国道万里扬路口，听取市公安局交通管理分局婺城大队工作情况汇报。

9月27日，组织部分人大代表视察街道社区卫生服务中心标准化建设情况。视察组实地察看城西、城北、城中、城东、新狮街道社区卫生服务中心建设情况，听取区政府及相关职能部门的工作汇报。

11月21日，组织部分人大代表视察金华市公安局交通管理分局开发区大队工作情况。视察组实地察看文溪街和老330国道交叉口、宾虹路福泰隆路段，听取市公安局交通管理分局开发区大队的工作情况汇报。

11月22日，组织部分人大代表视察全区全面深化美丽乡村建设情况。视察组实地察看安地镇岩头村、喻斯村的建设情况，听取区政府相关工作情况汇报。

11月28日，组织部分人大代表视察婺城区名校集团化办学工作。视察组实地察看浙师大附属小学西校区、金师附小教育集团凤山校区和环城小学教育集团虹路校区，听取区政府相关工作汇报。

【固废污染环境防治执法检查】 根据省、市人大常委会关于固体废物污染环境防治“一法一条例”执法检查工作的统一部署和区人大常委会重点工作安排，常委会与上级人大联动开展固体废物污染环境防治“一法一条例”执法检查。5—8月，常委会成立7个检查组会同乡镇街道人大深入到企业、社区、村庄和固体废弃物处理场所实地查看，采取现场问询台账、听取汇报等方式，梳理出7方面25个问题转交政府办理，21个问题得到有效解决。

【代表建议新模式】 婺城区第九届人民代表大会第二次会议共收到代表多人联名和个人提出的建议意见237件，转来信32件，交办意见建议205件。建议办理中，首次采用网上征集、网上提交、网上督办、网上反馈代表建议的新模式。于3月14日召开人大代表建议意见交办会后，采取对口督办和抽查督办的方式，先后多次抽查并听取代表建议较多单位的情况汇报，并专题听取重点建议办理情况汇报，促进人大代表建议办理工作的有效推进。在205件建议中，已经解决的96件，基本解决95件，待创造条件解决12件，留作参考2件，解决率93.17%；其中满意180件，基本满意21件，不满意4件，满意率98.05%。

【“代表联络站+”模式】 在“代表联络站”规范化建设基础上大胆创新，丰富和完善代表联络站工作，建立“代表联络站+”模式。例如，新狮街道充分发挥人大代表联络站作用，聘请金华电视台“老娘舅”于每周一、三、五上午在联络站上班，专职做好选民来访接待，做好政策宣传咨询、解疑释惑、民间纠纷调解等相关工作，同时聘任5名法律顾问，受理解答法律方面问题，将矛盾解决在萌芽状态。城中街道人大代表联络站聘请6名退休老干部为义务工作者，分3个小组于每周三下午在代表联络站值班，对选民反映的问题能解答的现场解答，不能解答的记录在案，并转交当月负责接待的代表进行处理。白龙桥镇在原有的镇人大代表联络站的基础上，先后在白龙桥管理处、让长管理处、古方管理处、临江管理处建立“二级代表联络站”，统一设施配套、工作职责和相关制度等,形成以镇人大代表联络站为中心,以“二级代表联络站”为补充的接待方式。

【街道人大工委向常委会报告工作制度】 根据《金华市婺城区人大常委会街道工作委员会工作规则》相关规定,制定关于街道工作委员会向常委会报告工作的实施意见。要求街道人大工委每半年以书面形式报告1次,报告时间分别为每年的1月上旬和7月上旬。遇有重大事项和安排应该及时报告。每年在区人大常委会会议上作口头报告1次,报告时间由区人大常委会主任会议决定。12月28日,在区九届人大常委会第十六次会议上,9个街道人大工委负责人首次向常委会报告工作,该制度进一步加强和改进常委会对街道人大工委的领导和监督,促进街道人大工委全面建设,提升工作质量和效果。

【乡级财政预算监督】 针对乡镇人代会政府预算草案简单粗糙、审查程序欠规范状况,常委会财经工委联合区财政局在安地镇开展试点工作,规范预算草案报告和预算审查程序,并将乡级财政预算审查监督制度向全区推广。在试点的基础上,组织全区各乡镇财政人员和人大主席开展培训,使基层人代会的政府预算草案报告内容进一步翔实规范、预算审查程序进一步完善,进一步提升基层的预算法定认知和意识。

【环境报告制度试点】 省人大常委会办公厅《关于全面落实环境状况和环境保护目标完成情况报告制度的通知》(浙人大常办〔2018〕2号)要求,各级人大及其常委会要以习近平新时代中国特色社会主义思想为指导,按照地方组织法、监督法和环保法的有关规定,全面落实环境报告制度,形成生态环境保护工作监督常态化、长效化,助力法治浙江、美丽浙江建设。常委会及时将定期听取和审议政府环境报告工作机制进行研究落实。7月主任会议上首次听取区政府2018年度上半年环境报告,并在琅琊镇、莘畈乡两个乡镇开展乡级人代会上听取同级政府环境报告的试点工作,区乡两级政府落实环境报告制度取得初步成效。

【市代表向常委会述职】 根据《关于金华市人大代表向原选举单位述职的实施办法》,常委会作为试点积极落实该实施办法,安排市人大代表向常委会口头述职,进一步推动人大代表述职工作走向制度化、常态化,全面提升代表的履职水平。12月28日,首次开展市人大代表向区常委会述职。

【第三方对政府专项资金绩效进行评价】 首次探索开展人大委托第三方中介机构对政府专项资金绩效评价工作。8月20日,常委会委托金华安泰会计师事务所对区信息产业专项扶持资金和扶持薄弱村发展村级物业经济专项资金进行绩效评价。12月12日,常委会召开财政支出绩效评价工作会议,听取安泰会计师事务所对两个项目绩效评价报告。通过绩效评价,客观认识政府及其所属部门的专项资金管理、使用情况和取得效果,发现问题,明确监督方向,监督取得良好的效果,进一步推动政府工作。

(李双双)

婺城区人民政府

综　述

【概况】 2018年,婺城区辖9镇9乡9街道(其中3镇1乡4街道由金华市经济开发区托管),98个社区居民委员会,571个村民委员会。总面积1391.24平方千米,全区常住人口78.74万人,户籍人口65.11万人,地区生产总值282.2亿元,增长3.5%;三次产业结构比重调整为4.5:21.4:74.1。

财政总收入45.8亿元,增长8.4%,其中区级财政收入10.4亿元,增长0.8%;固定资产投资84.2亿元,增长4.1%;社会消费品零售总额339.6亿元,增长9.4%。

规模以上工业总产值、增加值分别增长9.2%、7.3%。全区推进"两化融合""智能制造""企业上云",列入市级"两化融合"重点项目11个,万里扬"无级自动变速器"入围工信部智能制造示范试点项目,先创能源"智能锅炉物联网云平台"入围省级工业互联网平台培育项目,捷特包装"高强度结构材料弹药包装箱"入围省重点研发计划项目。深入实施"小微企业三年成长计划",新建小微企业园3个,新增"个转企"91家、"小升规"11家。大力实施对接多层次资本市场"尖峰行动",新增股份制企业6家、省股权交易中心挂牌企业9家。狠抓"品牌强区""质量强区",牵头制定"浙江制造"标准3个,新增省级名牌2个、市级8个。

全年提标改造粮食生产功能区539.47公顷,实现粮食播种面积9933.33公顷,总产量6.2万吨。实施安地镇、竹马乡特色农业强镇建设项目18个。新增农业龙头企业2家、省市示范性家庭农场4家。实施市级生态循环农业项目4个,创建省级美丽生态牧场14家,规模养殖场生态化改造提升全面完成。

商贸服务业加速集聚发展,江北核心商业街区功能进一步完善;培育发展放心消费示范单位200个,180家企业承诺无理由退货。巨龙温泉旅游度假村、喻斯生态旅游区获评国家AAA级景区,全区旅游人数、旅游收入均增长28%。

城镇、农村居民人均可支配收入均增长9.5%。新增被征地农民参保700人,大病保险政策全面实施,城乡居民养老保险基础养老金增长20%。完成"招商地图"编制,引进浙(婺)商回归项目38个,到位资金19.8亿元;内资项目39个,到位资金21.6亿元;外贸进出口总额54.1亿元,增长31.5%。"百企万岗发布人才新政22条,开展"智汇婺城全球引才"进校园"等活动,引进海外院士1名,新增"双龙计划"等省市领军人才7名。加强与吉林省四平市铁西区的对口合作。"婺城汽车变速器及车辆齿轮产业创新服务综合体"获市级认定。获批各级科技立项18项,新增国家高新技术企业10家、省级科技型中小企业51家、省高新技术研发中心4个。

全区获省、市各类科技立项19项(省10项、市9项),其中省重点研发项目1项,省级新产品试制计划9项;市科技项目8项(工业7项、农业1项)、市农业科技成果转化项目1项;万里扬股份有限公司获国家科技进步二等奖。培育创新主体能力加强。年内,认定高新技术企业29家(国家级10家、市级19家)、省级科技型中小企业51家、市级农业科技企业2家。平台建设创新高。新增市级科技企业孵化器2家、市级以上研发中心12家。全区专利申请量授权量1080件，其中发明专利授权量192件,发明专利授权占比17.78 %。

推进中小学布局优化调整，投入2.8亿元实施教育基建工程12个,维修改造学校25所,新改建幼儿园6所,撤并幼儿园13所,公办幼儿园实现乡镇全覆盖。至年末,全区有职业高中1所,普通初中17所,小学31所,幼儿园120所。

实施公共文化"十百千"工程,完成2个重点乡镇(街道)、17个重点村(社区)建设。金华四中、环城二小"24小时悦读吧"投入运营,新建、提升农村文化礼堂30个,举办文明创建、乡村振兴、改革开放等大型主题文化活动46场。"农民微圈"信息服务"百事通"工程获评国家级"民生示范工程"、省级"宣传思想文化工作创新奖"。

实现省级卫生乡镇全覆盖,创建省级卫生村46个,区人民医院新院区投入使用。妇幼健康和计生服务保障持续加强。截至2018年,婺城区有政府办医疗卫生机构24个,其中公立医院2个,乡镇卫生院(社区服务中心)19个,疾控中心、妇计中心、卫生监督所各一个,卫生技术人员739人,民营医疗机构150家,其中民营医院8家,门诊部23家,个体珍所117个,医务室2个,核定医疗床位731张。全区有25家具备运行条件的社区卫生服务站和94家村卫生室实施了基本药物制度,实施率100%。

完成中央环保督察、国家饮用水源专项督查、城市黑臭水体专项督查、省级环保督察交办问题整改,推进第二次全国污染源普查,强势开展十大行业专项整治,全区生态环境质量公众满意度全省排名提升30位。推进生态廊道建设。金华江、洪源溪、长湖水质改善工程全面完工,婺窑小镇、琅峰印象、白沙文化主题公园建成开园,长山国际设计走廊完成供地,新建廊道沿线彩色林带6.1千米、绿道15千米。创建省级森林城镇2个、市级森林村庄15个,完成植树造林451.93公顷。推进"五水共治"。琅琊镇、金轮小区、印染小区"污水零直排区"建设试点通过省级验收,莘畈溪创建市级"美丽河湖",实施临江污水处理厂二期扩容工程，完成河道整治8.2千米、清淤345万立方米,集中开展治污减排、降尘抑尘等八大行动,空气质量优良率(AQI指数)84.5%,PM2.5浓度降至34微克/立方米。

【重点领域改革推进】 2018年，婺城区实施"最多跑一次"改革,推广"一窗受理、集成服务",政府职能部门"八统一"事项标准化工作全面完成,主要服务事项实现"中心全进驻""无差别全科受理",网上办事100%全覆盖,67%的民生事项实现 "一证通办"; 赋码备案的一般企业投资项目实现开工前审批"最多100天";实施"标准地+承诺制"改革,成功出让"标准地"8宗。亩均税收1万元以下低效企业出清60家,关停"低散乱"企业(作坊)150家,盘活闲置低效用地72.73公顷。"工商通办""多证合一"事项拓展至27个，常态化企业开办时间压缩至4个工作日。推进"十大工程项目""十大产业项目",全省集中开工及省、市重点项目开工率、投资完成率均达100%。交通运输投资完成16.4亿元，增长22.6%;民间投资完成52亿元,增长16.9%;生态环境和公共设施投资完成9.6亿元,增长22.3%;高新技术产业投资完成8.1亿元。

【创建全国文明城市三年规划全面实施】 2018年,婺城区集中组织城乡环境治理、精神文明提升"双十"行动,广泛开展"心连心共创建"等活动,推进"三改一拆"，改造旧住宅58.2万平方米、旧厂区18.6万平方米、城中村40万平方米,拆除违法建筑216.6万平方米。在建棚改安置住房5400套。启用智慧城管信息系统,严厉整治交通违法行为,新增机动车停车位2万个。实施乡村振兴战略,启动"高水平推进农村人居环境提升三年行动"，实施小城镇环境综合整治项目183个,4个乡镇通过省级考核验收,2个乡获评省级样板;创建美丽宜居示范村2个、美丽乡村精品村13个、秀美村9个、A级以上景区村庄37个,开展"大棚房"专项清理整治。总面积866.67公顷的石道畈区块连片土地综合开发完成过半,美丽田园示范区、乡村振兴先行区"婺城样本" 初具规模。330国道跨宾虹西路立交桥建成通车,衢江航运开发主体完工,金义东城际轨道进场施工,313省道 (45省道)、235国道金武快速路、杭金衢高速拓改二期、婺城莘畈至武义白姆公路等重点工程加快推进。“四好农村路”建设取得实效，完成农村公路大中修 60 千米。

【重点工程建设】 2018 年，婺城区完成高铁新城城市设计初步方案编制，铁路新金华站投入使用，双龙北街综合整治提升工程全面完工。二七区块开发建设有序推进，铁路文化公园启动建设，解放西路改造全面完工，婺江西路优化改造、工人路、长山街等工程加快实施。规划面积 11 平方千米的金华新能源汽车配套产业园项目启动，完成一期征地 33.33 公顷，拆除建筑 2 万余平方米。金华银行婺城支行、区消防大队新营房投入使用，马海路跨白沙溪大桥、金华电业局婺城生产基地主体完工。婺州城市广场完成破产重整。仙源湖旅游度假区 40.57 平方千米扩容总规获省政府批复，紧扣“一心一轴一环三翼”文旅产业规划，开展招商推介。金华水上运动中心二期投入运营。梅溪流域综合整治基本完成。落实市区“数字经济十条”，实施数字经济发展三年行动计划，新华创新基地产业布局调整有序推进，城北区块信息产业集聚提升，婺星产业基地配套设施进一步完善，云安阁智慧信息产业园开园运营。

【平安建设取得成效】 2018 年，婺城区开展扫黑除恶专项斗争，完成重大安保任务，公共区域视频监控实现全覆盖，连续十三年获评省级“平安区”。“七五”普法实现区、乡、村全覆盖；区社区矫正中心投入使用，在全省首推“码上矫正”信息化立体管教平台，健全预防和化解社会矛盾机制，一批突出信访问题得到有效化解。开展金融风险防控，加快处置企业“两链”风险和银行不良贷款，有序推进政府隐性债务风险化解。安全生产形势平稳向好，生产安全事故、火灾事故起数同比分别下降 56%、6.1%；开展农村道路交通信息化建设试点，创新“两站两员+网格化+信息化”交通安全管理模式，交通事故起数和死亡人数同比分别下降 61.1%、14.3%。完善食品安全监管机制，获评省级“食品安全区”“农产品质量安全放心县”“放心粮油示范县”。提升防灾减灾和应急处置能力，全省应急联动实战演练在婺城举行，区综合应急指挥中心全面启用，建成规范化避灾安置点 45 个，整治农村 C 级危旧房 2634 户，提前完成地质灾害隐患点三年清零任务。

（朱艳萍　范升元　方素佳）

2018 年婺城区人民政府常务会议情况表

表 2

会次	时间	主要议题
21	1 月 19 日	1.加强政府自身建设，部署 2018 年度政府工作任务
22	1 月 28 日	1.传达学习《关于建立领导干部违规干预统计工作记录制度的办法》、徐宇宁厅长在全省财政地税工作会议上讲话以及全省审计工作会议精神 2.听取关于全区安全生产工作情况的汇报 3.听取关于全区食品安全工作情况的汇报 4.听取关于《婺城区“标准化+”行动计划（讨论稿）》制定情况的汇报 5.听取关于 2017 年度婺城区政府质量奖评审工作有关情况的汇报 6.听取关于三联·桂雨山居两金缓交及竣工备案有关情况的汇报 7.听取关于金华市义兴电网·Plaza 项目有关情况的汇报 8. 听取关于双溪西路西延下穿沪昆铁路立交桥工程代建费用及金千铁路 K9+035 栅川铁路道口平交改立交有关情况的汇报 9.听取关于金华市第四中学校园扩建项目国有土地上房屋征收有关情况的汇报 10.听取关于婺城区连片土地综合开发（石道畈区块）工程总承包模式招标方案制定情况的汇报 11.听取关于创建省级自然保护区和湿地公园有关情况的汇报

续表 2

会次	时间	主要议题
23	3 月 12 日	1.听取关于撤销九峰水库移民指挥部及办公室有关情况的汇报 2.听取关于鲍杨社区城中村改造工作有关情况的汇报 3.听取关于洪源安置房回购有关情况的汇报 4.听取关于金华市婺城区雅畈单元镇北(wc-09-02)局部地块控制性详细规划编制情况的汇报 5.听取关于婺城区农村道路交通信息化试点工作方案制定情况的汇报 6.听取关于中央环保督查反馈问题整改及环境保护工作有关情况的汇报
24	3 月 27 日	1.区人民政府常务会议集体学法(公益诉讼等法律知识) 2.听取关于食品安全党政同责实施细则制定情况的汇报 3.听取关于全区环境保护工作情况的汇报 4.听取关于婺城区“优资源、强平台、促发展”集中攻坚活动实施方案制定情况的汇报 5.听取关于巨龙西地块、西郊一期、五星田里安置房项目有关情况的汇报 6. 听取关于上浮桥区块征迁过程中涉及三江城防及电大街以东集体土地上部分房屋等问题处理有关情况的汇报 7.听取关于美丽生态牧场创建奖励办法制定情况的汇报
25	4 月 8 日	1.区人民政府常务会议集体学法(统计法律法规) 2.听取关于鲍杨安置房项目有关情况的汇报 3.听取关于二七区块内市政道路项目及蒋堂移民新村二期项目投资额调整有关情况的汇报
26	4 月 23 日	1.区人民政府常务会议集体学法(浙江省政府投资项目管理办法解读) 2. 听取关于蒋堂移民新村第二期安置房项目投资计划调整及设计采购施工总承包实施方案等有关情况的汇报 3.听取关于二七新村棚户区改造安置房项目“两金”缓交相关情况的汇报 4.听取关于汽车变速器零部件产业园项目(一期)投资协议起草情况的汇报 5.听取关于高铁新城城市设计招标工作有关情况的汇报 6.听取关于双龙北街区域(人民西路两侧及以北区域)建筑外立面改造方案设计招标工作有关情况的汇报 7.听取关于与中国铁路上海局集团有限公司签订土地置换协议有关情况的汇报 8.听取关于许水云案行政赔偿决定有关情况的汇报
27	5 月 10 日	1.区人民政府常务会议集体学法(违法建设防控治理) 2.听取关于划定婺城区实行城市化管理区域实施方案制定情况的汇报 3.听取关于组织开展打击整治枪支爆炸物品违法犯罪专项行动有关情况的汇报 4.听取关于签订《婺城区死亡生猪无害化处理协议书》有关情况的汇报 5.听取关于金华市婺城区第一良种场土地经营权租赁项目公开招标有关情况的汇报 6.听取关于中石化企地战略合作框架协议、合作协议有关情况的汇报 7.听取关于二七区块房地分离企业房屋征收补偿有关情况的汇报
28	5 月 21 日	1.听取关于《金华市婺城区关于进一步规范行政事业单位公款竞争性存放管理的通知》制定情况的汇报 2.听取关于部分义务教育学校学区(教学服务区)设置有关情况的汇报 3.听取关于给周仙军等 3 名见义勇为人员奖励有关情况的汇报 4.听取关于实施洪源溪水环境治理应急工程有关情况的汇报 5.听取关于婺城新城区污水处理厂二期工程及一期改造工程有关情况的汇报 6.听取关于婺城区苏孟水电管理处整体划转有关情况的汇报

续表 2

会次	时间	主要议题
29	6 月 7 日	1.听取关于《婺城区违法建筑分类处置实施方案(试行)》制定情况的汇报 2.听取关于芙峰街(二环北路至市委党校段)拓宽拆迁安置后续有关情况的汇报 3.听取关于婺城区节水型社会创建工作方案制定情况的汇报 4.听取关于划定禁渔区和设置禁渔期有关情况的汇报 5.听取关于与浙江鑫联控股有限公司合作共建智慧充电站有关情况的汇报 6.听取关于《扶持婺城区建筑业快速健康发展的实施意见》制定情况的汇报 7.听取关于推进中小学教师“县管校聘”管理改革工作实施意见制定情况的汇报 8.听取关于婺城区与西藏那曲市农牧局建立战略合作关系有关情况的汇报 9.听取关于财政投资项目监督管理有关情况的汇报
30	6 月 19 日	1.听取关于金华市婺城区人民政府“两强三提高”建设行动计划实施方案(2018-2022 年)起草情况的汇报 2.听取关于婺城区与浙江省金华监狱战略合作有关情况的汇报 3.听取关于区残联与金华市中医院合作开发利用残疾人综合服务中心有关情况的汇报
31	7 月 2 日	1.区人民政府常务会议集体学法(《地方党政领导干部安全生产责任制规定》及安全生产法解读) 2.听取关于婺城区法治政府建设有关情况的汇报 3.听取关于中石油企地战略合作框架协议有关情况的汇报
32	7 月 17 日	1.听取《关于加快推进公共法律服务体系建设的实施意见》制定情况的汇报 2.听取关于《婺城区农村人居环境提升三年行动方案》制定情况的汇报 3.听取关于与国网电力公司金华供电公司签订《金华市智慧用电综合能源服务合作框架协议》有关情况的汇报 4.听取关于当前推进“最多跑一次”改革急需解决的相关问题的汇报 5.听取关于采用 EPC 总承包模式实施白龙桥镇小城镇环境综合整治有关情况的汇报 6.听取关于金华铁路文化公园内八栋历史性保留建筑加固改造项目有关情况
33	8 月 13 日	1.听取关于《婺城区行政事业单位闲置国有资产委托管理暂行办法》制定情况的汇报 2.听取关于《婺城区农村家宴放心厨房建设方案(2018—2020 年)》制定情况的汇报 3.听取关于收回乾西栅川区块鹰鹏公司土地有关情况的汇报 4.听取关于 313 省道(45 省道)改建工程婺城段部分工程变更有关情况的汇报 5.听取关于第一良种场社会化管理有关情况的汇报 6.听取《关于支持人才创业创新加快推进人才强区建设的若干意见(试行)》(审议稿)制定情况的汇报
34	9 月 6 日	1.听取关于《婺城区消防安全责任制实施意见》制定情况的汇报 2.听取《关于推进安全生产领域改革发展的实施意见》制定情况的汇报 3.听取关于《婺城区深化“最多跑一次”改革全面推进政务服务“无差别受理”实施方案》制定情况的汇报 4.听取关于《金华市婺城区农村公路试行“党建+交通网络化管理示范岗”路长制的通知》制定情况的汇报 5.听取关于《婺城区工程建设项目招标投标管理办法》修订情况的汇报
35	9 月 10 日	1.听取关于 2018 年区政府性投资项目年中计划调整有关情况的汇报 2.听取《关于进一步深化殡葬改革全面推行生态葬法的实施意见》制定情况的汇报 3.听取关于《金华市婺城区农业水价综合改革实施方案》制定情况的汇报 4.听取关于消除集体经济薄弱村“铂大”项目运行方案制定情况的汇报 5.听取关于婺城区乡村振兴战略金融服务战略合作协议有关情况的汇报

续表 2

会次	时间	主要议题
36	10 月 9 日	1.听取关于婺城区国有企业整合及债券融资工作进度及建议意见有关情况的汇报 2.听取关于通过“收益权产品”进行融资有关情况的汇报 3.听取关于暂借临时周转资金有关情况的汇报 4.听取关于婺城区发展学前教育第三轮行动计划(2018—2020 年)制定情况的汇报 5.听取关于进一步规范警务辅助人员管理有关情况的汇报 6.听取关于婺城区禁毒工作有关情况的汇报 7.听取关于文明城市创建若干项目建设经费保障有关情况的汇报
37	10 月 22 日	1.听取关于婺城区社会信用体系建设三年行动计划(2018—2020 年)制定情况的汇报 2.听取关于婺城区行政事业单位国有不动产集中统一管理工作实施方案制定情况的汇报 3.听取关于婺城区人民政府和浙江石油股份有限公司战略合作有关情况的汇报 4.传达学习尹学群市长在省安全生产工作巡查情况反馈会上的表态讲话
38	11 月 8 日	1.听取关于《金义东市域轨道交通建设项目双龙南街至李渔路段隧道上方及通和苑 2 号楼国有土地上房屋征收决定》制定情况的汇报 2.听取关于《婺城区高水平建设“四好农村路”实施意见》制定情况的汇报 3.听取关于《金华市婺城区水利工程管理范围和保护范围划界实施方案》制定情况的汇报 4.听取关于与浙江省农业科学院推进乡村振兴战略合作有关情况的汇报 5.听取关于浙江省浙商资产管理有限公司战略合作有关情况的汇报 6.听取关于开展农村宅基地及住房确权登记发证工作有关情况的汇报
39	11 月 19 日	1.听取关于金华市第一粮库有限公司房屋征收补偿有关情况的汇报 2.听取关于《婺城区标准化制(洗)砂场规划建设工作实施方案》(送审稿)制定情况的汇报 3.听取关于暂停办理原城北工业园区范围内工业、仓储用地相关规划许可有关情况的汇报 4.听取关于给予浙江千宝通科技有限公司项目政策支持有关情况的汇报 5.听取关于二七指挥部向区财政借款要求展期有关情况的汇报 6.听取关于全区扫黑除恶专项斗争有关情况的汇报
40	12 月 7 日	1.听取关于《婺城区行政村规模调整工作实施意见》及配套政策制定情况的汇报 2.听取关于《健康婺城 2030 实施纲要(征求意见稿)》制定情况的汇报 3.听取关于《婺城区“小微企业三年成长计划”(2018—2020)》制定情况的汇报 4.听取关于南京涉案房产处置等有关情况的汇报 5.听取关于安地小城镇环境综合整治 EPC 项目资金有关情况的汇报
41	12 月 21 日	1.听取关于《婺城区“污水零直排区”建设工作行动方案》制定情况的汇报 2.听取关于新城区污水处理厂二期工程污水处理价格有关情况的汇报 3.听取关于 2018 年度婺城区政府质量奖评审工作有关情况的汇报 4.听取关于今飞控股年产 1200 套模具和 300 套节能环保设备、200 套工业机器人及配套机器人减速机项目有关情况的汇报 5.听取关于金茶花发展有限公司股权转让有关情况的汇报 6.听取关于出资设立金华市婺城区浙石油综合能源销售有限公司等有关情况的汇报 7.听取关于《婺城区面向金华市公开选聘国有企业领导人员工作方案》制定情况的汇报

区政府办公室工作

【电子政务】 2018年，加强办公电脑网络维护，及时回应解决各种软硬件问题，保障综合办公系统、视联网会议等平台的正常运行。推进浙江政务服务网婺城平台建设，完成网上权力事项库更新，实现网上办事100%全覆盖。继续做好婺城区政府门户网站的管理和维护工作，将政府门户网站移至市电子政务云平台，接入玄武盾防护体系，确保网站正常运行，网站全年共更新信息17310条，其中审核部门发布9521条。配合相关部门推进钉钉移动办公平台建设，按照上级有关部门工作要求，将政务网络延伸至村(社区)。

（黄晓佳）

【政务公开】 2018年，全区各级行政机关通过政府网站等载体累计主动公开政府信息9521条。通过政务微博公开政府信息数646条，政务微信公开政府信息数1888条，其他方式公开政府信息数1433条。主动公开范围主要有政府行政职能信息和行政执行信息、涉及社会公众切身利益的重大决策、重点民生实事领域、公共资源配置领域、重点领域信息公开等多个方面信息。2018年收到政府信息依申请公开85件，全部答复完毕。

（葛璇锟）

【应急管理】 2018年，婺城区共有应急联动单位55家，其中，一级联动单位28家，二级联动单位17家，三级联动单位10家。婺城区成立以区长为主任的应急管理委员会及以分管副区长为组长的应急联动处置领导小组。按照不同的应急工作职能，成立以各分管副区长为组长的专项应急指挥部。全区有总体应急预案1个，专项应急预案29个，部门应急预案50个，按照三年必须修编一次的要求，每年安排相应的各专项应急预案修编。区综合联动指挥中心整合公安、国土、交通、水务、气象、“8890”、农林、消防等部门相关职能和数据资源，实行“虚拟机构、实体运作、平战结合”的模式，建立统一的指挥调度平台，统筹全区各种应急服务资源，实现统一指挥、联合行动、快速处置。

婺城区除政府部门专业救援力量外，有企业危化品救援队1支(瑞星氟化工企业)，民间森林消防队4支（农林局有相应补助），社会救援队伍2支(民安红十字会救援队和蓝天救援队，每支队伍约30人，根据婺城区山多、水多的地形特点，主要开展山地救援和水上救援)。同时发挥民兵和网格员队伍在应急管理工作的作用，每个乡镇人武部负责组织和训练民兵救援力量，全区共有专职网格员483人，在灾情发现和警情报送、信息传达等方面发挥重要作用。

为提升新时代突发事件应对能力，2018年4月20日，浙江省政府在金华、杭州、温州三地同时进行浙江省应急联动2018实战演练，金华主会场开展8个科目演练，婺城区为主战场，主要针对雨雪冰冻天气应对、大面积停电、军警和地方防越狱、防恐防劫持、社会力量紧急动员、高层建筑火灾救援、舆情应对等7个科目。2018年6月，区防汛抢险演练在白龙桥镇雅苏村进行。7月，在蒋堂民兵训练基地，区政府主要领导发布应急集合指令，11支队伍近一个小时集结到位。通过演练，进一步强化各单位间的协作配合，提高全区应对处置各类突发事件的能力。

5月18日下午，一场暴雨突袭塔石乡，导致通往九峰水库的山路上出现塌方，两名夜钓人员被困山中，区应急办接到报告，迅速启动应急预案，区应急办主任徐彪立刻组织塔石乡政府、消防、塔石派出所、民安救援队、蓝天救援队等多个部门进行联合救援，经过3小时的努力，终于使遭遇山体塌方和洪水的两名人员脱困。

（曹巍杰）

【金融风险防范】 2018年，区金融办防范“两链”风险蔓延，用好应急周转金，共为26家企业办理58笔应急周转金，涉及金额2.291亿元。推进企业对接多层次资本市场，2018年全区新增股份制公司6家，新增上市挂牌企业9家。统筹银行对企业的金融支持工作，开展婺城区“银商合作”助推小微企业高质量发展签约仪式暨2018年民企双对接活动月启动仪式等专题活动3次。做好“最多跑一次”改革工作,共优化事项8项,占比89%;其中,87.5%的事项实现缩短2/3的时间。加强小贷公司监管,联合职能部门共同对辖区内的两家小贷公司进行年度监管评级现场考核。

(陈 昆)

发展改革

【概况】 2018年,婺城区实现区属地区生产总值282.2亿元,同比增长3.5%;区级财政收入10.41亿元,完成年度计划目标;货物贸易出口55亿元,同比增长37.5%;固定资产投资84.2亿元,同比增长4.1%,其中交通运输投资实现16.4亿元,同比增长22.6%。生态环境和公共设施投资实现9.6亿元,同比增长22.3%,高新技术产业投资实现8.1亿元,较上年同期有所下降,民间投资实现52亿元,同比增长16.9%;社会消费品零售总额339.6亿元,同比增长9.4%;城镇居民人均可支配收入53131元,同比增长9.5%;农村居民人均可支配收入23134元,同比增长9.5%;城镇登记失业率1.47%,完成年度目标;单位生产总值能耗下降和主要污染物总量减排均全面完成上级下达的目标任务。

【经济体制】 2018年,经济体制改革领导小组拟订全区经济体制改革专项小组2018年工作计划,确定14个经济体制改革项目。2018年,区工业企业申报创新型人才直评工程师12人,申报技能型人才直评工程师1人。

推进一般企业投资项目"最多跑一次""标准地+承诺制+代办制"等涉企事项改革。全面实行企业投资项目审批,线上由投资项目在线审批平台2.0版"一口受理"、线下由行政服务中心"一窗受理"。企业投资项目服务窗口全面推行"无差别全科受理",实现"一窗通办"。深化"亩均论英雄"改革。拓展平台发展空间,推进亩均税费1万元以下企业改革,倒逼企业转型升级,重点开展"优资源、强平台、促发展"活动,坚持"以亩均论英雄"和"创新论英雄"导向,科学合理配置土地等要素资源,开辟实体经济发展新空间,实现大平台承载大项目、大项目推动大产业的高质量发展格局;建立健全全面消除集体经济薄弱村长效机制。年经营性收入5万元以上村数占比达85%以上,继续开展"2+1"结对帮扶活动;加强农村集体"三资"管理,提升乡镇"代理中心"工作人员能力水平,探索创新集体经济经营模式,落实"三年一轮审"活动;加强村级集体资产合同和集体薄弱村项目管理。

【项目建设】 2018年,婺城区完成固定资产投资84.2亿元,同比增长4.1%。其中工业投资6.7亿元,基础设施投资26.8亿元,民间投资52亿元。全年计划安排省重点项目3个,投资5.42亿元,实际开工3个,完成投资5.67亿元;计划安排市重点项目12个,投资25.46亿元,实际开工11个,完成投资27.19亿元。浙江明远新能源科技有限公司燃水煤浆有机热载体锅炉项目、金华市力扬五金制造有限公司搬运工具项目、浙江万里扬股份有限公司自动变速器项目(一期)等项目已建成试生产,金华市婺城区安居工程城中村改造项目(巨龙西地块)、婺江西路优化改造工程、婺城区洪源区块棚户区改造等项目顺利开工建设。积极向上争取专项补助资金,为实验中学实训大楼等3个政府性投资项目争取中央和省级配套资金2500万元。

【计划发展管理】 完成《金华市婺城区2018年国民经济和社会发展计划执行情况及2019年国民经济和社会发展计划》和2019年主要经济指标发展目标的编制。发挥综合协调职能,做好经济形势的季度分析和监测预测,注重对全区经济运行特点的研究,提出解决问题的对策和建议。

(徐英剑)

审 计

【概况】 2018年,婺城区审计局组织实施审计项目136个,其中财政同级审1个,政策落实审计项目2个,经济责任审计项目7个,财政财务收支审计项目11个,领导临时交办的调查项目8个,政府投资审计项目107个(核减造价6991万元)。印发《审计专报》和《审计要情》24件。

【财政预算执行审计】 婺城区审计局按照审计监督全覆盖的要求,对一般公共预算、政府性基金预算等全部政府性收支开展审计,重点关注公款竞争性存放、政府融资公司管理情况。审计查出管理不规范金额31526.36万元,发现存在财政资金执行协定存款利率不一致、国有经营预算编制不规范、融资公司银行账户多等问题,提出强化财政资金保值增值管理、出台国有资本经营收益收取管理办法、规范投融资公司管理等建议。促使区财政局加强财政管理,指导区财政局拟制《婺城区国有资本经营收益收取办法》《婺城区国有资本经营预算实施细则》《财政局相关公司管理制度》等文件。

【财政收支审计】 围绕推进审计全覆盖、防范问题从一级预算单位向二、三级预算单位下沉的目标,组织实施区卫计系统、2个街道和5家学校等11个单位的财务收支审计,审计查明管理制度执行不到位、房屋租金未收取、公车管理制度执行不严等问题。

【领导干部任期经济责任审计】 2018年,组织实施7个领导干部经济责任审计项目,在审计过程中坚持“四个一起”,注重横向比较、提炼、分析问题和责任认定,审计查出主要问题金额1769万元;持续落实好任前告知、离任交接、年度报告等制度,对全区46个部门和18个乡镇街道(82名区管干部)上报的《领导干部履行经济责任年度报告书》进行核查、分析;首次尝试在开展领导干部经济责任审计的同时开展自然资源资产责任审计,重点审计箬阳乡2015—2017年森林、土地、水等自然资源和相关生态环境保护情况,发现未及时拨付生态公益林补助资金等问题。

【各项专项资金审计】 2018年,开展婺城区扶贫专项资金审计项目,发现部分低收入农户未享受医疗补助,消薄措施缺乏长效性等问题,促进完善扶贫资金的管理,发挥扶贫资金实效;开展2017年保障性安居工程审计项目,揭示出安置房建设工程施工和监理人员挂靠、城中村征迁安置不规范等问题,查出违规金额24.93万元,主管部门根据建议落实责任,督促保障性安居工程建设单位严格招投标制度,加强城中村改造征收补偿管理。

【政府投资审计】 对已出具报告的17个项目进一步复审,发现工程设计变更随意、审核单位把关不严等4类问题,阻止210万财政资金流失;严格贯彻落实审计署《关于进一步完善和规范投资审计工作的意见》以及省审计厅《关于规范投资审计工作的若干意见》,逐步退出工程结算审计,保持投资审计工作独立性,侧重对审计项目的全过程监督。

【审计整改】 通过省委巡视和区委巡察,促进被审计单位的问题整改,扎实稳妥地推进整改任务;区人大高度重视和关注预算执行审计工作报告中披露的问题,认真听取2018年的财政同级审计整改报告以及整改情况,并对审计整改工作做出明确要求,落实整改责任;审计组对发现的问题进行经常性的跟踪回访,通过挂销号对被审计单位需限期纠正和整改的违法违规行为的落实情况进行核实;对重点的问题以专报形式上报区领导,领导进行批示,督促被审计单位认真抓好整改。

【思想教育】 重点学习贯彻习近平总书记关于审计工作重要论述,组织学习习近平在中央审计委员会第一次会议上的讲话精神和2018年全国审计会议精神,坚决落实党中央对审计工作的安排部署,从理论与实践的结合上理解好、把握好“两个维护”的科学内涵和明确要求;认真学习贯彻《中国共产党党支部工作条例》,组织党员干部按期参加主题党日学习,从9月开始每月开展“党员之星”评比活动,评选出4名在审计业务、文明城市创建等领域成绩突出的党员干部。

【队伍管理】 每月组织审计干部学习审计署组织的“审计大讲堂”,开拓审计干部的视野,拓宽审计干部的工作思维;参加市局组织的“审计夜学讲堂”活动,充实理论知识、政策法规和业务知识,夯实工作基础;注重审计科研,审计干部撰写的5篇审计论文被推荐到省里参评,其中一篇被列入省级科研课题。

【党风廉政建设】 婺城区审计局积极努力推进“清廉审计”建设。始终把廉政建设作为高压线,坚持把落实党风廉政建设责任制纳入目标管理,层层落实责任;党组书记与局分管领导、局分管领导与科长、科长与科室人员逐级签订党风廉政建设责任书,建立健全责任压力传导机制,逐级逐层压实责任;每年向审计干部家属送廉政建设倡议书,倡议审计干部依法审计,树立良好家风;对“三清理一规范”专项行动进行专题部署,对照存在的问题如实自查自纠,提高全局党员干部的党性意识;推动全体审计干部牢固树立“四个意识”,建立健全抓早抓小机制,将经常性的政治理论、政策法规和廉洁自律等方面的学习教育和针对性的个别谈话相结合,使廉洁意识扎根于干部职工的内心,能随时发现问题,及时提醒敦促,防止小问题演变成大问题。

(严 纯)

8月29日,婺城区统计局召开集中整训会

(区审计局供稿)

统 计

【概况】 2018年,婺城区统计局各调研组根据专业特点,走乡镇、走村居,走企业、走项目,访农户、访住户,通过蹲点调研、问卷调查、召开座谈会等形式,调查分析交流全区统计领域发展现状及存在问题。四上专业走访调研226家企业及所在乡镇街道,投资专业走访调研43个项目现场,住户专业走访调研14个调查点140户,农业专业走访调研专业合作社、规模种植户、养殖户等58家。在调研中,专业人员始终以问题为导向,与自身统计工作相结合,与当前经济社会发展的热点难点相结合,共发现问题31个,解决问题25个,上报并由其他部门办理问题6个。

【调研成果】 2018年,各调研组在走访调研基础上,进行梳理汇总,提出苗头性、趋势性、倾向性意见建议,初步形成《关于全区GDP核算指标情况的调研报告》《关于加快全区服务业发展的思考》《一季度全区固定资产投资、四项指标完成情况及上半年投资形势预判》《新时期我区农村居民收入结构变化浅析》《婺城区花卉苗木产业发展调研》《2018年节能降耗工作任重道远》等一批调研成果,上报区委区政府及有关部门。

【数据质量自查】 2018年,各部门一把手为成员的婺城区统计整改工作领导小组,全面部署自查工作。区统计局按照省市区自查工作要求,结合实际,成立相应工作小组,对全区416家企业单位进行核查。局专业人员直接深入企业单位进行核查,重点对企业单位的数据不匹配、数据有明显疑问和无法提供税务部门数据的企业进行重点核查。在核查工作中,及时发现问题,现场解决问题,立即整改问题。对行业类别划分错误,指标理解不准确的进行现场业务培训指导,对企业财务制度不健全、统计范围和统计口径不正确的立即规范,对个别企业存在数据严重失实情况的进行立案查处。

【加强统计业务培训】 2018年,重点指导各乡镇街道建立和健全原始统计记录,完善统计台账,强化各项制度的落实,促进统计基础工作规范化、标准化和制度化。充实乡镇街道统计信息中心人员配备。2018年,开展各类业务培训12批次,内容涉及统计领导干部能力提升、统计知识更新、“一套表”平台操作流程、固定资产投资、重点服务业、新增企业等多项内容。

【做好全区第四次经济普查工作】 2018年,根据省市统一部署,抽调精干业务人员参加省市经济普查业务培训,全程参与市级普查试点,精心组织全区综合试点,分期分批对全区600多名“两员”进行业务培训。确保在上级规定的时间节点内高质量、高效率地完成普查任务。从9月底开始,在全区开展地毯式清查摸底,初步清查单位8501家,个体户

13547家，为普查登记做好准备。

【加强统计监测预测】 利用市场监管、财政、国税、地税、交通、金融、质监、民政、编办等部门数据，对全区经济运行和社会发展主要指标的监测分析发布统计年鉴、统计公报、统计月报等统计资料，反映婺城经济社会发展水平。利用历年来的统计报表、普查数据等基础资料，做好婺城经济结构和发展趋势分析，发现不足和新的经济增长点，撰写10篇调研分析材料，为党委政府决策做好服务工作。做好平安三率调查、5‰人口抽样调查、劳动力调查、城乡住户收支调查和扶贫统计监测等工作。

（方楚楚）

行政服务中心

【概况】 2018年，区行政服务中心推进"最多跑一次"改革。全区28个部门全部完成"八统一"事项标准化工作，列入"最多跑一次"事项947项。其中，实现"零次跑"事项387项，占比达40.9%。民生事项220项，已实现"一证通办"事项数148项，占67.27%；全年全区"最多跑一次"事项办件量29万件，其中即办件24.9万件，占85.90%。

【落实事项"八统一"】 按省"最多跑一次"事项"八统一"规范，落实"减事项、减次数、减材料、减时间"四减要求，直接取消办事材料577份，实现共享获取而免于提交办事材料1423件。"教师资格认定"申请材料由原来的8项精减至4项。法定期限30个工作日压缩到24个工作日。质量安全监督手续及施工许可证合并办理，受理资料由原来质量安全监督手续9项、施工许可证10项资料合并为12项资料。

【推进事项"全进驻"】 按照"应进尽进"原则，通过窗口整合和办事大厅提升改造，推动人力社保、公安服务(出入境)和公积金事项进驻中心办事大厅，实现除省里规定不宜进驻行政服务中心的20个事项外的927个事项"全进驻"。

【推行"无差别全科"受理】 大厅设置"无差别受理综合板块+5大专业板块(投资项目领域、不动产登记领域、人力社保领域、公安服务领域、公积金领域)"。推行"大厅一键取号、前台综合受理、后台分类审批、综合窗口出件"的办事模式。

【政务服务便利化改革】 加强便民服务网点建设。与银行、邮政合作，设置警医邮网点10个，社保市民卡办理网点46个，工商注册网点26个，公积金银行服务网点5个。推进政务服务事项向基层延伸。人力社保20个事项延伸到乡镇办理。民政局在18个乡镇(街道)配备制证机，使老年证办理不出乡镇。政务服务已开通网上办的事项数573项，100%实现。推广使用"浙里办APP"和"金华人社APP"实现城乡居民基本医疗保险参保到账率98.4%、大病保险选缴保费选缴率75.13%。

【企业投资项目"标准地+承诺制"改革】 企业投资项目管理按照"政府定标准、企业作承诺、过程强监管、失信有惩戒、提速优服务"的新型模式。项目从土地招拍挂到开工建设采用一块标准地、一次性告知、一次性承诺、一次性办结，全面容缺、全程代办、联合会商等全程集成办理机制，实现企业投资项目"最多跑一次"甚至"一次不用跑"的"零见面"办结。全区2018年出让"标准地"8宗、6.15公顷。

【商事登记便利化改革】 企业开办4个工作日内完成、企业名称预先核准时间压缩到1个工作日。实行"审核合一、一人通办"登记制度，对材料齐全、符合法定形式的简易类登记事项1个工作日内办结，一般类登记事项于2个工作日内办结，特殊疑难类登记事项10个工作日内办结，精简审批环节，压缩审批时限。

【乡镇(街道)平台招投标网上报名】 完成乡镇(街道)招投标系统升级改造，实行乡镇(街道)平台招投标网上报名。招标文件实现网上上传、审核、发布和下载，实现招标代理和招投标人"最多跑一次"。

【加强审批事中事后监管】 利用"双随机"抽查管理系统，全区26个部门全部完成"一单两库"建设。落实"双随机"抽查制度，推行随机抽查监管，区编办实行每月一通报制度，对各部门双随机工作进行监督。在市场监管、安全生产、环境保护、文化等4个领域开展跨部门联合"双随机"抽查监管。同时，配合市级部门推进省"531X"工程在全市落地,完善以“红黑名单”为重点的信用联合奖惩协同机制。

(陈小方)

机关事务服务

【概况】 2018年,区机关事务管理局(简称管理局)在区委、区政府的领导下,坚持以党的十九大精神、习近平总书记重要系列讲话精神为指导,紧紧围绕全区中心工作,积极开展“大学习、大讨论、大调研”活动,认真履行“管理、服务、保障”职能,直面机关事务管理工作新常态,因势而谋、应势而动、顺势而为,确保各项工作顺利推进。

【机关党建】 2018年,管理局深入学习贯彻习近平新时代中国特色社会主义思想和党的十九大精神,严格落实全面从严治党要求,不断建强支部堡垒,以“四个强化”为指导深入开展支部建设工作,推动支部党建工作再上一个新台阶。强化“一岗双责”领导责任,完善党风廉政建设和惩防体系构建工作组织领导与责任分工,层层签订党风廉政责任书,开展廉政警示教育。通过加强内控制度建设,进一步建立健全廉政风险防控权责清单。

【公务接待】 严格执行中央、省、市公务接待规定及厉行节约的政策措施,凭着“有利工作、讲究实效、勤俭节约”的原则,严格控制接待审批。大力挖掘本地文化,打破常规做法,结合风土人情,达到接待和宣传的双重目的。截至2018年年底,共完成接待177批次、1794人次,其中包括浙江省五水共治考核组、浙江省小城镇考核验收组、浙江省城市黑臭水体整治环境保护专项督查组等全区性重大活动的后勤保障工作。

【公车管理】 严格执行公务用车各项规定,全力保障公务用车使用管理,高质量完成公务车出行保障任务,全年累计派车共5313次。研究制定《婺城区机关公务用车管理服务中心管理规章制度》及《婺城区机关公务和综合行政执法用车集中保障办法(试行)》,加强车辆管理平台维护和完善。组织司勤人员参与消防安全、信息化公车系统、日常服务礼仪、红十字应急救护等培训,提升司勤人员业务技能。

【会务服务】 2018年,对区会议中心211、201、三楼大会议室区委823会议室进行高清会议系统改造,完成会议中心201、202、203会议室的灯光改造、桌椅更新,提升参会者舒适度,营造美观、和谐的会议环境。同时,顺利完成党代会、人大、政协等区内重要会议的“保驾护航”任务,全年共接待各类会议1532场。

【安全保卫】 落实24小时安全巡逻和昼夜值班人员在位检查、重大活动的安保协调,做好行政中心内社会治安排查工作。撤消原ETC识别系统,更新为智能车辆识别系统,利用自动化、智能化的机电设备和计算机技术对所有出入口的车辆进行有效的、准确的监测和管理。落实一月一通报制度,每月对上下班期间未关门关灯、车辆乱停乱放等违规现象进行书面通报。2018年,巡逻查处下班门未锁411次,车辆乱停乱放183次。

【后勤保障】 认真做好区行政中心环境卫生保洁和绿化工作,严格执行卫生保洁制度和轮值班制度,明确卫生保洁工作职责范围,划分卫生管理责任区,落实卫生保洁标准,督促绿化管护公司严格按照合同按时按质浇水、施肥、除虫、修剪,及时更换补植损毁、缺失树木,每逢节假日或重要活动期间,及时摆放花卉苗木装饰,营造喜庆节日气氛。

完成区行政中心消防改造工程、后勤服务中心中央空调改造工程、会议室改造工程、食堂改造工程以及电动车群智能充电桩建设。加大区行政中心设施设备安全排查维修力度,定期开展公共区域线路、水电、电源开关等设施设备大检查,及时处理存在的安全隐患。2018年,区行政中心未发生一起安全责任事故。

【食堂管理】 落实食堂工作制度、采购制度、检查制度,实行全程监督。创新菜谱品类,注重健康,推出应季菜系、花式点心等,形成荤素搭配高中低价位合理配置的餐饮格局,满足机关干部职工个性化多元化的餐饮需求。

【公共机构节能】 发挥公共机构节约能源资源的示范引领作用,根据《金华市婺城区节水型社会建设工作方案》提出的创建要求,结合行政中心创建节水型单位的经验,配合水务局协助婺城区10家单位完成婺城区本级节水型单位创建。大力推广应用新能源和节能新技术、新产品,完成机关食堂中央空调改造工程以及会议中心部分会议室灯光改造工程,节能工作再上新台阶。

【办公用房管理】 根据省委“机动式”巡视反馈意见,开展超标办公用房大整治。在规定时限内,以“挪、拼、并”及物理隔断等方式完成区四套班子领导及各部门(单位)主要负责人超标办公用房的整改工作。开展党政机关办公用房专项检查,由机关事务局及区纪委等部门有关人员组成督查组,对全区54个部门、18个乡镇(街道)开展专项检查,发现问题单位13家,下发办公用房整改通知书13份,年底之前已全部整改到位。为防止办公用房使用超标现象反弹,印发《关于加强全区党政机关办公用房使用常态化监督检查的通知》,建立办公用房使用情况常态化监督检查机制,不定期对全区党政机关办公用房使用情况开展监督检查,重点检查超标准使用、整改落实不到位等问题,发现问题立即督促整改,并对相关责任人依规依纪严肃问责。

【垃圾分类管理】 全面启动行政中心垃圾分类工作。由分管副局长担任婺城区生活垃圾分类工作领导小组成员,制定《婺城区行政中心垃圾分类实施方案》,明确行政中心垃圾分类工作目标、责任分工和实施步骤等。精心制作垃圾分类宣传展板、图片和标语等,强化垃圾分类宣传教育,提高做好垃圾管理与分类投放的行动自觉。同时改造垃圾投放设施,在行政大楼内添置专业分类垃圾桶,同时对大楼内原有垃圾桶进行升级改造,统一粘贴垃圾分类专用标识。

【文明城市创建】 成立志愿者服务队,进社区开展创文明城市法治宣传及环境卫生整治志愿服务活动,入户宣传创文工作、营造创文氛围,驻岔路开展交通文明劝导,组织43名驾驶员一一签订文明出行承诺书。对照全国文明城市测评体系标准,对大院环境进行清理整治,集中开展了清除卫生死角、绿化美化、设施设备维修、清洗玻璃幕墙、规范停车秩序等一系列工作,新设公益广告牌50块,进一步优化机关办公环境,塑造文明机关形象。

【重点工作保障】 抽调人员常驻上浮桥拆迁一线和二七指挥部,确保第一时间安排好公务用车、饮食服务、场地布置等工作。扎实细致工作,让后勤不后,保障先行,确保为全体拆迁人员提供细致耐心、热情周到的后勤保障服务。

(楼晓娜)

招商投资

【概况】 2018年,婺城区实现浙商牵引回归项目28个,预计到位资金18.13亿元,引进内资项目37个,预计到位资金22亿元。2018年,新签项目3个,全区在谈项目99余个。其中5000万元以上项目3个,1亿元以上项目11个,5亿元以上项目14个。

【开展公益事业】 2018年,安排专项资金用于扶持欠发达地区发展公益事业,完善多地基础设施,改善生活生产环境,帮扶打造精品村项目。

【招商引资工作机制】 拟订《关于成立婺城区招商引资专委会》工作方案;完善《婺城区招商引资工作机制的实施意见(试行)》初稿;拟定《关于进一步完善婺城区招商引资十条意见》;制定《招商引资项目信息快速评审制度》;完善配套资源和产业环境建设,精心筹划并拍摄制作招商引资推介片和全区招商推介PPT,谋划空间制定土地招商手册;“走出去”与“请进来”招商计150余次。

(林可 黄慧华)

自然资源管理

【概况】 国土婺城分局属金华市国土资源局派出机构,下设10个科室、18个乡镇(街道)国土所。2018年,全区土地总面积139123.92公顷,耕地面积29835.62公顷,占土地总面积21.45%;园地面积6666.82公顷,占土地总面积4.79%;林地面积74103.72公顷,占土地总面积53.26%;草地面积459.64公顷,占土地总面积0.33%;城镇村及工矿用地面积 15450.45 公顷,占土地总面积 11.11%;交通运输用地面积 3668.51 公顷,占土地总面积 2.64%;水域及水利设施用地面积 7284.97 公顷,占土地总面积 5.24%;其他土地面积 1654.19 公顷,占土地总面积 1.19%。

【各地类变化情况】 2018 年,婺城区耕地减少 49.12 公顷,园地减少 117.12 公顷,林地减少 72.30 公顷,草地减少 19.36 公顷,城镇村及工矿用地增加 206.25 公顷,交通运输用地增加 73.27 公顷,水域及水利设施用地减少 19.81 公顷,其他土地减少 1.81 公顷。

2018 年,全区国家所有土地 18148.47 公顷,集体所有土地 120975.45 公顷,与年初面积相比,国家所有土地增加 28.42 公顷,集体所有土地减少 28.42 公顷。

2018 年,全区耕地面积 29835.62 公顷,其中坡度小于 2°的耕地面积 20406.27 公顷,坡度在 2°~6°的耕地面积 5884.78 公顷,坡度在 6°~15°的耕地面积 2096.05 公顷,坡度在 15°~25°的耕地面积 1323.72 公顷,坡度大于 25°的耕地面积 124.8 公顷。与年初耕地面积相比,耕地面积减少 77.09 公顷,变化情况分别为减少 67.16 公顷,减少 53.31 公顷,增加 40.10 公顷,增加 3.28 公顷,增加 0 公顷。

2018 年,全区可调整地类面积 1000.17 公顷,其中可调整果园 456.52 公顷,可调整茶园 362.53 公顷,可调整其他园地 79.5 公顷,可调整有林地 6.12 公顷,可调整其他林地 81.6 公顷,可调整坑塘水面 13.9 公顷。与年初面积相比,可调整地类面积减少 26.24 公顷,其中可调整果园减少 17.00 公顷,可调整茶园减少 9.23 公顷。

2018 年,全区设施农用地 414.10 公顷,与年初面积相比减少 1.38 公顷。

【耕地保护】 2018 年,通过实地踏勘共立项 24 个项目,可新增耕地 145.13 公顷。其中验收垦造耕地项目 9 个共 98.13 公顷(其中水田项目 6 个 81.58 公顷,连片土地综合开发项目第一期 67.6 公顷),完成年度任务的 128%;验收"旱改水"(包含垦造水田) 88.73 公顷,完成市下达年度任务 52 公顷的 170%;完成高标准农田建设和提升 1770.73 公顷,其中认定类 335.8 公顷,提升、建设类转实施 1434.93 公顷,完成年度任务的 116%;验收农村土地综合整治项目 2 个 4.73 公顷,验收建设用地复垦项目 2 个 2.27 公顷,共 7 公顷,完成市下达年度任务的 101%;完成耕作层剥离面积 8.27 公顷,剥离土方量 2.49 万立方米,完成年度任务的 124%。

【节约集约用地】 完成城乡低效用地调查数据年度更新工作,新增入库低效地块 37 个,面积 153.33 公顷。在上级规定时间内完成数据上图入库工作,成果通过省厅审查。

2018 年上级下达婺城区消化批而未供土地面积 66.67 公顷,盘活存量建设用地 50 公顷,完成低效用地再开发 34.67 公顷。2018 年,全区消化批而未供土地面积 69.27 公顷,盘活存量建设用地面积 50 公顷,完成城镇低效用地再开发面积 45.07 公顷,全面完成年度目标任务。

采取对比卫星遥感影像、实地核实的方式,通过对 2009—2017 年批而未供和闲置土地进行梳理。经清理,全区批而未供土地 192.33 公顷(均为城市分批次项目),共 167 个地块,系统闲置土地 4 宗,面积 4.59 公顷。建立台账清单和矢量数据库,并逐宗制定处置方案,明确处置时限,实行销号管理。

截至 2018 年年底,双清行动共消化批而未供土地 89.53 公顷(含单独选址项目,按上级统一时间 5 月 1 日起计算),处置闲置土地 2 宗,面积 1.14 公顷,完成上级要求 2015 年以前批而未供土地面积下降 20%,闲置面积下降 20%的双降目标任务。

【土地利用】 着重做好金华市第二生活垃圾焚烧发电、飞灰填埋、新能源汽车产业配套园、竹马集镇综合市场、安地小城镇环境综合整治改造镇二期安置以及农民建房等一批基础设施和民生项目用地。2018 年,完成上报农转用征收总面积 135.63 公顷,其中农用地 110.53 公顷(耕地 47.86 公顷),建设用地 22.79 公顷,未利用地 2.31 公顷。其中城市分批次项目 10 个,149 个地块,用地面积 68.8 公顷,其中农用地 47.24 公顷(耕地 20.52 公顷),未利用地 0.41 公顷,建设用地 21.14 公顷。上报单独选址项目 1 个,即 235 国道金华婺城至武义公路婺城段项目,总面积 66.8 公顷，其中农用地 63.29 公顷(耕地 27.34 公顷)，未利用地 1.89 公顷，建设用地 1.65 公顷。

2018 年，全区总供地 103 宗，面积 72.47 公顷，其中工业用地 7 宗，面积 13.93 公顷；仓储用地 1 宗，面积 0.33 公顷；住宅用地 7 宗，面积 28.33 公顷；商服用地 3 宗，面积 10.93 公顷；公共管理与公共服务用地 7 宗，面积 5.8 公顷；交通运输用地 1 宗，面积 0.4 公顷；村民建房 75 宗，面积 12.67 公顷；村公用设施公益事业用地 2 宗，面积 0.07 公顷。

【土地出让】 完成经营性用地出让 6 宗、面积 24.65 公顷，成交总金额 294774.26 万元；完成工业用地出让 10 宗，面积 15.23 公顷，成交金额 5263 万元。

完成办理工业用地转让 12 宗，办理收回国有土地使用权 4 宗、完成工业用地复核验收 1 宗、做好法院用地履约调查及审核函复 20 件。做好长山“坡地村镇”试点项目(2018 年完成永久用地 3.54 公顷网上挂牌方式出让，收取土地出让金 5660.1402 万元）以及安地小城镇环境综合整治改造两个项目、安地中心幼儿园、金华市第二生活垃圾焚烧及飞灰填埋项目、金华监狱三大队二期、区城镇低效用地再开发雅畈汉灶、上岭殿村等 19 个项目的土地征收、“二公告一批复”及供地工作。

【地籍管理】 根据村庄数字地籍调查的要求，对金华市婺城区范围的 19 个乡镇（街道)、530 个行政村进行调查、测绘，完成 63.88 平方千米 1:500 村庄数字地籍调查任务，完成调查宗地 143373 宗，建立地籍调查数据库，形成婺城区村庄数字地籍调查成果资料。2018 年 10 月 18 日通过金华市国土资源局组织的婺城区村庄数字地籍调查项目验收。

【矿产资源开发利用】 婺城区矿产资源种类有水泥用灰岩、建筑石料用凝灰岩、砖瓦用(泥)页岩、萤石等，开发利用的主要矿产仅有 2 种，建筑石料用凝灰岩、砖瓦用(泥)页岩。

2018 年，婺城区有持证矿山 12 家，建筑石料用凝灰岩、砖瓦用(泥)页岩等是全区的优势矿产。能源矿产十分贫乏，金属矿产零星分布，查明资源储量非常有限。

建筑石料用凝灰岩分布广泛，资源丰富，主要分布在雅畈镇竹园、铜山小窑村一带。2018 年，开采建筑石料矿山企业有 7 家，年开采石料总量 126.01 万立方米，产值 7360.038 万元。

砖瓦用(泥)页岩资源丰富，主要分布白龙桥镇上窑、周家村一带。2018 年，砖瓦用(泥)页岩矿山企业有 6 家，年开采页岩总量 24.0375 万吨，产值 4188.77 万元。

【矿产资源管理】 2018 年，婺城区完成 7 家建筑用石料矿储量动态监测和储量年报审查工作，完成 15 家矿山检查、巡查工作。2018 年，征收采矿权拍卖所得 23.9545 万元。

【依法行政】 2017 年 12 月，国土资源部下发婺城区 2017 年度卫星遥感监测数据，涉及全区 15 个乡镇(街道)，经各乡镇(街道)国土所实地调查、核实并与作业单位对接后(一上数据)，共 356 个图斑，用地面积 156.72 公顷，耕地面积 85.25 公顷，与卫片下发数据吻合。其中：合法图斑 136 个，用地面积 42.85 公顷，耕地面积 27.5 公顷；违法图斑 40 个，用地面积 4.10 公顷，耕地面积 2.95 公顷；伪变化图斑 180 个，用地面积 109.77 公顷，耕地面积 54.80 公顷。婺城区违法用地占用耕地面积初始比例为 9.68%。

按照部、省、市关于卫片执法监督检查工作的要求，全区借助“三改一拆”行动之势和“无违建创建”活动之机，推进卫片执法违法图斑立案查处、整改、拆除、复耕工作。全区违法用地图斑 40 个，用地面积 4.10 公顷，耕地面积 2.95 公顷。其中，已立案查处图斑 23 个，面积 0.98 公顷，耕地面积 0.76 公顷；4 月 20 日前已拆除复耕到位并通过验收图斑 10 个，面积 2.29 公顷，耕地面积 1.87 公顷；移交相关部门图斑 7 个，面积 0.83 公顷，耕地面积 0.32 公顷；所有违法用地图斑已分类处置完毕。

【地质灾害防治】 按照省政府“除险安居”、市政府“三年清零”要求以及区政府“三年任务，搬迁一年完成、治理两年完成”的新目标，2018 年 12 月底，年度目标任务基本消除地质灾害隐患点 11 处，已消除 11 处，完成率 100%；核销隐患点 10 处，已核销 9 处，1 处正在省厅核销中，完成率 90%.；完成重大地质灾害隐患避让搬迁和工程治理项目 7 处，已完成 7 处，完成率 100%；超额完成年度减少威胁人数 169

人目标任务,实际减少威胁人数362人(根据浙江省地质灾害信息管理系统数据统计),完成率214%;乾西移民小康示范村四期安置186户、452人,蒋堂移民安置小区一期安置112户、272人,共安置298户、724人,避让搬迁的村民100%得到安置。

【土地综合整治】 2018年,婺城区全域土地综合整治(石道畈区块)项目,政策处理签约1051户,土地流转992户,苗木清表992户,均全部完成。土石方开挖624万立方米以上,土石方回填611万立方米以上,超过年初预期目标。

(胡　敏)

市场监督管理

【概况】 2018年,全区新设市场主体6837户,其中:新设企业2162户,同比增幅16.11%;新设个体工商户4675户,同比增幅16.52%。截至2018年12月,全区市场主体总量37647户,其中企业(含农民专业合作社)总量13355户,个体工商户总量24292户。

【民营经济】 依托"浙江省小微企业云平台",建立健全婺城区小微企业梯度培育库。对库内企业实行动态管理,入库93家初创型、成长型、领军型企业。落实开展2017年度浙江省小微企业成长指数编制工作,完成132家企业调查问卷。启动民企双对接活动月,将"浙江省小微企业云平台·信用宝"和"小微网贷"进行全面对接,与农业银行婺城支行签订支持小微企业战略合作框架协议,开启"银商合作"新模式。精心培育信用管理示范企业,2018年新认定AAA级企业2家,其中一家小微,延续确认9家;新申报认定AA级企业3家,延续确认10家;新申报认定A级企业10家,延续确认9家。

12月7日,婺城区市场监督管理局与婺城农行在局四楼会议室签订全面战略合作协议

(区市场监管局供稿)

【商标品牌建设】 开展"红盾网剑"打击侵犯知识产权和制售假冒伪劣商品专项行动;金华一枝秀米业有限公司完成商标质押贷款额200万元。

【食品监管】 筑牢食品药品安全监管防线,对辖区内生产企业完成"QS"证到"SC"证的更换,全区共有食品生产企业102家,豆制品小作坊40家,白酒作坊2家,2018年注销企业1家,新增企业3家。培育名特优小作坊6家。顺利开展"春安行动"等专项检查、完成各类重大活动食品安全保障监管工作。

【药品、医疗器械、化妆品监管】 开展药品零售企业执业药师在职在岗专项核查、问题疫苗专项排查、打击欺诈骗取医疗保障基金专项行动,植入类、无菌类医疗器械专项检查等重点整治,开展化妆品"百千万"美丽消费示范工程建设,指导大型商场2家,经营单位11家,督促落实创建相关要求。

【食品药品宣传】 完成省级食品安全区创建验收。按照"四个最严"要求,坚持源头严防、过程严管、风险严控,全面实施食品安全战略。近年来,全区未发生重大食品安全事故,全区食品安全形势稳定向好。10月,婺城区被正式命名为"浙江省食品安全区"。以社会关注热点、消费投诉焦点、民生保障重

3月15日,婺城区市场监督管理局在银泰开展消费者权益保护日宣传活动　(区市场监管局供稿)

点为导向，重点对药品、食品销售中的会议营销、虚假宣传等开展稽查执法，加大食品药品违法行为打击力度，查处取缔黑窝点、打击假劣食品，查办一批有影响力的食品案件，保障食品药品安全。

【广告市场监管】 2018年，整顿非法集资广告，给文明城市创建助力，全年共查处各类广告案件20件，罚没款合计46.77万元人民币。

【餐饮服务监管】 联合街道和相关部门集中对骆家塘、车头、五一路等市场及周边餐饮点开展专项整治；颁布《婺城区农村家宴放心厨房建设方案》，通过实地走访和指导建设，提升农村家宴厨房硬件水平。11月，13家农村家宴厨房建设点顺利通过验收，其中12家确定为A级，1家确定为B级。

【执法办案】 联合公安部门，强势打击各类传销违法行为。结合"金剑秋风""百日执法"等专项活动，狠抓重点行业、重点领域的监管，查处保健食品虚假宣传案件3起，挽回群众经济损失100万元。推动商业秘密示范点建设，确定浙江天丰生物科技有限公司为婺城首个商业秘密示范站点。2018年查处案件176起，其中查处大要案29起，食品药品2起。

【消费维权】 深入开展放心消费示范创建活动，提升西市街作为"放心消费示范商圈"的示范引领作用，新培育省级放心消费示范商店154家、放心网店7家、放心餐饮37家、放心市场2家、无理由退换货承诺单位180家，市级放心消费示范商店450家。2018年，处理消费者申诉举报5257起，通过"8890"便民服务平台接收办理投诉1620件。

【合同监管】 新认定守合同重信用AAA级企业2家，其中一家小微，延续确认9家；新申报认定守合同重信用AA级企业3家，延续确认10家；新申报认定守合同重信用A级企业10家，延续确认9家。2018年，办理动产抵押登记21份，企业融资10445万元；办理格式合同备案92件，主要是房地产销售合同和旅游合同；检查合同125份，涉及金额4.38亿元。

【农贸市场】 金华市婺城区琅琊综合市场和金华市婺城区蒋堂综合市场成功创建省放心市场，两家市场新申报二星级文明规范市场，两家市场延续申报二星级文明规范市场。

【双随机检查】 在监管过程中随机选派执法检查人员，随机抽取检查对象，抽查情况及查处结果及时向社会公开。依托"浙江省行政执法监管平台"，系统摇号产生执法人员小组(市场监管执法人员58人、质监执法人员4人)对涉及食品、医疗美容、金融等行业349家企业进行"全面体检"，已经全部检查完毕并录入公示。

【无照经营整治】 围绕创建全国文明城市、"五水共治""三改一拆""小城镇整治"等中心工作开展无证无照监管，加强高危行业、重点行业监管。组织开展人员密集场所消防安全检查工作，牵头开展网吧、经营性公共场所、"五水共治"六小行业等行业的检查。检查人员密集场所共545家，发现涉嫌违法行为数49起，责令整改38家，约谈20家，查封15家；检查无照经营户6170户，补办营业执照5621户，立案查处5起，罚没款1.8万余元。

【市场主体年度报告】 把企业、个体户年报工作作为事中事后监管的重要载体，顺利完成年报工作。集中清理空壳主体，推进经营异常主体依职权注销，依职权注销个体户385家，净化营商环境。

【特种设备安全检查】 开展特种设备"百家检查"、节前专项检查等检查活动，出动196人次，检查单位100家，发现并整改隐患8处；完善特种设备超期月通报制度，每月通报乡镇特种设备安全管理考核情况；开展特种设备的"打黑治违"工作，对辖区内一违规收购报废钢瓶窝点进行查处，销毁366支废弃钢瓶，整顿两家使用"黑行车"企业；开展文明城市创建电梯安保工作，通过对辖区内重点场所、企业检查，确保创建工作顺利进行。

【工业产品区域监管】 2018年，完成区级监督抽查59批次，合格率93%，开展"纤检保健康"专项检查、缺陷汽车产品召回法律法规宣传等活动。

【成绩与荣誉】 2018年，区市场监督管理局获金华市争创"平安金鼎"工作有功集体嘉奖、金华市系统所长能力"大比武"活动先进集体团体二等奖、2018年度岗位目标责任制考核优秀单位、浙中生态廊道建设突出贡献集体、创建全国文明城市工作先进单位、2018年度工业经济工作先进单位、"2+1结对帮扶"行动先进单位、优秀提案承办先进单位、组织工作先进单位、食品安全工作先进单位,金华市婺城区市场监督管理局注册分局获评市级青年文明号、工人先锋号,婺城区市场监督管理局直属机关第三党支部获评一星级品牌党支部,共青团金华市婺城区市场监督管理局支部委员会获评市级、区级优秀团组织。

【驰名商标、商标品牌示范企业名称】 2018 年年底,婺城区有行政认定驰名商标 2 家,分别为浙江万里扬集团有限公司、浙江高峰控股集团有限公司;省级商标品牌示范企业 1 家,为浙江山山家食品有限公司;市级商标品牌示范企业 5 家,分别为浙江尖峰集团股份有限公司、浙江天丰生物科学有限公司、浙江山山家食品有限公司、浙江高峰控股集团有限公司、浙江润华机电有限公司。

(李 朦)

物价管理

【概况】 2018 年,婺城区物价局认真宣传贯彻国家、省、市有关物价管理的方针、政策和法律、法规,组织实施上级价格改革和价格调整方案,会同有关部门开展清费治乱减负工作;组织开展价格监测工作,协助上级业务主管部门做好价格监督检查等工作。

【定价机制】 贯彻落实省物价局、卫计委、人力社保厅新增和完善部分医疗服务项目价格 37 项,浙江省物价局、财政厅预防接种服务费、数字摄像服务收费标准及有关问题的通知,金华市物价局降低和规范公共资源交易服务收费的通知,减轻企业负担。

【价格监管】 积极配合市物价局对区涉企、医疗、民办学校价格检查。落实公平竞争审查制度,做好价格监测和农产品成本调查,开展粮食价格监测,在白龙桥、琅琊、蒋堂建立监测点,及时了解市场价格动态,粮食零售价格每月 5 日、15 日、25 日进行价格监测,发布价格信息 12 次,密切关注市场价格波动情况,维护市场价格稳定和正常市场秩序。开展油菜籽成本调查,并对成本进行分析,撰写分析报告。

【收费管理】 根据省物价局授予金华市辖区定价权限,开展定调价工作。审批缤虹星城住宅小区高层前期物业收费标准、长山乡石道畈迎龙岗公益性生态公墓墓穴使用费标准、金华市新世纪学校、金华市新纪元丰子恺学校收费标准、金华市婺城区罗店镇中心卫生院普通病房床位价格。按照上级部署开展污水、养老服务、殡葬服务收费、成本调查。

【价格认证】 发挥价格认证中心作用,为社会稳定服务。完成各类涉案物品价格鉴定 402 件,鉴定金额 365.57 万元,其中完成公安涉案物品价格鉴定 401 件,鉴定金额 348.47 万元,纪委涉案物品价格鉴定 1 件,鉴定金额 17.1 万元。

(徐英剑)

综合行政执法

【概况】 2018 年,婺城区综合行政执法局共查处一般程序案件 709 起,比 2017 年少 4 起;办理行政诉讼案件 9 起,比 2017 年少 2 起;行政许可及办结处罚金额 1616.67 万元,比 2017 年的 1048 万元增加 54.3%。

【行政执法】 2018 年,婺城区综合执法局开展内部督察通报机制,就工作绩效、文明执法、队容风纪、内务管理、执法装备使用等内容进行每周督察通报,将整改情况列入考核范围。开展“执法标杆由我体现”活动,首次提出并贯彻落实“文明执法‘三个三’”工作理念,即出门前做到“三个不”(着装不整不出门、任务不明不出门、纪律不讲不出门)、执法前做到“三个一”(说好第一句话、做好第一个动作、执行好第一道程序),执法上做到“三个好”(队伍形象好、服务态度好、群众反映好),在提升队伍素质的同时,形成“拼争抢创”的工作氛围。加大对新招录队员的军事化标准封闭式训练培训力度;开展“全员大轮训,岗位大练兵”活动对合同制队员进行轮训;定期开展针对性学法用法知识的专题培训;不定期开展法制微课堂、送法下基层、普法宣传等活动,全面提升执法人员执法办案的理论能力和执法水平。建立完善行政执法人员资格管理制度,加强持证上岗率的考核与无证人员的监管。

加快推进派驻乡(镇)执法中队进程。机构调整结束后长山、塔石、莘畈3个中队正式挂牌,确保辖区全覆盖。加强用制度管人,靠制度管事的理念。制定《婺城区综合行政执法局机关正规化建设与管理规定》《婺城区综合行政执法局合同制聘用队员正规化管理考评办法》《婺城区综合行政执法局目标责任制考评办法》等健全考评机制。创新合同制队员管理模式,对合同制队员实行分级管理,通过每年的定期考核考评完善合同制队员管理制度。

【市容环境整治】 加强对背街小巷、城乡接合部等重点区域的巡查监控,加大对"停车难、停车乱"、小广告、"门前五包" 等难点问题的监管和处罚力度,践行"政府引领、社区指导、商家参与、百姓互动"的工作模式,打造以西市街商圈为主体的"花满西市街"特色品牌。施划机动车停车泊位7200个,非机动车停车泊位线91500米,自行车标识7800个;拆除及清理违法广告和小广告12万余处,拆除破损、违规及过期店招7100余处;签订"门前五包"责任书1万余份,处罚"门前五包"落实不到位行为8326起,印制"文明养犬倡议书"和"金华市文明养犬规定"12000份。

【垃圾分类】 初步建成"互联网溯源垃圾分类系统",将各街道、乡镇的基础信息导入数据库,溯源监控信息及工作状况和工作成效都反馈在系统平台上,自动分派任务到相关职能中队进行查处,破解垃圾分类"巡而不查、查而不实,干好干坏无人知"的难题。另外,推动垃圾分类示范小区和示范学校创建行动。在建成的10个省级示范小区,6个市级示范小区基础上,2018年度完成3个省级示范小区的建设,并联合区教育局筹划开展生活垃圾分类示范学校创建行动。

【大气污染防治】 在环保类案件特别是对油烟污染类案件的查处上取得实效,处置扬尘污染类案件46起,罚金261万元,顶格处罚15起;路面污染类案件20起,罚金25万元;污染水体类案5起,罚金29万元;油烟污染类19起,罚金10.55万元,起到处罚一家、警示一片的效果。

【文明城市创建】 将全国文明城市创建工作与环境整治和城市精细化管理工作有机衔接,推动各项工作落小、落细、落实、落地,对重点区域强化重点突破,举全局之力对小码头、太阳城、兰溪门、劳动路、黄芝山路、曙光路、对山路等重点区域进行攻坚作战,改善市容市貌和生活环境,提升城市品质。

(崔梦琪)

环境建设与管理

【概况】 2018年,婺城区生态环境保护和建设工作围绕年度目标,突出"碧水提升""蓝天保卫""净土清废"、中央和省级生态环境保护督察等重点工作,全区生态环境保护工作成效显著,生态环境满意度提升。

2018年,列入省交接断面考核的沈村出境断面水质指标为Ⅲ类,满足年度目标要求,交接断面考核结果为良好;60个乡镇支流交接断面中,Ⅰ~Ⅲ类水质断面58个,占96.67%,达到年度目标(≥90%);Ⅳ类水质断面2个,占3.33%,无Ⅴ类、劣Ⅴ类水质断面。截至2018年年底,全区监测点监测数据显示:婺城区PM2.5浓度均值为33微克/立方米,达到市下达的40 微克/立方米的要求,列全市第4;AQI优良率为87.3%,达到市下达的77%以上的目标任务,列全市第7。

【环境宣传教育】 "6·5"世界环境日,在白龙桥镇上设立咨询台进行宣传活动,发放宣传册1000余册,向群众发放印有宣传标语的纸杯、扇子等宣传用品500余份,取得良好的宣传效果,在全省生态环境满意度调查中,排名由2017年的第47名上升至2018年的第30名。

【执法检查】 2018年,先后在全区范围内开展"护水斩污1号""蓝天保卫""碧水""清废净土"等系列环保专项执法检查,利用新"两高"司法解释、新环保法以及4个配套办法赋予的执法新手段,对各类违法行为坚持"零容忍",加大对污染防治设施不正常运行、违法排污、偷排偷放、固废污染等严重环境违法行为的打击力度,严厉打击环境违法行为。共出动执法人员1688人次,检查企业872家,关停取缔“低小散乱污”企业28家,立案查处各类环境违法行为44起,处罚金额210.088万元,其中移送公安机关处理3起(刑事拘留1起,采取刑事强制措施3人;行政拘留2起,行拘3人)。同时配套运用“四种办法”查封扣押10起。

【项目审批】 2018年,完成建设项目环评报告42个,环评登记表项目网上企业自行在线备案150个。

【环境整治】 以精准有效手段关停一批、整治一批、提升一批、培育一批,结合小微企业园建设,强化企业主体培育,推动传统产业焕发新活力,助力经济实现绿色转型,2018年共完成“低散乱”整治145家。按照国家、省、市普查办要求,完成污染源普查名录库普查数据的填报、核算、汇总和现场复核等工作,建立有效的内部质控和普查质量保障机制。实行“以减量定增量”“超量叫停”,严控污染物新增量。2018年,婺城区替代项目32个,累计替代量化学需氧量0.345吨/年、氨氮0.002吨/年、二氧化硫1.638吨/年、氮氧化物11.914吨/年、VOCS15.45114吨/年。

【环境信访】 2018年,办理人大、政协提案3件,受理来信来访及举报投诉405件,其中水污染78件,气污染241件,声污染44件,其他42件,调查处理率100%。未出现因处理不当而越级上访的现象。

(郭　腾)

中国人民政治协商会议婺城区委员会

综　述

【基本情况】 婺城区政协共有提案与委员工作委员会、经济科技委员会、资源环境与农业农村工作委员会、教育文化卫生体育与文史资料委员会、社会法制民族宗教与港澳台侨委员会5个专门委员会和中国人民政治协商会议罗店工作委员会、中国人民政治协商会议乾西工作委员会、中国人民政治协商会议竹马工作委员会、中国人民政治协商会议雅畈工作委员会、中国人民政治协商会议白龙桥工作委员会、中国人民政治协商会议琅琊工作委员会、中国人民政治协商会议蒋堂工作委员会、中国人民政治协商会议汤溪工作委员会、中国人民政治协商会议塔石工作委员会、中国人民政治协商会议罗埠工作委员会、中国人民政治协商会议洋埠工作委员会11个工作委员会及中国人民政治协商会议城东联络组、中国人民政治协商会议城中联络组、中国人民政治协商会议城西联络组、中国人民政治协商会议城北联络组、中国人民政治协商会议新狮联络组5个联络组。2018年，区政协召开全体会议1次、常委会议4次、主席会议8次、主席读书会1次；组织调研视察43次，形成调研报告4篇；收到以提案形式提出的意见建议291件，按照《中国人民政治协商会议金华市婺城区委员会提案工作规则》，经提案审查委员会审查，立案276件(其中团体提案16件)。

重要会议

【区政协四届二次会议】 2018年1月15—18日，区政协四届二次会议召开。主会场设在区会议中心三楼大会议室，讨论地点设在国贸景澜大饭店、今日大酒店。与会政协委员273名，邀请人员161名，列席人员63名。会议期间，委员们听取并审议通过区政协常务委员会工作报告，听取并审议通过区政协常务委员会提案工作情况报告。列席区九届人大二次会议，听取并讨论《政府工作报告》以及会议其他有关报告。委员们就进一步做好新形势下政协工作，更好发挥协商民主重要渠道和专门协商机构作用，更好发挥爱国统一战线组织作用等提出意见建议，并围绕全区经济社会发展各项事业提出许多建设性的意见建议。会议希望区政府在新的一年里，切实按照上级党委政府和区委的决策部署，团结和依靠全区人民的智慧和力量，坚定不移做强新城区、做优老城区、做美大郊区，围绕区委“三步走”“十大战略工程”部署，坚持稳中求进工作总基调，全力以赴抓好“十大行动”，为高水平建设现代化都市核心区、与全省同步实现“两个高水平”奠定更加坚实的基础。会议期间，共收到委员意见建议291件，按照《中国人民政治协商会议金华市婺城区委员会提案工作规则》，经提案审查委员会审查，立案276件。

【区政协常委会议】 2018年1月17日，区政协在国贸景澜大饭店3楼宴一厅召开四届六次常委会议。区政协主席张茹先，副主席楼存根、吴月华、张琳鑫、应跃成、舒理成，秘书长王金宝及政协常委参加会议。各讨论组组长、联络员列席会议。会上，各组组长汇报会议讨论情况；审议通过《政协第四届金华市婺城区委员会第二次会议决议（草案）》；审议通过《提案委员会关于本次会议提案审查情况的报告（草案）》；审议通过《婺城区政协常委会2018年工作要点（草案）》；审议通过《关于表彰区政协四届二次会议优秀大会发言的决定（草案）》。

7月9日，区政协在区会议中心201会议室召开四届七次常委会议。区政协主席张茹先，副主席楼存根、张琳鑫、应跃成、舒理成，秘书长王金宝及政协常委参加会议。会议听取区政府有关部门情况通报（区财政局、国土分局）；审议通过《加快“退二进三”步伐 推进城北综合区有机更新》调研报告；审议通过有关委员增辞；审议通过有关人事任免。

8月21日，区政协在区会议中心211会议室召开四届八次常委会议。区政协主席张茹先，副主席楼存根、应跃成、舒理成，秘书长王金宝及政协常委参加会议。会议听取区政府关于2018年以来经济社会发展情况的通报，并围绕全区经济社会发展和区委区政府重大决策实现开展专题协商。

10月30日，区政协在区会议中心201会议室召开四届九次常委会议。区政协主席张茹先，副主席楼存根、应跃成、舒理成，秘书长王金宝及政协常委参加会议。会议听取区政府关于政协四届二次会议提案办理情况通报；开展区政府职能部门工作和政协提案办理情况民主评议（区经济商务局、区文体新局）；审议通过《婺城数字经济再出发的若干思考》调研报告；审议通过《依托高铁新城 加速城区融合 打造撬动城市西进发展的乾西战略支点》调研报告；审议通过《开展城乡生活垃圾分类处理专项集体民主监督“回头看”工作方案》。

【区政协主席会议】 2018年1月9日，区政协召开四届十次主席会议。会议协商通过2017年度政协工作先进集体、优秀委员、“一村一委员”先进个人名单（草案），2017年度优秀提案、提案承办先进单位名单（草案）；审议大会发言材料；协商通过区政协2018年工作要点及计划（草案）。

2月28日，区政协召开四届十一次主席会议。会议审议通过区政协四届二次会议委员重点提案；讨论“一村一委员”有关工作；审议通过委员培训相关事宜；通报区政协四届二次会议会务费用情况。

5月24日，区政协召开四届十二次主席会议。会议审议通过《培育体育品牌赛事 助推婺城产业发展》调研报告；审议通过创建全国文明城市《致全体政协委员的倡议书》；审议通过《婺城区政协委员提案办理工作考评细则（修订讨论稿）》；审议通过《中共金华市婺城区委关于加强和改进人民政协民主监督工作的实施意见（讨论稿）》；审议通过“一村一委员”工作委员个人意外保险方案。

6月27日，区政协召开四届十三次主席会议。会议协商通过区政协四届七次常委会议议程、日程；审议有关委员增辞；审议有关人事任免；审议通过《加快“退二进三”步伐 推进城北综合区有机更新》调研报告；审议通过区政协《开展深化“最多跑一次”改革落实情况协商议政和专项集体民主监督的实施方案》；审议通过《委员工作室运行费用安排方案》；协商讨论6月份工作总结及7月份工作安排。

8月31日，区政协召开四届十四次主席会议。会议协商通过《婺城数字经济发展的探索与思考》调研报告；审议通过8月份工作完成情况及9月份工作计划。

9月10日，区政协召开四届十五次主席会议。会议审议通过《弘扬和践行新时代金华精神倡议书》；审议通过《政协金华市婺城区委员会关于助推打赢“九场硬战”的决定》；审议通过《关于选派区政协委员担任区属部门民主监督员的通知》。

10月19日，区政协召开四届十六次主席会议。会议协商通过区政协四届九次常委会议议程、日程；协商通过《以高铁新城规划为引领 加快新老城区融合发展 把乾西打造成撬动城市西进发展的战略支点》调研报告；审议通过《中国人民政治协商会议金华市婺城区委员会反映社情民意信息工作实施意见》《婺城区政协反映社情民意信息工作目标考核办法（试行）》《关于聘请吴利忠等同志为区政协特邀信息员的通知》；审议通过《婺城区城乡生活垃圾分类专项集体民主监督报告》；审议通过政府职能部门工作和政协提案办理情况民主评议方案。

12月28日，区政协召开四届十七次主席会议。会议协商通过政协第四届金华市婺城区委员会常务委员会工作报告(讨论稿)及报告人；政协第四届金华市婺城区委员会常务委员会关于四届二次会议以来提案工作情况的报告（讨论稿）及报告人；2018年度优秀提案(草案)；进行区政协四届三次会议筹备情况汇报。

重要活动

【政治协商】 2018年年初，区委、区政府和区政协联合制订下发年度协商工作计划，明确协商议题、形式、时间和责任。全年紧扣“实施十大行动、打赢九场硬战”等开展协商议政8次，为助推全区改革发展提出金点子，发出好声音。助推打赢实体经济翻身战，开展“振兴实体经济”专题协商，从“完善金融服务、加大扶持力度、降低企业成本、优化发展环境”等5个方面提出意见建议25条；助推打赢民生改善持久战，开展“加快推进卫生与健康事业发展”专题协商，提出8个方面40条意见；助推打赢基层治理巩固战，开展“加强公共领域安全工作，助力基层治理巩固战，促进平安婺城建设”专题协商，提出12个方面39条建议；助推打赢文明创建荣誉战，开展“我与文明城市创建面对面”暨“城乡垃圾分类处理”民主协商，基层干部群众代表和政协委员与区委区政府领导、部门单位负责人互动协商，在落实城市精细化管理、加强统筹协调等方面达成共识。区政协四届二次会议期间，组织委员通过分组讨论、大会发言等形式，就“一府两院”工作及其他报告开展专题协商。区四套班子领导和有关部门领导分别参加各组讨论，当场解答委员提问。经讨论，形成实体经济强基和园区拓展提质行动、“三大廊道”建设和生态质量提升行动、精品城市建设和乡村振兴行动、民生保障提高行动、重大风险防范化解行动、加强政府自身建设、市经济技术开发区发展、金华山旅游经济区发展等八大方面303条意见建议，以《婺城政协·简报》形式报送区委区政府，在实际工作中大多数被采纳。

【调研视察】 2018年，区政协组织广大政协委员和各参加单位，围绕区委、区政府中心工作，建睿智之言，献务实之策，先后就“信息产业发展”“乾西区域发展”“培植体育品牌赛事”“城北综合区‘退二进三’”等课题开展调研，形成多篇调研报告供区委区政府决策参考，得到区委、区政府领导重视，许多建议意见被纳入区委、区政府工作中。同时，结合婺城区年度各项重点工作，组织常委和部分委员，就生态廊道建设、全域化土地综合整治、城中村改造、消除农村集体经济薄弱村、农产品质量安全、小微企业园建设、基础教育提升、破解法院执行难、推进公益诉讼等方面，开展专题视察20次，提出意见建议230余条，推动相关工作的开展。

6月13日，区政协委员视察金华山经济社会发展情况 （区政协供稿）

【民主监督】 结合“一村一委员”，积极开展专项集体民主监督。助力城乡生活垃圾分类处理，近400名省、市、区政协委员进村入户发放问卷5600份，开展“五问”“五看”调查，提出六大方面200多条意见建议，并形成《城乡生活垃圾分类专项集体民主监督报告》报送区委、区政府。与市政协联动，针对深化“最多跑一次”重点领域改革问题，80余名委员200余人次赴行政服务中心、公安办事大厅、乡镇便民服务中心等部门机构明察暗访，提出问题和建议

140多条,监督助推作用有效发挥。关注党委、政府重点工作和重点项目工程建设情况,组织委员就生态廊道建设、全域化土地综合整治、城中村改造、消除农村集体经济薄弱村、农产品质量安全、小微企业园建设、基础教育提升、破解法院执行难、推进公益诉讼等方面开展专题视察20次,提出意见建议230余条。专门组织委员对市经济技术开发区、金华山旅游经济区的经济社会发展情况进行视察。

【民主评议】 首次对经商局、文体新局开展提案双向评议,并将部门年度重点工作纳入评议范围,通过提案者对提案办理效果和部门工作提出意见,办理者对提案质量提出建议,促进提案质量和办理质量双提高,进一步助推部门工作落实。

【提案和信息工作】 2018年,广大政协委员、政协各参加单位和各委组着眼全区发展大局,关注社会热点难点,运用提案履行职能,共提出意见建议293件。经审查,立为提案278件,作为社情民意参考15件,并案处理后正式交办263件。所有提案已办复,提案所提问题已经解决或基本解决的166件,占63.1%;部分解决和正在解决的66件,占25.1%;计划解决的24件;因受条件限制暂不能解决的7件。委员反馈表示满意的246件,基本满意的16件,表示理解的1件。2018年,共收集和反映社情民意信息531条,其中《"交流"变"淘汰","县管校聘"变味执行亟须扭转》《线段过短间隙过长易造成"领海忽略",建议修改中国地图领海国界线绘制》被省政协采用并专报全国政协;《我国中小学校机构设置"一刀切",严重制约中职学校办学水平》《基层政协委员建议将有毒有害物排除生活垃圾范围》被省委办公厅采用,《新建教室不符合采光和照明标准影响学生视力》被省委统战部采用。在市政协"一村一委员"助推"乡村振兴战略和美乡村建设"宣传报道中,有20名委员的联村经验、联村日志在《金华日报》刊发,列全市第一。《架起"连心桥",扩大影响力》《"六个一"助力"最多跑一次"》等信息在《联谊报》上刊发,扩大区政协的社会影响力。

【文史工作】 编撰出版《古韵白沙》文史书籍,大力宣传婺城本土文化。征编并向省政协推送浙江改革开放40周年口述史料,积极参与省政协"浙江文化印迹"征稿工作,全力支持市政协《金华祠堂》征编出版工作。纪念改革开放40周年之际,组织全体委员参观金华市城市展览馆,邀请先锋模范代表作《口述改革开放40周年亲历》专题报告,回望改革开放40年的沧桑巨变,感怀当代日新月异的美好生活。

【委员管理】 加强委员教育管理,组织常委和部分委员赴复旦大学开展新时代政协委员履职能力提升培训,提高委员队伍的思想觉悟、担当意识和履职能力。提升信息化建设水平,利用"婺城政协"微信企业号,办好政协大讲堂、微课堂。规范委员履职管理,依据《政协金华市婺城区委员会委员管理办法》《政协金华市婺城区委员会委员履职考评办法》《关于健全婺城区政协委员退出机制的若干规定(试行)》,以"一事一督促、一季一提醒、半年一小结、全年一通报"的方式对委员履职开展量化考核,发出履职提醒43条,辞退履职不到位委员2名。开展常委和委组向常委会、委员向委组履职述职183人次,促进各项履职工作落到实处。

2月5日,区政协组织委员下乡送温暖现场

(区政协供稿)

【履职为民】 以"三进三联三促"递民意。全会期间,主席带队、委组牵头"进企业、进农村、进社区",组织全体委员下基层、听民声、集民意,通过"联企、联村、联户",进一步畅通民声、顺达民意,为"促民生、促改革、促发展"搭好政民连通桥。收集社情民意193条、金点子162条,交由部门承办,帮助基层群众解决一批社会关注度高的民生热点难点问题。

以"一村一委员"联民生。落实"一村一委员"工作机制,394 名市、区政协委员与婺城区、市经济技术开发区、金华山旅游经济区的 394 个村建立一对一的联系,委员们在联村亲历中关注民生、了解民情、反映民意,在一线中展示政协委员的责任担当和为民情怀,得到基层干部群众的普遍好评。建"委员工作室"解民忧。已建立委员工作室 21 个,其中城西和

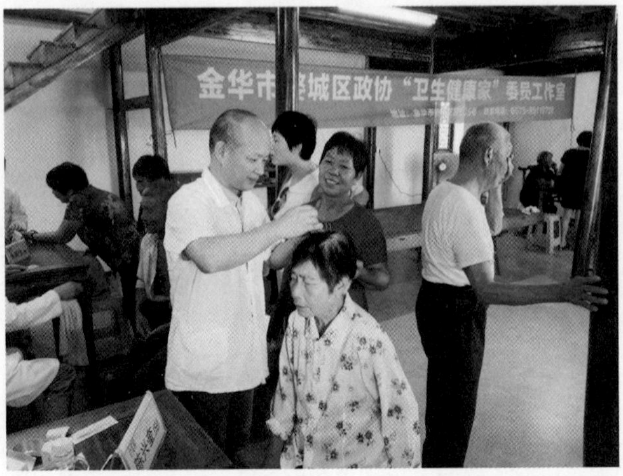

7 月 22 日,区政协组织"卫生健康家"委员工作室会员、专家到农村开展义诊活动 （区政协供稿）

新狮街道委员工作室、民革委员工作室、严亮奇委员工作室等 8 个特色品牌工作室受到省、市政协领导的充分肯定。委员工作室按照"民情站、连心桥、委员家"的工作定位,建立一月一进村、一月一接待、一季一恳谈的工作机制,定期定点接待群众,收集反映社情民意,帮助群众协调解决困难和问题。2018 年来,接待群众 800 余人次,帮助反映和解决问题 320 个,收集社情民意信息 167 条,其中 32 条转化为提案。

【联络联谊工作】 完善政协领导联系走访制度,不断加强与各民主党派、工商联、人民团体的合作共事。全力配合省、市政协到婺城开展创建全国文明城市工作专项民主监督、"和美乡村" 视察、"医养护融合发展,完善居家养老服务体系"协商议政等课题调研活动,组织前往外地政协学习考察,认真做好兄弟县(市、区)政协到婺城考察交流的服务保障工作。密切与新社会阶层人士的联系与沟通,进一步扩大团结面。以乡情、亲情、友情为纽带,加强与在外婺城乡贤的联系,鼓励在外婺商回乡投资创业。

（金 琛）

民主党派　人民团体

中国国民党革命委员会婺城区基层委员会

【概况】　2018年,中国国民党革命委员会婺城区基层委员会有党员66人,发展新党员4人。下设3个支部,其中教育支部20人,机关支部19人,企事业支部27人。担任市人大代表1人、区人大代表4人(其中常委1人),市政协委员3人、区政协委员12人(其中常委4人)。2018年基层委按照"高水平全面建设现代化都市区"的新要求,围绕打造"五大"民革,认真履行参政党职能,不断加强自身建设,积极开展社会服务。与下属3个支部有分有合组织16次活动,其中学习教育和纪念活动11次、其他外出活动1次、"一村一委员"监督调研活动1次、社会服务活动3次。基层委市区人大代表、政协委员共提交建议提案35件。有21位党员获得荣誉与奖励,党员陈立平荣获浙江省五一劳动奖章,郭晓雁荣获浙江省"千万工程"和"美丽浙江"建设突出贡献个人称号,朱国勇获评浙江省优秀专业律师和全市政府(部门)法律顾问(专家)先进工作者,刘国强《露地栽培杜鹃花杂交选育及产业化开发项目》获第十八届"浙江省科技兴林奖"二等奖,马钢锋获评金华市政协2018年度"一村一委员"工作优秀政协委员,孔爱华、韦国忠获评区优秀政协委员,戴爱红、陈永桥、胡筱雯获评区政协"一村一委员"工作先进个人。民革婺城区基层委获评民革金华市委会2018年度先进基层组织。

【参政议政】　民革婺城区基层委围绕党委政府中心工作,关注市、区经济社会发展和民生民情民意,发挥自身的特色和优势,深入开展调查研究,通过各种参政议政的平台途径,反映社情民意和建言献策,为党委和政府解民情、体察民意、集中民智、科学决策发挥了一定的作用。党员中市、区人大代表、政协委员共提交建议、提案35件,其中马钢锋《关于进一步统筹推进"最多跑一次"改革的建议》获评金华市政协七届二次会议重点提案,孔爱华撰写的《加强土壤污染防治　保护百姓舌尖上的安全》市团体提案获评金华市政协七届二次会议重点提案和市优秀提案,朱国勇《关于在全市范围内宣传倡导机动车在斑马线前礼让行人的建议》获评2018年度金华市人大代表优秀建议,陈丽萍《关于实施科技创新加快发展新动能的建议》获评区重点提案,马钢锋《关于小城镇环境综合整治中加强绿化景观建设的建议》获评区优秀提案。基层委党员积极参加市区党委、政府、人大、政协召开的协商会、座谈会、通报会等,5月中旬与10月31日,民革界别的政协委员开展"一村一委员"监督调研活动。11月8日民革婺城区政协委员工作室和党员同心苑成立并举行第一次座谈活动,邀请部分民营企业家进行座谈交流,基层委将有关建议意见整理后以社情民意直通车方式向区委办专门作反馈。

【社会服务】　开展捐资送温暖活动。2月7日,基层委一行8人在主委缪雪荣的带领下向罗店镇羊甲山村捐赠15万元美丽乡村建设资金,其中主委缪雪荣出资11万元,陈永桥、王根武、邵红艳和叶莹莹4位党员各1万元,助力该村美丽乡村建设,同时为7

户困难户送米、油和慰问金。10 月下旬,基层委党员响应民革金华市委会倡仪,为民革市委会社会服务基地“金东利民学校”捐款 5850 元、捐献 242 本图书,关心关爱民工子弟学校学子成长。基层委党员志愿服务队积极参加全国文明城市志愿者服务活动,参与社区卫生工作、车辆摆放、创建工作宣传等志愿者服务活动。

2 月 7 日,民革婺城基层委捐资送温暖活动现场
(民革婺城基层委供稿)

【祖国统一工作】 民革婺城区基层委积极推动与台湾台胞、台商企业的交往交流,积极做好台胞到金华的各项接待工作,积极开展联谊交友和经贸合作。1 月中旬和 5 月下旬,接待两批到访台胞,9 月 16 日缪雪荣参加中国兽药企业海峡两岸商务洽谈取得新进展,台湾公源制药董事长于 12 月 18 日专程到金华金大康公司进行合作对接,启动合作项目。

【自身建设】 民革婺城区基层委以中共十九大和民革十三大精神、习近平总书记重要讲话精神、时事政策教育以及民革中央、省委会、市委会有关会议和文件精神为重点开展学习,通过会议学习、组织党员参加报告会、参观爱国主义教育基地和学习考察民革之家等方式,基层委与各支部有分有合开展 11 次学习教育和纪念活动。1 月 27 日,基层委组织召开纪念民革成立 70 周年活动,举行“同心行、共筑梦”文艺活动;5 月 25 日,机关支部组织党员参观学习义乌“民革党员之家”,并进行座谈交流;7 月 8 日,基层委组织部分党员考察永康民革之家,参观孙中山图片展,学习永康入党积分制工作经验并座谈交流;10 月 10 日,组织基层委老党员游览孝顺低田渔歌小镇;10 月 11—14 日,基层委专门组织党员赴延安参观学习。关心关爱党员工作与生活,平时党员生病住院必访;对于在本职工作中取得成绩、获得荣誉的党员,送去组织的祝贺;尊重关爱老党员,重阳节和春节对 70 周岁以上老党员进行专项慰问。继续推行轮值制度,发挥基层委和支部领导班子的主观能动性和工作积极性,各班子成员在担任执行主委时都展示工作能力和工作水平,组织开展“内外结合、动静结合”多样化的活动,为党员营造良好的组织氛围,党派活力和凝聚力得到加强。

(孔爱华)

10 月 17 日,民革婺城基层委党员到延安参观学习　(民革婺城基层委供稿)

中国民主同盟婺城区总支部委员会

【概况】 2018 年,中国民主同盟婺城区总支部委员会下辖 3 个支部,盟员 83 人,年内发展盟员 6 人,转入盟员 1 人,去世盟员 1 人。有市政协委员 2 人、区政协委员 9 人,其中区政协常委 2 人。婺城盟员之家被民盟中央授予“全国优秀盟员之家”称号;总支被民盟浙江省委会授予“助推全面剿来劣Ⅴ类水”实践活动优秀组织奖、坚持和发展中国特色社会主义学习实践活动先进集体;被民盟金华市委

会授予2018年度参政议政工作先进集体、盟务工作先进集体、反映社情民意信息工作先进集体三等奖。

【参政议政】 民盟婺城总支围绕区委区政府的中心工作，组织动员所有盟员结合工作实际，开展工作调研，履行参政议政职能。递交区两会个人提案12件，市两会个人提案6件，市团体提案2件，区团体提案1件。金圆圆在区政协大会上作《发展光伏产业，绿色创富助力全面小康》大会发言，获鼓励奖；郑艳球在市政协大会上作《纵深推进“一村一委员”，为中国式民主提供金华经验》的大会发言获尹学群市长批示。反映报送信息、社情民意等，被市政协录用3条，被盟市委、盟省委录用21条。组织部分盟员开展了城乡生活垃圾分类处理、最多跑一次改革、文明城市创建等民主监督活动。为加强参政议政工作，调动广大盟员参政议政的工作热情和积极性，制定出台《参政议政成果奖励办法》，对盟员撰写信息、社情民意、调研报告、两会团体提案、大会发言、区委直通车等进行奖励。分支部组织盟员赴衢州、东阳等地学习考察乡村振兴工作，为盟员知情明政、参政议政创造条件。

【社会服务】 2月6日，总支与民盟金华市文化支部联合开展送春联下乡活动，到莘畈乡祝村为村民书写春联，送上新春祝福。三支部和浙江华杰工程咨询有限公司党支部携手开展“党盟共建，美美同心”送温暖献爱心活动，到岭下镇畈田村为村里50位60周岁以上老人送上大米和食用油等慰问品，10月21日邀请市农业渔业专家李明、沈健生等一行开展“情系新农村，服务促发展”活动，给当地村民送去渔业、果蔬等农业科技咨询服务。3月11日，总支开展植树活动。“党盟共建、美美同心”青少年文艺公益培训基地吸收农村小学学生，有序开展公益培训。先后举办10期少儿舞蹈培训161人次、20期书法进课堂培训728人次、5期器乐培训122人、1期婺剧进校园培训10人次，总计1021人次。6月底与区委宣传部、教育局、团区委等一起开展婺城区“党盟共建 同心美美——书法进课堂成果展示”活动。

【自身建设】 围绕“做合格盟员，创活力总支”，积极开展学习、参观、联谊等组织活动，分支部开展习近平总书记系列重要讲话和上级会议精神学习。春节前开展老盟员走访慰问活动。4月27日，婺城盟员之家建成并正式启用。组织开展“五一口号”发布70周年座谈会、征文等系列活动，盟员郑小咪、张宇、陈璐莹参加市委会组织的“从前的先生”经典朗读演出；盟员郑小咪和施飞云分别撰写的《追思 梦想》《回望历史 共筑未来》两篇文章入选市委统战部组织的“不忘初心 砥砺前进”征文集。面向盟员开办“同心美美”书法、古琴等中国传统文化艺术培训班，盟员们积极参加，文化艺术培训极大地增强了盟员的凝聚力，总支活力得到激发。12月26日，组织盟员赴民盟传统思想教育基地——义乌分水塘村陈望道故居参观学习，弘扬和传承陈望道为马克思主义信仰奉献终身的笃定信念，激励和引导盟员缅怀民盟前辈的丰功伟绩的同时，弘扬民盟的优良传统，将民盟先贤的高尚精神境界转化为新时代建功立业的精神力量。同日，总支组织盟员班子成员和骨干分子与民盟义乌总支开展盟务工作交流。

（郑艳球）

中国民主建国会
婺城区基层委员会

【概况】 2018年，中国民主建国会婺城区基层委员会(简称基层委)下辖7个支部，会员116人。有区人大代表3人，市政协委员4人、区政协委员9人，民建省委会委员1人、市委会委员2人。其中市政协常委1人、区人大常委1人、区政协常委2人。4月28日，基层委召开委员会议，增补卢森军为基层委副主委。卢森军率先提出并建立民建金华市委常设性议事平台“星合汇”。童健英、范锦霞、郑建华被评为区政协优秀委员。4月10日，婺城区科学技术协会第四次代表大会，周卫中当选为副主席。王敏娟被评为2017年度优秀员工、获2018年省第二届证券业协会羽毛球女单第二名。

【参政议政】 基层委围绕区委、区政府中心工作，利用人大政协舞台，撰写提案、建议。两会期间，向区政协提交团体提案《关于以打响"学在婺城"品牌推动区域发展的建议》;周国忠向市政协提交《关于规范窨井设置的建议》《关于加强城中村改造拆迁管理避免对周边环境影响的建议》等提案和向区政协提交《关于治本精细巩固提升深入推进我区全面深化落实河长制工作的建议》;谢迎春在人代会上提交议案《关于非遗传承全面对接中职学校特色专业建设的建议》;其他会员还提交提案、社情民意等共计二十余篇。卢森军在市两会上作大会发言《办好学前教育确保幼有所教》获市长批示;周卫中《关于加大对实体经济鼓励扶持力度的建议》被评为2017年度区人大代表优秀建议;童健英在区政协会议上作的《打响"学在婺城"品牌推动婺城区域发展》获优秀大会发言。各支部加强信息报送,共有10余篇信息被市委会采用。基层委组织调研江北地税分局"最多跑一次"改革工作;各位市、区政协委员赴各自联系村,参加"一村一委员"活动,与乡、村干部进行对接,开展污水、垃圾分类民主监督、美丽乡村建设等活动。张洁心参加市政协医卫界组织的到中华老字号兰溪天一堂的调研工作。王瑞日参加市统战部组织的"最多跑一次"座谈会,《行风热线》15周年调研大会。

1月18日,民建婺城基层委两会政协委员合影
(民建婺城基层委供稿)

【自身建设】　基层委始终把思想建设作为发挥参政党职能的首要工作,以国家、省、市重大会议文件精神和重要事件为依托,认真学习习近平总书记的系列重要讲话精神、省市各级会议精神,开展了形式多样的组织生活,增强党派的凝聚力和向心力。会员们学习、思考,并撰写学习心得。在纪念中共中央发布"五一口号"70周年征文活动中,一支部蒋立新、二支部王昕达、四支部张叶燕、六支部范映春积极参与,提交相关征文。同时,组织会员参加民建省委、市委举办的各种形式的学习班、座谈会等。11月上旬,童健英到苏州大学参加由市委统战部组织的民主党派骨干培训班学习;张叶燕参加市委组织部、市委党校组织的2018秋季中青班一班学习;12月上旬,王小青参加区委组织部组织的中青年干部培训班。基层委通过建立微信群、参观考察、召开座谈会等多种形式,开展会员的交流活动。4月5日,民建婺城基层委数十名会员,在主委雷永金的带领下,冒雨到金东区源东乡祭拜民建创始人之一——施复亮先生。5月,参加市委统战部组织的纪念"五一口号"发布70周年活动、市委统战部组织的龙舟联谊赛。6月10日,三支部在兰溪龙门村开展支部活动,对农村垃圾分类情况进行实地调研。7月4日,基层委召开委员会议,传达郭吉丰到金华调研后备干部情况,以及基层委组织建设情况。11月10日,二支部组织会员考察世界互联网大会永久会址——乌镇,学习乌镇在古镇保护开发、景区规划管理等方面的先进经验和做法。12月5日,近五年来的新会员参加在浙江师范大学举行的民建新会员培训班,学习中国共产党党史及民建会史。基层委在做好组织建设的同时,注重新会员的发展,2018年发展新会员10名。

【社会服务】　基层委在参与各项参政议政工作的同时,立足本职工作岗位,履行职能,热心公益事业。由主委雷永金创设的"民建·金宇"奖学金,用于资助浙师大家庭经济困难、品学兼优的研究生。四支部继续发扬支部拥军的光荣传统,与军民共建单位北山驻金部队13分队开展军民共建活动。七支部在副主委周卫中的带领下,到蒋堂初中开展助学帮扶活动。六支部会员们走进金华市婺城区社会福利院,捐赠一批价值2万余元的衣物、鞋子及棉被。会员方美玲在市政协组织的"春蕾助学"活动中,专门在婺城区沙畈乡小学设立"美然春蕾助学班"。8

月6日上午,民建金华婺城基层委主委雷永金及会员参加金华市统一战线助力全国文明城市创建志愿服务启动仪式,会员们在社区劝导机动车斑马线前礼让行人、路面垃圾清理等。根据工作需要,志愿者积极参加社区共建及斑马线礼让劝导活动。不管白天黑夜,不管刮风下雨,志愿者都任劳任怨,为创建工作贡献自己的一份绵薄之力。

(童健英)

12月13日,民建婺城基层委到蒋堂初中开展帮扶结对活动　　(民建婺城基层委供稿)

中国民主促进会婺城区基层委员会

【概况】 中国民主促进会婺城区基层委员会(简称民进婺城基层委)原名民进婺城区总支,2005年10月以原民进汤溪支部为基础成立,2016年9月换届并更为现名。2018年,基层委下设6个支部,会员83人。11名会员担任市、区两级人大代表和政协委员,其中市人大代表1人,市政协委员2人,区政协委员8人。

4月27日,民进婺城基层委主委、副主委在党派之家合影　　(民进婺城基层委供稿)

【思想建设】 民进婺城基层委始终把提高会员思想政治水平放在首位,持续开展坚持和发展中国特色社会主义学习实践活动,组织各支部和全体会员学习贯彻中共十九大和习近平新时代中国特色社会主义思想,结合本职工作认真讨论;组织学习中央、省、市、区党委政府重大决策部署,组织学习民进中央和省委会、市委会文件和相关工作部署。组织会员参加各种学习和培训,先后组织十余名会员参加省委会、市委会和市、区两级政协及统战部门组织的各类培训。各支部以读书会、研讨会等多种形式开展各种学习。

【组织建设】 民进婺城基层委坚持高标准、严要求的传统,不仅要求具有高学历、高职称,更要求在政治上必须有鲜明正确的态度和立场,2018年, 正式发展新会员4名。4月,婺城区民进会员之家正式启用。婺城民进之家设在原婺城区行政服务中心3楼,由原人社局办公室改造而成,用大量图片展示婺城民进的发展历程、历史成就、参政成果和会员风采,为全区民进会员提供活动场地,是基层委学习贯彻多党合作和政治协商制度的新平台、践行“社会主义核心价值观”的新阵地和增强会员组织凝聚力的新家园。组织生活是组织建设的重要基石。2018年,各支部组织开展各式活动20余次,形

11月27日,民进全省宣传思想工作会议召开,民进婺城基层委吴耀峰获评省宣传思想工作先进个人　　(民进婺城基层委供稿)

式多样，有座谈学习、茶话交流、参观考察、读书恳谈等，组织跨区域、跨支部的学习交流、参观考察和社会公益活动的模式已成常态。组织会员参加市委会组织的各类活动，金华民进龙舟队、“初心·印记”经典诵读活动中都有婺城基层委会员的身影。

【参政议政】 民进婺城基层委筑牢政协全会这一主战场，以政协提案方式积极参政议政，在区政协四届二次会议上，提交《关于发展现代服务业，拓展我区经济新增长点的建议》团体提案1件，《关于创建“婺城区垃圾分类实践教育中心”的建议》《关于加强民办托管培训机构管理的建议》等个人提案6件。邵发明、滕惠芳两位会员代表婺城基层委作《“大水缸”边的百姓路在何方》《幸福夕阳，打造十二局智慧颐养基地》大会发言，均被评为优秀大会发言。会员邵发明撰写的社情民意《我国中小学校机构设置“一刀切”，严重制约中职学校办学水平》《基层政协委员建议将有毒有害物排除生活垃圾范围》等被省委办公厅采用并上报中共中央办公厅，《用投标决出教师交流名单违背制度初衷，建议立即纠正并完善教师评价激励机制》等多篇被民进中央采用，邵发明会员本人更是被市政协、市委统战部评为反映社情民意工作先进个人、参政议政先进个人，获得民进中央调研成果奖1项、民进省委会调研成果奖4项、民进市委会调研成果奖18项。

【社会服务】 社会服务工作是民进婺城基层委履行参政党职能的一项重要工作。深化送医下乡服务内涵，除继续联合医卫支部定期不定期开展送医下乡活动外，由基层委牵头，联合婺城区政协部分医卫界委员，联合成立了金华市范围首家“卫生健康家”政协委员工作室，以“宣传健康政策、反映社情民意、开展便民服务、助力民生改善”为职能，受理婺城区范围内的疾病预防、健康服务、卫生保健等领域的政策咨询、社情民意等，为基层群众送政策、送服务、送温暖、送健康，并组织工作室赴安地镇岩头村开展义诊服务，接诊群众150余人次，发放资料200余份。创新送教下乡服务内容除传统送课下乡、送书下乡等送教下乡形式外，基层委还针对当前实际，首次将心理课程纳入送教进课堂内容，组织专业心理老师进课堂，为小学高年级段学生上一堂“做好自己的情绪指挥家”心理辅导课，融专题讲座、场景模拟、课堂互动、情绪讨论、心理指导为一体，引导学生端正态度学习，学有所成，学有所乐。打造送春联下乡服务品牌，由陈政权会员牵头，每年组织基层委的书法爱好者和婺城区书法家协会会员，为村民免费写春联，全年开展活动近30场，服务群众15000人次，撰写春联近3万幅。

（吴耀峰）

中国农工民主党
婺城区基层委员会

【概况】 中国农工民主党婺城区基层委员会下设5个支部，2018年有党员88人。郑池爱（女）任主任委员，李笑银、杜伟亮任副主任委员，龚琴丹、吕建伟、吴章秋、陈卫军、陆卫红、唐金寿任委员。有11人次担任金华市、婺城区人大代表、政协委员。

【思想组织建设】 通过集思广益，合理规划，大力推进政治理论学习制度化、全员化，认真组织政治理论、多党合作、统战理论等的学习，突出把中共十九大精神、习近平新时代中国特色社会主义思想的学习贯彻作为首要政治任务抓紧抓好，认真开展“不忘初心、牢记使命”主题教育、“三学一讲”主题教育和“五一口号”发布70周年纪念活动等，选派党员参加苏州大学全市民主党派骨干培训班、浙江省社会主义学院全省党外特约信息员培训等，在大是大非面前始终与中共保持高度一致。有组织推进多项活动的开展，有计划吸收新鲜血液，固本强基工程稳步推进，党员政治素质有新提高，组织活力不断增强。党员唐淑珍《不忘初心　无悔坚守》等入选市委统战部“五一口号”70周年“不忘初心　砥砺前进”征文集。

【参政议政】 组织党员深入基层调研，撰写近30个提案议案、社情民意，积极当好改革发展促进派、百姓“代言人”。其中，市政协委员黄杰伟撰写的《土地厂房抵押处置的难点及建议》《绿色金融支持精准扶贫的建议》《不要让过多的赊账撕裂农资商与种植大户的共赢关系》3个提案被省委会采用；《关于加快扶持民间艺术团体发展力度的建议》《关于加快抵押土地厂房处置的建议》《关于深化最多跑一次改革为契机推进司法处置清单制的提案》被市政协采用;区政协委员杜伟亮撰写的《用好文化软实力 提升区域竞争力》获婺城区政协大会优秀发言。郑池爱、龚琴丹等积极做好政协"一村一委员"工作，助推我区农村垃圾分类处理工作深入开展。市人民监督员钱育华、郑池爱认真做好市、区两级检察院相关案件的监督。市人大常委会地方立法咨询委员郑池爱参加了《金华市养犬管理规定(草案)》《金华市传统村落保护条例》等的立法调研与条例修订工作。

【社会服务】 聚力"送教结对",助力"扶弱扶智",发挥婺城农工"名师"、优秀教师多的优势,组织党员"名师"杜伟亮、张旭东、祝巧珍、杨俊、陈卫军等到农村学校"送教",促进优质教育资源共享,特别是党员施纯远赴新疆阿克苏地区温宿县四中支教,为边疆教育事业奉献青春智慧。广大党员参加自愿者活动,身体力行为我市创建全国文明城市贡献力量,凸显农工的担当。提升服务实效,做亮服务品牌。11 月 29 日,婺城农工"健康农工"社会服务点挂牌,开启社会服务全新实践平台,并向金华市特殊教育学校捐赠一张理疗床、20 套运动服等，奉献婺城农工一片爱心。

【争先创优】 广大党员在奉献中成长,在岗位上成才,不少党员争先创优,已成为金华市、婺城区文教卫等行业的中坚力量。龚琴丹被浙江医药高等专科学校聘任为导师;朱挺入选浙江省商标品牌专家顾问团成员;池丹丽主创的科普微视频《知"足"常乐》荣获 2018 年度浙江省第四届科普大赛二等奖;周锦航获第八届金华市院前急救知识和操作技能竞赛院前急救医生个人第二名,获市卫计委表彰。

(郑池爱)

九三学社婺城区基层委员会

【概况】 九三学社婺城区基层委员会在 2018 年秉承九三"爱国、民主、科学"的优良传统,在中共婺城区委和九三学社金华市委员会的领导下,认真履行参政议政、民主监督职能,开展社会服务活动,为婺城经济社会发展做出积极贡献。九三学社婺城区基层委员会 2018 年获 "五星级基层组织",2018 年年底有社员 38 人。

【参政议政】 以"两会"为平台,履行政治协商、民主监督、参政议政职能。2018 年,九三学社社员向区政协提交《关于成立儿科医疗集团解决儿童看病难问题的建议》《婺城区毛竹产业发展现状及对策建议》等提案 7 件。

【社会服务】 2018 年 2 月到雅畈镇石南塘村对 8 户贫困户进行慰问,社员李中天出资 5000 元。2018 年 3 月 16 日，组织社员到箬阳乡横坑村香榧基地开展义务植树,种植香榧树 200 多株。8 月 6 日,组织社员参加市委统战部组织的文明城市创建启动仪式,九三学社社员参与金华文明城市创建。10 月 18 日,到永康考察学习党派之家建设,参观美丽乡村圆周村。

【自身建设】 2018 年 12 月 15 日,召开换届选举大会,确定九三学社婺城区基层委员会第三届领导班子。加强领导班子建设,提高"五种能力"。倡导九三社员增强社会责任感，在各自岗位上建功立业。2018 年,应堂亮获"美丽浙江千万工程先进个人"、季美珍被婺城区委评为"乡村振兴工作先进个人"、杨俊伟获"婺城区最美医生"、林凯丰获"浙江省电力系统先进个人"、钱善治被金华市人民政府法制办公室评为"政府法律顾问先进工作者"。

(季美珍)

婺城区总工会

【概况】 2018 年，全区共有乡镇、街道总工会 13 家,机关工委 8 家,产业工会 2 家,其中,机关事业单位工会 210 家,非公企业单建工会 237 家、联合工会 8 家,工会会员 30973 人。

【法律法规监督】 参与"婺城无欠薪"建设行动,对企业执行劳动保障法律法规情况进行监督,完善劳动关系三方协调机制,指导、帮助企业依法建立劳动争议调解委员会，引导职工通过工会、调解组织机构或司法途径等解决矛盾纠纷；各乡镇、街道都已成立劳动法律监督组织，已单建工会规模以上企业100%建立工会劳动法律监督组织。

【安全生产工作】 2018年，向企业发放“浙江省安全生产合理化建议登记表”，分别参与市安全生产月活动和区安全生产月活动，共发放宣传资料400多册。依法参与4起企业事故调查和处理工作，依法维护死亡职工合法权益，保障遗属的利益。

【文明城市创建】 全体党员干部全力投入创建工作中，开展路口文明劝导活动，在共建社区——河盘桥社区参与走访入户宣传、环境卫生整治等创建工作。开展婺城区创建全国文明城市知识(面向市民群众)有奖问答活动，扩大宣传面。

【企业生活垃圾分类】 8月，召开全区乡镇(街道)总工会企业垃圾分类专题会议，通过培训、发放宣传单、张贴宣传画、发动员工参与垃圾分类知识问答抽红包形式开展宣传活动。

9月7日，垃圾分类宣传进企业

(区总工会供稿)

【工资集体协商】 以区域性工资集体协商为重点，扩大协商覆盖面，推动企业加快建立职工工资共决机制、正常增长机制和支付保障机制。全区共签订集体合同(工资集体协议)291份，续签率100%。

【帮扶慰问】 为2名困难职工子女提供“金秋助学”金额6000元；开展夏季重点工程一线职工“送清凉”活动，走访慰问17家区内重点工程及企业，发放价值55320元的慰问物品；补助共建社区和结对薄弱村经费各5万元；开展企业在职职工重大疾病医疗互助工作，2018年共完成参保单位389家，参保职工数21940人。

【文体家园】 推进“职工书屋”和农民工文化家园建设，2018年报送1家省级“职工书屋”、2家市级“职工书屋”、1家省级农民工文化家园参与评比。赠订500多份《工人日报》《浙江工人日报》《中国工运》《浙江工运》《工会信息》等报纸杂志到各企业供职工阅览。8月，“扬帆新时代、建功新征程”——纪念改革开放40周年送文艺演出到琅琊镇山后金村，获得广大职工和附近群众的好评；组织全区职工参加大合唱、“520”联谊交友活动、瑜伽比赛、台球比赛、乒乓球比赛、气排球比赛、职工应急救护技能竞赛等文体活动。

【职工民生】 通过对2018—2019年度婺城区职工疗休养承办入围单位选定项目采购进行公开招标，确定中标旅行社；组织发改、财政、人社、旅游、审计、纪检等部门召开职工疗休养工作协调会，讨论职工疗休养的实施办法；制定本区2018年赴对口支援省份职工疗休养询价实施办法等一系列的措施，使职工疗休养工作更加公开、透明、规范。2017年9月至2018年8月，26家企业共2655位职工享受到职工免费体检服务；新建“妈咪暖心小屋”4家，2018年全区共29家，区总工会补助“妈咪暖心小屋”建设资金35000元；新增婺窑小镇、暖田农业等职工活动基地5家；完成白龙桥区域职工活动中心前期器材配置和文化墙建设，面向职工开放。

7月15日，区总工会到企业慰问一线职工

(区总工会供稿)

8月8日,区总工会到企业慰问一线职工

(区总工会供稿)

【组织建设】 2018年1月,召开婺城区总工会第五次代表大会，代表中一线职工比例在80%以上,区总工会五届委员和常委中一线比例将分别达到40%和26%以上,区总工会新增挂职副主席1名、兼职副主席2名,招聘职业化工会工作者2名,区总工会内设机构调整为“一办一部”。以市总工会“金华工会”微信公众号为平台,推动网上工会建设服务职工,全区已有2.9万职工关注微信公众号,发布助企普惠项目14项,工作动态36则。

加强区总机关工会领导班子和干部队伍建设,打造一支忠诚、干净、担当的工会干部队伍,凡涉及“三重一大”的问题均上党组会议讨论,集体研究决策；切实履行党风廉政建设主体责任和“一岗双责”,严肃党内政治生活,构建良好政治生态;建立工会干部联系乡镇、企业、困难职工制度,加强对基层工作的分类指导,同基层职工群众联系。

【基层党建】 开展大调研、“三清理一规范”、“三查三纠”、“九场硬仗”和新时代“金华精神”大讨论;推进“两学一做”学习教育常态化制度化;落实党建工作目标管理责任制和“一岗双责”工作机制,制定2018年党组领导班子党风廉政建设主体责任清单,细化工作职责和任务分工;履行党建第一责任人职责，把党建工作纳入总工会党组的任务目标管理;严肃党内政治生活,党组书记带头讲党课、开展谈心谈话,班子成员以普通党员身份参加所在党支部组织生活,接受党员监督;组织开展廉政风险点的查找防控工作，坚持执行班子重大事项实行报告制,班子成员带头填写“领导干部重大事项报告”。

【经审工作】 区总工会经费审查委员会对本级工会和教育工会进行经费审查,将经费审查工作延伸到学校等下级工会,监督、指导本级、下级工会合理使用工会经费。

(郑宏晟)

中国共产主义共青团婺城区委员会

【概况】 2018年,婺城有基层团委33个,基层团工委7个,团总支2个,团支部614个,志愿者队伍60支。团区委紧扣区委和上级团委的决策部署,全面深化共青团改革,不忘初心再出发,不断推动各项工作取得新进展。

【青少年思想引领】 在婺城区团员、青少年中广泛开展“青年大学习、大调研、大抓落实”主题实践活动。五四期间,在全区开展“纪念五四运动99周年暨‘青年大学习’主题团日活动”,增强团员青年的政治意识。各中学在五四期间进行集中入团仪式,增强团员的光荣感、归属感和责任意识。组织全区各界优秀青年代表1000余人集中观看《厉害了,我的国》,增强民族自豪感。开展“不忘初心跟党走”党团知识大比拼,“传承红船精神，争做新时代好队员”等活动,引导青少年坚定中国特色社会主义理想信念,听党话、跟党走。

【夯实团基层基础】 在团区委主导下,成立婺城区青年企业家协会,多次举办青年沙龙、公益助困等活动,成为青年企业家学习交流平台。在全部64家青企协会员公司企业中,推动团建工作,已批复同意22家成立团组织。在区委组织部、区委两新工委关心支持下,跟两新党建布局两新团建,成立时代广场楼宇联合团委和共青团江北商圈联盟。9月,进行区直学校团组织建立与中集中换届工作,通过换届选优配强学校团干部队伍,增强学校团组织对广大学生和青年教师的吸引力和凝聚力,提升学校共青团服务能力和组织活力。在区委组织部统一领导下，团区委投入红领新青年培养工程并具体负责实施了两期培训工作，培训乡村优秀红领青年200人，激发村社基层组织工作活力，巩固共青团乡村工作基础。

【发挥青年作用】 全面推进指导全区建成学雷锋志愿服务站105个，重点推广“志愿汇”APP，全区“志愿汇”注册志愿者人数44156人，活跃志愿者比例达75.13%。协调全区24家社会组织与24个社区结对，动员社会组织发挥自身优势特点助力全国文明城市创建工作。开展“垃圾分类我参与 文明城市齐争创”“护幼尊老把爱传 文明城市齐争创”“交通规则记心间 文明城市齐争创”“我是文明城市小小督察员”“以糖换烟”“红领巾画文明城”“做十小争十优”文明习惯养成总动员等16场大型活动，努力营造浓厚的志愿服务氛围。助力乡村青年创业致富，为婺城乡村创业青年争取省青基会无息贷款50万元，创业困难补助10万元。

【青少年帮扶工作】 做好青少年帮扶工作，与区检察院、金华市悦欣社会工作发展服务中心共同签定“春苗计划”未成年人观护帮教项目合作协议。借助志愿者、社工等力量，做好社区矫正青少年、留守儿童等重点青少年的帮扶工作，共帮扶100余人次。开展“精实助学”和“圆梦大学”助学行动，帮助18名困难高中毕业生，筹集大学学费8.9万元。在竹马茶花节、七夕节、桂花节组织开展“结伴青春 寻花觅友”“七待幸福、夕望遇见你”“相遇喻斯、相遇你”等3场大型相亲交友活动，吸引600多位单身青年参加。针对考公热，举办公务员、事业单位考试公益培训2期，吸引300多名青年报名参加。

（彭　聪）

婺城区妇女联合会

【概况】 截至2018年年底，全区有乡镇妇联13个，街道妇联5个，区、乡镇（街道）专（兼）职妇联干部55人，村（社区）妇244个。

【来料加工】 2018年，全区现有经纪人424名，月加工人数8478人，年发放来料加工费2.39亿元。表彰来料加工先进单位3个，来料加工先进村（社区）5个，优秀来料加工经纪人3名；开展全区经纪人信息调查摸底，掌握加工规模、经营效益与从业人员的情况，给来料加工经纪人搭建平台、寻找商机，组织部分经纪人到义乌考察学习、参加义博会，帮助洽谈对接加工项目，拓展妇女创业就业渠道；举办来料加工从业人员电子商务培训，提升来料加工从业人员互联网思维及能力，推动乡村产业振兴，促进来料加工产业转型发展。

8月6日，区妇联举办来料加工从业人员电子商务培训班　　（区妇联供稿）

【美丽庭院】 根据《婺城区建设美丽乡村，做美大郊区三年行动计划》要求，开展“党建+”美丽庭院创建工作，联合区委组织部、区农办制定下发工作细则，细化创建标准，分解创建任务；召开全区妇联主席工作会进行动员部署，2018年完成美丽庭院达标户15406户，美丽庭院示范户3898户；召开现场推进会、组织各村互相参观学习、邀请专家现场指导，营造以点带线、以点促面、比学赶超的良好气氛。

【关爱妇女儿童】 开展暖冬关爱活动，走访慰问退休村妇代会主任、两癌贫困母亲、贫困家庭儿童85人，发放慰问金、慰问品近7万元；选取沙畈乡银坑村等4个点建立“小候鸟”图书角，为留守儿童开展亲子阅读、艺术、体育等多种形式的陪伴活动；开展“六一”慰问活动，组织各级基层妇联开展走访慰问、捐赠书籍文具、文艺演出等多种形式的关爱行动。

6月1日,区妇联在青春小学开展“争当新时代好队员一年级入队仪式暨创建全国文明城市家庭总动员”活动 (区妇联供稿)

【维护妇儿权益】 开展“建设法治中国 巾帼在行动暨三八维权周”系列活动,进行现场法律宣传、维权教育及诉讼指导,发放“平安家庭”创建宣传手册1500余册;利用《今日婺城》、村居、学校、医院、微博、微信等载体,宣传《中华人民共和国妇女权益保障法》、反家暴、禁毒等方面知识,提高妇女维权意识;做好来信来访工作,接待来信来访18起,办结率100%,“和姐”工作室接待80多人次,参与调解30多起。

【“平安家庭”创建】 组织各级妇联开展丰富多彩的“平安家庭”宣传活动,发放“平安家庭”宣传折页2万余份。召开“平安家庭”考评推进会,开展市区两级平安家庭示范户推荐评比活动,评选区级平安家庭示范户30户、市级平安家庭示范户5户。

【妇女组织建设】 严格依照妇联章程规定,召开婺城区第六次妇女代表大会,选举产生区妇联六届执委、常委、主席、副主席。发动成立18支乡镇(街道)巾帼志愿者总队和300多支村、社区志愿者分队,组建文艺、宣传、法律等各类专业巾帼志愿者团队30余个,在册登记志愿者1500人,组织各类志愿服务活动近千余次,参与人数8000余人次,打造“茶花姐妹”志愿者品牌。

(徐美珍)

婺城区科学技术协会

【概况】 2018年,区科协增设科协业务工作部为内设机构,明确科协主席、副主席,增设挂职副主席、兼职副主席、秘书长各1名,全区5个街道、13个乡镇的45个社区、335个村的科协组织达到全覆盖。召开区科协第四次代表大会,选举产生第四届委员会,顺利完成换届工作。全区科技型规模以上企业中,34家成立企业科协,5家成立科协工作联络站。与区教育局联合下文,成立婺城区青少年科普教育协会。被市科协评为“2018年度科协工作考核优秀单位”,开展的“科技助力乡村振兴 科普助推文明创建”系列科普活动被中国科协评为“2018年全国科普日优秀活动”。

【群团工作】 2018年,协会与城中街道、琅琊镇两家试点单位开展群团改革工作调研,对其给予资金补助。吸纳、选举“三长”为区科协常委,在区人民医院、市环城小学、区农技站3个试点单位形成新时代基层科协有效联系服务团结引领卫生、教育、农业、企业等各领域基层一线科技工作者的格局。

【公民科学素质提升】 联合市科协、市蔬菜推广站、区农林局、区疾控中心、区人民医院等单位,在新狮街道康村社区、雅畈镇、琅琊镇等地开展“科技三下乡”活动,发放宣传资料1500余册、科普环保袋600余只,接受健康义诊200余人次、技术咨询50余人次。向琅琊镇、塔石乡、城中街道、城北街道的9个村(社区)赠送科普书籍9000余册。联合西市街社区和金奥社区开展科普知识竞赛和科普讲座活动,邀请市人民医院康复医学专家进行健康讲座。

在白龙桥实验小学开展地震应急疏散演练活动,在蒋堂小学、白龙桥实验小学、婺城小学、红湖路小学、东市街小学等5所小学开展中科院老科学家进校园科普讲座活动。全国科普日期间,联合金华动物园打造室内动物科普馆,邀请浙师大科普协会的科普志愿者对参加活动的中小学生免费讲解科普知识。

在区政府会议中心开展科普大讲堂活动,邀请金华教育学院吴惠强教授作题为《十二条建议:助您成为智慧父母》的教育科普讲座,120多名青年干部参加。全国科技工作者日期间,组织高校、科技园区、科技型企业、院士专家工作站、学校、银行、中介机构等科技界精英20余人开展科技沙龙活动,金奥社区叶萍获金华市"十佳科普人"。

【科普助力乡村振兴】 2018年,申报的4家农村科普示范基地和4项金桥工程进行跟踪管理,对乡镇农村科技示范户进行调查摸底,形成农业科技企业数据库。利用科技特派员的力量,联合乡镇(街道)科协,组织林下经济、中草药种植和果树栽培技术等培训班16期,培训农民558人次。推荐盛明军等2人参加由省科协科普惠农带头人科学素质提升班培训,陈森林等3人参加省科协科技示范户科学素质提升班培训。

【科普信息化建设】 在已建15个科普e站的基础上,2018年新增10个科普e站。做好"科普中国"APP注册推广工作,"创新婺城"微信公众号每天推送工作信息、科普小知识。清查科普宣传栏,维护管理好对现有的标准科普宣传栏。

(何　凡)

婺城区归国华侨联合会

【概况】 2018年,婺城区侨联在区委、区政府的正确领导下,在市侨联的关心指导下,按照年初工作谋划,坚持以侨为本、为侨服务宗旨,提升为侨服务水平,加强侨联基层组织建设,为婺城经济社会发展贡献侨界力量。

【联络联谊】 5月,香港港九街坊妇女会孙方中小学的40多名师生到婺城区站前小学参观交流。两校通过体验学校特色课程、交流教学理念,增进在教育文化方面的了解,促进两地办学品质提升。8月,香港青少年游泳交流团的40余名成员到岩头村参观,通过活动,让年轻的香港同胞们加深对祖国、对婺城的认识。10月,印度尼西亚侨胞彩云歌咏队考察团到婺城,以一场"歌唱祖国"晚会共诉爱国衷情,加大对海外的宣传力度,让更多的华人华侨了解祖国、了解婺城,参与婺城发展。

【关爱侨胞】 中秋节和春节走访近40户困难侨界群众、侨界重点人士家属和回国探亲的海外高层次人才,了解他们生活工作状况,同时向他们宣传婺城区良好的发展环境和引才政策,鼓励他们和海外亲属回国发展,得到海外侨界人士称赞。春节期间,组织两次"送温暖、送春联"活动,为郑阳村、大圩村送去党和政府的关心和祝福。3月底,通过4个月的努力,帮助原住金华的台湾同胞竺思秋找到失散60年的亲人,帮助安排了一次认亲见面会,让他们家人团聚。

【夯实组织基础】 3月,召开侨联班子会议,组织侨联委员参观白龙桥镇基层侨联,学习基层侨联示范基地建设经验。要求全体侨联委员积极推进基层侨联示范基地建设,准确掌握侨情动态,加强与侨界群众联络联谊,开展富有特色的基层侨联活动,共同推动全区侨联工作迈上新台阶。乾西、新狮、城东、罗店4个乡镇街道已经完成侨联基地宣传窗设置。8月,召开侨联暑期读书会,市委统战部副部长、市侨联主席蓝跃军提出全体侨联干部要提高政治站位,发挥侨界优势,积极担当有为,主动扛起新时代侨联工作者的新担当,谱写侨联工作新篇章。

(袁倩蕾)

婺城区工商业联合会

【概况】 金华市婺城区工商业联合会所属商会有18个,其中基层商会11个,行业商会3个,异地商会4个。全区工商联会员总数1307人,其中有省政协委员1人,市人大代表2人,市政协委员5人,区人大代表53人,区政协委员56人。

【组织建设】 婺城区工商联为正科级群团机关,行政编制3名,内设机构领导职数2名,有工作人员5名,工作职责分工明确。

婺城区工商联围绕"高质量建设都市经济创新城、高品质建设美好生活幸福城"的"双城"战略,以"担当赶超、婺城图强"为奋斗主旋律,加强基层商会、行业商会、异地商会建设,2018年新成立异地商会2家,完成行业商会换届1家。其中绍兴市婺城商会于1月13日成立,杭州市婺城商会于12月23日成立。

3月23日,召开婺城区工商联(总商会)四届二次执委会议。会议学习传达中共十九届三中全会精神,并回顾总结2018年工商联(总商会)主要工作,明确2019年工作思路。会议通过婺城区工商联轮值主席制度。

【参政议政】 在2018年区"两会"前夕,民营经济人士人大代表和政协委员做好相关提案、议案工作,重点围绕全区民营经济发展中存在的主要问题和热点问题走访企业,收集各种意见、建议,为区委、区政府及有关部门制定政策和解决问题提供决策依据。2018年,工商界、人大代表和政协委员提交提案、议案80多件,并提出许多建设性建议。

【活动开展】 3月,联合区检察院开展"三·四"主题日活动,助力企业成长环境再优化。6月,与区司法局建立联系互动机制,联合制定出台《防范企业法律风险 打造最佳营商环境》等系列政策文件,帮助企业解决涉法问题。8月,在琅琊镇开展法律宣讲活动。引导会员企业致富思源、回馈社会,工商联会员企业走访薄弱村260多次,投资资金 100多万元,完成省定经济薄弱村经营性收入5万元以上行政村104个,完成率100%。

(吴 靖)

法 治

政法委及综治工作

【概况】 2018年,区委政法委坚持以习近平新时代中国特色社会主义思想为指导,以平安建设为总抓手,全面做好综治、维稳、执法监督等各项工作,实现平安创建"十三连冠",全面打赢系列重大活动维稳安保攻坚战,多项工作走在省、市前列,受到各级领导肯定。

【"平安婺城"建设】 2018年,在建设平安婺城的背景下,强化责任机制,推动平安建设各项任务落地见效,为全面营造共建共治共享氛围注入强劲动力。健全立体化社会治安防控体系。以信息化手段为抓手,加快推进出租房"旅馆式"智能化管理、"雪亮工程"建设等智慧安防工程。开展流动人口、出租房屋管理攻坚行动,全区智能化门禁完成安装1697套,完成群众自建监控4156路,全区2018年已建成视频监控27701路,公共区域视频监控覆盖率达100%。解决影响平安创建的突出问题。发挥综合协调、督查考评功能,协调开展突出问题、重点行业领域专项整治,有效破解一批重点行业领域管控难题。持续强化寄递物流、瓶装燃气、散装汽油等23个重点行业实名制管理,建立健全联管机制,定期开展专项整治。针对省、市平安暗访反馈的36处问题隐患,指导、督促相关职能部门及乡镇街道举一反三、改进方法,确保整改到位。建立公共安全传播体系"平安驿站"。依托"党建+"模式,成立组织融合、服务聚合、资源整合的各类"联盟"开展平安建设工作;联合区联席办成员单位、乡镇(街道)干部、网格员以及社会志愿者等各方力量,结成"阳光使者"反诈联盟,开展"铺天盖地"式反诈防骗宣传;与高校合作成立"公共安全传播实验室",组织各类"平安建设"活动,在寓教于乐的同时,将平安理念入心入脑;聚焦"平安三率",精心制作宣传材料在电视、报纸、"两微一端"等媒体平台刊发,通过综治、公安等力量实现区、乡、村、网格层层发动,实现全覆盖。

【社会治安综合治理】 按照"三提升三下降三覆盖"的总体要求,做实"一张网",做强"一个阵地",建立"一套机制"的思路,积极探索打造"基层党建+社会治理"综合体。做实"红色全科网格"。婺城区按照"1+1+1+X"的模式在全区配备541名网格指导员、541名网格长、1373名专兼职网格员,其中党员比例高达80%,在此基础上又动员全区1万多名党员担任兼职网格员,实行"一网格+一党支部"模式,以红色力量激活全科网格,也让全科网格成为党员发挥先锋模范作用的新平台,形成一网尽揽的"红色全科网格",实现基层治理"一张网、全覆盖、无死角"。自"红色全科网格"运行以来,全区网格员上报信息60余万条,流转交办信息6万余条。做强综治中心标准化阵地。所有乡镇(街道)和一半以上的村(社区)都按照"1+X+N"的模式设置了综治中心(室、站),配备1个综合信息指挥室,调解、信访、司法、心理咨询等"X"个标准场所,以及安防体验室、反诈骗展示区等"N"个特色场所。综治中心与基层治理"四平台"无缝接合,形成"综合信息指挥中心+四平台+全科红色网格"运行机制,实现基层治理

“纵向全贯通、横向全覆盖”。建立矛盾纠纷多元化解、领导干部下访接访等一套基层治理机制。区级层面建立诉调、警调、交调、律师参与信访接待的矛盾联调机制,乡镇(街道)层面全部建立人民调解室,村社层面全部成立人民调解委员会,社会层面发动行业组织参与社会治理和矛盾调解;建立健全人民调解、司法调解、行政调解机制,畅通上门调解、联合调解、预约调解等渠道,组建1000多支群防群治队伍实现精准调解、快速调解、有效调解;打造“人大代表+老娘舅”“黄莺法官工作室”“和姐工作室”等多个平台,培育雅畈商会、竹马花卉协会等12个专业调解委员会,成立全省首家综合性调解速裁中心,全范围化解矛盾纠纷和信访积案。

1月8日,金华市婺城区“明月楼大妈”志愿服务队到社区服务 (区政法委供稿)

【创新基层社会治理】 探索党建引领基层治理新途径,推进新狮街道、安地镇“基层党建+社会治理”创新试点工作,将党的建设贯穿基层治理、保障基层治理、引领基层治理的各方面全过程,以点带面全域铺开,形成基层治理婺城新常态,如在浙师大留学生租住集中的新狮街道勤俭社区,首创公安、高校、街道、社区、房东、留学生志愿者“六方协作”机制,有效破解境外人员治理难题;在全区推行干部进村入户扫二维码工作制度,实现琐事纠纷、维稳事项、群众需求等各种问题“云”登记,推动问题跟踪解决,婺城区党员干部通过进村入户“扫码”共流转信息近6万条,处置办结率达99%以上;在城东街道青春路社区开展党建综合体试点建设,构建“六民共治”民情服务体系,激发居民自治新活力;在城中街道西市街社区建立“党建+社区+商圈”党建联盟和利益共同体,形成“组织在引领、群团在自转、治理在一线”的基层治理新模式。

【维护社会稳定】 严格履行维稳安保综合指挥部职能,加强统筹协调,强化基础管好重点物,全面打赢中共十九届三中全会、中国国际进出口博览会、第五届世界互联网大会及多个重要节点维稳安保攻坚战的胜利,实现“婺城不出事,婺城人不惹事”的工作目标。建立全区军队退役人员联系帮扶机制,对帮扶对象实行区、乡、村三级帮扶结对,抓好个性化帮扶和教育稳控各项工作;组建区级维稳工作专班,实体化运作,24小时值守,抽调乡镇街道维稳干部、公安民警成立应急处置突击队,做好维护社会稳定各项工作。以“重大涉稳问题排查调研活动”为载体,全面排查可能影响社会稳定的矛盾纠纷和风险隐患,省、市挂牌督办涉稳问题全部化解销案;在全市率先实行反恐办实体化运作,招录3名事业编制人员充实力量,加强反恐防暴群众性自卫单元和人员密集场所“四联三防”建设。

【政法工作】 以开展大调研活动为契机,全面提升新时代政法工作能力和水平。稳步推进“一证通办”“一城通办”“刷脸办”等业务,120项业务政务服务事项全部“一次办结”;建立诉讼服务线上线下一体化运行机制,推行网上立案、跨域立案、延伸立案等做法,实现立案一次不用跑。加强执法监督工作。出台全省首个刑事诉讼监督事项案件化办理实施办法,推动法律监督由办事模式转变为办案模式,实现监督全程留痕;开展涉法涉诉信访案件专项评查行动,完成22起案件评查;发挥法学会研究职能,围绕区委中心工作开展法治研究,为工作推进提供法理支撑。过硬政法队伍建设。推进“不忘初心、牢记使命”主题教育活动,积极引导广大政法干部增强“四个意识”,坚定“四个自信”;加强政法机关党组织建设,打造坚强的基层政法战斗堡垒,婺城公安分局城中派出所“阳光支部”荣获全省机关党建工作十佳品牌;举办平安婺城建设专题研讨班,有效提升政法干部“学”和“战”的能力。

(周玉南)

公　安

·金华市公安局婺城分局

【概况】 婺城公安分局为金华市公安局下属分局，内设政治处、警令指挥处行政管理科等职能科室、大队19个，派出机构12个。2018年实有民警451名(其中女民警53人，派出所民警287人)，协辅警657人。2018年，婺城区没有发生暴恐事件以及有影响的群体性事件、重大恶性案件。在全市争创“平安金鼎”工作中成绩突出，分局被市政府荣记集体二等功；实现争创全省公安机关执法质量考评优秀单位“十五连胜”，被市政府记集体二等功，被区政府记集体三等功；城中派出所立集体二等功，侦破松桃籍职业犯罪团伙案专案组、蒋堂派出所立集体三等功，2名民警立个人二等功，19名民警立个人三等功，42名民警受到嘉奖，90名民警被评为“优秀公务员”。辖区接报有效警情3.09万起，两抢、盗窃、入户盗窃、黄赌毒同比分别下降44%、8%、50%、36%，刑事立案2234起，同比下降4.4%，破案864起，破案率38.7%；刑事处罚1096人，行政处罚2510人，同比上升8.4%、5.2%。开展“净土”系列行动，破获黄赌刑事案件29起，采取强制措施126人，同比分别上升17.4%、31.5%；查处黄赌治安案件250起，行政处罚1110人，同比分别上升35.1%、63.1%。开展禁毒“两大两控”专项行动，采取强制措施73人、查处吸毒人员245人、强制隔离戒毒53人。开展扫黑除恶专项行动，摧毁涉恶犯罪集团5个，打掉恶势力团伙21个，抓获团伙成员271人，打处9类涉黑涉恶人员255人，行政处罚560人。成功破获贩卖毒品、侵犯公民个人信息、生产销售不符合安全标准食品、大宗邮币卡等11起部督案件，破获沉匿20年和15年的命案积案2起，抓获漂白身份嫌疑人2名。

【护航党政中心】 对标“六个坚决防止、三个确保”，完成中共十九届三中全会、各级“两会”、青岛上合峰会、中国国际进口博览会、世界互联网大会、联合国世界地理信息大会、“枫桥经验”55周年纪念大会等重大活动，以及重要时期的安保维稳任务。坚持底线思维，防范化解风险，成立涉军涉众群体稳定工作领导小组，工作专班24小时实体化运作，应急处置力量严阵以待。成功收网部督“3·13”虚开增值税发票专案，抓获首要分子在内的犯罪嫌疑人20名，冻结资金2.7亿元，是分局成立以来破获的冻结资金数额最大的案件。

【“阳光支部”品牌创建】 坚持“党对一切工作的领导”，规范党内生活，修订党委会、局长办公会议议事规则，严格执行《中国共产党支部工作条例》，规范星级支部、星级党员管理。城中派出所“阳光支部”被评为第二轮全省机关党建工作十佳品牌，经验做法在分局以及全市公安机关推广，各单位与执法活动、服务群众、队伍管理等各项工作有机结合，将党支部打造成为宣传党的主张、贯彻党的决定、领导基层治理、团结动员群众、推动改革发展的坚强战斗堡垒，不断增强“党建+警务”生命力。

【新时代“枫桥经验”】 坚持问题导向，聚焦区域协调发展、乡村振兴战略，围绕“新时代背景下，加强县域社会治安治理，打造平安婺城示范区”的主线，开展“不忘初心、牢记使命，当好婺城公安答卷人”大调研、“全警进村入户”大走访、“两送两增”走访企业等活动。创新发展新时代“枫桥经验”，对标“矛盾不上交、平安不出事、服务不缺位”，对接社会治理“四个平台”，推进基层基础和治安防控攻坚战，开展“六无”村居创建活动，全面推广出租房屋智能化管理，探索形成城中村“物业式”管理、境外人员服务管理“六方协作”、护卫金华大水缸“七方协作”、“反诈联盟”平安驿站建设等一批新成果，进一步提升社会治理社会化、法治化、智能化、专业化水平，为打造共建共治共享社会治理格局积累实践经验，省政府专报、金华政研、金华通讯等刊登分局有关做法。

【文明城市创建】 把创建全国文明城市工作作为重要的政治任务，围绕“不失分、得满分、多加分”目标，周密制定创建方案，“一办四组”高效运作，对标对表压实责任，开展“净土”“死角盲区围剿”等行动，加强旅馆、网吧、校园周边环境以及小广告、“黄赌毒”等突出治安问题整治，抽调警力8700余人次参加市区道路路口文明交通劝导执勤,930余人次参加社区共建,在省、国家测评中实现分局责任事项“零扣分”。

【警员职务序列改革】 加强队伍正规化、专业化、职业化建设,根据上级公安机关的统一部署,2018年12月完成执法勤务和警务技术序列警员职务套改和晋升工作,评定二级高级警长3人,四级高级警长42人,一级至四级警长(警务技术主管)284人,一级警员23人;落实《国务院办公厅关于规范公安机关警务辅助人员管理工作的意见》和省、市人民政府的实施意见,按照减员增效的原则,区政府核定员额800名,实有660名辅警全部重新定岗。

【决胜“九场硬战”】 坚持“党政有呼,公安必应”,落实项目警长、河道警长、廊道警长制,主动对接有关部门,跟进“十大重点工作”“十大产业”“十大工程”,评估风险、细化措施、依法保障,成功化解不稳定因素294起、矛盾纠纷4773起,稳妥处置突发事件56起。成功处置乾西乡化工企业气体泄露引发的村民堵路、东郊村民不当维权等事件,特别是依法保障金华市第二生活垃圾焚烧发电和飞灰填埋项目,实现“零聚集、零上访、零阻工”,分局被区政府记集体三等功。

【打赢禁毒整治翻身仗】 开展毒品问题专项整治,以禁毒“两打两控”专项行动为抓手,依托“蓝精灵”专案、禁毒警戒线制度,运用禁毒大数据系统、毛发采集检测、沿波讨源缉查、做实基础防范等举措,采取强制措施73人、查处吸毒人员250人、强制隔离戒毒56人,打处成效居全市前列,为完成省禁毒委提出的“摘帽”任务奠定坚实基础。

【正式启用铁路金华站警务区】 深入贯彻省委政法委和上级公安机关的部署要求,参考“义乌模式”“温州模式”,结合婺城实际,区政府于8月在铁路金华站区域实施“路地融合”改革,9月与杭州铁路公安处签订《路地融合协议》,12月29日,区委副书记、代区长黄国均为铁路金华站警务区揭牌。按照“整合警力、高校指挥、优化勤务、灵通情报”的要求,推行“统一警力、统一指挥、统一勤务、共享情报”工作机制,23名金华站派出所民警与10名站前派出所民警正式融合执勤,铁路金华站及周边区域社会治理能力和水平进一步提升。

【严格规范文明公正执法】 贯彻全面依法治国方略,坚持用法治思维和法治方式解决问题,聚焦“依法、认真、真实、严管”,紧抓执法关键环节,建立中层领导轮流办理疑难复杂、信访投诉案件机制,落实“三书两通告”制度,加强专兼职法制员队伍建设,规范源头执法和过程监督。推进以审判为中心的刑事诉讼制度改革,出台行政、轻微刑事案件快速办理工作细则,启用政法“一体化”办案系统,在分局设立“检察官办公室”,完善相应的刑事立案、侦查、捕诉、监督信息查询机制。围绕区委、区政府中心工作,深入开展普法教育和法治宣传,服务改革、维护稳定、促进发展、保障民生。分局在2018全市执法质量考评中排名第一,连续15年夺得“全省执法质量优秀单位”并被评为“金华市法治政府建设(依法行政)示范单位”。

9月26日,金华市公安局党委委员、政治部主任宋寅寨(左二)为辖区见义勇为人员颁奖

(婺城区公安分局供稿)

【深入推进“最多跑一次”改革】 落实“放管服”改革要求,进一步简化材料、规范程序、改进服务,群众和企业到分局办事涉及的120个事项全部实现“跑一次”,其中“四星级”以上81项,“一证办”事项62项,“零跑腿”53项。积极回应城乡居民办事需求,完成分局综合办事大厅、出入境管理大厅改造并投入使用,区行政服务中心公安窗口实现全业务进驻、实行无差别受理,在全市公安机关星级服务窗口评估中,分局申报的12个单位全部达到“三星

级”，群众办事满意度以满分居全市第一。继续延伸改革触角，探索建立境外人员服务管理“六方协作”机制，在新狮街道勤俭社区设立“外国人服务管理中心”，提供咨询、购票、签证、翻译、法律援助、矛盾纠纷调解等一站式服务，得到公安部以及省、市领导的高度肯定，获全市公安机关“最多跑一次”改革品牌项目评审二等奖。在全市公安机关、全区“最多跑一次”改革工作考评中，分局以“零扣分”取得双第一。

【城中村“物业式”管理探索】 以基础条件最薄弱、流动人口最密集、治安状况最复杂的城北街道五星社区后城里村为试点，落地警务区责任制，建立集防范、宣传、服务、管理于一体的警务室，指导村级组织，设立5个人脸识别智能卡口，安装出租房智能门禁256户，发动党员、居民自建监控786个，建成可容纳908个车位的智能充电桩和独立充电站，组建“物管型”联防队，案件警情大幅减少，未发生一起火灾事故，形成城中村治理的新样本，4月全区打造“枫桥经验”升级版现场会推广相关经验，实践中形成的流动人口管理“345”工作法已由省厅向公安部推报全国基层基础技术创新奖。

【建立境外人员服务管理“六方协作”机制】 在浙师大留学生租住集中的新狮街道勤俭社区，推行公安、高校、街道、社区、房东、留学生志愿者“六方协作”机制，建立信息传递、协同管理、志愿服务、教育培训等配套制度，有效解决各自为阵、块状分割，语言不通、信息不准等问题。在勤俭社区建立境外人员服务中心，明确各方具体职责，形成情报会商、信息传递、协同管理、志愿服务、教育培训、奖惩考核等配套制度，布建境外人员学习、工作、生活关系网，不断提高服务管理规范化、社会化、信息化水平，打造共建共治共享“地球村”。4月，设立勤俭社区“外国人服务管理中心”以后，共上门登记境外人员598人次，疑难解答273人次，调解涉外矛盾纠纷22起，国家信访局局长舒艳琴、中央党校教授向春玲以及省内外领导36批次参观考察，经验做法被《浙江政务信息(专报)》采用。

【护卫金华大水缸“七方协作”工作机制建立】 在辖区大中型水源保护区，推行公安、行政执法、渔政、林业、环保、水库、乡镇“七方协作”机制，出台护水行动十条工作举措，成立公安蓝+林业绿+渔政白+水库橙+红袖标“五彩护水队”，多层次、全覆盖地开展“水陆两栖”联合执法，对水源地船舶运营、养殖网箱、山林防护、水质监测、堤坝保护、游泳垂钓、偷鱼挖沙等情况开展全方位巡查，合力构建护水警务共同体，形成“绿水青山”婺城样板。2018年，开展不定期巡逻检查80余次，联合执法行动20余次，破获涉水刑事案件3起、治安案件15起，打击处理违法犯罪嫌疑人25名，劝诫私自垂钓、游泳等人员1000余名，收缴鱼竿340根、渔网27张，小船、橡皮圈等捕鱼设备20件。有力震慑辖区偷鱼、毒鱼等违法行为。

【警校协作机制健全】 加强高校领域战略支撑点建设，以“信息、问题、实战”为导向，与浙师大建立高校协作机制，聚合公安机关、院校保卫部门、维吾尔族辅导员等力量，全面做好背景调查、活动分析、动态管控，坚决防止境内外敌对势力、暴恐思想的渗透。完善警校协作顶层设计，成立工作专班，形成“领导牵头、部门协助、齐抓共管”的工作格局；强化协同管理，定期开展研判会商，及时发现可疑人员和各种渗透活动动向，提高预防风险能力；强化民族学生源头背景核查，及时发现需要关注学生；成立集新疆民族学生教育、管理与服务一体的“石榴籽工作室”，对民族学生开展政策宣传和思想引导；聚焦维吾尔族学生寒暑假、实习期空档和盲区，会同浙江师范大学制定“三个一律”规定，补齐管理盲点短板。

【反诈骗宣传工作】 聚焦百姓获得感、幸福感、安全感，应对通信网络诈骗高发态势，业务警种指导、团青组织发力，于7月启动“阳光使者反诈联盟”，开展“你我同心、反诈同行”宣传活动，通过组织走村入户发放反诈宣传一封信、浙江师大反诈校园行、全区中小学校(幼儿园)反诈知识挑战赛、进金华监狱开展反诈知识讲座、在人民广场举行平安庙会等一系列宣传活动，提高群众自我防范意识、保障百姓财产安全，全力维护辖区社会治安稳定。2018年，全局受理通信网络诈骗案件815起，较前3年平均数下降11%，降幅居全市第一。

【公共安全建设】 靶向深层次、广领域、高水平平安婺城建设，借助政治优势和制度优势，“星型”架构起以“阳光公安”建设为中央节点，平安宣讲团、派出所特色警务等为支点的公共安全传播体系“平安驿站”。10 月 27 日，以“平安最好　文明最美　婺城好美”为主题，在市人民广场举办“婺城平安庙会”集中宣传活动，市委副秘书长、市政法委副书记、平安办主任申瑞龙“平安驿站揭牌”，市公安局反诈中心、中国农业银行、婺城法学会、分局相关单位安排人员向群众面对面开展平安宣讲，发放首版《婺城居民安全手册》2.3 万余份，受教群众 4 万多人次，为婺城警民共建、社会共治、平安共享注入强劲动力。

6 月 28 日，市委常委、公安局长聂展云(右三)到婺城区新狮街道勤俭社区开展“七一”调研慰问活动　（婺城公安分局供稿）

【“六无村居”创建】 践行“防控优先、主动警务”理念，根据市委政法委的工作部署，全面开展“无案件、无诉讼、无非访、无邪教、无赌毒、无事故”创建活动。至 2018 年年底，全区 383 个村居中，伤害案件零发案的有 257 个、稳中有降 95 个，272 个村居达到“无案件”标准，占 71%，同比 2017 年增加 84 个；矛盾纠纷警情零报警的有 84 个、明显下降 99 个，165 个村居达到“无纠纷”标准，占 43%，同比增加 103 个；黄赌毒零报警的有 246 个、稳中有降 60 个，306 个村居达到“无赌毒”标准，占 80%；全区有 8 个村居不符合“无邪教”标准。年内婺城区平安指数总体保持在全市前列。

【推行“禁毒警戒线制度”】 为推动分局涉毒打击查处能力和主动性，对涉毒任务完成进度落后的单位及时开展预警提示，对战果成效不明显的单位，要求分级落实责任，由各级领导分别约谈；对辖区内涉毒重点区域进行预警，要求各单位开展清查工作，提升涉毒人员管控能力。

【社会治理“四个平台”网格指导员机制】 在区委政法委的指导下，以新时代“枫桥经验”为引领，对接社会治理“四个平台”，加强社区警务与社会事务的衔接，探索构建“以社区为基础、以网格为抓手、以警务为核心”的新型智能化管理工作模式，共同打造“管理在网格融合、服务在网格延伸、问题在网格发现、矛盾在网格解决”的社区警务新格局。按照“一警多格、一格多员”的标准，指定 12 名社区民警担任结对网格指导员，定期对结对 92 名网格长、200 余名专兼职网格员进行业务指导，及时核查与处置各类信息和上报的问题。2018 年，白龙桥派出所辖区流动人口登记率、准确率达到 90%以上，辖区黄赌警情同比下降 51%，查处治安案件 164 起，抓获各类违法犯罪嫌疑人 268 人，没有发生因纠纷导致的重大群体性事件。

【“蒋堂 e 警”新型农村警务模式创建】 以深化农村派出所勤务机制改革和社会治理“四个平台”建设为契机，争取当地党委政府支持，探索信息化条件下的技防设施建设、专职网格员管理、偏远农村应急处警、农村矛盾纠纷调处、警企协作区域联防等新举措，建立“矛盾纠纷联调、社会治安联防、警务人员联勤、情报信息联网、突出问题联治”新机制，形成“党政领导、部门联动、公安主导、群众参与、齐抓共管”群防群治新格局。蒋堂 e 警共处置警情 286 起，收集违法犯罪线索 262 条，社会治安乱点和公共安全隐患举报 285 条，破获各类违法犯罪案件 67 起，发布防范预警信息 197 条，维护社会治安持续稳定。

（李　迪）

·金华市公安局交通管理分局开发区大队

【概况】 2018 年，金华市公安局交通管理分局开发区大队下设综合处罚中心、智能勤务室、事故中队、江南中队、湖海塘中队、秋滨中队、汤溪中队；大队设党总支委员会，综合处罚中心和智能勤务室合并设立综合党支部，各中队成立中队党支部。2018 年年底大队共有在职民警 55 人，职工 4 人。

2018 年，开发区大队接报各类交通事故 9020 起。处理上报交通事故 92 起，上报交通事故造成死亡 43 人，受伤 63 人，直接经济损失 28.77 万元；与 2017 年同期(上报交通事故 80 起，死亡事故 32 起，受伤 76 人，直接经济损失 30.39 万元)相比，上报事故起数上升 13%(12 起)，死亡人数上升 25%(11 人)，受伤人数下降 20.1%(13 人)，直接经济损失下降 5.6%(16212 元)。

2018 年，查处交通违法行为 109147 起。其中：醉酒驾驶 186 起，饮酒后驾驶 526 起，5 次以上违法未处理 3570 起，无证假证 1394 起，超员 1078 起，工程车严重超载 288 起，二轮摩托车、三轮摩托车违法 2410 起，不按规定安装号牌 618 起，不按规定使用灯光 344 起，摩托车不戴头盔 1847 起，大货车违停 9791 起，燃油助力车违法 519 起，机动车未年检 1747 起，非机动车行人违法 99732 起，机动车超速 4374 起，闯禁行 641 起。在创建文明城市交通秩序整治行动中，对机动车现场纠违 21919 起，非机动车“六不得”30178 起。现场查处量 72182 起，违法学习 2304 人，拖车 20480 起。

【队伍建设】 2018 年，开发区大队队伍建设工作，围绕学习贯彻十九大会议精神及习近平总书记“四句话、十六字”总要求，聚焦“标杆、旗帜”，以市局、交管分局“不担当不作为”专项整改为契机，围绕推进从严治党，从严治警，强化队伍规范化建设，注重抓小抓早，提升全警队伍履职能力，努力打造一支专业化、规范化、职业化的公安铁军。大队积极开展“不忘初心 牢记使命”系列活动，围绕纪念建党 97 周年开展党史教育。6 月 30 日至 7 月 1 日，大队党总支组织全队党员分批赴嘉兴南湖，瞻仰革命圣地，追寻红色记忆，学习红船精神。推进党的群众路线教育实践活动，解决群众之所难，提供群众之所需。7 月，开发区大队各党支部共认领“微心愿”15 个，43 名党员民警“接单”出资 2610 元帮助群众实现“微心愿”。大队党总支委员会和 6 个党支部召开“不担当不作为”工作部署会及组织生活会，树立主动作为、勇于担当、时不我待的意识，以问题为导向，查纠“不担当不作为”问题，提升队伍凝聚力。从日常管理入手，提高人员工作效率和工作积极性，落实首问责任制、服务承诺制、限时办结制、效能建设等制度，标本兼治、综合施策。推进规范执勤执法工作，通过微信、网页等方式下发相关常用执法场景用语范例和优差典型案卷等学习资料，开展执法用语规范法规和规章规定学习以及案卷的评析，考评组通过笔试等形式，对常用违法条款及执勤执法用语学习成效进行考评。4 个路面中队组织民警到对应辖区开展为期一个月的跟班学习，4 月大队分批次组织全体民警开展实弹射击训练和开展执勤执法安全防护演练；大队抽取各部门 30%民警，各部门选派 30%辅警参加法律知识考试及射击考试。7 月 24 日，大队通过实地路口管控、违法行为查处、突发事件应对、法律知识测试、执法记录仪视频抽查等形式，开展综合评比工作。

【督察考核】 建立常态督察通报机制，结合现场督察，突出典型示范作用，收集典型案例，形成榜样力量，同时开诚布公直面问题，通报日常中发现的问题，将督察通报与民警、辅警个人评优评先和奖金挂钩，达到整改问题、增加团结、推进工作的成效。全年，大队共发布督察通报 58 期，表扬 67 人次，批评 173 人次，其中涉及民警 117 人次、辅警 123 人次。

【交通设施建设】 开发区大队多渠道完善交通设施，助力文明出行，合理规划辖区停车泊位施划，最大限度满足停车需求，错峰开放辖区企事业单位停车场，缓解停车难问题；全面排查、分析研判辖区道路交通情况，联合开发区相关部门在各大路口加装隔离护栏，实现辖区隔离护栏全覆盖；向科技借警力，在小城镇增设治安监控枪机、治安微卡枪机、交警违停球等项目，在市区安装诱导屏、人行横道自动抓怕系统，提高交通管理实效。根据上级要求，完成 21 个路口精细化改造，规范行人过路口，提高路口守法率。在辖区内设置 6 个提前掉头路口，新增停车泊位 53000 余个，增加标线 41400 余米，完成路口精细化改造 21 个，设置提前调转信号灯 9 处，发放非机动车安全头盔 2000 余顶，部署安装 73 条斑马线的行人闯红灯抓怕系统。在温寿线排查出 18

处隐患点段,将文溪街开口进行封闭,全线新增减速带4处,增设反光橡皮桩1处,安装减速带1处。在洋埠集镇加装电子限速牌4块,白汤下线加装机动车隔离柱并封闭两个花坛开口,蒋罗公路加装路灯1副。同时组织警力在虹戴公路、315省道、白汤下线等辖区主干道,联合路政、道路沿线村委书记一同进行实地查看,并有针对性地开展树枝修剪、清理工作,有效地保障过往司机、行人视线开阔。

【文明创建】 2018年5月,金华创建全国文明城市工作正式启动,大队各路面中队坚持每日通过定点设卡、流动巡逻等方式开展纠违整治,同时结合"一创一治""逢十行动"等专项整治,巩固文明整治效果,确保辖区道路安全。开展集中违法学习教育活动,在辖区各大路口设置学习点,对违法行为人进行教育,并通过文明交通安全知识测试,加深市民文明出行意识,丰富小微交通违法行为处罚方式。开展重点路口自查自纠,各路面中队加强对重点路口早晚高峰执勤,尤其是在国检、省测期间,大队组织督察员开展重点路口守法率检查,切实提高路口民、辅警的管事率,真正做到路口违法"清零"。依托第三方测评找创建工作短板,以第三方测评机构对照文明城市创建评分体系的扣分巡查通报为基础,每周有针对性地开展整改工作,对经常性、反复性出现的问题进行曝光问责。

【治理闯红灯】 开发区大队紧紧围绕"云上公安、智能防控"战略,提高监控覆盖率,发挥科技设备的作用,对各类违法行为进行实时抓怕,构筑起一张全覆盖的非现场执法网络。开发区大队以路口为重点,行人违法为突破口开展整治行动,在江南宾虹路福泰隆路口设立全省首个人行横道智能管理系统,该系统包括智能抓怕系统、3D立体提示标线、模拟紧急刹车语音提示系统、电子警察、曝光显示屏等科技设备,一旦有行人过马路时闯灯越过斑马线将触发感应器。整个过程不仅会在路口的屏幕上显示,还会有电子语音大声提示,对闯灯越线行为起到警示和制止作用。安排交警在现场根据抓拍信息对闯红灯者进行身份核实,并当场进行警示教育,让其签订"文明出行承诺书"。通过叠加效应,实现现场与非现场执法的有效互补,打造创建文明交通样板路段、示范路口。

【交通治理】 开发区交警积极走访辖区企业、学校、志愿者单位,传达文明创建新举措,交通治理新规则,敦促各部门自觉遵守、主动作为,减缓交通压力。根据交管分局要求,落实对志愿者路口上岗考核制度,不断优化志愿者、增援警力路口执勤内容及方式,在规范非机动车与行人过路口上真正起到作用。通过发放安全头盔、配饰、交警玩偶等物品,发动市民参与文明出行活动,并以海报、车贴、宣传单页为载体,积极宣传交通知识与新规。大队内部建立长期的宣传机制,每日制作、报送宣传美篇,实现日常创建的详细记录,同时与媒体加强联系,及时反馈创建情况与创建成果,形成人人做创建、创建为人人的宣传氛围。

【网格化巡逻】 开发区大队在辖区内加强巡逻密度,巩固日常整治效果,大队实行"一小时停人不停车"勤务模式,将各警区细分为若干个小片区,配备相应的警力和车辆,每个网格内的人员按照一小时一个轮回开展全天候巡逻,结合违法行为现场纠正教育及交通基础设施排查工作,实现网格化滚动摸排效果,形成"问题、任务、整改、责任"四位一体的清单模式,实现处警速度、街面见警率、文明出行守法率同步提升的明显效果。

【零违停示范路】 开发区大队开展"我的警区我负责,我为警区创特色"创建活动。江南中队四警区以"精、准、细"为抓手,从整治违停车辆为重点突破口,在府前路、兰溪街(李渔路至丹溪路路段)创建交通"零违停"示范路。科学部署警力,无缝勤务常态化,视频巡查无盲区,查处手段多样化,优化红绿灯配时,科学设置交通护栏,合理施划停车泊位,在保证日常工作不受影响的前提下,通过视频巡查与路面巡逻相结合,保证高峰时段不空岗,平峰时段不漏管,从7:00~21:00,实行14小时无缝勤务,实施"一周七整"的管理模式,狠抓严管机动车辆违章停车行为,以现场处罚为主要手段,结合拖车拖移、劝告劝离等其他方法来管理违停车辆。

【"一创一治"】 开发区交警以"一创一治"(创文明交通,治秩序乱象)为主抓手,以创建文明城市为总目标,大队积极组织开展"逢十"统一行动、酒驾醉驾毒驾周末夜查、校园及周边环境专项治理活动等各类专项整治行动，开专题讨论会明确工作目标，强调工作要求，细化方案落实，加强对机动车违停、酒驾、不礼让斑马线，非机动车闯红灯、逆向，行人闯红灯等违法行为整治力度。各路面中队结合辖区实际情况，突出整治重点，明确整治要求，细化整治措施，落实责任主体，改革创新，勇于担当，全力推进交通管理秩序，为市民群众提供安全有序交通氛围，为文明城市创建夯实基础。

【酒驾整治】 开发区大队把坚持酒驾整治行动作为预防重特大交通事故的重点工作，除开展全市统一酒驾醉驾毒驾周末夜查行动外，前期由各路面中队领导带队，每周各中队开展不少于2次的酒驾整治行动。自9月1日起，开发区大队成立凌晨禁酒驾整治小分队，每日从凌晨1点至4点在辖区内对酒驾、醉驾、毒驾以及机动车涉牌涉证等交通违法行为进行严查。大队结合辖区道路交通安全情况与以往酒驾整治行动经验，对酒驾、醉驾、毒驾人员出行时间、路线等进行研判分析，将警力向城乡接合部、娱乐场所周边道路延伸，加大用警力度和检查频次，全覆盖、零容忍、无盲区开展酒驾整治，坚持重遏制、强高压、长震慑，筑牢辖区交通安全防护网。

【共建零酒驾街区】 开发区大队以酒吧一条街——亚峰路为重点，打造"零酒驾街区"，兼顾其他区域，发动社会力量加强路面管理，严查酒驾违法行为，实现严管区域文明交通水平的较大提升。通过发放"致广大酒吧业主的一封信"的形式，召集所有酒吧代表进行座谈，灌输"平安回家的顾客才能成为回头客"理念，鼓励倡导代驾代叫服务；发放"创文明城市，共建零酒驾街区"海报、桌贴等500余份。主动与滴滴公司合作，在亚峰路设立滴滴代驾等候区，凡是通过酒吧桌面特制代驾二维码完成的代驾服务，酒吧业主将获得由滴滴公司提供的一定返利，在亚峰路酒吧一条街附近完成的其他代驾服务，车主也将获得一定的优惠金额。通过"零酒驾街区"建设，在酒吧一条街上营造"开怀畅饮，平安回家"的气氛，有效减少酒驾违法行为，促进酒吧生意，确保市民安全，互惠互利实现三方共赢。据滴滴后台数据显示，经抽测6月份，同比往年每天代驾接单数多400余单。

【小城镇整治】 开发区大队按照交管分局部署，结合"创文明交通、治秩序乱象""守护平安"专项整治行动，以整顿农村交通秩序为突破口，紧扣警情部署，着力整治交通乱象，推进小城镇环境综合整治"车乱开"治理工作。以大队分管领导为第一责任人负责制度强化常态督导，落实主体责任，积极与辖区罗埠镇、洋埠镇、汤溪镇、苏孟乡等政府做好对接，获取人力、资金等支持，查改隐患治理点，完善道路交通基础设施，整治道理交通秩序。同时积极联合街道社区、行政执法局等部门定期开展违法行为统一整治行动，纠正违法行为，移除违法车辆，扩大震慑力和影响力，确保小城镇综合整治工作有序推进、扎实有效。

【"一警区一特色"创建】 开发区大队以"一警区一特色"创建为契机，深化"创文明交通、治秩序乱象"行动，努力探索一条符合大队警区实际交通管理的新途径。大队确定路面中队下辖共计11个特色警区，通过发展和培育梳理汇总两大类共6个特色亮点项目。

【荣誉】 开发区大队获2018年度创建全国文明城市突出贡献集体、副大队长郑义兰获突出贡献个人（金委办发〔2019〕17号）；滕晓被评为2018年度市直机关"优秀共产党员"；邵志昌被金华市委市政府评为美丽金华建设突出贡献个人（金委办发〔2019〕17号）。

（邓先辉）

·金华市公安局交警支队直属三大队

【概况】 2018年，金华市公安局交警支队直属三大队共接报各类交通警情37469起。发生交通事故7886起，上报交通事故110起，死亡43人，受伤87人，直接经济损失22.32万元。

【队伍建设】 以组织生活会为载体推进队伍建设，加强全体党员的教育、管理和监督，改进党组织和党员队伍作风建设。2018年2月9日，大队召开党总支组织生活会，市纪委、市监委驻市公安局纪检监察组组长汤向明、分局政委毛秋冽，分局副政委兼政工秘书处主任徐国建莅临指导，对大队党总支工作作深入评价并对下一步更好开好组织生活会提出指导性意见。

走入基层中队开展工作思路座谈调研,使交管业务、队伍工作上升至一个新阶段,大队创新构思,大队领导班子轮流到各个基层中队调研指导工作,仔细听取各中队 2018 年工作思路汇报与建议,现场解决问题并将这项工作常态化,从中取得了良好的成效,为打造一支“纪律作风硬、业务能力强、管理水平高”的队伍开辟良好开端。

常态化督察各部门队伍正规化建设,有效推动队伍正规化建设,大队坚持以“内务促管理,以管理树形象”,使全体民警、协警保持良好的精神风貌和内务秩序。每次督察由大队领导带队,对各部门的内部安全、内务卫生、警容风纪、窗口建设、值班备勤、警车管理、党建工作等方面进行定期或突击检查,并按照《婺城大队动态绩效考核办法》进行通报并督促其整改落实到位,有效提升整支队伍的正规化建设标准。

争创巾帼文明岗推进队伍正规化建设。经过处罚窗口全体工作人员的努力,大队处罚各项业务都走在全市前列,多次得到上级领导与社会的好评。大队以开展市级“巾帼文明岗”创建活动为契机,不断提高处罚窗口人员的综合素质,大力提倡“文明执法、热情服务”并努力做到“内强素质、外塑形象”做一支吃苦耐劳、拼搏争先、甘于奉献的精湛队伍。通过抓住思想载体、坚持班子表率、凝聚团队精神,加强业务培训筑牢队伍建设的根基;通过完善内部管理制度、健全为民服务规范、改善硬件软件建设等建章立制促发展;通过率先推出“全天候处罚中心”、纵深推进“最多跑一次”改革、创建“三四五”优质服务工程、开辟处罚绿色通道等创新一系列举措,全面推进窗口队伍的建设。

【文明城市创建】 成立创建工作领导与专班小组。根据市委、市政府工作部署和市局、分局关于创建全国文明城市工作方案精神,大队成立“文明城市创建”工作领导小组,对接落实分局相关创文工作指示。同时,大队也成立“文明城市创建”工作专班,并定期召开专题部署会,对前期整治行动中发现的问题及存在的困难进行汇报,对下一步针对性工作开展进行梳理交流。

优化交通基础设施建设。为提升文明城市交通安全系数,大队领导多次到市区重点路口实地调研,制定方案,现场指导并配合市政部门在重点路段施划爱心斑马线。让广大驾驶员按照交通标线指示停车和通行,达到警示车辆与行人、降低车辆行驶速度的目的,成为了金华“首条爱心斑马线”。另外,大队领导仔细排查各社区、背街小巷可施划停车泊位的路段,会同市政部门对重点路段进行实地查看、会商交流,优化组织方案,共新增泊位 1 万余个,确保了车辆的安全有序停放。

开展便衣执法和联合执法。大队各部门民警、辅警着便衣于每周二、周四开展道路巡逻。采用机动巡逻方式对机动车不礼让斑马线、闯红灯、逆向、电动车违法加装雨篷、非机动车驶入机动车道、行人跨越隔离护栏进行先期摄像取证,亮明身份后现场处罚或通知附近整治点进行处罚、教育、提高文明交通管理的震慑力;联合行政执法与运管部门开展执法行动。对高铁站周边交通秩序、城东街道古子城及周边街道“乱停车、乱摆摊、乱占道”现象、江北城区背街小巷违停、曙光路菜场路段等重点路段开展联合行动,推进文明城市创建工作的开展。

率先设立非机动车文明交通学习点。为给辖区营造一个和谐、文明的道路通行环境,大队在人民东路、世贸执勤点、快处中心、蒋堂等 10 个重点路口设立非机动车文明交通学习点,通过组织非机动车违法驾驶人观看交通安全宣传教育片、体验路面执勤、抄写交通法规、转发朋友圈等方式,增强不文明交通违法行为的宣传教育力度,提高交通参与者的安全责任意识。组织非机动车违法驾驶人观看交通安全宣传片 5063 人次,抄写交通法规 2063 人次,转发朋友圈 1837 人次。

严格违法停车管理实行拖车整治手段。对辖区主次干道上存在的“车乱停、道乱占、路难行”违法乱象联合行政执法部门等,对占道停车、非机动车车道乱停车辆进行“拖车”处理,大队江北中队组建流动巡逻队,巡逻队由一辆拖车和两辆摩托车组成,在辖区道路进行不间断巡逻,一旦发现有零星的电动车违停情况立即进行拖移,严管严治电动车交通违法。此外，对于新华街恒大斑马线路段，部分电动车车主无视禁停黄格线，随意停放，对此类车辆进行锁车，在电瓶车上安装宣传气球，车主发现车辆被锁后，拨打气球或者锁上联系电话，附近的巡逻交警会到场对电动车停车的行为进行处罚。大队联合街道社区和行政执法部门，对辖区内闲置时间久、车况脏乱差、占用公共资源的僵尸车开展联合整治。先期对僵尸车车主进行电话通知，要求车主在限定时间内自行处理。之后对车主未主动处置的僵尸车进行拖移，停放到社会停车场进行统一保管。6 月 1 日至 11 月 30 日，大队共拖移机动车 4600 余辆。

加大不文明交通违法曝光力度。大队依托“今日婺城”“婺城发布”、金华交警“双微”媒体平台等，针对非机动车闯红灯、机动车不礼让斑马线、超速等显性违法乱象，采取高压严管态势，通过新闻曝光台加大对车辆驾驶人的曝光力度，形成浓厚的舆论宣传成效。大队通过“今日婺城”与“婺城发布”平台，共曝光二十八期交通违法行为，曝光驾驶人 300 余名，曝光车辆 300 余辆，有力震慑了不文明交通违法行为。大队创文明城市现场查处机动车违法行为“六个一律” 122482 起，非机动车“六个不得”违法行为 40571 起，行人“三个一律”违法行为 2028 起。

【交通事故处理模式改革】 在快处中心增设人伤事故窗口。为加强道路交通事故处理工作的规范化与精细化，提速道路交通事故处理的工作效率和办案质量，大队于 2018 年 1 月在事故快速处理中心增设人伤事故窗口，专门接待与调解人伤事故，并将各中队简易人伤事故案子全部移交至快处中心处理。探索“警保联动”合作机制。为提高交通事故处理效率，大队试行“警保联动”模式，让保险公司人员走入勤务室，更加清楚、直观地了解事故发生过程，方便保险公司现场处理，提高事故处理的效率。创新改革勤务模式。大队结合辖区实际，积极探索勇于创新，合理调整勤务制度改革，将原来人伤事故下放各路面中队的勤务模式进行改革，整合部分警力增加到事故中队，并于 2018 年 8 月底成立江北事故处理小组。将江北中队、乾西中队、罗店中队、白龙桥中队的人伤事故全部划归至事故中队处理，推行事故处理新改革与新举措，让事故处理工作更加高效、便利，同时也解放部分警力投入事故防控和文明城市创建工作中。

【两站两员管理深入推进】 2018 年，婺城区结合小城镇环境综合治理工作部署，不断深化农村道路交通安全管理，在“党委领导、政府主导、部门主管、基层主抓、群众参与、社会联动”的农村交通安全工作群防群治模式下，通过利用社会综合治理“四个平台”载体，完善机制体制，创新农村道路交通安全“两站两员”管理模式，全面筑牢农村道路交通安全屏障，取得阶段性的显著成效。为发挥“两站两员”的作用，分局购买 30 万元的装备，并在 9 月 11 日婺城区道路交通安全工作领导小组成员扩大会议上举行“两站两员”装备发放仪式；2018 年交通安全管理员与交通安全劝导员认真开展道路交通基础信息排查、道路安全巡逻管控、交通安全宣传、重要路口路段及学校周边等重要场所的重要时段交通秩序。劝导违法行为 15327 起，教育 10659 人次；为做好农村道路交通秩序管理，及时纠正、制止、劝阻交通违法行为，交管员定期开展道路交通安全隐患排查，实施道路巡查，确保道路设施完好，通过农村道路交通安全管理 APP 系统上传交通管理隐患路段 62 条，为遏制农村道路交通事故的发挥重要作用。

【秩序整治】 大队在全力做好文明城市创建工作之余，常态化开展重点违法行为整治工作不放松。在整治过程中，严查醉驾、超速、超员、违法载客、无证假证、5 次以上未处理、机动车未年检、不按规定安装号牌、假牌套牌、报废等重点交通违法整治，有针对性地开展专项行动，取得良好的整治成效。截至 11 月 30 日，查获酒驾、醉酒 989 起，5 次以上违法未处理、未年检 10901 起，超速现场查处 20410 起，不按规定安装号牌 1730 起，超员、违法载客、无证假证 2394 起，大型车辆闯红灯、疲劳驾驶 209 起。开展文明交通 15 类违法行为整治。结合全国文明城市创建部署，在大力开展机动车、非机动车、行人交通违法行为整治行动，截至 11 月 30 日，共查获闯红灯 13101 起，不礼让斑马线 33276 起，违法停车 74680 起，滥用远光灯 538 起，违法变道 817 起；非机动车闯红灯 2911 起，逆向行驶 397 起，违法载人

10797 起,越线停车 1880 起,加装遮阳伞 3556 起,驶入机动车道 25216 起,给辖区营造平安、稳定、和谐、文明的道路交通环境。

【事故防控】 推进安全隐患点治理。大队高度重视事故预防工作,牢抓"控大"这根主弦,紧跟上级指令要求,迅速部署,扎实推进,投入到交通安全隐患排查治理工作中。大队辖区共有事故隐患黑点 442 处,通过与区交通局、区交通运输局、金华山交通局等相关部门的深入对接会商,大队已顺利完成 440 处交通隐患点治理,确保道路安全的属性。扎实开展"三进"宣传活动。根据"三进"工作安排,大队组织民警入农村、学校、企业开展交通安全宣传活动,进农村 155 次,进学校 65 次,进企业 187 次,发放宣传资料 5 万余份、摆放宣传展板 500 余块、上交通安全教育课 100 余节、观看警示教育片 200 多次等方式,使农村、学校、企业地区的交通参与者常态化受到交通安全宣传教育,提高这三类群体的交通法制意识与道路交通安全意识,从中预防与减少道路交通事故的发生。建立紧密协作的警医联动机制。为提高道路交通事故伤员的救治效率,贯彻"以人民为中心"的工作理念,大队邀请金华市广福医院、金华市中心医院医疗专家到队商讨事故救援相关工作以及警医合作事宜并达成共识。通过警医联动机制,做到信息共享,信息反馈,为事故抢救伤者提供了最优质的"绿色通道",提高伤者的抢救效率。

(夏宇真)

·金华市婺城区公安消防大队

【概况】 2018 年,婺城区共接消防出警 661 起,出动警力 5825 人次,抢险救援、社会救助 273 起,其中火警 388 起,造成火灾 92 起,死亡 0 人,受伤 0 人,直接财产损失 52.92 万元,抢救疏散被困人员 77 人,抢救财产价值 2972 万元。

【组织创建工作】 大队以示范基层党组织创建为抓手,大队、中队两级党组织核心领导作用不断彰显。2018 年大队党委被市消防支队评为先进基层党组织。大队党委始终坚持以党建带队建促发展,把党的组织优势转化为推动工作的现实优势。严格贯彻民主集中制,坚持重大问题集体研究、民主决策,"三重一大"议题实行标准、程序、结果"三公开",年内召开党委会 36 次,讨论重大议题 173 个,研究确定"争先创优"、"创满意活动"、示范基层党组织创建等重点工作,统揽部队建设全局。2018 年,大队党委始终把理论学习作为党委自身建设的基石,结合改革转隶实际情况,拓宽学习内容,创新学习理念和方法。开展党委集中理论学习 12 次,投身改革大考讨论 4 次,重点学习贯彻中共十九大精神、习近平总书记系列讲话和训词、国务院机构改革方案政策、应急管理部书记黄明讲话等精神,使大队党委在面对复杂形势的情况下能始终保持理论扎实,方向不偏。增强驾驭全局水平。班子成员主动分析研判在党建和部队管理教育工作中存在的问题,班子 5 名成员分片区包干深入各支部开展调研谈心,帮扶指导 2 个党支部的党建业务、组织生活和思想调研排摸分析,掌握全盘情况,谋划解决办法。2018 年,党委成员参加支部组织生活会 12 人次,针对改革转隶指战员的心理状态制定重点人员管控措施 1 份,制定指战员心理方案册 1 份,召开重点工作月总结会 12 次,做到布置和反应的事情件件有回应,事事有着落。

【党风廉政建设】 2018 年,大队依托婺城新区消防站文化氛围建设为契机,征集大队全体指战员廉政格言,建设"廉政角";利用"四种形态"监督机制落实管控措施,年内未发生官兵违法违纪案件。强化主题责任落实。把党风廉政建设作为"党委工程",严格落实党委议廉、党委集中廉政学习、党风廉政建设形势分析制度,组织召开党风廉政建设会议,逐级签订党风廉政建设责任书,坚持与新任职干部开展廉政谈话,建立军政主官与班子成员,上级与下级廉政谈话制度,发现问题及时提醒告诫,全面推进主体责任压实落地。不断完善和用好大队监督执纪"四种形态"监督管理办法,将廉政纳入对大队干部考核评价的主要指标,实行一票否决制,并作为干部推荐、评先评优、问责追责的重要依据。强化廉政教育引导,学习贯彻全国公安机关党风廉政建设会议、杨国宏总队长关于党风廉政建设讲话指示、全省消防部队党风廉政建设会议、中央八项规定等精神规定,严密落实"5·15"、"10·30"警示教育和队伍集中教育整训等活动的各项要求。2018 年大队共开展廉政教育课 12 次，组织观看《永远在路上》《警钟长鸣》等警示教育片 5 次，专题学习警示案例 5 次，组织大队参观金华监狱等警示教育基地 1 次，集中组织党纪党规自测考试 4 次，在家属群中推送 30 余条廉政短信。开展廉政风险排查工作，对大、中队主官、后勤、执法监督等重点岗位人员十余项问题逐一进行“廉政体检”，从思想道德、岗位职责、工作流程、制度机制、外部环境等 5 个方面查找风险点，从高、中、低 3 个等级去评估风险等级，同时针对所评估发现的问题，注重强化监督执纪“四种形态”特别是“第一种形态”的运用，落实工作提醒机制。2018 年，对干部和战士进行日常提醒谈话9 次，对站前、婺城两个队站实地督察 8 次，发现并督促整改问题 20 余处。

【队伍建设】 大队紧盯指战员、党员、文职人员三支队伍，分层次开展精细化管理，确保队伍高度稳定。在正规化硬件建设的基础上，着力推进软件建设，梳理各类制度、规范，强化队伍《量化管理考评积分制办法》，集中教育整训专题活动开展后，大队整体规范办公秩序和内务设置，对营区门口警戒线和集结区重新划置，规范各类行政记录本，建立完善干部包人包班管理、大队每周检查督导中队、逐级传帮带等队伍管控机制。大队通过量化公示党员学习、诚信、责任、纪律、奉献、成绩民主测评分作为评先评优的客观依据，开展“党员之星”评选工作，使党员先进性作用发挥成效量化可察。加强文员管理，开展文员队伍教育整顿，第一时间动员部署，认真组织学习，在单位自查和个人查摆的基础上开展政治审查延伸，2018 年清退政治审查不合格的文职 2 人，同时，组建文员工会组织，坚决杜绝文员队伍存在的隐性问题。

【救援能力】 大队因地制宜，推进队站建设。完成婺城新区消防站装修和基础设施、生活保障设施的安装采购，现役人员正式完成进驻；推动完成安地、蒋堂两个乡镇的专职队改造提档，灭火救援网络更加稳固。坚持实战化导向，攻坚克难能力有效增强。大队以建设主力军、国家队队伍为目标，全面提高灭火救援综合能力。2018 年，修订完善灭火预案 123 份，作战信息卡 265 份（农村作战信息卡共 121 份，小区作战信息卡 21 份，重点单位作战信息卡 123 份），重点单位六熟悉卡 123 份，对辖区 563 个消火栓开展维护保养，2018 年完成新增消火栓 30 个。制定大队级力量编程，深入开展实战化练兵工作，强化体技能训练，激发训练热情，促进练兵成效。2018 年，中队共开展实战化训练 276 次，重点单位演练 246 次。坚持多元化整合，联勤联动作用有效发挥。为真正实现“一警响应，多队联动、灭早灭小”的目标，大队加强微型消防站抽查和拉动力度，每月不定时对微型消防站、乡镇专职队就行拉动。共电话拉动 234 次，实地拉动 116 次，集中培训 38 次，灭火演习 56 次，在重要节日和重大会议期间，安排执勤力量在城区人员密集场所、重点区域和出租房集中区域进行巡逻执勤，确保第一时间处置灾情。同时，大队贯彻建设专职队的相关文件，定期对专职队进行业务指导，提高专职队战斗力，实现城郊接合部、乡镇消防力量全覆盖，完成两只专职队的提档升级改造。在火灾扑救和应急联动处置方面，发挥了非常明显的作用。推动站队建设，拴心留人环境更加优越。做到新老营房建设两不误，努力营造栓心留人好环境。大队对大队、中队进行部分改造，对中队营房翻修等，既丰富官兵课余生活，使官兵能在日常繁重的消防工作中得到舒缓压力，同时能增加官兵之间互动交流感情的机会，促进官兵以更高的热情投身于消防工作中。大队推动新营房建设工作。为实时做好项目建设追踪工作，迅速跟进项目建设进度，大队主官亲自负责与区公建中心、发改、规划、白龙桥镇、新城区管委会以及施工、监理单位进行协调对接，严格把控项目进度。婺城大队白龙桥消防站已正式进驻投入使用，加强婺城新城区的灭火救援力量。

【火灾防控水平全面提升】 2018 年，大队推动区政府将智能充电桩建设列为“十大民生实事”和古子城小型消防站建设，提升社会面火灾防控水平。推动顶层设计，建立消防安全科学管理体系。平战结合高规格管理。根据消防安全三年翻身仗行动有关部署，结合 2018 年火灾防控工作实际，大队推动区委、区政府在平时落实出租房、高层建筑等消防风险排查、问题整改;在两会安保等安保活动期间,提高等级效应,开展“网格员大巡防”等行动全民动员严防死守,有效清除一大批火灾隐患,斩断成灾苗头。专项行动高强度治患。2018 年,大队指导全区开展高层建筑、居住出租房、电动自行车等重点领域场所隐患专项排查整治。2018 年,全区排查 10 人以上出租房屋 2372 户,隐患基本整改完毕。彻底摸清辖区 255 幢高层建筑,并将高层建筑隐患情况以公文形式报告区政府,报请区政府牵头,对存在隐患较严重的 30 余幢高层开通“物业维修基金提取绿色通道”,对消防设施进行维修。全区建成 45 个社区微型消防站,1799 个智能充电桩,实现出租房消防管理水平的极大提升。专班指挥高效率联动。2018 年,由区委常委、常务副区长李小庆挂帅指挥,依托消安委办建立消防工作专班,结合消防安全三年翻身仗、出租房安全隐患整治开展形势研判、督导暗访、技术服务、项目推进等工作。2018 年开展消防督察 7 次,发现、交办隐患问题 28 件。层层落实监管,全力提升火灾防控管理基础。完善机制促常态。大队推动出台责任制办法的贯彻意见,通过召开消防工作会议、行业系统培训会等,全面宣贯实施《婺城区消防安全责任制实施意见》,同时大队协同教育、民政、卫生、住建等行业主管部门建立行业部门消防安全监管责任清单,推行标准化管理。强打基础提实力。2018 年,大队深入居住出租房、老旧小区、高层建筑、人员密集场所、易燃易爆危险品场所、大型城市综合体、文物古建筑等场所排查整治,对排查中发现的重大火灾隐患单位,一律提请政府挂牌整治,2018 年挂牌 5 家区级重大火灾隐患单位,3 家已完成整治,另 2 家按计划整改中。2018 年,大队共检查单位 4888 家,发现火灾隐患 5996 处,督促整改火灾隐患 5933 处,下发责令整改通知书 3606 份,下发处罚决定书 303 份,责令“三停”98 家,临时查封 197 家,罚款 104.86 万元,有效消除一大批社会面上存在的火灾隐患。2018 年,大队推动在全区部署开展一系列主题宣传教育活动,广泛宣传教育,全面营造全民关注消防氛围,并按照“一县一场馆、一镇一体验室、一村一宣传点”的规划布局组建覆盖城乡的消防宣传教育培训场所体系。在消防宣传载体上,依托“两微一端”新媒体、户外大屏、楼宇电视、公交站牌、村镇广播等宣传阵地开展消防常识提醒和火灾隐患曝光。配合市消防支队开展 119 消防宣传月大型主题活动,营造良好的消防安全氛围。

(袁　也)

8 月 6 日,婺城大队消防员在番茄田艺术中心开展暑期亲子消防体验活动　(区消防大队供稿)

12 月 29 日,金华市婺城大队消防指战员联合开展古子城历史街区冬季消防演练暨古城消防站启动仪式　(区消防大队供稿)

检　察

【概况】　2018 年,婺城区检察院共受理各类刑事批逮案件 927 件、1356 人,受理审查起诉案件 1446

件、2472人，8起案件被省检察院评为精品或优秀案例，20名干警在省、市、区业务竞赛、各项评比中获得荣誉称号，院集体被授予全省政法系统先进集体、全国检察宣传先进单位等荣誉称号。

【服务中心工作】 服务保障平安婺城建设，开展扫黑除恶专项斗争，联合法院、公安、司法局4部门发布《关于依法严厉打击黑恶势力违法犯罪的通告》，切实形成工作合力。严厉打击黑恶犯罪，依法从快从重办理庄某某等18人涉黑案，成为中央统一部署扫黑除恶专项斗争后，全省检察机关提起公诉的首例涉黑案。服务保障经济社会发展，密切防范金融风险，依法批准逮捕非法集资、金融诈骗等危害经济安全犯罪12件、15人，起诉10件、15人。落实服务保障民生，依法批捕破坏环境资源和食品药品安全犯罪18件、24人，起诉20件、48人。深入推进生态环保检察，围绕区委"生态立区"发展战略，制定出台《关于充分发挥检察职能服务保障全区生态环境保护工作的意见》，在环保婺城分局设立检察官办公室，与环保分局会签联络机制文件，形成生态环保检察工作合力。推进检察环节社会治理，深化"枫桥经验"检察环节实践，排查化解涉法涉诉信访矛盾，受理各类控告、申诉线索30余件次，办理的2起案件入选省院《新时代"枫桥经验"检察实践案例精选》。坚持宽严相济，减少办案负产出，对147起不起诉案件进行公开审查，依法不捕264人、不诉201人。加强未成年人司法保护，成立"蔷薇"未成年人检察工作室，与金华"悦欣"社工机构三方会签"春苗"计划，探索借助青少年事务社工开展未成年人帮教项目。

【法律监督】 立案监督24件、20人，纠正漏补5件、8人，抗诉6件、16人，追诉漏罪2件，追诉漏犯13人、单位4件，纠正违法6件，发出刑事再审检察建议2份并获法院改判。加大羁押必要性审查力度，对62名不需要继续羁押的犯罪嫌疑人建议依法变更强制措施获释放，其中，涂某某等十六人开设赌场羁押必要性审查案件被最高人民检察院评为全国羁押必要性审查精品案件。强化公益诉讼，推动党委出台《关于支持检察机关提起公益诉讼的意见》，深挖公益诉讼案源线索，立案公益诉讼案件28件，提起全市首例生态环境和资源保护领域刑事附带民事公益诉讼，两份公益诉讼诉前检察建议促进关停金华城区一存在管理混乱和药品安全隐患问题的民营医院。强化民事行政检察监督，发出民事生效裁判监督再审检察建议4件，提请抗诉3件，发出民事诉讼程序监督检察建议5件。加强司法规范完善检务公开，全面落实最多跑一次改革，改造升级"12309"检察服务大厅，成立"公益损害与诉讼违法举报中心"，畅通群众反映问题和诉求的渠道，2018年共接待来信来访78件次，公开案件程序性信息1887条，公开诉讼文书202份，免费提供阅卷光盘506份。

【改革创新】 推进刑事诉讼领域法律监督案件化办理，以"办案就是监督，监督就是办案"理念为引领，创新出台全省首个刑事诉讼监督案件化办理实施办法，全面推进法律监督案件化办理实质化运行，工作得到省院检察长贾宇、市院检察长毛建岳批示肯定，刑事诉讼监督案件化办理实施办法被省院以文件形式转发全省学习推广。深化和完善"一月一查""一季一评"等改革综合配套制度，由案件管理部门牵头，成立案件评查小组，评查全院各类案件226件。严格贯彻落实防止领导干部及内部人员过问案件、干预司法的相关规定，制定出台《婺城区人民检察院办理审查起诉案件规范律师接待工作规定》等院内规范性文件。适应以审判为中心的诉讼制度改革要求，创新工作模式和方法，在辖区两个公安分局分别设立派驻检察工作室，推动侦查办案质量有效提升。推进智慧检察建设，积极推动政法一体化办案系统在线运行，确保政法一体化系统运行规范、高效。广泛应用智慧公诉、语音识别等办案辅助系统，建设完成智慧检务工作区，工作区包含指挥中心、远程提审庭审中心、未成年人检察办案区、清风书苑等，有效提升办案效率。

【自身建设】 强化思想政治和纪律作风建设，坚持党建带队建，通过"三会一课"、主题党日活动、重温入党誓词等形式加强理论学习和实践养成，密切干群关系，推动基层重点工作落实。支持派驻纪检监察组依纪依规履行监督职责，强化纪律作风检查力度，确保检察队伍零违纪。定期开展廉政教育活动，先后组织“枫桥经验”陈列馆实地学习、检察长上专题廉政教育课等活动，不断筑牢干警廉洁自律防线。强化专业能力和综合素质建设，组织干警参加高层次专题研修班、检察业务素能提升培训班60余人次。创新教育载体，围绕“学、说、辩、思”等技能展开岗位练兵，有效提升干警业务素能，1名干警获得“全市优秀公诉人”称号，1名获“全市未检业务标兵”称号。积极发挥干警志愿者服务队伍作用，投入全国文明城市创建。强化检察文化和新媒体建设，大力推进文化育检，以“清风书苑”为平台，开展“朗读者”等沙龙活动，为检察事业发展注入精神动力。落实“谁执法谁普法”制度，打造“指尖”新媒体工作室名片，院集体获评全国检察宣传先进单位，新媒体作品获评全国检察机关恢复重建40周年新媒体作品大赛一等奖。

(张倩文)

法　院

【概况】 2018年，婺城区人民法院共受理各类案件30916件，办结31902件，同比分别下降5.5%和上升1.4%，法官人均结案400件，列全省第14位。主要办案质量、效率、效果指标继续保持在全省法院前列。获市级以上先进集体和个人称号36人次，区法院被授予全省政法系统先进集体称号。

【审结工作】 依法惩治刑事犯罪。新收刑事案件1168件，审结1214件，同比分别下降4.7%和上升2.6%。贯彻总体安全观，严惩危害国家安全、公共安全、食品药品安全和杀人、抢劫等严重暴力犯罪，判处有期徒刑5年以上罪犯148人。深入开展扫黑除恶专项斗争，审结被告人庄某某等涉黑案件1件、18人。严惩网络犯罪，净化网络空间，审结P2P网贷平台诈骗、网络赌博、侵犯公民个人信息等涉众型犯罪案件25件、54人。严惩职务犯罪，审结贪污、贿赂等犯罪案件3件、10人。

关注民生化解纠纷。新收民商事案件17192件，审结16891件，结案标的额83亿元，调解撤诉率74.7%，调解自动履行率58.8%。坚持调判结合，调解优先的原则，努力实现案结事了，促进家庭和谐社会诚信，审结涉婚姻、继承、抚养等家庭纠纷897件，调撤率69.5%；审结涉生命健康、名誉、隐私等案件92件，结案标的额841万元，调撤率48.9%。贯彻“房住不炒、租购并举”政策，审结房屋买卖、租赁、中介等纠纷728件，结案标的额3亿元，调撤率69.6%。开展为农民工讨薪维权专项活动，审结劳动争议、劳动报酬案件436件，结案标的额2372万元，调撤率79.6%。加强知识产权保护力度，有效规制不正当竞争行为，审结知识产权民事案件308件。

注重化解行政争议。新收行政诉讼案件542件，审结359件，同比分别上升169.7%和88%。其中，判决行政机关败诉案件33件，败诉率9.6%。贯彻落实行政诉讼异地集中管辖，推动行政机关负责人出庭，提升行政审判公信力，行政机关负责人出庭应诉率98.3%。加大行政争议协调调解力度，发挥府院行政争议调解中心作用，协调促使原告主动撤回起诉110件，撤诉率30.6%，一批涉及重点工程、重大项目的行政争议得到妥善处理。深入推进非诉行政案件“裁执分离”工作新机制，审结行政机关申请强制搬迁、拆除违法建筑案件186件，准予执行率100%。开展府院联席会议，及时向所辖县市通报行政审判情况，分析行政执法中的成效和不足，研究同步提高行政审判和依法行政工作水平，合力推进法治政府、法治金华建设。

决胜基本解决执行难。新收执行案件10667件，办结12197件，人均执结421件，执行到位金额23亿元。围绕基本解决执行难，加强执行力量，抽调22名干警，充实到执行一线，开展涉民生、金融案件的“暖心”“雷霆”等执行行动，其中执结涉民生案件170件，执行到位619.8万元；涉特殊主体案件194件，执行到位3644万元；涉金融债权案件1463件，执行到位13亿元。加大违法制裁力度，形成一处失信处处受限，发布失信被执行人名单23996条，纳入限制消费名单20309人，拘留873人次，追究拒不执行判决、裁定罪12人。加大财产查控力度，线上线下统一查控财产，累计发起各类网络财产查询31万人次，冻结银行存款11亿元，查封车辆1517辆。加大财产处置力度，强制腾退不动产571宗、120万平方米，成功司法网络拍卖各类财产681件，成交额18亿元，节约佣金6406万元，并引入“拍易贷”，为买受人提供贷款7914万元。加大执破衔接力度，清理执行案件346件，涉案标的额6亿元。加大执行信息公开力度，短信告知当事人各类执行信息52587条，执行裁定书上网率100%，通过网络直播执行等营造解决执行难氛围。“三个90%，一个80%”4项基本解决执行难核心指标均达标。

【服务大局】 深化便民诉讼服务。严格落实立案登记制，大力推广网上立案、跨域立案、延伸立案等多种便民立案方式，民商事案件当场立案率99.7%，网上立案率65.6%，跨域立案30件，基本实现立案服务“最多跑一次，最好不要跑”的目标。完善新型诉讼服务中心、司法公开网、移动微法院等诉讼服务体系，提供线上线下“一案一账号”收付款、网上开庭、短信提醒等综合性诉讼服务，实现足不出户打官司。推进矛盾纠纷多元化解工作，设立劳动争议巡回法庭，引入委托律师调解平台，增强共同化解社会矛盾纠纷的实效，依法确认各类调解协议819件。

服务供给侧结构性改革。加强破产审判工作，稳妥处置“僵尸企业”出清，推动有挽救价值的危困企业进行重整，审结破产清算案件35件，盘活企业存量资产21亿元，释放土地资源26公顷、房屋面积50万平方米，交付房屋近3000套。完善法院主导司法程序与政府主导实体相结合的常态化破产综合处置模式，建立府院联席会议，出台保障供给侧结构性改革工作实施方案，助推经济转型升级。创新破产审判方式，采用邮寄和书面表决方式召开债权人会议，尝试阶梯型债权分配方式，引入债权人投资、银行授信、公开招标等方式引入合作伙伴，有效加快破产处置效率，力求债权人利益最大化，促使“桂语山居”“香溪玫瑰园”“151公馆”“婺城城市广场”项目破产重整，“五佰滩”项目第一次债权人会议顺利召开。参与政府企业帮扶工作，为“中奥置业”“嘉柏大厦”“枫丹丽舍”“世纪龙腾”等企业提供法律指导。

规范创新社会治理。服务大局维护稳定，全面排查涉稳风险案件，坚持敏感案件实行零报告制度，贯彻落实“三同步”原则，逐案确定责任人和包案领导、逐人制定个性化解方案。严格落实院、庭长信访接待制度，接待来信来访群众562人次，申诉复查立案30件。服务美丽金华建设，严惩污染环境、破坏资源等犯罪，严格适用缓刑条件，加大处罚金力度，审结环境资源犯罪案件21件、50人。加强环境资源司法与行政执法相互衔接、协调配合，依法支持环保行政执法，审结环保部门申请强制执行污染环境案件5件，准予执行率100%。贯彻落实生态环境损害赔偿制度改革，依法支持检察机关提起生态环境损害赔偿的公益诉讼，审结环境公益诉讼案件1件，判决依法赔偿修复费用92万余元。服务乡村振兴战略，妥善审理涉土地承包经营、征地补偿等“三农”案件7件，促进农村改革发展和乡村治理水平。

【深化改革】 深化司法体制综合配套改革，完善审判执行权运行机制，让审理者裁判，由裁判者负责，出台《员额法官及相关人员权力和职责清单》等制度，落实院庭长监督管理机制，做到放权不放任，监督不缺位。充分发挥专业法官会议指导作用，提供案件解决方法和裁判意见，促进法律适用和统一裁判尺度。优化审判资源配置，组建破产审判、调解速裁等审判团队，实现办案效能最大化。坚持院庭长办案常态化，院庭长共办结案件11111件，占员额法官结案总数的34.8%。

完善繁简分流机制，快速清结简易案件，推进多案连审、远程视频庭审，推广运用智能语音识别系统，实现简案快审。一审适用简易程序结案14918件，适用率80.8%。简易刑事案件快速集中联审案件600件，占审结刑事案件的49.4%。简易民事案件实行调解速裁工作机制，主要审理物业、民间借贷等类型简易案件，“1名法官+1名助理+2名书记员”的审判团队年结案1300件以上，民商事调撤率85.2%。对疑难复杂案件实行精细化、专业化审理，加强裁判文书释法说理，提高裁判的可接受度和息诉服判率。

认真贯彻落实刑事诉讼法修正案，推进以审判为中心的刑事诉讼制度改革，发挥庭审在查明事实、认定证据、保证诉权、形成裁判中的关键作用，以强化直接言辞证据、辩护律师全覆盖等为抓手，形成控辩双方平等对抗的庭审模式,增强“以看得见的方式”实现公平正义,通知证人、鉴定人、侦查人员出庭案件76件、92人,组织庭前会议案件2件,启动非法证据排除案件10件。依托政法一体化办案平台,实现案件、人员、文书、卷宗等基本信息在侦查、审查起诉、审判阶段数据交互共享,办案更规范更高效,司法更透明更公正。

【从严治院】 坚持党对法院工作的绝对领导,恪守“四个意识”,坚定“四个自信”,坚决维护以习近平同志为核心的党中央权威,在政治上与党中央保持高度一致。重视意识形态的引领作用,落实主题党日、“三会一课”,开展“不忘初心、牢记使命,当好新时代婺城答卷人”、升国旗和宪法宣誓等教育活动,实现思想政治建设常态化。弘扬社会主义核心价值观,积极开展全国文明城市创建活动,以争创文明城市为已任,全员参与创建志愿者服务。

落实“两个责任”,强化班子成员主体责任和担当精神,构建警示在先、有举必查、独立监督、层层抓落实的廉政建设格局。注重运用监督执纪“四种形态”,抓早抓小,对违法违纪坚持“零容忍”,坚持院领导带班巡查工作机制,对干警日常行为规范、审判流程等实行跟踪监督,进行提醒谈话8人次。

鼓励干事创业、素质提升,开展岗前培训、案件评查、疑案讨论、学术辩论、优秀案例评选等活动,提升司法业务能力。通过组织法官进电台直播间、进校园、进培训课堂等形式,培养宣讲法治的能力。完善绩效考核,明确工作目标,层层压实工作责任。丰富法院文化生活,开展各类文体比赛,组织开展以“不忘初心,牢记使命”为主题的系列活动,增强干警的凝聚力和团队荣誉感。

(赵　晨)

司法行政

【概况】 2018年,婺城区受理各类矛盾纠纷案件5527件,成功调处5525件,涉案金额6834.99万元,成功化解信访矛盾59件。开通在线矛盾纠纷多元化解平台并成功化解纠纷252件。培育国家级民主法治村1个,建成省级民主法治村3个、市级民主法治村(社区)16个。全区开展法律体检企业592家,新增企业法律顾问单位102家。

【普法宣传】 2018年,婺城区明确普法责任主体和普法重点,推动“谁执法谁普法”责任制落实。完善新形势下领导干部和公务员学法内容,区党委理论中心组组织《中华人民共和国宪法》《中华人民共和国各级人民代表大会常务委员会监察法》学习,政府常务会议学习《中华人民共和国行政诉讼法》、《中华人民共和国统计法》等法律知识,全年组织10多期学法活动。完成竹马下张家村“三治融合”文化阵地建设等5个精品阵地建设和全区所有村(居)法治宣传橱窗建设更新。“婺城普法”微信公众号最高单次阅读量达5万多次,多次登上全国司法行政微信公众号阅读量排行榜。与区委政法委、金华电视台合作开办《小马说法》普法专栏,在金华电视台各新闻栏目中排名第二。举办以宪法为主题的文艺巡演、宣传讲座等活动近90场,推广“我要学宪法”微信小程序,全区共有31000多人次参与学习。积极跟进党委政府中心重点工作开展法治宣传,出动宣传车巡回宣传24次,开展主题日、纪念日专项宣传活动8场,发放宣传资料3万多份。开发普法档案管理网上系统,各机关部门、街道(乡镇)完成年度普法档案上传工作。

【人民调解】 成立区人民调解协会,提高人民调解经费补助标准,分两期对全区人民调解员进行培训。开展司法所工作台账和业务档案规范化建设,申报新狮和安地司法所为市级文明、公正、规范司法所。制定并出台《婺城区公共法律服务体系建设实施方案》,行政村(社区)公共法律服务点规范化建设全覆盖。将从事农村法律顾问的律师和基层法律服务工作者数量增加1倍,加大检查力度。

【社区矫正】 从法治、德育、修心、善行4方面入手,按“一季一主题”的形式开展修心教育活动。开展法治教育、心理测评、国学讲座、劳动服务等各类活动,参与人数达1万人次。按照省市部署,稳步推进“三整三查”百日专项行动,按照行动方案各司法所实施滚动式排查,通过20个工作环节深入排查,排查出重点社区服刑人员8名,均落实“定人包案"，省五监派出监狱民警参与社区矫正日常教育管理工作，发挥个人专业优势，有效促进执法规范化。探索将微信二维码技术运用到社区矫正管理工作中，全省首推"码上矫正"信息化立体管教平台。全区社区服刑人员及社区矫正工作人员"码上矫正"APP 使用率 100%，线上扫码签到 5400 余次，走访 500 余次，提升社区矫正信息化水平。矫正中心项目选址在白龙桥镇文化路 2 号，主体建设建筑面积约 1200 平方米，集合社区矫正中心、公共法律服务中心、法律援助中心、矛盾纠纷调处中心为一体。

【法律服务】 制定打造最佳营商环境法律服务专项行动方案，联合区工商联、区科技局、区人力社保局开展法律助企多项活动。"婺城普法"微信公众号开设《防范金融风险》专栏，人民调解化解涉企矛盾纠纷 218 件。积极跟进拆迁项目，派法律服务组常驻拆迁一线，深化律师参与信访工作，处理信访事项 27 件。探索开展律师参与调解试点工作，盈科金华分所等 3 家律所作为先行单位成立律师调解工作室，已成功调解 28 起案件。法律援助申请实行代办制，援助中心共受理法律援助案件 892 件，办件量是去年同期的两倍多，从 10 月起刑事案件律师辩护全覆盖。开展农民工讨薪专项行动，办理涉及农民工讨薪案件 93 件，为农民工追回欠款 172 万余元。组织开展援助案件质量评查，开展法律服务双随机抽查。

【党风廉政建设】 对局属 46 名在编公务员全面建立廉政档案，落实党风廉政责任制，层层签订党风廉政建设责任书，开展正风肃纪专项检查行动 6 次，与"三清理一规范"专项行动、"不担当不作为"专项整治行动等工作有机结合起来，推进全面从严治党。

【文明城市创建】 开展文明城市创建工作，共计 700 余人次参与社区共建、法律服务进社区等志愿服务活动，助力文明城市创建。

（倪书宇）

军　事

人民武装

【概况】 2018年,区人民武装部围绕“打造全面一流人武部、当好国动主业排头兵”目标要求,突出维护核心,聚焦主责主业,深化融合发展,从严转变作风,国防动员和后备力量建设呈现稳中有升、持续向好的良好态势,被浙江省军区表彰为先进团单位和安全管理先进单位。

【思想政治建设】 2018年,区人武部认真落实周一晚固定学习日制度,深入开展“传承红色基因、担当强军重任”主题教育,强化“四个意识”,坚定“两个维护”;持续开展民兵战斗精神培育,利用整组点验、民兵训练和遂行任务等时机,宣扬“见红旗就扛、有第一就争”的拼搏精神,2名干部参加省军区比武取得1个单项第2名、1个综合第8名,7名民兵防空专业骨干参加全省跨区联训取得个人综合第一(白龙桥)、单位综合第二的成绩,5名民兵干部骨干参加首届全省民兵岗位练兵大比武取得2个第一、2个第二、1个第三共5个名次,打响了婺城民兵品牌。

【军事斗争准备】 坚持军事斗争准备龙头主业,不断夯实“能打仗、打胜仗”根基。升级改造部机关作战室,补充完善区民兵应急连任务型装备器材1000余件,全区整体战备水平显著提高。突出“两支队伍(应急、专业)”和“三类骨干(专武干部、民兵干部和兼职教练员)” 业务培训和实战化演训,从严组织“三实(实弹射击、实投训练、实爆作业)”训练1000余人次,消耗各类弹药12000余发,相比往年实现训练时间、人员、弹药消耗和经费使用4个突破。2018年区民兵应急分队先后3次分别接受省军区、军分区和区政府拉动检查,先后3次分别组织参加省应急行动演练、省“民兵+民间”救援演练和区防汛救灾行动演练,全区各级的应急应战水平显著提升。

【国防动员建设】 根据民兵调整改革新任务新要求,压缩规模数量、优化结构布局、改进编组模式,顺利完成3大类15小类59支2605名民兵的组织整顿,区人武部本级和新狮街道接受省军区、军分区组织的检查验收,成绩名列前茅。坚持以“五率”量化考评为杠杆,广泛动员、严格把关,完成新兵的征集任务。组织开展基层武装部规范化建设和村居(社区)民兵连青年民兵之家建设试点,以点带面提高基层建设水平。

【共育共建】 开展“军属大走访”“八一光荣榜”“军人荣誉墙”等活动,组织开展大学生“爱我国防”演讲比赛(浙师大学生参加省“爱我国防”演讲比赛荣获一等奖)、中小学生“传承红色基因”讲故事比赛和“爱我中华、爱我国防”才艺大赛等竞赛,增强全民国防意识。2018年出动民兵参与全国文明城市创建、重大活动安保及参加搜救走失老人等抢险救灾行动。组织完成辖区9所学校5000余名学生军训,学生纪律性、荣誉感、国防观念得到有效提升。认真贯彻落实《浙江省军人军属权益保障条例》。

【贯彻落实军委主席负责制】 人武部坚持把贯彻军委主席负责制作为最高政治要求来遵循,自觉把贯彻军委主席负责制落实在提领认识上、落实在深化武装上、落实在担当作为上、落实在备战打仗上,扎实开展专题学习教育，引导官兵职工认清维护核心关乎旗帜道路方向、关乎党运国脉军魂，认清军委主席负责制是坚持党对军队绝对领导的根本制度和根本实现形式，自觉强化“四个意识”、践行“三个维护”，坚决听习主席指挥、对习主席负责、让习主席放心。

【和平积弊大起底大扫除活动】 人武部聚焦练兵备战、提高打赢能力，有效履行新时代军队使命任务，通过集中学习、领导授课、党小组讨论、查摆剖析等多个动作发动干部职工对“和平病”的表现和根源真摆深挖，找准制约备战打仗的矛盾问题、影响制胜打赢的短板弱项，引导干部职工认清新时代中国安全环境的深刻变化和风险考验，认清新时代军队使命任务的内涵要求，认清有效履行使命任务必须强化练兵备战的鲜明导向，推动战斗力思想立起来、战斗力标准落下去。

（钟沧海）

【区委常委议军会议】 7月24日，婺城区召开区委常委议军会议。会议传达学习习主席有关强军思想的论述以及浙江省国防动员和后备力量建设“十三五”规划，听取2018年度武装工作落实情况汇报，研究明确适龄青年逃避拒服兵役行为处罚实施相关事宜，研究解决区人武部公寓住房改造经费保障问题，为在新的起点上加强国防动员和后备力量建设打下坚实基础。

（宋友余）

【民兵预备役部队组织整顿】 2018年，人武部认真贯彻落实上级民兵调整改革工作指示要求和文件精神，按照军分区统一部署，区分筹划部署、全面展开、巩固提高3个阶段，突出重点队伍编建和基层基础建设等工作重点，坚持早筹划、早部署，早宣传、早发动，狠抓工作落实和标准要求，扎实开展民兵预备役部队组织整顿工作，不断提高遂行支前保障任务能力和服务经济社会发展水平。整组后，全区共编基干民兵3大类17小类58支队伍2605人，其中应急队伍35支1030人、专业队伍22支1535人、特殊队伍1支40人；普通民兵编配3.6万人。

【征兵工作】 2018年，人武部坚决执行上级征兵工作有关指示要求，认真贯彻落实省、市征兵工作电视电话会议和业务会议精神，始终坚持以“五率”量化考评为标准，紧紧围绕“送好兵、不退兵”目标，按照提前展开、适时推进，广泛动员、严格把关，公开透明、廉洁征兵的总体思路，创新举措对策，狠抓工作落实，完成市政府、军分区赋予的新兵征集任务。

【民兵训练演练】 2018年，人武部坚决贯彻习主席训令，按照军分区党委扩大会议精神和区武装工作会议部署，坚持以新大纲落实为主线，以实战化训练为重心，以战领训、按纲施训，持续兴起大抓军事训练热潮。先后组织参加“浙江省应急联动2019”实战演练、浙江省“民兵+民间”军地联合抢险救灾演练、全省民兵岗位练兵大比武等训练演练，有效提高分队快速反应和应急处置能力，为坚决完成随时可能出现的险情灾情打牢能力基础。

【自查自纠和问题整改工作】 4月下旬至11月底，人武部根据上级统一部署集中组织开展安全大检查自查自纠和问题整改活动。对照9个方面44项内容，采取全面自查与重点抽查、专项督察与综合检查、实地核查与现场纠治相结合的方法，先后迎接省军区、军分区工作组检查验收。通过活动，强化安全意识，落实安全制度，规范安全秩序，消除安全隐患，确保部队安全稳定。

（刘　勇）

【助力创建文明城市】 创建全国文明城市是金华市2018年部署的“九场硬仗”之一，两级党委政府高度重视，干部群众众志成城，志在打赢。为全力支持创建活动，婺城区人武部积极参与，主动请战，先后组织部队官兵、民兵和入伍新兵，通过接力打好“创建有为的动员仗、问题清单的梳理仗、重点整治的攻坚仗、常态治理的持久仗、成果巩固的保卫仗”，努力为创建目标做贡献。

（钟沧海）

农业 农村 水务

农 业

·综述

【基本情况】 2018年,农村集体资产拥有量增势平稳。全区农村集体拥有资产总额23.47亿元,增加2.85亿元,同比增长13.8%;村均拥有资产600.26万元,同比增加82万元。资产拥有量主要集中在少数经济较发达的乡镇(街道)。区属391个村(不包括移民村),总收入在1万元以下的村(社)0个;年总收入在1万~10万元的村(社)1个,占总村(社)数的0.26%;总收入在11万~50万元的村(社)有273个,占总村(社)数的69.82%;总收入在51万~500万元的村(社)111个,占总村(社)数的28.39%;总收入在500万元以上的村(社)6个,占总村(社)数的1.53%。

(贾玉珍)

【农村改革】 2018年,农村土地承包经营权确权颁证工作开展顺利。全区共完成15个乡镇街道(含罗店镇)、328个确权村(社),涉及农户52345户,地块223642块、实测家庭承包耕地面积11567.87公顷。通过省级综合验收,综合检查得分89.5868,检查结果评定为良好。基本完成农村股份制改革。

【薄弱村经济扶持】 作为全省"26+3"加快发展县市之一,婺城区共有省定薄弱村104个,经营性收入5万元以下行政村253个。2018年年底,全区年收入10万元以上的行政村326个,完成率100%;经营性收入5万元以上的行政村313个,完成率96.01%;省定薄弱村年总收入10万元以上且经营性收入5万元以上行政村104个,完成率100%。

(杨朝洋)

【家庭农场】 2018年年底,全区经工商部门注册的家庭农场574家,同比增加89家。其中种植业448家,畜牧业20家,渔业28家,种养结合24家,其他行业54家。家庭农场经营土地面积2681.33公顷,劳动力数量1903个。通过培训、项目申报、建立观测点等多种形式,引导家庭农场向规范化方向发展。截至2018年年底,婺城区有22家家庭农场被评为市级示范性家庭农场,43家家庭农场被认定为规范化家庭农场。年销售农产品总值18437.2万元,其中10万元以下228家,10万~50万元242家,51万~100万元72家,100万元以上32家。拥有注册商标的家庭农场有22家,通过农产品质量认证的有11家。规范婺城区家庭农场,使全区规范化家庭农场朝着经营规模化、成员知识化、产品安全化、农业设施化、产业生态化、销售品牌化的"六化"方向发展。

【农民负担监管】 农民负担监督管理长效机制有效运行,惠农补贴政策落实及时到位,无重大农民负担案件发生。一事一议奖补政策加强规范化运作,落实有序。全区一事一议奖补项目30个,涉及人口23512人,承担筹资人口3360人,承担筹劳20152人,总投入1830万元,其中村筹资391.8万元,村集体投入428.8万元,社会捐助10万元。确定全区2018年度村民一事一议筹资筹劳以资代劳工价标准每工100元。

(李思锋)

【土地承包及流转管理】 2018年,婺城区耕地总面积 12412.47 公顷，家庭承包经营的耕地面积 11183.07 公顷,家庭承包经营的农户数 65083 户,家庭承包合同份数 63684 份,颁发土地承包经营权证份数 59961 份。家庭承包耕地流转面积 3873.27 公顷,占家庭承包经营耕地面积的 34.64 % ,占耕地面积的 31.2%。通过各级土地流转服务组织流转面积 352.23 公顷。流转后用于种植粮食作物土地面积 1041.47 公顷,农业“两区”内土地流转面积 651.3 公顷,签订耕地流转合同份数 12946 份。

(杨朝洋)

【现代农业园区建设】 现代农业园区建设持续推进。2018 年，全区共投入现代农业园区建设资金 1007.2 万元,建高效节水面积 23.53 公顷,智能大棚 4100 平方米、钢架大棚 1.73 公顷,增加养殖设备 25 台/套,机耕路 2150 米,沟渠 300 米,蓄水池 5000 立方米,冷库 1048 立方米,地力提升 53.33 公顷。

(戴爱红)

·农产品质量安全

【概况】 2018 年,通过省级农产品质量安全放心县验收。农产品质量安全监管到位。与 12 个乡镇签订农产品质量安全监管责任书。加强农产品检测，2018 年累计监测抽样数量 421 批次，合格率 99.52%。全区新增通过认证的无公害农产品 3 个,绿色食品 3 个,全区农业标准化生产程度 67.12%。

【农产品质量安全监管】 健全监管体系,区、乡镇建立监管机构。强化落实生产主体是质量安全第一责任人意识,完善生产记录台账,加强农业投入品的使用监管。完善农产品追溯体系建设。全区开展农产品质量安全专项整治,出动 1211 人次,对 485 家生产经营企业进行检查,检查生产主体、收储运、屠宰企业等 820 家次。发放宣传资料 7600 份。实施产地检疫生猪 25.66 万头，家禽 7.08 万羽。实施屠宰检疫生猪 19.51 万头,检出病害生猪 82 头,全部无害化处理。生猪产地、屠宰检疫环节“瘦肉精”抽检 21947 头次,未发现阳性生猪。牲畜交易市场交易肉牛 5.57 万头,“瘦肉精”监督抽检 3946 头次,发现盐酸克伦特罗阳性牛 4 头,按规定进行无害化处理,案件线索移交公安部门查处,保障畜产品安全。

加强农产品监测,2018 年全区农产品定量检测 421 批次,其中蔬菜 151 批次、水果 31 批次、茶叶 1 批次、稻谷 80 批次、春笋 23 批次、猪肝 32 批次、猪肉 39 批次、猪尿 32 批次、禽肉 5 批次、禽蛋 10 批次、生鲜乳 7 批次,蜂蜜 10 批次,抽检的农产品送中国水稻所和浙江省农科院检测，合格率 99.52%;定性检测批次 11377 批次，合格率 99.67%；配合部、省、市例行监测、监督抽检、风险评估,抽检产品 168 批次。加快农产品质量安全追溯体系建设,建成区级追溯平台一个,285 家生产主体纳入信息库,126 家农产品生产主体建成二维码追溯体系,各类信息记录完整,建成有效追溯链。

(李玮峰)

【三品认证】 2018 年,增加绿色食品 3 个、无公害农产品 3 个。累计通过无公害认证的产地 83 个,无公害农产品 98 个;绿色食品 17 个,面积 566.67 公顷;无公害产地整体认定 656.93 公顷,全区主要食用农产品“三品”认证比率 56.1%。

(王 艳)

【农业执法】 2018 年,“绿剑” 执法行动共出动 385 人次，检查企业 446 家次，完成监督抽检 55 个批次。查处农业违法案件 12 个,收缴罚没款 7.0114 万元。受理农民投诉 15 起,诉值 33.3 万元,为农民挽回赔偿(补偿)款 9.2 万元。开展百草枯监管工作,截至 2018 年 12 月 15 日,用草铵磷、草甘磷兑换及回收百草枯共 4049 瓶,重约 2 吨。开展农业法律法规知识宣传，发放农业法律法规单行本 500 余份,其他宣传资料 200 余册。回收农药废弃包装物 40.67 吨,处置 40.67 吨,回收率 94%,比省要求的 80%超 14%;处置率 118%,比省要求的 90%超 28%。

(黄净轩)

【种子管理】 2018 年，对 14 家种子经营部进行检查。发放 2018 年度的订单水稻良种奖励资金。对 2018—2019 年度的储备种子进行实地检查。

(董小红)

【农民信箱】 2018 年，全区用户注册数 43172 户，启用数 43172 户,启用率 100%。通过农民信箱发布农产品买卖信息 60 条,“每日一助”信息 122 条,全年邮件及短信发送量超过 3.7 万余条,成交额超过

67 万元。万村联网平台益农信息社开通率 100%。

(傅丁帅)

·种植业

【粮食生产】 2018 年，全区粮食播种面积 3811 公顷,总产 22012 吨。粮食播种面积同比减少 1115 公顷,减幅 22.63%;总产减少 8458 吨,减幅 27.76%。

全区水稻播种面积 2568 公顷，同比减少 18.66%。总产 17244 吨,同比减少 23.60%。受气候因素影响，水稻单产水平有所下降，达 6715 千克/公顷,同比减少 6.11%。其中,早稻播种面积 696 公顷,同比减少 43.64%;单产 6362 千克/公顷,同比减少 5.75%;总产 4428 吨,同比减少 46.88%。单季晚稻播种面积 898 公顷,单产 7949 千克/公顷,总产 7138 吨,同比面积下降 0.22%、单产下降 5.37%、总产下降 5.52%。连作晚稻播种面积 974 公顷，单产 5830 千克/公顷,总产 5678 吨,同比面积、单产、总产分别减少 4.70%、10.86%、15.03%。

【油料生产】 2018 年，全区油料播种面积 1778 公顷，同比减少 3.68%；单产 1953 公斤/公顷，增加 7.37%;总产 3477 吨,增加 3.64%。其中油菜播种面积 1626 公顷,单产 1900 千克/公顷,总产 3090 吨,同比面积减少 3.79%，单产、总产分别增加 9.01%、4.89%。2018 年全区油菜播种面积、总产分别占全区油料播种面积、总产的 91.45%和 88.87%。

(祁 雪)

·特产经济

【蔬菜生产】 2018 年全区蔬菜：蔬菜播种面积 3193.33 公顷,同比增加 1.48%;产量 10.74 万吨,同比增加 0.09%;产值 3.09 亿元,同比下降 10.35%。

2018 年,金华市暖田农业有限公司蔬菜种植基地建成,进入审计阶段。此项目为现代农业生产发展专项资金项目，计划投资 256.4 万元，补助资金 128.2 万元。验收和基地认定 2017 年省现代农业科技示范基地 4 个。2 个在建项目申报 2018 年省级现代农科技示范基地。由婺城区美斯源家庭农场负现实施的 2015—2017 年浙江省食用菌团队项目完成验收,补助资金 8.8 万元已下拨。

配合质监科、执法大队等相关单位对全区的蔬菜生产企业、种植大户、家庭农场农资采购、使用、生产记录、生产现场等情况进行检查,发现不规范的要求限期整改。对全区蔬菜生产基地生产的农副产品组织定期与不定期抽样检测，积极配合省、市农残检测抽样抽检工作。1—10 月,共抽检 3476 批次,合格率 100%。

【水果生产】 2018 年,水果种植面积 1726.67 公顷,同比减少 0.77%,产量 2.97 万吨,同比增加 6.07%,产值 1.51 亿元,同比增加 11.79%。

【棉花生产】 2018 年,棉花种植面积 23.33 公顷,同比增加 16.67%,产量 38.5 吨,同比增加 3.49%,产值 77 万元,同比增加 3.08%。

【茶叶生产】 2018 年,全区茶园总面积 1514 公顷,面积保持稳定,总产干茶 2795 吨,同比增加 1%,总产值 1.39 亿,同比增加 0.7%。2018 年春茶于 3 月 3 日开采,较 2017 年(3 月 9 日)提前 6 天,春茶总产量 1053 吨,同比增加 3%,产值 1.09 亿,同比下降 3%;春茶采摘期间,总体天气良好,没有极端低温出现。名优茶产量较 2017 年相比有小幅度下降,主要原因为春茶采摘后期气温上升过快,茶叶生长速度快,部分茶叶来不及采摘,只能留养在树上。婺城区红茶主要产自箬阳,2018 年年初箬阳茶园部分受冻,导致红茶产量和产值均下降。大宗茶产量虽有提高,但是价格较同比下降 30%~40%,导致产值下降。2018 年茶叶销售总体情况良好,销售比较顺畅,名优茶价格较 2017 年稍有提升。

2018 年,实施省级现代农业项目一个,为金华市婺城区茶叶加工中心。此项目实施主体为浙江玉阳春农产品有限公司，项目总投资 300 万，建成 2000 立方米农产品冷藏保鲜库、1000 平米茶鲜叶摊青车间。婺城区茶叶加工中心的建成,提高全区茶叶加工能力,进一步提升茶叶产值。国家级项目一个,为农业部老茶园改造,实施地点在白龙山茶厂。老茶园的改造进一步改善全区茶园面貌。

组织并参加各类茶事活动。组织婺城区茶企以茶叶协会名义参加在武义召开的金华市第十届万人品茶大会,在杭州举办的第二届中国国际国际茶叶博览会以及浙江绿茶银川博览会。

起草婺城区茶产业扶持政策。针对婺城茶叶发展现状起草相关扶持政策。政策为3年一周期，主要扶持培育茶叶主导品牌，建设美丽茶园，拓展茶叶精深加工等3方面；茶树新品种种植、新发展生产茶园、发展休闲生态观光茶园、新建茉莉花园以及研发新产品等进行补助。政策初稿已拟定。

（朱丽娜）

·植物保护

【化肥减量增效】 2018年，婺城区实施测土配方施肥2万公顷，推广配方肥3000吨，减少不合理化肥施用量100吨。实施商品有机肥推广应用，全年全区共推广商品有机肥11500吨。

【耕地质量提升】 发放紫云英种子11600千克，油菜(浙油51)2000千克，蚕豆500千克，豌豆500千克，实现农田绿色过冬933.33公顷。

完成全区4个耕地地力长期定位监测点和农业“两区”土壤污染防治10个综合监测点、15个常规监测点的年度监测任务，掌握全区耕地质量和农田土壤污染变化发展。

【植保测报】 做好农作物病虫害测报工作，定期到田间调查农作物病虫害的发生动态，根据病虫发生情况，制定相应的防治策略，2018年发布病虫情报13期1700份，指导科学用药，推广高效、低毒、低残留农药。

建立统防统治与绿色防控融合示范区5个，示范面积600公顷，推广农作物病虫害绿色防控技术，实施生物防治、生态控制、物理防治等绿色防控措施。推广绿色防控面积4733.33公顷次，推广病虫害统防统治4866.67公顷，农药减量7吨。

（李 宽）

·畜牧业

【概况】 2018年，全区奶牛养殖户10户、存栏6618头，占金华市奶牛存栏46.46%，占全省的1/4，为浙江省最大的奶牛养殖区。奶站5家，2018年牛奶产量31880吨。生猪养殖户29户、年末存栏11.88万头，其中能繁母猪存栏1.22万头，年出栏生猪20.92万头，2018年饲养量32.8万头。家禽存栏11.58万羽，出栏12.18万羽，2018年，家禽饲养量23.76万羽。全区2018年肉类总产量17588.43吨，同比下降30.87%，其中猪肉产量16924.9吨，同比下降27.04%；牛肉产量461.46吨，同比下降45.97%；羊肉产量23.07吨，同比下降56.5%；禽肉产量178.86吨，同比下降86.6%；禽蛋产量802.84吨，同比下降67.07%。

【畜禽养殖污染防治】 牢牢坚持“猪要养，但绝不能污染环境”这条底线，按照“两条红线”“四个一律”“五个凡是”原则，开展中央环保督察回头看检查、中央黑臭水体专项督察、第二次全国污染源普察、畜禽养殖污染专项整治、省环保督察等一系列斩污行动，同时进一步落实养殖监管人员，完善养殖场线上线下监管机制，加强对养殖场的监管考核，执行三方“评分考核”淘汰制，养殖污染防治得到有效巩固。

【美丽生态牧场创建】 继美保龙打造成为全国美丽生态牧场的样板之后，以美保龙为中心，全力改造提升所有保留牧场，促进种养有机结合，全面实现畜禽粪污资源化利用，打造生态安全、环境友好的美丽生态牧场。通过多次举办全区美丽生态牧场推进会、一对一结对现场帮扶指导等方式，提升规模养殖场的生产经营，粪污资源化利用，美化绿化洁化水平。全区40家保留养殖场全部通过美丽生态牧场初验，其中通过省级验收的24家，2018年增加省级美丽牧场13家，实现养殖场一处美向一片美的转变。

【后备母牛调查】 开展奶牛调查工作，全区存栏11头以上(含11头)且成母牛5头(含)以上的奶牛养殖场(小区)11家，存栏奶牛6481头，其中后备母牛2449头。

【生鲜乳专项整治】 组织召开有奶站监管人员、奶站负责人、生鲜乳运输人员参加的生鲜乳质量安全工作会议，开展生鲜乳车辆专项整治行动。2018年，审查3家生鲜乳收购站，核发生鲜乳收购许可证。对现有5家奶站实行专人监管负责制，每月例行巡查不少于2次，做到巡查有记录，同时对三聚氰胺等指标抽样检查。奶站巡查350人次，发放宣传资料500份。配合农业部、省农业厅、市农业局开展生鲜乳抽样检测共 611 批次,各项检测指标全部合格且优于国家标准。

(倪俭余)

【重大动物疫病防控】 2018 年,免疫注射高致病性禽流感 35.47 万羽、牲畜口蹄疫 53.65 万头(其中猪 52.02 万头、牛羊 1.63 万头)、猪瘟 50.53 万头、猪蓝耳病 15.07 万头、羊小反刍兽疫 0.04 万只,做到应免尽免。2018 年高致病性禽流感抗体监测 442 羽次,合格率为 92.08%;牲畜口蹄疫抗体监测 1349 头次,合格率为 88.21%; 猪瘟抗体监测 253 份, 合格率 90.1%;高致病性蓝耳病 105 份,合格率 97.1%;鸡新城疫抗体监测 116 份,合格率 84.5%,各项监测抽查结果均达到上级规定的要求。开展奶牛 "两病"监测,共普查奶牛 7910 头。同时普查有螺乡镇、村耕牛血吸虫病 96 头, 全部阴性。实施产地检疫生猪 25.66 万头、家禽 7.08 万羽,牲畜交易市场交易肉牛 5.57 万头,实施生猪屠宰检疫 19.51 万头,共检出病猪 82 头,全部进行无害化处理。2018 年累计开展生猪"瘦肉精"监督抽检 21947 头次,牛"瘦肉精"监督抽检 3946 头次,发现盐酸克伦特罗阳性牛 4 头,按规定进行无害化处理, 案件线索移交公安部门查处,保障畜产品安全。组织 765 人次开展漂浮死猪巡查工作,未发生流域性漂浮死猪现象。病死猪无害化处理实现生猪保险全覆盖与无害化处理联动机制,实行政府购买服务,2018 年共统一收集、集中处理死亡生猪 9.80 万头 (其中死胎 0.77 万头),计 93.88 万千克。在病死猪"统一收集、集中处理"的基础上,其他畜禽养殖场、生猪屠宰场、动物诊疗机构全部与无害化处理运营单位金华市莱逸园环保科技开发有限公司签订"动物无害化委托处置合同",实现全区畜禽无害化处理全覆盖。动物疫病预防控制中心实验室建设项目于 2018 年 3 月建设完成,7 月经专家评审通过验收,12 月通过省级兽医实验室考核。2018 年 7 月底,雅畈生猪屠宰检疫工作室规范化建设完成,严格按照队伍正规化、形象标准化、条件现代化、制度科学化、管理痕迹化、政务透明化、手段信息化、工作规范化的"八化"要求,通过专家验收,经市级审核、省级确认公布。

(傅婷婷)

农 村

·综述

【基本情况】 2018 年,抓住"两美"婺城建设这一载体,立足乡村振兴战略,改善农村人居环境,发展美丽经济,促进农民持续增收。突出美丽乡村廊道精品线建设,打造高水平现代化和美乡村。

婺城区 332 个建制行政村, 其中 5 个实施下山移民搬迁的行政村不开展分类。截至 2018 年年底,全区有 326 个行政村(除新狮街道高村外)已全面实施生活垃圾分类处理,每户配备两只分类垃圾桶,购置清运车辆 387 辆,聘用保洁员(分拣员)871 名,建成生活垃圾阳光堆肥房 230 座,机械式资源化处理站点 3 座。完成 2018 年农村生活垃圾分类工作任务,省级示范村 2 个创建完成,省级垃圾分类试点村 10 个基本完成, 机械式资源化处理站点 2 座(五村合建)建设完成,验收农村生活垃圾分类优秀村 99 个,累计通过验收 224 个行政村,优秀率 68.5%。

【美丽乡村精品村创建】 2018 年,全区建成 8 个精品村,在建 13 个村;建成 2 个秀美村,在建 8 个村;规划编制 1 个美丽宜居村,在建 3 个村;建成 24 个村生态洗衣房。

(王 莺)

·农村扶贫

【概况】 2018 年是浙江省低收入农户高水平全面小康计划启动之年,婺城区扶贫工作围绕省市区年度工作目标,以产业扶贫、异地搬迁、金融扶贫等为抓手,扎实推进扶贫重点帮扶村发展、低收入农户增收致富。

2018 年, 经筛选省扶贫办确定婺城区沙畈乡、塔石乡、莘畈乡、箬阳乡 34 个村为省级扶贫重点帮扶村。婺城区对 2017 年认定的低收入农户开展复核及动态管理, 经动态调整,2018 年全区认定低收入农户 2963 户、4605 人。

【产业扶贫】 2018 年,安排扶贫开发项目 17 个,补助资金1107万元。其中中央资金补助项目9个，补助资金573万元；省级资金补助项目5个，补助资金234万元；市级资金补助项目3个，补助资金300万元。其中道路建设项目7个，总投资374万元，受益农户1097户；乡村配套设施建设2个，投资89万元，受益农户102户；产业化项目8个，投资644万元，受益农户1548户，有效带动当地林地、茶叶和毛竹产业的发展。

（徐　斌）

【异地搬迁】 做好2017年底蒋堂移民新村一期、乾西移民新村四期安置分房的房款收缴、搬迁户户口迁移、补助资金拨付等后续工作。利用蒋堂移民新村一期、乾西移民新村四期剩余房源，组织新一批搬迁安置，共搬迁农户88户229人。启动新的安置小区蒋堂移民新村二期建设，完成项目总承包招投标工作。

（徐　刚）

【扶贫助学】 实施"雨露计划"支持低收入农户子女接受职业教育，减轻低收入农户家庭上学负担，按每人3000元补助35名学生，共计补助10.5万元。实施扶贫小额贴息贷款，2018年共贴息户数79户，落实贴息338415元。新增扶贫资金互助社2个，全区共有扶贫资金互助社22个。

（施　斌）

·长山良种场

【概况】 金华市婺城区第一良种场位于长山乡境内，土地面积102公顷，可耕种面积86.67公顷（农田60公顷、山地26.67公顷），其中农业试验6.67公顷、淡水养殖33.33公顷、蔬果20公顷、茶叶13.33公顷、竹园6.67公顷、苗木6.67公顷。2018年有干部职工178人，其中退休145人、在职33人。农场以培育水稻、小麦良种为主，属国家南方小麦区域试验，水稻省、市区域试验定点场，主要职能是稻麦棉油良种生产、农业试验和技术推广。2018年，完成省种管站下达的44个品种农业试验任务，其中早稻区域试验24个，生产试验7个；晚稻区域试验13个。

（宗顺荣）

林　业

·综述

【概况】 2018年，全区造林更新432公顷，其中平原绿化造林89公顷，迹地更新343公顷，森林抚育1071公顷。全区有公益林专职护林员106名，并统一配备护林考勤设施设备。有重点公益林总面积51358.2公顷。占全区林业用地面积的60.79%。2018年实发公益林损失性补助资金2553.8万元，直补农户16220户。完成重点公益林优质林分面积37292.2公顷，完成率100%（以上数据包括开发区和金华山。市经济技术开发区公益林4200.1公顷，金华旅游经济区公益林3519.1公顷）。2018年，全区育苗面积8113.33公顷，销售额75695万元，其中绿化观赏苗木面积7733.33公顷，销售额65793万元。全区花卉产业生产总值106248万元，从业企业1582家，从业人员1.8万人，其中适度规模经营企业376家。

·林业生态林建设

【珍贵彩色森林建设】 浙江榧龙生态农业开发有限公司，完成种植珍贵树种2.1万株，面积20公顷。其中，榧树1万株，红豆树0.5万株，香榧0.6万株。

琅峰山，补植珍贵树种1.8万株，面积6.67公顷，其中浙江楠1万株、山樱花0.8万株。

塔石乡余仓村，种植珍贵树种0.6万株，面积3.33公顷，其中浙江楠0.15万株、山樱花0.35万株、香榧0.1万株。

【珍贵树种造林】 2018年，婺城区珍贵彩色森林建设767公顷，珍贵树种造林21万株，建设局长示范林2块、示范点3个，开展示范单位3家，赠送珍贵树苗3.3万株。

【森林系列创建】 2018年，创建省级森林城镇2个（琅琊镇和雅畈镇），已被命名；市级森林村庄15个，已被命名；落实"一村万树"示范村5个。创建市级森林公园1个（塔石梨树源森林公园），已被命名；申报省级生态文化基地1家（金华市东方红林场省级生态文化基地），已被命名；组织筹建金华市婺城区生态文化协会；申报省级示范性家庭林场1家(金华市婺城区神农苗木场)。

·林业产业建设

【林业科技推广】 重点推广木本油料种植和林下中草药种植。完成2017年金华市本级林业发展和资源保护重点项目的验收工作，发放补助资金74万元。发展木本油料26.67公顷，中草药种植16.67公顷，完成“一亩山万元钱”示范面积86.67公顷，辐射推广面积200公顷，促进林业增效、林农增收。抓好2018年林业项目(永根杜鹃花种质资源圃建设)的实施监管工作。申报2019年市本级林业发展和资源保护项目9个(其中以奖代补5个)，申请补助资金118.6万元。

【林产品安全建设】 2018年3月，根据省检查站要求，抽检春笋8个批次，油茶籽11个批次，抽检合格率100%。

(魏文涛)

·森林资源保护

【木材运输巡查】 加强木材运输管理，检查木材运输车辆560辆，检查木材9220立方米，查处违法运输木材案件6起，没收违法运输木材74.3立方米。依法实施检查，执法过程做到“依法、公正、文明、合理”。

【木材加工厂管理】 加强对木材加工经营相关法律法规的宣传，完善木材进出厂台账登记制度，抽查木材加工厂98家，为配合饮用水源涵养功能区建设关停木材加工厂48家。

(庄期寅)

【有害生物防治】 2018年，林业有害生物监测面积53.2万公顷，监测覆盖率100%，成灾率0，无公害防治率97.2%，测报准确率91.5%，种苗产地检疫率99%。科学实施松材线虫病防控，打孔注药2000瓶，利用噻虫啉喷粉防治松褐天牛545公顷，释放松褐天牛天敌——花绒寄甲9万头，挂放松褐天牛诱捕器72只，进行松材线虫病春、秋两季疫情调查工作，松材线虫病秋季发生乡镇6个：蒋堂镇、白龙桥镇、琅琊镇、罗店镇、东方红林场、雅畈镇，疫情发生面积569.47公顷，发生范围内共有枯死松木4933株。全区共清理枯死松树面积1260公顷，数量3.24万株，清理费用288万元。开展“绿剑”检疫执法专项行动，做好松材线虫病疫木利用定点企业的监管工作。在箬阳乡、安地镇、沙畈乡、塔石乡防治柳杉毛虫246.6公顷。古树白蚁防治150株。

(方建设)

【森林消防】 2018年，3·19浙江省森林消防日现场会大型活动在区婺州城市广场举行，活动取得成功。区板报比赛获全省县市级第一名。组织区直琅琊镇和蒋堂镇两支森林消防队伍参加市直森林消防技能大比武，分别获一等奖、二等奖。做好“春节”“元宵”“清明”重点时节的森林防火工作，实现区全年零火灾。

【森林公安】 结合省厅开展的“雷霆”“利剑”“飓风”“绿剑2018”等专项行动，2018年共查处涉林案件30起，其中刑事案件7起，行政案件23起，违法野外用火4起，滥伐林木14起，配合地方公安办理禁种铲毒案件5起。

(周济果)

【林木采伐管理】 根据《浙江省人民政府办公厅关于加强“十三五”期间年森林采伐限额管理的通知》(浙政办发〔2016〕77号)要求，结合全区实际，制定《婺城区森林采伐限额执行情况检查制度》。2018年，婺城区限额使用总量29485.74立方米，使用率37.64%，其中商品林限额29155.67立方米(包括主伐28702.53立方米、抚育伐76立方米、其他采伐377.14立方米)；商品林限额330.07立方米(包括更新伐8立方米、抚育伐266.42立方米、低效林改造55.65立方米)，2018年全区年森林采伐符合省、区下达的限额指标。

加强“两路两侧”林木采伐管理，结合区饮用水源涵养生态功能区建设、“五水共治”和建设美丽婺城的总体布局，有效防止水土流失和地质灾害的发生，“两路两侧”采伐面积每次应当控制在0.33公顷以内(因自然灾害毁坏或者已枯死需要清理采伐的林木除外)，饮用水源涵养生态功能区范围内采伐林木从严控制；连片针叶林面积超过0.33公顷的采伐小班，原则上分若干年申请采伐，做到“山顶戴帽,山腰扎带,山脚穿鞋”且上次采伐迹地郁闭后方可再次申请采伐。

(叶　锋)

【野生动植物保护】　全国人大修改后的《中华人民共和国野生动物保护法》于2017年1月1日起实施。该法律明确禁止违法经营利用及食用野生动物,加强野生动物保护名录和栖息地保护管理,加强人工繁育和野生动物保护资金管理。野生动物驯养繁殖许可证改为人工繁育许可证;野生动物经营利用核准不再发证,改为每次一许可,每次最长不超过一年,以经营利用许可决定书来替代原来的经营利用核准证。

2018年,根据各类举报和求助电话,全区共救助陆生野生动物13种、28只(条),其中国家一级重点保护野生动物1种、1只(条),国家二级重点保护野生动物3种、12只(条),省重点保护野生动物有2种、12只(条),省一般保护野生动物7种、12只(条)。

(潘　建)

·现代林业发展

【深化林权股份制改革】　为深入贯彻落实《国务院办公厅关于完善集体林权制的意见》(国办发〔2016〕83号)文件精神,积极引导农户以入股形式流转林地经营权,2017年金华市婺城区人民政府办公室出台《金华市婺城区林业股份制改革试点工作的实施意见》(婺区政办〔2017〕65号)文件,加强林地流转奖补政策扶持力度。组建林业股份制合作组织,组织成员在20个以上(含)及集中连片林地面积53.33公顷以上(含)的,给予合作组织一次性补助3万元;当年流转新增连片面积33.33公顷以上(含),流转期限30年以上(含),给予流出方一次性补助50元/亩。2018年创建两家规模以上林业股份合作组织,面积0.07公顷,涉及农户355户、1055人。

(钱海燕)

【自然保护区创建】　经婺城区人民政府批准,2018年3月启动“金华南山省级自然保护区”创建工作,保护区面积9533.33公顷。建成后是浙江省面积最大的省级自然保护区。其核心区面积3893.33公顷,缓冲区1386.67公顷,实验区4246.67公顷。总体规划编制前期科考需历时14个月,项目由浙江省林业勘察设计院实施,2019年10—11月全面完成总体规划编制并上报省政府批准授牌。

【湿地公园创建】　2018年,婺城区启动浙江婺城九峰省级湿地公园创建工作。婺城区委托国家林业和草原局华东林业调查规划设计院按国家级湿地公园规划标准编制完成《浙江婺城九峰省级湿地公园总体规划(2018—2025)》,通过规划评审。2018年12月29日,浙江省林业局批准(浙林湿函〔2018〕39号)。浙江婺城九峰省级湿地公园规划面积354.8公顷,共划分3个功能区,分别为保育区、恢复重建区和合理利用区,根据各功能区功能要求实行分区管理。

(叶　锋)

【森林资源年度监测】　2017年度森林资源年度监测通过省森林资源监测中心验收。全区土地总面积13.91万公顷,林地面积8.51万公顷,森林面积8.10万公顷,林木蓄积量4152835立方米,乔木林亩蓄积量3.96立方米,森林覆盖率58.24%,林木绿化率62.27%。

(闫青青)

【古树名木挂牌】　根据浙江省绿湿委、林业厅《关于开展全省古树名木统一挂牌工作的通知》(浙绿湿委〔2017〕5号)文件规定,制作散生古树树龄在1000年以上的深棕色铭牌、散生古树树龄在1000年以下的浅灰色铭牌、古树群金黄色三类铭牌,对全区2121株古树名木(死亡除外)统一挂牌。在这些新版“身份证”上,不仅标注该树的年龄和编号,还有一个二维码,市民只需打开手机一扫,就可以了解每棵古树的详细资料,便于林业工作者的日常管理,也加强了对古树名木的保护和宣传。

【古树名木保护】　为保护珍贵的自然遗产,对一些存在病虫危害、严重倾斜有倒塌危险、遭人为破坏的古树名木,婺城区精心编制“一树一策”保护方案,采取地上环境整治、砌坎固基、树体支撑加固、树体防腐、培土复壮、病虫害防治等保护措施,改善大树的生长立地条件。按照《浙江省林业厅关于抓紧组织开展2018年古树名木保护工作的通知》(浙林便〔2018〕79号)文件要求,婺城区按“一树一策”制定古树名木保护实施方案,安排古树名木保护专项经费122.5万元,保护一、二、三级古树名木130株。

(董海均)

水　务

·河道治理

【概况】 2018年,婺城区水利建设计划完成投资1.51亿元,其中政府投资项目12个,续建项目7个、新建项目3个、预计划项目2个。续建项目包括河湖库塘清淤305.29万立方米;桐溪治理应急工程(怡村段667米);洪源溪治理工程投资899万元;雅干溪(下傅村段663米)治理工程,投资577万元;外畈溪(埠头段651米)治理工程,投资320万元;金华江、莘畈溪绿化景观综合整治工程,投资1500万元;雅苏排涝泵闸新建工程,投资2000万元。新建项目包括白沙溪泉口段治理工程(1.7千米),投资1500万元;盘溪治理工程(竹马段2.9千米),投资2544万元;武义江芳田段治理工程(2.4千米),投资500万元。预计划项目包括金华江、白沙溪景观绿化提档工程(虹路堤4千米、白沙溪右岸10千米),投资1800万元;金华江右岸美丽城防提升工程9.15千米,投资3000万元。

【生态廊道建设】 3个生态廊道考核项目进场施工:雅苏排涝泵闸新建工程、白沙溪泉口段1.7千米(完成形象进度40%)、金华江右岸美丽城防提升工程2.5千米(完成浙赣线至婺城大桥段堤顶硬化及绿化)。

【河道建设】 其他河道续建项目:完成中小河流白沙溪白龙桥集镇段治理工程、白沙溪新昌桥、大圩段治理工程、幽栏里段治理工程建设;长湖(联民村段)治理工程稳步推进;武义江竹园段1.5千米扫尾工程推进建设;中小河流武义江雅畈段5千米变更段扫尾工程推进建设。

·河道管理工作

【美丽河道创建】 美丽河湖工作,开展婺城区美丽河湖创建相关工作,2018年完成莘畈溪3千米美丽河湖创建工作。

【河道标化创建】 落实2018年河道标化的相关工作,完成白沙溪、金华江堤防四段创建工作。

【河道保洁】 河道水环境长效保洁,深入开展水环境长效保洁工作,包括327.92千米河道保洁及58座小(2)型以上水库洁水渔业,实现了保洁工作常态化。

【堤防管理养护】 堤防管理维修养护工作,全区省、市级河道二十年一遇以上堤防长度73.9千米,其维修养护工作分别由金华江流域管理站、武义江流域管理站负责实施,将养护工作进行公司化运作,实现管养分离。

【涉河涉堤审批】 涉河涉堤(占用水域)审批工作,为加强水域保护,完成2018年婺城区农村病旧桥梁加固改造工程等6个项目防洪影响评价评审、涉河涉堤审批。开展莘畈溪、桐溪河道划界工作,完成河道划界57.35千米。

·水务安全生产管理工作

【水库除险加固】 2018年完成成功塘、跃进2座水库除险加固,总投资3894万元。实施章坑水库除险加固工程,总投资1417万元。

【水政执法】 开展区境内水政、渔业执法巡查720人次,及时依法阻止、调解和查处水事违法活动和案件,警告、责令停止、责令改正17次,收缴罚款3万元。

【安全生产】 建立安全生产工作领导小组,层层签订责任书,认真开展安全生产大检查,举办安全知识培训,狠抓水利工程建设安全管理,实现了安全生产无事故。

·防汛抗旱工作

【防汛抗旱值班制度】 落实防汛责任制和值班制度。落实行政首长责任制,24小时值班和领导带班制度。汛前下文明确了基层防汛责任人名单,并在媒体上公示。乡、村基层防汛组织按照“网格化、清单式”进行管理。全区建立防汛四级应急响应值班制度,明确防指成员单位和乡、村责任人值守职责。

【水利工程管理】 强化水利工程管理，落实好水库安全度汛“三个方案”“三个责任人”。山塘水库、重要堤防巡查员开展安全大排查，遇特殊天气加密巡查次数，严格执行病库限制蓄水、险库空库运行的安全度汛措施。实施“雪亮”工程，投资312万元，在全区67处重点水利工程（48座小型水库、12座重要屋顶山塘和7处重要江堤防）开展视频监控安装工作。

【防汛能力】 提升基层防汛能力，补充完善防汛物资储备，强化防汛抢险队伍联动。3月1日，完成全区防汛管理APP安装工作，为实现责任人“痕迹化”管理打好坚实基础。4月18日上午，召开防汛责任人业务培训会，6月29日下午，开展防汛抢险演练。入汛后，通过水雨情遥测设备实时监测全区水雨情。

汛前，区防指组织开展防汛大检查，通过乡级自查、区级复查，针对直接影响防汛安全的隐患工程49处，明确整改措施并动态跟踪，督促落实。加快修复水毁工程，2017年度水利工程水毁修复项目共56处，投入资金共计915万元。截至2018年12月，已完成修复56处。

【城乡供水】 2018年，婺城区农饮水工程共完成投资1700万元，受益人口12013人，包括白龙桥镇联丰村、楼家村、虹路村、琅琊镇高田塍村、蒋堂镇下汪村、塔石乡苏坑村、井上村、莘畈乡学岭头村、和尚廖村、安地镇雅干村、和村、箬阳乡石井坑村、沙畈乡潭背村、沙畈乡李兰村、长山乡下溪、东屏、乌石屏等村总管、长山乡杨林村。

（王丛云）

工　业

综述

【概况】 2018年，婺城区实现规模以上工业企业总产值163.63亿元，同比增长9.24%。汽摩配等七大支柱产业保持稳定，实现规模以上产值127.55亿元，占规模以上工业总产值的77.95%。全区限额以上投资增速明显，全年完成限额以上工业投资6.59亿元，其中工业技术改造累计完成投资4.6亿元，占工业投资比重69.8%。全区列入2017年度工业企业亩产效益综合评价的工业企业共498家，其中A类企业19家，B类企业266家，C类企业166家，D类企业47家。完成淘汰落后产能涉及企业7家，列入清洁生产企业5家。整治提升“低散乱”企业150家。整治亩均税收1万元以下企业60家。完成旧厂房改造18.54万平方米。全区共有11家企业实施的项目列入市级两化融合重点项目。万里扬无极变速器项目入围工信部2018年智能制造示范试点项目，先创能源“智能锅炉”物联网云平台入围2018年度省级工业互联网平台培育项目。全区完成“小升规”入库企业20家，培育省“三名”企业2家、市“三名”企业4家、大企业大集团13家、高成长企业12家，“专精特新”入库企业180家。

【汽摩配行业】 2018年，全区汽摩配行业有规模以上企业17家，汽摩配产值36.83亿元，同比下降4.6%；实现利税总额5.61亿元，同比增长1.0%；实现利润总额4.45亿元，同比下降0.5%。

【五金工量具产业】 2018年，婺城区五金工量具产业有规模以上企业21家，实现产值30.24亿元，同比下降5.7%；实现利税总额1.04亿元，同比下降1.1%；实现利润总额0.62元，同比下降5.7%。

【纺织服装产业】 2018年，婺城区纺织服装产业有规模以上企业11家，实现产值9.92亿元，同比增长14.9%；实现利税总额2.37亿元，同比增长22.6%；实现利润总额1.66元，同比增长24.1%。

【新型建材产业】 2018年，婺城区建材产业规模以上企业有16家，实现产值26.88亿元，同比增长54.4%；实现利税总额3.78亿元，同比增长113.3%；实现利润总额2.53亿元，同比增长162.7%。

【医药化工产业】 2018年，婺城区医药化工产业有规模以上企业9家，实现产值12.29亿元，同比增长35.1%；实现利税总额1.04亿元，同比增长134.8%；利润总额0.71亿元，同比增长194.4%。

【食品加工产业】 2018年，婺城区食品加工产业有规模以上企业8家，实现产值5.68亿元，同比下降37.1%；实现利税总额−0.21亿元，同比下降1376.1%；实现利润总额0.09亿元，同比下降162.6%。

【包装彩印产业】 2018年，婺城区包装彩印产业有规模以上企业10家，实现产值5.71亿元，同比增长6.2%；实现利税总额0.54亿元，同比增长58.8%；实现利润总额0.31亿元，同比增长92.4%。

（李沂轲　黄慧华）

电力

【概况】 2018年,婺城供电局深入学习贯彻中共十九大精神,全面落实婺城区政府、国网金华供电公司各项战略部署,全年完成电网投资1.87亿元;售电量36.61亿千瓦时,同比增长7.55%;线损率3.08%,同比下降18.3%;累计回收电费26.28亿元,回收率100%。湖海塘公园开闭所新建工程获评国网公司2018年配电网百佳工程。

【安全管控】 全面落实安全生产责任制,深化安全风险防控,保证电网安全稳定运行。2018年,开展现场稽查536次,查纠现场违章110起,实现连续安全生产2387天。严抓安全意识提升,持续开展全能型所人人过关安全培训及安规调考。严抓安全生产防控,加强全流程人身安全管控,严格执行作业风险等级评估;有序推进配网自动化建设,制定“一站一方案”积极组织施工队开展模拟训练;加强低压小散作业安全稽查,严查低压劳动防护用品使用情况。严抓安全隐患排查,联合市建设局等多家单位召开电力设施安全保护工作会议并签订施工安全协议书;加强应急事件处置能力,多次参与市、区级反恐演练获表扬。2018年完成中高考等各类保供电工作33次。

【配电网建设】 2018年,完成“婺城区配电网三年行动计划”等方案编制。2018年工程进度管控得当,资金发生率、转资率提前完成全年指标任务位列公司第一;婺城业主项目部获公司首个优秀项目部流动红旗。全年大网建设对接有序,完成浙西南500千伏老旧线路改造、220千伏黄村变外部线路改接等输电网工程政策处理工作;对接地方政府,完成220千伏南郊变选址,110千伏项宅、九峰、蟠龙3座变电站进场施工,110千伏对岳、江家变站址选定。全年配网改造稳步推进,配合市政工程,完成解放西路、丹溪路等电力线路迁改9项;新投10千伏公用线路13条、开闭所11座、户外环网站73座、公用配变136台。

4月23日,区供电局圆满完成浙江省应急联动实战演练任务 (区供电局供稿)

【配网运维】 2018年,消除迎峰度夏供电瓶颈,完成迎峰度夏项目98项,配变增容补点99台,7月、8月、9月故障抢修工单同比下降38.19%。配合全国文明城市创建,排查整治废弃电杆及路中杆232基,社区配电房(开闭所)美化67座、“牛皮癣”清理8369处、社区整治覆盖102个。推进配网自动化建设,多次承揽市公司层面的现场讲解与教学示范,调试通过金华首座三遥站所。配合主网单位完成110千伏江南、罗埠等5座变电站共7次全停检修,供电可靠性保障得当。推进隐患、缺陷排查整治,完成通道树木清障9021棵、电缆井防水封堵480处,开展带电监测、红外测温、超声波测试、开关柜局放检测,完成重要及以上缺陷消缺66处。

【营销服务】 面对中美贸易摩擦带来的电费回收风险,提前谋划,制定高风险客户“一户一策”催收

3月5日,区供电局员工走进结对扶贫塘村开展学雷锋活动 (区供电局供稿)

方案,提前3天完成年度电费全回收。面对优化营商环境带来的业扩提速挑战,率先完成全能型供电所的全面推广,实现低压末端营配融合;完成高压用检、高压业扩业务权限下放,单一电压等级业务在一个班组内完成流转,基本实现"低压业扩不超5天,高压业扩不超35天"的提速目标。面对售电侧改革带来的市场竞争压力,以客户为中心,搭建高压专变用户"一站式"服务平台,创新典型设计、代办服务、套餐服务等举措,结合智慧电务等售后延伸服务,增强与用户粘合度。

【经营管理】 2018年,超额完成综合能源营收指标,全力挖掘潜在用户。先后完成宾虹星城、新纪元、金厦银湖城节能灯具改造等4个项目,智慧电务项目45个。规范提升营销管理水平,依托监控平台,实现高低压各类业务全流程时限全覆盖预警管控,为业扩全面提质提速提供稳固保障。积极响应"最多跑一次",实现"最多跑一次"业务16项,依托"互联网+营销" 服务鼓励用户线上进行业务办理,助推"零跑"。

【基层党建】 2018年,婺城供电局选举产生第一届党委和纪委。配合上级党委完成巡察并按时落实整改;完成6个供电所内部三级巡察,巩固巡察成果。完善党委议事规则、干部任免等制度,严格执行选人用人有关流程;修订员工奖惩条例、饮酒规范等制度,严纠不正之风,强化队伍作风建设。规范党建基础管理,以"三本六盒一证"为抓手,提升党员党建知识水平。深化"红船季、党旗红"主题活动,2018年开展红船服务80余次。落实意识形态工作责任制,加强阵地建设和管理,完成凝聚、明镜等内部刊物编制,创建标准化党建场所6个。组织参观嘉兴南湖革命纪念馆,围绕"小微权力"开展系列活动。报送各类宣传报道信息204篇, 国网公司媒体1篇。注重人才培养,持续开展夜学、人人过关等各专业培训285场。

(周哲权)

园 区

金华经济技术开发区(金华市高新技术产业园区)

【概况】 2018年,金华经济技术开发区行政管辖面积261.8平方千米,建成区面积近50平方千米,下辖106个行政村、53个社区,户籍96910户,人口26.24万人。托管"一乡三镇四街道"(苏孟乡、汤溪镇、罗埠镇、洋埠镇、秋滨街道、三江街道、西关街道、江南街道)。

2018年,开发区固定资产投资、社会消费品零售总额、出口总额几项指标保持在6%~7%之间增长。发展效益进一步提升,全口径财政总收入首次突破100亿;新增规上工业企业23家,234家规上企业利润总额增长113.7%;城乡居民收入达到55984元和30590元,分别增长8.2%和8.4%。

【产业转型提速】 以供给侧结构性改革引领高质量发展,持续优化产业结构,三产结构比重为2:40:58,呈现一产更稳、二产更强、三产更优的发展势头。粮食生产再创新高,播种面积稳定在8000公顷,占市本级70%以上,中晚稻单季种植面积3679.33公顷,早稻平均亩产突破400千克,为近5年来最高。数字经济、生物医药、休闲旅游服务、食品制造等四大产业表现稳健,分别增长12.5%、9.8%、7.3%、3.2%;29个工业行业有21个保持正增长,9个保持10%以上增长。新动能培育成效明显,登记在册的市场主体达4.4万多户,增长10%;新设立内资市场主体1.1万多户,增长19%;新设立注册资本5000万以上企业47家,亿元以上18家。邀请同济大学吴志强院士团队提升平台规划,新能源汽车产业园、健康生物产业园、湖海塘新区、文旅康养区和乐乐小镇五大平台初具规模,一批重大产业项目先后落地,石门、杨梅山、殿后、黄碧垄4个村托管工作顺利完成。

【重大项目】 围绕"中国制造2025国家级示范区"创建目标,打造浙中最具竞争力的新型工业化重要基地,2018年实施重大产业项目41项,总投资507亿元,其中零跑、吉利衡远、康恩贝等6个项目已投产或试生产,花园、今飞、万里扬等一批工业大项目正在建设中;引进项目21个、总投资102亿元,其中60亿元以上1个、10亿元以上1个,签订合作框架协议9个。"飞地经济"在金华市率先破题,杭深飞地首批落地,京沪"飞地"正在选址。拓宽引才合作渠道,中加国际科创园项目顺利开园,成功引进英国皇家工程院院士,6家企业达成项目合作。仙华科创等4家小微园区完成改造,中南高科、国能置信新建项目开工。

【服务企业】 以服务企业为重点,围绕"降成本",为156家企业兑现各类补助资金1400多万元,对326家企业实施"一企一策",成立债权人委员会11家,为50家企业办理应急周转金贷款111笔,共5亿多元;开展"大学习大调研大抓落实"活动,走访调研9000多人次、撰写调研报告90多份,催生各类制度100多项,帮助企业(单位)解决问题800多个。金融风险网格化管理试点做法,列入浙江省可复制推广的26条重点领域改革典型经验;国企改革和投融资改革步伐加快,初步形成"1+3+X"整体架构,国有企业资产总额增长26%。

大部制改革、干部员工"工作日志"绩效改革、薪酬管理改革、干部择优比选等体制机制改革创新工作取得实效。

【"智慧城管"平台建设】 2018年5月,启动建设开发区"智慧城管"项目,共完成345路视频监控建设,主要分布在八一南街、双龙南街等主次干道以及文明示范点、征迁地块等位置。同时,开发业务受理协同子系统、违法停车子系统和"金开执法"APP手机端应用等一系列系统,"智慧城管"建设初见成效。智慧开发区"指挥大厅建成并投入使用,城市市容明显改善,管理效率显著提升,办案能力不断增强。2018年,共利用"智慧城管"系统交办处置案件47094件,处置率达100%;及时制止抢栽抢种共101起,清除抢栽树苗共26250余株,面积63.5亩;发现偷倒垃圾并劝导共169起,查处33起,罚款金额共2.64万元;协助公安部门处理案件13起。"智慧城管"方案获国家级奖项,助力金华市获得2018年文明城市年度测评地级提名城市第一的荣誉。

【科技创新】 加快创新平台建设,开发区获批金华市唯一一家省软件和信息服务产业能力提升重点基地;金华高新园区软件与服务外包基地跻身100个省级现代服务业集聚示范区16强,位列同类集聚区第二;新能源汽车与汽车文化成功创建首批市级产业创新服务综合体。加速提升企业创新能力,新增"两化融合"企业18家;列入市技术创新项目39项;入选市重点技改项目41项;新增各类高新企业、科技型中小企业、研发机构等160家;新增浙江名牌产品4个、浙江省名特优食品作坊6家。

【"最多跑一次"改革】 以"最多跑一次"改革撬动开发区营商环境最优化,加快实现从"现场办"到"网上办",从"企业跑"到"政府跑",让"数据多跑路、群众少跑腿"。至2018年年底,开发区345个事项中有103个实现"零上门",53%的民生事项实现"一证通办",涉企证照通办模式得到浙江省领导肯定,"证照分离"办件量达8600多件,发放浙江省首份机器人办理的营业执照。所有工程建设项目审批实现网上办理。"标准地+承诺制"改革等工作取得实效,14块"标准地"已摘牌,7家企业完成承诺制审批。

【城乡创建】 开发区"新时代和美村(社区)"创建评选工作扎实开展,汤溪镇白鹤殿口等22个村(社区)成基层建设标杆,苏孟对家地等65个村(社区)荣获单项优胜村。以"全科型服务、网格化创建"为抓手,深入开展全国文明城市创建活动,发挥4000多名网格员作用,每周二、周六深入253个网格开展活动,2000多场党员志愿服务、6万余人次参与创建,"双十行动"成效明显,城乡面貌焕然一新,文明素质大有提高。持续完善城市基础配套设施,双溪西路、丹溪路和金帆街优化改造、双龙南街景观提升等陆续完成,金婺大桥重建、湖海塘商业综合体等一批工程有序实施。"美丽乡村"建设加快推进,建成市、区级美丽乡村14个、省级美丽牧场18家、景区村庄32个;推出精品研学线路10条,金西成金华研学的"人气王",单月游客最高峰突破5万人次。"三条廊道"建设推进有力,共完成投资近170亿元;开发区环境质量持续改善,空气优良天数达270天。

【重点工作】 2018年,投资近3亿元的17个"五水共治" 项目全部完成,21个主要河流交接断面水质均在Ⅲ类以上;拆除违法建筑50多万平方米、超额完成金华市下达任务,完成"三改"37万平方米、拆后利用率达85%;小城镇环境综合整治完成项目建设109个,完成投资8亿多元,苏孟乡、洋埠镇、罗埠镇通过省级验收,罗埠镇成功创建省级样板;农村生活垃圾分类合格率达95%,城区生活垃圾分类覆盖率85%。

【社会事业】 办好人民满意教育,新东方、新纪元、丽泽书院3所高端民办学校先后落户,总投资19.1亿元的13个教育EPC项目将陆续开工,安排1000万元实施中小学教师素质提升工程,启动首批名师名校长工作室,"学在金开"品牌日益凸显,城乡教育更加均衡。医疗卫生事业稳步发展,基层医疗单位硬件设施不断改善,成功签约总投资20.3亿元的长庚"医院+养老院"项目,金帆康养等项目加快推进,苏孟乡、洋埠镇、罗埠镇通过国家卫生乡镇市级考核验收,苏孟乡成功创建省级卫生乡镇,省卫生乡镇开发区实现全覆盖。

【民生保障】 城镇新增就业人数和城乡基本社会保险覆盖率持续增加,116个省定薄弱村100%实现消薄目标。实施安置房建设项目 17 个，总投资 87.4 亿元。居家养老服务体系不断完善，新建服务照料中心 11 家，老年人助餐、配送餐服务覆盖 74 个村居，新建农村文化礼堂 15 家，改造提升文化活动中心 77 家，入选第五批中国传统村落名录 4 个、省文化示范社区 1 个、市民俗村 2 个，群众精神文化生活日益丰富。

【平安创建】 开展“平安开发区”创建，网格化社会治理机制更加健全，共建共治共享的治理格局基本形成。苏孟乡“基层党建+社会治理”创新试点取得初步成效，推进“四个平台”建设，建成“智安小区”40余个，深入实施“雪亮工程”，新建农村治安监控 360 只，2268 个探头全部实行“户籍化”管理。治安形势持续向好，扫黑除恶专项斗争纵深推进，命案和五类恶性案件连续 15 年保持全破，江南街道兴学社区成为“国家级无邪社区”，领导干部下访接访常态化，成功化解信访积案陈案 23 件，总体和谐稳定。人民武装、民族宗教、慈善、科协、商会及工青妇、双拥、老龄、残疾人、红十字会等工作取得新成绩。

【自身建设】 开展“三清理一规范”“不担当不作为”整治等专项行动，出动检查 160 多次，发现问题 27 个、下发通报 6 起、处理 13 人；开展纪检先锋“五个一”行动，上境古村打造成特色廉政教育基地；清理上交公职人员兼职取酬 77.28 万元。出台村干部底线管理办法，做到一村一册、一人一档；南苑、寺前皇两个区域化党建社区试点完成升级改造，在金华市率先完成“楼宇党建”试点建设，建立“宾虹商圈党委”，“红色覆盖百日攻坚行动”覆盖两新组织 57 家，成功创建党建品牌 35 个。宣传思想工作有新起色，实现与各级媒体多方合作，用足用好宣传主阵地，讲好开发区故事，传递开发区好声音，海外名校学子走进寺平古村、干部择优比选等广为报道，陈双田劳模精神主题宣讲等活动影响广泛。

（张国良）

婺城新城区

【概况】 婺城新城区是婺城区经济社会发展的主阵地、主平台，规划面积 89 平方千米，辖白龙桥镇、乾西乡，是金华市区“一中两翼两三角”战略规划布局中的西翼。按“工业新城、商贸新城、人居生态新城”理念布局，分设“中心综合区、乾西生活区、白龙桥生活区、洞溪工业区块、临江工业区块、临乾工业区块、郭蓉休闲区、清潭休闲区”等八大功能区。婺城新城区经十多年建设，累计投入建设资金 27 亿元，基础设施建设进一步完善，拉开道路框架 18 平方千米，建成区 14 平方千米，绿化面积 70 万平方米。临江、洞溪、栅川等三大工业分区集聚工业企业 550 余家，初步形成汽摩配、五金工量具、医药食品等主导产业。区行政办公大楼、区行政服务中心、区人民医院、公安应急指挥中心、汽车客运站、婺城中学、区疾控中心、婺城小学、金华银行婺城支行等 30 多个公建项目已经投入使用。环中轴景观商业核心圈已经聚集浙中信息产业园、万泰生活广场、伟达雷迪森酒店、尚格酒店、凯得国际、巨龙·腾达湾等十多个商业服务业项目；中心综合区新建、续建缤虹星城、紫金玉澜、蓝湾国际、万固西江月等精品楼盘 28 个，累计结顶 260 万平方米。婺城新城区已经成为大金华中心城市的副中心。2018 年，婺城新城区作为婺城区新的政治、经济、商业中心，作为婺城区工业经济的主战场、主平台，按照市委提出的“做优老城区、做强新城区、做美大郊区”发展思路，通过强化招商引资、拓展发展空间、完善基础配套，引进大项目，做强新城区，加快推进新城区建设为市区行政、商业副中心和工业发展的主平台。

【经济指标】 2018 年，实现工业总产值 208.3 亿元，同比下降 3.29%；其中规模以上企业产值完成 98.1 亿元，同比下降 15.83%；规模以上工业新产品产值完成 109.5 亿元，同比增长 2.20%；全部工业投入 4.72 亿元，同比降低 69.24%；规上工业利税 9.34 亿元，同比增长 32.69%；财政收入 11.11 亿元，同比减少 9.99%；引进内资 6.24 亿元，同比增长 15.04%；浙商回归 5.61 亿元，同比增长 291.51%。

【招商引资】 2018 年，新城区把工业招商引资作为主要抓手，紧紧跟踪万里扬、德尔汽车等一批大项目、好项目。引进工业项目 14 个，分别与浙江聚新科技发展有限公司、金华市广龙衡器有限公司、浙江吉峰齿轮有限公司等企业签订投资协议,总投资17.89亿元,用地面积37.86公顷,达产后可新增产值24亿元。

【平台拓展】 2018年,在原有临江、柵川、洞溪3个工业平台的基础上,着力拓展新能源汽车配套产业园。在二环西侧组建指挥部现场办公,依托吉孚汽车、航天动力等重点项目实施,打造制造业500亿大平台。已征地23.33公顷,拆除建筑2万平方米;启动水、电、路等基础建设,完成标准地建设3宗;协调园区遗留问题18个,推进园区的开发建设。该园区产业定位以新能源汽车配件为主,规划面积1000公顷,一期已批控规440公顷。已入园康灵电器等汽摩配企业18家,正在洽谈中拟落地项目为航天六院变矩器、德尔液压泵、氢途氢燃料电池发动机等项目。该园区预计投资500亿,建成后可年实现增加值约330亿、税收约50亿。同时抓好小微园区的谋划,已完成栅川小微园和消薄小微园的厂房收购、建设工作等方案。

【工业项目】 2018年,在建工业项目25个,新建项目4个,其中永强车业有限公司年产4000辆专用车项目已开工建设,正在进行桩基开挖;聚新科技有限公司(新世纪)已完成围墙建设,准备开工建设。浩然铝制品、上窑新型墙材、明月楼食品、兴良科技、坦普莱建材等10个项目已建成投产;玉扬春、明月楼、时通电器、金翔板业等9个项目已经基本完成建设,正在完成投产前准备工作。

【低效盘活】 2018年,对辖区低效闲置土地进行排摸,豪庭家具、赛神、欧利美、爱斯曼等16宗用地已进入司法处置程序,合计用地62.8公顷。2018年通过司法拍卖,已经完成原顾心工贸、峰琳实业等7宗用地的司法拍卖,盘活低效土地20.53公顷。同时加大闲置土地依法收回的力度,2018年完成峰林汽配、忠鹏化工等5宗土地收回,合计用地54公顷,通过公开出让建设小微园区盘活闲置用地。

【项目解困】 2018年,新城区攻坚克难主导推进综合区商业中心的盘活,婺州城市广场已经完成资产重组,由万泰集团投资2.8亿元,对整个商业综合体进行重新改造、定位,新宇宏腾破产重组项目已确定资产管理人,正在招募投资人。中奥邑墅破产案通过协调已进入破产程序并确定资产管理人。工业项目解困通过多种渠道、政策引导,金磐机电、莱恩动力重整项目已有明显进展。

【公建项目】 2018年,公共服务设施和商务配套日益完善,婺城区人民医院(金华市中心医院婺城分院)、公安应急指挥中心、金华银行已投入使用,区消防大队项目完成装修,金华电业局婺城生产基地(一期)主体结顶,婺城小学北扩工程正在内部装修,完成市福利院二期、新华书店、白龙桥法庭项目的供地。

【基础设施】 2018年,安排政府性投资项目20个,其中续建项目10个,新建项目有10个,当年计划投资2.9亿元。已完成投资1.07亿元,年内可完成投资2.2亿元。二环两侧绿化工程、临江分区绿化工程、西溪街道路工程、江北污水处理临时设施、330国道两侧绿化工程、邵家路等6项工程已经完成建设。马海路跨白沙溪大桥工程、后畈田搬迁安置工程、桃源路东延工程、洞溪基础设施工程、污水处理厂二期工程、双溪西路下穿铁路工程、双溪西路西延道路工程等按照计划抓紧建设。

【城市形象】 2018年,白沙溪绿化景观一期、二环两侧绿化工程、330国道两侧绿化工程、临江分区绿化工程、西溪街道路工程等绿色廊道建设工程已全部完成。中轴景观北延、南延正在前期资料准备。结合中央环保督察,做好中轴景观公园水质提升净化。同时,在春节和市两会期间,组织做好中轴广场喷泉景观、宾虹西路两侧部分楼宇亮化工程。

【土地市场】 2018年,根据市场需求,推出位于临江工业园区的住宅用地两宗,合计面积13.08公顷。推出洞溪工业园区内住宅用地一宗,用地面积1.81公顷。推出中心区图书展览用地一宗,用地面积0.40公顷。推出工业用地4宗,面积合计11.81公顷。已办理划拨供地两宗(虹路小学扩建、金华市福利院扩建),用地面积3.54公顷。

【要素保障】 2018年,督促白龙桥镇推进330国道两侧绿化、二环西路绿化、马海大桥连接线政策处理,白龙桥法庭、龙蟠区块、双溪西路西延工程、后童公墓搬迁、后童西路、南路等项目的政策处理工作。认真合理编制资金收支计划,积极筹措资金,加强资金管理,保障重点支出。积极配合区财政包装融资项目，加快成熟土地出让，积极寻求社会资本合作，通过上述3条途径保障开发建设资金。2018年新城区体制调整后，通过干部联系工作制、所辖乡镇联席会、主任办公会议制等一系列工作制度，强化干部的服务意识，对新建续建工业项目做好保姆式服务，力争尽早建成投产；对已经签约的项目加快工地，力争尽早开工建设，扩大工业投入；对航天动力等在谈项目紧盯不放，力争尽快落地开工。

（曹瑶珩）

仙源湖旅游度假区

【概况】 金华仙源湖旅游度假区是于2002年1月经浙江省人民政府批准设立的第12个省级旅游度假区。2018年7月《金华仙源湖省级旅游度假区总体规划（扩容）》获省政府批复，度假区规划面积扩容到40.57平方千米。

2018年，度假区接待游客116.86万人次，实现旅游经营性收入8449.3万元。“金华市水上运动中心”累计接待游客39.64万人次，营业收入4635.7万元；金华动物园累计接待游客36.22万人次，营业收入1.33万元。

【度假区扩容平台建设】 按照“一心、一轴、一环、三翼”的总体布局，通过37个旅游项目的打造，突破度假区发展瓶颈，加快大南山区域旅游资源整合和联动发展，推进婺城旅游及第三产业提档升级，力争打造长三角最具花木产业特色的城市庭院型旅游度假区。

【项目建设】 根据仙源湖度假区2018年政府性投资项目建设计划，度假区配套设施得到落实。水上运动中心项目已累计投资4.2亿元，完成率82%，预计12月完成投资5亿元。一期水上乐园、二期温泉项目已于2018年对外营业，于2018年12月底A1#楼酒店、A3#楼养生会馆正式投入使用。安地小城镇环境综合整治工程有序推进中，其中金安公路交通优化提升整治工程及绿化景观提升工程、垃圾中转站项目已基本完工；消防站项目主体已结顶，准备验收；安置房基础已开工建设；桥梁基础下半部分已开始浇筑等。喻斯村累计完成投资4500万元，玻璃栈道和水滑道已竣工并营业，完成国家AAA景区景观评审，指导培育创建为省级农家乐特色村；十里桂花长廊已完成国家AAA景区景观评审，配套建设项目有序推进中；和村村九九湾生态旅游景区提档改造有序推进中，计划指导培育为国家A级景区。

【招商引资】 度假区党工委、管委会以仙源湖总体规划为蓝图，结合安地小城镇环境综合整治、梅溪流域综合治理及生态廊道建设，共规划36个旅游项目进行招商推介，主要方向为主题公园、旅游度假酒店、A级景区。已对接洽谈大型旅游项目4个（金恒德文旅项目、仙源湖廊桥项目、下傅村朱山脚文创项目、奇景房车项目），其中仙源湖廊桥项目拟投资10亿元建设具有通行、旅游、休闲观光、商业购物等多项功能的廊桥综合体，下傅村朱山脚文创项目拟投资8000万元打造渔樵耕读式的乡村生活体验区。

【基础设施】 加强度假区基础设施建设，原计划实施桂花街延伸工程、香溪西路工程，工程前期准备工作均已完成，现场具备施工条件，因涉及香溪玫瑰园未开发地块及相关遗留问题未实施，下一步将根据遗留问题处置情况，及时开展相关工程。同时对度假区范围内的基础设施进行维护管理，集中更换破损的窨井盖，修复路灯，完善配电设施。对度假区首期区块遗留问题进行处置，配合做好双溪源三期相关技术指标协调、香溪玫瑰园复工及二期二标方案协调等一系列工作。

【综合管理】 度假区部分房产项目出现一定困难，度假区党工委、管委会尽最大努力帮助他们渡过难关，尽全力维护社会稳定。通过大量工作，协调解决“枫丹丽舍”项目由于资金不够班组进度未及时跟进导致延期交房问题做好业主思想工作。

（汪　烨）

浙中信息产业园
（婺城区网络经济发展局）

【概况】 2018年，浙中信息产业园区入驻企业达

300余家,年交易额超60亿元,招商引进到位内资1500万元,各项考核指标基本完成,在市局内部考核评定中位列第二。

【园区建设】 2018年,完成园区内首条通行道路(文渊路延伸工程)的建设及树木绿化、园区污水塘的填埋和平整、园区3号开闭所工程建设,为下一步7.2公顷成熟地块的出让打下良好的基础。有序推进新华基地产业的转型升级,截至2018年年底,103家企业基本清退完毕,正积极与其他股东协商遗留问题。推进城北区块产业集聚,以浙江电商信息科技有限公司被认定为国家级科技企业孵化器为契机,引导和提升城北区块的深度开发,已形成金华电商园主分园、CRC文创园、三分田农村电商园、科贸文创园、贝乐产业园、浙师创业园等多个产业园区的空间布局。

【招商引资】 组织团队到深圳和昆山考察国家级科技企业深圳千宝通通公司、江苏数字信息产业园;抓好婺星基地开发的招商工作,先后与金华市美晨商贸有限公司、金华软谷教育科技有限公司(金榜高考平台)、浙江万马、浙江微能科技、新三板上市企业北京索云科技公司等有实力和投资意向的企业进行洽谈,做好项目推荐;引进杭州回车电子科技有限公司,成功获市首届"婺星回归"大赛一等奖,并初步达成落户婺城的意向。2018年,招商引进到位内资1500万元,提前完成全年任务。

【招才引智】 帮助企业做好双龙计划申报和评审工作,华翰智能、酷也文化等项目成功入选双龙计划,彭纲、曹逊获评"双龙计划"人才。协助企业做好人才引进工作。在区委人才办的牵线下,成功协助浙江斯玛特信息科技有限公司与中科院上海硅酸盐研究所专家金平实签约并入驻,协助区科技局引进浙江工商食品研究院落户CRC文园。

【重点项目】 安云小镇、合丰服务外包产业园两个重点项目正式投入使用,以商引商模式初见成效:安云小镇引进第三方服务机构浙江鑫联信息科技有限公司负责整体运营管理和招商引资,2018年引进浙江千宝通、金华章鱼科技等13家企业,交易额约6000万元,实现营业利润约580万元。合丰服务外包产业园成立金华鸿业医药产业园,为60余家医药类企业提供专业服务。2018年年底,引进晨杉服务等企业16家,合丰本部境内营业收入超过2500万元,境外营业收入(含海外仓服务)超过1.6亿元,实际入库税收超过110万元;合丰入园企业营业收入约2.5亿元,实际入库税收超过1050万元。

【电子商务】 组织申报2017年网络经济扶持政策补助。经市级审核认定,114家企业申报房租补助,补助金额293.79万元;79家申报初创企业补助、盘活存量补助、荣誉称号奖励、双软认定、资质认定、服务器托管等补助项目,补助金额434.84万元。成功举办婺城区"农村电商发展知识提升"三期专题培训班,共培训村干部及电商从业人员140人次、企业高管45人次。配合市级部门成功申报2018年度电子商务创新发展试点工作,产业园共4个项目成功入选,获得补助金额225万元。成功举办2018年全球电子商务创新创业大赛婺城区选拔赛,美晨商贸公司取得市赛一等奖,成功晋级省全国总决赛并取得三等奖。接待阿里巴巴云政府业务团队到婺城考察企业上云和农村电商发展,为后期企业布局奠定基础。

(胡群慧)

城乡建设

建筑业

【概况】 2018年，婺城区有各类建筑业企业123家,具有总承包资质企业89家(具有一级总承包资质的企业11家，具有二级总承包资质企业13家，具有三级总承包资质企业65家);专业承包资质企业23家;咨询、监理、造价、检测等服务机构11家。2018年实现建筑业总产值115.12亿元,完成建筑业税收4.27亿元，其中婺城区建筑业企业纳税3.27亿元。

【扶持奖励】 组织建筑业企业申报扶持奖励资金，做好全区19家建筑业企业各项奖励的材料核实、审计工作,兑现奖励资金463万元。主动做好服务工作，鼓励建筑业企业做大做强,2018年新增三级资质企业19家,新落户一级企业1家;帮助企业做好人才工作,评审助理工程师13人、工程师91人、高级工程师23人;为企业缓解资金困难,办理应急周转金4笔、2470万元；下发浙江省城乡新型建筑工业化以奖代补资金280万元。

【质量安全监管】 开展建筑业“浙江无欠薪”行动，在建工程“实名制”管理覆盖率达到100%,分账制管理制度达到100%；完善建设工程质量安全监督检查制度,有受监工程160项,总面积250.43万平方米,造价41.59亿元。每季度开展建筑工地综合大检查，同时加强日常巡查,2018年质量监督交底54次、安全监督交底54次,发出“质量监督意见书”372份,“安全监督意见书”529份，开展建筑施工高大支模、高空作业、施工用电、起重设备、脚手架坍塌等较大危险源专项整治活动。

房地产业

【概况】 2018年,婺城区有房地产开发资质的企业15家。在建项目13个,总建筑面积165万平方米,总投资195亿元。2018年完成投资额42亿元。

【房地产交易】 2018年,全区新建商品房累计取得预(现)售证15本,涉及10个项目,批准预(销)售的商品房面积351745平方米(3086套),其中,商品住宅累计批准预（销）售面积333556平方米(2915套),商业用房累计批准预(销)售面积18189平方米(171间)。2018年,婺城区商品房累计销售面积38.19万平方米,累计销售金额51.58亿元。其中:住宅34.73万平方米(2951套),销售金额47.39亿元;商业1.65万平方米(175间),销售金额2.78亿元;办公1.81万平方米(297间),销售金额1.41亿元。

房屋征收

【概况】 2018年,婺城区完成婺州街北延(28户,建筑面积3.2万平方米)、金华四中扩建(29户,建筑面积2582平方米)、通园路（30户，建筑面积1600平方米）改建等重点项目的国有土地上房屋征收工作，拆后场地全部用于市政道路和市域轨道交通建设。

城中村改造

【拆迁改造】 2018年，婺城区加大城中村改造力度，完成西郊、鲍杨、五星(田里、后地)3个社区的拆迁扫尾工作。同时按照市政府要求，启动城东街道上浮桥社区的拆迁工作，并参与征迁有关政策制定与指导。

【安置房建设】 2018年，以“走在前列、共建金华”及“做优老城区、做强新城区、做美大郊区”为工作目标，实施城中村改造的安置房项目为续建勤俭一期和洪源棚户区改造项目，新建巨龙西地块安置房项目，启动五星田里、鲍杨、西郊一期项目。共涉及总建筑面积92万平方米，总投资45亿元，拟建安置房5400余套。

市政建设

【市政设施】 2018年，海绵城市建设1.6平方千米，组织申报2018年度浙江省海绵城市建设优秀县(市区)。顺利完成婺城新城区市政道路养护，完成金沙街、临江路等破损路面修补。

【桥梁养护】 婺城区有公铁立交桥、白沙大桥、临江大桥等3座大桥和宾虹西路1号小桥、宾虹西路2号小桥、临江东路小桥等3座小桥，按照城市桥梁养护规范指导婺城新城区管委会的养护单位建立桥梁基本信息资料(包括一桥一卡、日常巡逻资料、月检查信息卡、年检查信息卡)。

【排水养护】 完成江北背街小巷雨污分流改造工程三期年度建设任务，建设雨污管网各1.17千米；完成73132部队营区雨污分流改造工程的招投标工作，其中完成五星新村至环城西路污水干管及部队直排洪源溪等主要污染源的改造；完成浙江师范大学和金华二中的管网检测；指导婺城新城区管委会的养护单位在雨季前后对新城区的雨、污水井、雨水集水口及50千米管线进行清淤，加强日常巡逻，对缺失、破损的井盖及时更换，消除安全隐患。

【排水许可核发】 理顺婺城区排水许可办事流程，完成全区160家工业企业、重点排水户“排水许可证”的核发工作。

【绿道建设】 婺城区建设局贯彻落实市绿道办、区廊道办工作指示，结合市区“两山一廊、聚合主轴”的总体布局结构，两山一川的自然特征，根据婺城区实际情况，迅速开展绿道任务。2018年，区建设局投入3000万元，完成绿道建设41.2千米。其中白沙溪西岸段绿道(白沙春晓—琅琊镇)10.4千米，武义江南岸雅畈段绿道(雅畈镇芳田村漫水桥至横店大桥)4.8千米，婺城区2018年度绿道——金华江南岸(龙乾大桥至婺城大桥)、二环西路两侧(婺城大桥至宾虹西路)宾虹西路两侧(二环西路至330国道)26千米。婺城区不遗余力有序推进婺城区慢行系统绿道建设，确保婺城金华市开发区、兰溪市的绿道贯通。在浙中生态廊道建设的基础上，形成绿道闭合圈。从多方面展示婺城区秀丽山水、田园风光、风土人情。严标准、高规格打造城市慢生活空间。

公用事业

【污水处理】 区住建局下辖3座污水处理厂。其中婺城新城区污水处理厂，一期日处理能力4万立方米，已投入运行，二期扩建工程正在进场施工中，预计2019年底建成试运营；蒋堂镇污水处理厂，日处理能力0.5万立方米已投入运行；琅琊镇污水处理厂，日处理能力0.3万立方米，已投入运行。全区各乡镇全年建设污水管网6.86千米。

2018年，农村生活污水治理设施运行维护移交推进年和标准化运维年，建设局运维站和区农办对接开展农村生活污水治理设施移交和运维工作。全区涉及农村污水治理设施运维的共计342个行政村(农转居)，其中全部纳入市政管网的52个，自建终端处理设施600座(统计数据显示，全区30吨/日以上终端253座，10t/d−30t/d终端270座，10吨/日以下终端77座)，正式移交248个行政村(农转居)；按照省建设厅要求，对处理能力30吨以上总数5%的农村生活污水处理设施开展标准化运维推广试点，全区对后杜1#、后金4#等12个点位开展标准化运维，为规范运维服务机构对农村生活污水处理设施的运行维护，发挥农村生活污水处理设施治污成效。

【燃气管理】 婺城区范围有瓶装液化石油气经营网点21家。其中一级站1家、二级站4家、三级站17家。每季度开展经营网点安全检查，检查情况上报金华市建设局，确保液化气行业安全、有序健康发展。

【小城镇建设】 2018年，按照省、市整治办工作要求，根据区委、区政府统一部署，婺城区小城镇整治办始终坚持少花钱多办事、办好事的整治理念，把钱真正用到刀刃上，不盲目追求高大上，立足各乡镇实际，挖掘地方特色，体现文化内涵，以科学的规划、有效的方法、合理的投入，达到最好的整治效果。全区计划达标的4个乡镇(竹马、长山、乾西、蒋堂)计划实施项目52个，开工率100%，完成投资6.76亿元，投资完成率100%。竹马乡、长山乡、乾西乡、蒋堂镇顺利通过省考核验收，其中竹马乡、长山乡、蒋堂镇获得省考核组高度肯定，并被评为省级样板乡镇，蒋堂镇被评为市级样板镇。

【园林绿化】 2018年，完成婺城新城区道路绿化和中轴景观(北)公园的养护任务，完成2个浙江省园林式居住区(单位)的评选工作。2018年，婺城区市政园林管理处获金华市绿化先进单位荣誉称号。

【物业管理】 2018年，婺城区辖区内有物业服务企业56家，从业人员3851人，成立业主委员会129个。业主委员会自治或者由社区参与管理的小区有656个，有正规物业公司进驻管理的小区有120个。2018年，完成辖区内业委会备案办理23件、前期物业备案办理2件。处理住宅违法违规装修投诉78起，下达整改通知书36份。

针对城镇房屋二次排查系统上登记和补录信息，对各个街道乡镇以及各个部门相关的工作人员开展培训。完成录入住宅房屋信息4155幢，其中住宅3819幢，非住宅336幢，顺利完成第二次全省城镇房屋调查登记工作。

（朱林罡）

住房公积金

【概况】 2018年，婺城区住房公积金缴存单位472个，缴存职工11640人，年实缴人数12603人，净增人数1323人，实缴住房公积金人数比2017年底增长11.73%，超考核责任目标6.73个百分点。全区归集住房公积金2.43亿元，同比(1.98)增长22.73%，历年累计归集住房公积金17.22亿元，完成年度目标任务2亿元的121.5%。2018年，提取住房公积金1.88亿元，同比(1.62)增长16.05 %，办理提取业务16439人次，占全年归集额的77.37%，其中住房消费类提取1.43亿元，退休、终止劳动合同户口迁移等销户提取0.45亿元。累计提取住房公积金11.32亿元。发放住房公积金贷款0.685亿元，发放户数219户，存贷比86%，放贷额同比下降47.31%。住房公积金个贷逾期率为0，连续7年无跨月逾期。住房公积金业务收入1934.98万元，业务支出930.91万元，实现增值收益1004.07万元。2018年计提廉租房补充资金252.23万元，累计上缴区财政1148.97万元。

【公积金服务】 2018年，除单位新开户之外其他12项缴存业务都实现网办；提取业务：11项全部实现网办；贷款业务：提前申请还贷可网办。截至6月底，网办功能覆盖24项子项业务，覆盖率达82.8%。7月，在24项住房公积金业务实现“零跑动”的基础上，又有12项民生事项仅凭一张自己的身份证就可办理公积金业务，民生事项一证通办覆盖率达70%。

【信息宣传】 2018年，公积金婺城管理部把单位的亮点和新颖做法汇成文字编写信息报道，向地方媒体和省建设信息港投稿，被网络媒体“省建设信息港”采用刊登7篇；在《今日婺城》做政策专栏和新闻报道4篇。《关于把建立住房公积金制度纳入劳动合同文本》被市政协采用发布。5月10日，公积金婺城管理部率先开通公积金提取“网办”业务，5月22日，《金华电视台》新闻频道对办事厅进行跟踪采访报道。7月，依托市中心的辅助平台，尝试性地推进“租房”“购房”仅用申请人一张身份证办理提取公积金业务。《12项民生事项“一证通办”,婺城公积金管理部加快推进服务改革》,8月31日在“浙江新闻客户端”发布。9月9日,金华电视台新闻频道同样对公积金婺城管理部进行跟踪采访报道。婺城区公积金“网办”“一证通办”被推到深化“最多跑一次”改革新闻的前端。

【电子档案建立】 2018年,公积金婺城管理部对2017年、2018年提取业务材料和贷款材料重新进行扫描,挂接到档案管理系统,并对平时的各类业务材料归档工作,按档案管理要求作规范化的调整,为公积金电子档案工作开启新篇章。

【办公用房大迁移】 为更好地推进“最多跑一次”改革,配合区政府的统一安排,公积金婺城管理部自10月22日起整体迁至婺城区行政服务中心4楼办公。

【扩面工作】 2018年,公积金借助外援全面拓展公积金制度覆盖面。精准把握信息,排摸“国家高新技术企业”“金华市高新技术企业”公积金、社保建缴人员数量情况,借助区科技局、经商局的相关科室力量推公积金。由乡镇干部协助向乡镇、城郊个体人员、自谋职业人员拓展公积金建缴面。对规模企业发催缴催建通知书,上门做政策宣传引导。督察协同联合推进机关事业国有企业单位聘用人员公积金制度的覆盖面,在区政协领导亲自督导、委办主任督办、住房办主任协同查办、金融部门跟踪催办下,区行政执法局、金华监狱、教育集团校车部等近600名聘用职工按规定全部建缴公积金。

【资金安全】 建立住房公积金贷款催收工作网格制度,实行网格化管理。严把公积金贷款贷前审查、审核关是防范资金安全的前提和基础,加强贷后管理是资金安全有效运行的重要保证。建立住房公积金贷款催收工作网格制度,实行网格化管理。各受托银行贷款管理员催交为主轴,住房公积金贷款管理员为辅助,建立网格联络员,明确岗位职责,即时推送信息。自每月扣款日的次日起,全面跟踪贷款还款扣款情况,即时将未扣款成功的信息传送给各受托银行的管理员,由受托行发起催交,直至全部收回。建立贷款还款情况预警制度。随着时间的推移,有部分贷款户的贷款年限自然到期,末期还款不在正常的扣款日,贷款管理员根据贷款信息提前一个月,对将要到期的贷款户用电话和短信的形式发起贷款还款提示,信息及时跟踪。建立网格交集点登记管理。对扣款日之后,3次催交未果的或多次电话联系不上的贷款户,由受托银行的管理员将催交情况如实登记后上传贷款管理员,管理员调档查询贷款申请材料,将申请贷款人的家庭住址信息返传受托银行管理员,协同上门催款,同时了解相关情况。有特殊情况发生的,进入贷款还款预警管理,以备后时之需。责任在心,担当在行,全面加强住房公积金贷款管理,贷款业务流程规范、有序,贷后管理跟踪到位。

【资金运行管理】 2018年年初,对本区域范围行政事业单位的公积金缴交基数进行调整,公积金缴交基数标准由区财政审核把关,公积金婺城管理部对缴存人员基本信息和基数进行复核。7月1日,将单位为职工确定的缴存基数超过职工工作地所在设区城市统计部门公布的上一年度职工月平均工资3倍的12人(私营企业)整改到位,并对高于退休年龄缴存公积金的私企工作人员9人也整改到位。区审计局对2017年度住房公积金归集管理使用情况进行专项审计调查,将住房公积金制度执行情况和财务报告,于3月30日在区政府门户网和《今日婺城》公布,接受广大干部群众监督。公积金财务核算和各类报表,严格遵守核算制度和财务管理办法,做到数据真实、准确、完整、及时上传。及时调整政策并作宣传解读。5月4日,《金华市住房公积金个人住房贷款办法》在《今日婺城》专刊作实施前政策解读,让广大群众深刻了解新、老政策的差异所在。将公积金贷款办法和提取新规全文在区政府门户网和阳光工程网刊登。严谨岗位权限管理。按照公积金业务管理运行的相关规定,谨慎设定不兼容的岗位权限,由于人员少,有些业务权限只能交叉审核管理,特别是他项权证的入库,先由档案管理人员接受权证后录入相关信息,而后由综合管理人员复核入库信息,再由财务人员按权限进入系统进行资金的划拨申请。严格审核材料,对“外地”购房提取材料以信函和电话方式积极取得购房地住房管理部门及公积金部门支持。办理提取16439人次,其中“网办”105起，年初查处外地购房骗提(未遂)1起。加强窗口服务管理，强化职工服务理念，建立优质服务的长效机制。在业务大厅实行服务行为标准化考核评选机制。认真回复公积金缴存人的各项政策疑问，做到事事有回答、件件有落实，回复“8890”满意信函6起。按规定开通“12329”服务热线、短信、网上业务大厅等综合服务渠道。官方微信、综合服务管理后台系统按市中心规定运行。2018年发送“12329”短信服务156145条。走访慰问结对村——汪家村老年协会，对老年人发送9800元慰问品，关心爱护员工和家属，组织全体员工开展文体联谊活动及身体健康检查。

(倪 谦)

商贸业

综　述

【基本情况】 2018年,婺城区实现规模以上工业增加值31.28亿元,同比增长7.3%。规上工业产值163.63亿元,同比增长9.2%。限额以上工业投资6.7亿元。社会消费品零售总额339.6亿元(含限上、限下),同比增长9.4%。全区限额以上社会消费品零售总额160.25亿元,同比增长11.2%。

(吴　岑)

【电子商务】 2018年,浙中信息产业园区入驻企业300余家,年交易额超60亿元,引进内资1500万元。申报114家企业房租补助293.79万元;申报79家初创企业补助、盘活存量补助、荣誉称号奖励、双软认定、资质认定、服务器托管等补助项目434.84万元。成功举办婺城区"农村电商发展知识提升"三期专题培训班,培训村干部及电商从业人员140名、企业高管45人。申报补助2018年度电子商务创新发展试点4个项目、225万元。成功举办2018年全球电子商务创新创业大赛婺城区选拔赛。

(余　悦　黄慧华)

粮食工作

【粮食流通】 2018年,粮食和物资储备科负责宣传贯彻国家、省、市有关粮食工作的法律、法规和方针、政策,承担区粮食安全工作领导小组办公室的日常工作,协助市粮食局做好辖区内粮食流通领域的监督管理;做好辖区内粮食供需平衡统计调查;负责库区、灾区、农村人口和城镇低收入居民等特殊群体政策性粮食供应调查,及时掌握粮食行情分析和相关应急措施;组织协调辖区"订单粮食"的签约和收购。保护价粮食的收购,协助上级业务主管部门做好各级储备粮轮换计划及其他粮食调拨,并督促实施。协同有关部门贯彻执行国家粮食质量标准管理工作,维护粮食市场秩序;负责辖区国有粮食企业的财务管理、会计核算、国有资产保值、增值;组织和领导粮食流通设施和技术改造。做好"一符四无"粮仓等粮食储藏技术规章制度的贯彻落实;负责督促下属国有企业做好安全生产、防汛、防灾等安全工作。

【粮食购销】 2018年,组织分解落实早稻订单任务,共落实144个村,计1658户农户,核定订单数量16873.6吨,并全部录入订单管理系统。发放预购定金40户550万元。与63户种粮大户签订7000吨晚籼订单粮食。2018年投入资金添置除杂机等机械设备4台。设置收购点8个、农户休息室8个。制定《婺城区2018年早稻重金属镉污染监测处置实施方案》,对全区地产粮食做好质量风险关口前移监测和超标处置工作。

【粮储管理与中心库建设】 2018年,婺城区承储各级储备粮19926吨,其中省级储备粮8750吨,市级储备粮11176吨。全区储备粮食全年达到"一符四无"储粮标准。2018年出入库4万余吨粮食全部采用散装散运方式,粮食出入库散装散运比例达100%。全年共计划轮换出库16675吨。

【居民生活】 制定《婺城区“放心粮油示范县”试点创建工作方案》，建立“放心粮油”供应网络，全区申报“放心粮油”示范店27个，“放心粮油”示范企业4家。推进“中国好粮油”工作，“一枝秀”粮油加工企业被评为“中国好粮油”企业。组织2017年度社会粮食供需平衡调查工作，对固定城镇调查户73户、乡村调查户80户进行调查。

【粮食流通应急管理】 全区范围内共设立应急供应网点45个、应急加工（配送）企业9家、应急运输企业1家。完善应急预案，重新编制修订《粮食应急预案操作手册》。开展二次辖区粮食流通应急情况检查。

【市场监测管理】 对辖区内4家粮食企业开展“双随机、一公开”抽查。辖区范围内建立粮食市场价格信息监测点5个，其中粮油零售价格点3个、粮油批发价格点2个，每月定期发布粮食信息。

（余 悦 黄慧华）

对外贸易

【概况】 2018年，进出口总额55.28亿，同比增长31.01%，其中出口52.95亿，同比增长31.95%，增幅位列全市第3，出口占全国总量的0.323‰。

【出口信用保险】 2018年度，组织21家企业申报出口信保保费补助共计258.18万元。

【贸易市场】 组织辖区56家企业申报境外展会展位补助共计220.74万元，涉及展位106个。

【跨境电商】 依托阿里巴巴、淘宝、天猫国际、环球制源等国际知名网站、企业自建网站等方式开展电子商务活动，通过企业形象和产品展示，提高美誉度，吸纳境外客商，拓展营销渠道。

【企业服务】 成立外经贸服务专项组，送服务下基层，重点解决企业用地、资金、用工等一系列问题。组织70多家企业参加市级政策培训。

（何 清 黄慧华）

供销合作

【概况】 婺城区供销社扎实推进供销社综合改革和农合联服务体系建设工作，2018年实现农资销售额6500万元。

【“三位一体”供销社综合改革】 完善农合联组织框架体系。完成区农合联民政注册登记工作，取得社会团体法人登记证书，同时落实新“三定方案”，稳步推进农合联实体化运行步伐。

【农信担保业务】 截至12月底，提供贷款担保总计82笔，担保总额1.06亿元，其中为涉农组织、农民专业合作社、农民种养殖大户提供担保计45笔，担保额6016万元，涉农担保比例保持在57%以上；为中小微企业等其他行业提供担保计37笔，担保额4584万元，在保余额1.02亿元。

【社有资产】 抓好社有资产的经营管理，按时完成社有资产租赁费征缴及安地拆迁签约工作，开展社有资产登记清理，逐宗造册归档，健全完善社有资产管理制度，逐步优化社有资产结构；抓好社有资产的改造提升工作，对白龙桥、虹路、马海地等部分房屋进行改造提升，做好老旧房产的针对性维修，确保社有资产保值增值。

【安全工作】 抓好出租房及社有资产安全隐患的排查和整改，加强日常安全检查，突出重点，完成年目标任务，组织检查 22 次，其中常规检查16次，危旧房专项安全检查 6 次，整改隐患12处。做好防汛防台各项工作，严格落实应急预案和24小时领导带班制度，做好省防汛物资储备（麻袋5万只）的日常维护，2018年共开展防汛检查6次。

（倪永洪）

交通　通信

交　通

【概况】 2018年,婺城区交通运输局开展打赢9场硬战交通廊道突击战先锋行动。列入政府投资建设项目11个,总投资48.59亿元,年计划完成11.44亿元,已完成投资额11.65亿元。

【重点工程建设】 2018年,衢江婺城段航运开发项目主体完工,12月底正式通航;金义东城际轨道婺城段完成政策处理;杭金衢高速拓宽二期、313省道(45省道)改建、235国道金武快速路、婺城莘畈至武义白姆公路、金安路生态景观廊道优化改建工程等重点工程加快推进。“四好农村路”建设推进,新建联网公路4.7千米,农村公路等级提升改造工程完成8.8千米,完成农村公路大中修70.2千米。

生命安全防护工程总投资526.9万元,其中婺城区段投资373万元,开发区项目投资66万元。实施道路21条(婺城16条、开发区4条、金华山1条),具体包括边坡处治、自发光项目、钢质护栏安装全面完成。

道路安全隐患点整治工程总投资992.05万元,改造或增设交通安全设施,共23条公路442处;完善指路标志牌,共24条公路133处。

智慧交通工程建设330国道和宾虹西路安装时间自动检测系统、信息发布系统、交通智能诱导协调、环境检测系统。

【四好农村路建设】 发展农村交通信息化提升“四好农村路”品质。根据“四好农村路”三年建设计划(2018—2020年),总投资将达7.7亿元。采用多模式提高通乡镇、景区三级以上公路比例。

投资1.8亿元开展金安公路与梅溪治理相结合,打造成集“景观、休闲、旅游、生态”四位一体的城市后花园。

虹戴公路综合整治,铺设金华“黄金走廊”;莘畈至武义白姆公路工程,建设如画南山风景线,有效提升区域交通,推动婺城和武义北部的经济交往,推动金华的一体化建设。

重点对公路穿镇路段以及美丽乡村间的公路进行提升改造,以美丽公路将各美丽乡村串联成一条条旅游风景线,促进乡村振兴。

【打造“路长制”升级版】 推行农村交通信息化工作,打造“路长制”升级版。用农村交通信息化解决交通基础信息不全、不准、不及时、不共享等“四不”突出问题,实现道路交通安全信息化建设“三化三高三低”的工作目标。

区交通运输局投入2200多万打造婺城的智慧公路,将虹戴公路打造成首条智能化公路,实现了视频全覆盖、信号灯自适应、事件自动检测预警、环境气候指示信息自动发布等智能化功能,同时视频监控网络实现和综治、公安、水务等部门之间的互联互通,资源共享。

按照“集中统一、分级管理”的原则,在区、乡镇、村三级路长制的基础上,通过“两站两员”护航农村交通安全,全面打造农村公路管理三级路长制的升级版。招聘39名专职交通管理员,将全区农村公路划分483个网格,聘请483名网格员当交通劝导员,确保全覆盖公路安全管理。

【村村通客车】 对9个乡镇21建制村实施“村村通客车”工程，投入资金870万余元，直接受益人口达4万余人。以2千米覆盖半径的行政村，全面实现村村通客车。建设改造乡镇运输服务站3个。建成150个村级电商服务点，78个村级农村物流服务点，为村民提供网络代购、电商培训等服务。对193个城乡停靠站站棚中的46个破旧站棚进行完善修复。60个港湾式停靠站正在建设，其中在琅琊、塔石、雅畈、莘畈乡镇所在地建造10个仿古特色站棚，形成一道亮丽的风景线。

【超限超载治理】 加强超限超载治理，确保道路安全畅通。为保护婺城环境，抑制扬尘，局采取设卡查与流动巡查相结合的方式持续加强对竹马区域重点路段、高桥路段等违法超限运输、抛洒滴漏车辆进行集中整治，加强对过往货运车辆的管控，保持路检路查的高压态势。2018年加大对重点路段、重点时段、重点车型的执法检查力度，查处违章案件382件。

（李竞丝）

电信公司

【概况】 2018年，婺城区电信局完成主营收入近3亿元，宽带用户16万户，移动用户20万户，ITV用户10万户，固话用户13万户。

【网络建设】 2018年，婺城区电信局在政企服务支撑方面成绩突出，客户服务满意率一直保持100%。2018年完成ICT项目施工7个，近800个点位，涉及收入近2000万元。

【项目建设】 2018年，婺城区电信局以政府信息化建设为契机，聚焦智慧城市建设，率先与金华经济技术开发区达成智慧城市合作意向，确认一期建设内容的框架，确立合作模式，整体完成智慧开发区一期7000万以及智慧城管一期2000万项目的实施，并且以此为动力，深入挖掘开发区其他信息化项目，包括开发区各部门的依托政务云的信息系统建设，在后续达成智慧城管二期以及智慧停车、智慧旅游的合作意向。

【安全生产与应急保障】 2018年，婺城区电信局完成婺城区防汛应急演练，琅琊中国山水铁人赛，汽车小镇省重大项目启动会的应急通信保障。不断优化项目实施流程，有效缩短项目工期。对历年遗留问题项目进行梳理，攻坚克难、一一解决。

【节能降耗】 2018年，婺城区电信局通过简化网络设备退网、空调精确化管理、电费回收、峰谷用电申请、转供电改直供电措施节约能源费用28.85万元。

（陈素娟）

移动公司

【概况】 2018年，婺城移动实现运营收入7.325亿元，通话客户88.45万户，4G活跃客户73.60万户，有线宽带用户17.67万户。公司在贯彻浙江公司“善知善行　惟和惟新”工作文化中心思想的基础上，以“责任文化“为引领，践行工作文化于生产经营中。推进组织管理创新，打破传统思维，统筹推进组织优化，合理规划人力配置，优化激励机制，强化干部队伍建设，强化干部管理与监督，完善管理人员梯队建设，健全干部交流轮岗机制。加强队伍能力培养，激发员工队伍活力，外部要对标市场，内部要与岗位价值、团队和个人贡献挂钩，以能力定价值，以贡献论奖赏。

【党建工作】 2018年，公司党建工作全面推进，围绕《金华分公司党建工作责任制实施办法》和《金华分公司党建考核评价办法》，推动党建工作责任进一步落实。落实巡视巡查整改，深入开展员工关爱，推进暖心工程及职工小小家建设，基层员工办公及生活环境有效改善。支部认真研究党风廉政建设和反腐败工作方案和任务落实。支部委员履行好分管领域的“一岗双责”，加强对分管领域“两个责任”落实情况的监督检查，推动责任层层落实。加强廉政学习和教育，实现党员员工全覆盖。

【网络建设】 2018年，网络工程建设任务艰巨，有4G的建设，还有5G的资源储备。公司着力推动启动4G七期一阶段建设，实时筹划5G网络建设，提前与铁塔公司沟通，开展塔桅、动力等配套改造；做好现网资源的清查,准备好频率、管线和传输资源,锁定稀缺铁塔资源。抓好 ODN 优化和节点机房建设。ODN 优化既是当前家集客业务发展的保障,也是未来 5G 规模组网承载的关键,婺城作为此项工作的排头兵,碰到困难要攻坚克难,加快推进 ODN 优化整治。

（张　乐）

财政　税务

财　政

【概况】 2018 年，婺城区实现生产总值 282.19 亿元，比上年增长 3.5%。其中，第一产业增加值 12.56 亿元，降低 3.5%；第二产业增加值 60.49 亿元，增长 4.4%；第三产业增加值 209.13 亿元，增长 3.6%。三次产业结构比为 4.5:21.4:74.1。全区人均生产总值 72760 元，增长 3.0%。城镇居民人均可支配收入 53131 元，增长 9.5%；农村居民人均可支配收入 23134 元，增长 9.5%。全区财政总收入 45.77 亿元，增长 8.4%，地方一般公共预算收入 19.97 亿元，其中，区级一般公共预算收入 10.41 亿元，增长 0.8%，占财政总收入的 22.7%。一般公共预算支出 23.03 亿元，增长 2.36%，其中区级一般公共预算支出 13.43 亿元，增长 3.3%。全年财政收支平衡。区财政局连续第 7 年获区级岗位目标责任制考核先进单位称号。

【组织财政收入】 收入结构有所优化。地方一般公共预算收入占 GDP 的 7.1%，占财政总收入的 43.6%，一般公共预算收入中税收收入 8.91 亿元，占比 89.9%。加强收入分析。做好全年收入分解落实与预期，定期召开收入分析理会，强化涉税信息联通，及时协调征管和入库，把控收入进度，确保完成年度收入任务。健全收入预测机制。落实税收征收主体责任，克服结构性减税政策影响，科学分析行业趋势和主要增减收因素。优化营商环境。积极对接招商项目，强化入户、纳税等服务工作，全区浙商回归项目 35 个，总投资 8.81 亿元，增长 110.6%，实现税收 1.50 亿元；引进内资 42 个项目，总投资 21.55 亿元，增长 102.6%，实现税收 3.86 亿元。加大非税收入征管。完善统一公共支付平台功能，继续推进国库集中支付电子化改革，打造线上线下一体化非税支付体系。2018 年，非税收入总额 26.36 亿元，其中纳入一般公共预算收入管理的非税收入 1.50 亿元。

【地方经济】 支持农业园区建设。加大对特色效益农业、民俗生态旅游、粮食生产功能区等的投入力度，积极筹措资金支持农业主体做大做强，2018 年拨付农口资金 11.85 亿元。扶持企业发展。落实减税降费政策，减免小微企业所得税 5332 万元。继续推进应急周转金制度，全年使用 58 笔，周转金额 2.29 亿元，惠及企业 26 家。完善财政支持科技创新方式，企业科技研发费加计扣除企业优惠税款 1.49 亿元，兑付科技类奖励资金 2242 万元。成立总部经济和楼宇经济工作领导小组，鼓励在外创业人员回乡创业。推进基础设施建设。积极筹措资金支持交通、工业园区等重点项目建设。全年政府投资项目总额 55.57 亿元，拨付项目建设资金 12.88 亿元。

【支出结构优化】 2018 年，婺城民生支出 17.74 亿元，实现社会民生占一般公共预算支出的 77%。保障基本项目建设。加大重点民生项目投资力度，安排政府投资项目资金 10.01 亿元。支持教育事业。继续大力支持职业教育、学前教育及民办教育，促进教育资源均衡发展，实现教育支出 5.62 亿元，下降 3.1%。安排学前教育经费 1000 万元，民办教育发展资金 370 万元。争取升级资金 1400 万元建成实验中学实训大楼。支持社会保障投入。全区社会保障与就业支出 3.42 亿元，增长 3.9%，安排农村最低生活保障金761万元,残疾人事业发展补助798万元,新增创建"浙江省食品安全区经费"162万元。支持医疗卫生条件改善。有序推进公立医院改革,提高基层医疗卫生服务机构服务能力,促进基本公共卫生服务均等化,实现医疗卫生支出1.54亿元,增长4.5%。加大惠农投入。全面落实强农惠农政策,不断加大农村基础设施建设、农田水利投入力度,扶持村集体经济发展,促进农民增产增收,实现农林水事务支出2.65亿元,下降7.0%。支持文化事业繁荣发展。加大文化投入力度,推进基层文化、体育基础设施建设,大力支持山花节、中国山水四项等活动,实现文化体育与传媒支出1689万元。

【城乡统筹发展】 推进涉农资金整合。初步制定统筹整合使用财政涉农资金实施方案,将凡属统筹整合范围内的财政涉农资金,全部纳入整合清单"打捆"使用。实施精准脱贫。基本形成以绿色生态为导向的财政支农政策体系,设立消除集体经济薄弱村专项资金2300万元,用于项目补助、贷款贴息及脱贫奖励。推进美丽乡村建设。全面落实农村危旧房改造、异地扶贫搬迁政策,2018年安排6000万元用于新农村建设。推进扶持村集体经济发展试点项目。争取省级扶持村级集体经济发展试点资金1800万元,安排实施项目10个,总投资2910万元。组织开展一事一议财政奖补申报工作。安排补助项目67个,项目总投资3811万元,安排财政补助资金1926万元。

【财政改革】 深化预算管理改革。健全预算编制体系,细化预算编制内容,逐步建立预算公开评审、部门预算零结转、零基预算等预算管理制度;推进预决算公开,扩大部门预决算公开范围。开展"最多跑一次"改革。首台公共支付自助机投入使用。2018年,通过平台收缴费用3.25亿元,行政事业性收费、政府性基金、罚没收入等电子缴款征缴率达83.1%。强化政府债务管控。开展化解政府债务专项行动,制定化债方案,严格债务限额管理,清理甄别认定地方政府债务中非债券形式存量债务的置换需求,全年置换政府债务5.38亿元,累计偿还隐性债务23.47亿元,继续保持在可控范围。深化国库集中支付改革。制定《金华市婺城区国库集中支付动态监控管理暂行办法》,规范监控流程、细化监控规则、扩大监控范围,建立"事前预警、集中拦截、事后跟踪"的全过程动态监控机制。盘活存量资金。健全动态管理和定期清理机制,全年清理整合盘活存量资金1.43亿元。

【财政监督】 加强政府采购管理。全面推广应用"政采云"平台,政府采购计划金额4.61亿元,实际采购金额4.31亿元,节约资金约3000万元,节约率6.5%。推进财政投资评审改革。完成预算审核项目286个,送审金额31.11亿元,净核减金额4.29亿元,净核减率13.8%;完成工程结算项目审核5个,送审金额4698万元,净核减金额804万元,净核减率17.1%。加强支出目标管理。通过部门预算管理系统上报绩效目标项目1131个,金额100.80亿元,追加支出绩效目标审核项目58个,金额2441万元。完善重点绩效评价工作。选取16家单位19个项目开展重点评价,涉及资金3.01亿元。强化资金监督检查。注重审计结果运用,狠抓财政监督检查,全面开展扶贫资金使用情况、财务管理及资金安全情况等大检查,发现问题及时整改,切实提高财政财务管理水平。

【队伍建设】 开展"不忘初心、牢记使命,当好新时代婺城答卷人"大调研活动。实现问题整改率100%。制定《金华市婺城区财政局考勤管理办法》《金华市婺城区财务管理办法》《金华市婺城区财政局工作人员考核办法(试行)》和《办公室内部控制财政规程》,健全日常工作体系。坚持"三会一课"制度,以"主题党日"为抓手规范党内政治生活,组织开展 "传承弘扬红色基因 开拓创新砥砺前行"的四明山革命抗日根据地红色教育活动。规范干部进出队伍、提拔任用等制度,招录参公人员4名,事业人员2名,退休1名。参与全国文明城市创建,参加入户调查、卫生整治、文明劝导等活动,展示财政干部良好形象。

(杨秀清)

税 务

【概况】 2018年7月20日，国家税务总局金华市婺城区税务局挂牌成立。金华市婺城区税务部门2018年完成各项税收收入52.50亿元，同比增长8.97%;组织非税收入(不含社会保险费)2.05亿元，同比增长16.65%;组织社会保险费(含职业年金)收入22.20亿元,同比下降6.74%。

【税收优惠政策】 区税务局依法落实各项税收优惠政策,重点加大对结构调整、科技创新、小微企业、保障民生等方面税收政策的落实力度。利用税收职能作用激发地方企业发展活力,服务地方经济发展大局。2018年,在增值税优惠政策方面,办理资源综合利用即征即退1894.99万元，办理福利企业退税3692.09万元,办理软件企业优惠254.63万元。企业所得税优惠政策方面,享受研发费加计扣除企业优惠税款1.49亿元，享受小微企业所得税优惠5279户减免税额5332万元。

【税收征管改革】 个人所得税改革按照“一次修法、两步到位”的步骤实施,区税务局开展税法宣传和解读,提高社会各界对新税法的知晓度。通过摸底调查,辖区内总计有扣缴义务人13722户。根据税务总局制定的宣传口径与节点，周密的部署安排、组织精干力量构成师资团队,通过多场培训对辖区内13000余户扣缴义务人实现辅导培训全面覆盖。

【纳税服务】 区税务局对办税服务大厅布局进行优化调整,在构建专门的自助办税服务区、咨询导税区、电子税务局推广区基础上,明确各个区域税务人员岗责和服务规范,对大厅原有制度和规范进行整合完善,制定新窗口服务规范流程,确保窗口服务畅通周到,后台文书流转及时高效。通过税务干部上门服务发放联系名片、涉税辅导微信群专人值班、定期开展纳税人学堂等制度和方法,拉近税企关系,做好涉税服务,确保纳税人满意度稳步提升。持续开展“大调研”“大走访”等专项行动,提升纳税人的幸福感和获得感,服务企业1404户次,其中分乡镇、分行业组织有针对性的培训会8场,营商环境调查走访企业782户，解决企业实际问题216个。落实“放管服”改革各项要求,依照纳税服务规范,取消税务行政审批和前置性审核事项,优化审批流程,精简纳税人资料报送。

【执法监督】 区税务局发挥国地税合并优势,梳理分析企业欠税的成因、类型,因类施策,突出重点,分等管理,逐步构建起事前强化防范、事中管理控制、事后对症下药的新型清欠模式,压缩欠税规模,防范税收执法风险,2018年清理欠税7088万元。针对土地增值税清算时间紧、任务重、情况复杂的状况,整合资源、发挥合力,部署开展“土地增值税清算攻坚战”,成立土地增值税清算专业团队,化解土地增值税清算审核难度大、效率低、执法风险高等困难,2018年9个清算项目均已完成。

【国地税合作】 2018年7月20日，国家税务总局金华市婺城区税务局正式挂牌成立,完成新税务机构分步合并和相应挂牌工作,打赢国税地税征管体制改革第一场主攻战。根据中组部相关规定和浙江省税务局统一部署,经婺城区委批复,金华市婺城区税务局联合党委于2018年9月17日改设为金华市婺城区税务局党委。2018年10月25日,“三定”工作落实到位。

【信息化建设】 通过落实细化浙江省税务局征管信息系统“并库”上线工作方案,区税务局组织力量全力以赴,确保各项“并库”工作有效及时落实。做好国地税双方数据的清理核对工作,双系统共有同登记户49984户,单边登记户9145户,未对照户0户,总登记户为59129户。完成岗责体系、业务流和系统初始化设置的各项工作,以“全员、全业务、全覆盖”为要求全面组织开展双轨运行期间的测试验证工作,为“并库”整合上线工作顺利实施奠定基础。

【党建工作】 区税务局深入贯彻落实中共十九大精神,围绕讲党性、聚合力、履职能、比奉献、晒业绩等内容,推进“两学一做”学习教育常态化制度化,组织开展党委书记讲党课、专题组织生活会、政治理论学习和主题党日等活动,开展夜学15次,参加人员达680人次，党员干部进社区作表率合计66

人次,发挥党员的先锋模范作用。严格落实中央八项规定精神,坚持杜绝“不担当不作为”的意识与形态。深入推进作风效能建设,每周开展2次劳动纪律抽查并通报结果,坚持以务实的作风落实工作,用创新的方法解决问题。

(王佳杰)

金　融

银行机构

·中国工商银行股份有限公司婺城支行

【概况】 2018年，工行婺城支行本外币各项存款余额(含同业)36.57亿元，本外币各项贷款余额65.46亿元。新增个人有效客户16986户，新增对公有效户459户。信贷风险持续压降，年末贷款不良率0.03%。全年风险管控良好，实现零案件，无重大差错和责任事故。获得市分行系统内“2018年旺季业务竞赛先进支行三等奖”“第十九届业务技术比赛团体第一名”“金华分行2018年服务礼仪风采大赛三等奖”。

【经营效益】 2018年，支行实现拨备前利润1.44亿元，各项存款日均余额36.12亿元；各项贷款日均余额63.89亿元。实现中间业务收入1.28亿元，增幅11.99%，总量排全市第4位。其中零售业务转型发展出成效，拓展优质商户，提升重点合作单位传统及新业务分期占比及业务量，持续做大分期付款交易量，继续提高信用卡中收贡献，银行卡中收全市区排名第一。国业产品运用全面、全市首创业务获得表扬，此外增提保质量，巩固信贷业务优势，加强银企交流合作，为企业融资、经营转型、小微企业成长发展提供帮助。做好二手房业务拓展工作和重点拓展一手房合作房地产公司，发放住房贷款1820笔，金额14.72亿元。加强小微企业拓户，优化贷款结构，新拓单户1000万元及以下小微企业20户，金额合计0.52亿元。对信用良好的优质大客户，建立省、市、支行三级联动的服务模式，提高服务效率，通过产品的创新，满足优质大户的融资需求。对于经营困难的企业，想方设法为其降低融资成本，坚持以时间换空间，帮助企业恢复“造血功能”。在场景建设、批量获客和业务创新方面，项目有所突破受到好评。

【网点建设】 2018年，支行优化网点布局，持续推进网点零售业务转型，开展智能网点、理财便利店的建设转型。如新农贸支行通过人员调配、流程优化实现个贷业务专业化；婺州街支行是以平台收单为主的理财便利店；营业部响应客户需求，开展特色厅堂微沙龙，客户口碑进一步提升。此外通过营销推广电子银行等离柜业务与产品，推广使用智能终端机器，多管齐下，大幅提升服务供给能力，满足客户对业务办理渠道的多元化选择的需求，致力打造“您身边的银行”品牌形象。

【安全经营】 支行重视内控合规、安全保卫以及信贷风险的精细管理，保障合规稳健经营。2018年，支

2月11日，工商银行金华婺城支行组织开展防范非法集资与防诈骗金融知识宣传活动

（工商银行婺城支行供稿）

行以合规管理为目标，强化内部控制全过程管理，做好事前防范、事中控制、事后检查工作，坚持审慎稳健、依法合规、安全经营原则，正确处理发展与风险的关系，完善自查自纠，消除安全隐患、堵塞管理漏洞，把控好实质性风险。持续推进廉政建设，开展风险隐患专项排查，组织网点消防、防爆等模拟预案演练，开设消防安全知识讲座等强化案防监督管理，保持对各类风险事件的高压态势，夯实全员思想防线和制度防线，加强警示教育与员工行为动态管理，确保安全经营。

【党建工作】 支行以党建为引领，营造学习氛围，开辟党建文化墙、H5 等文化输出窗口，加强教育培训创新，包括开展师徒制结对传帮带，党员结对共建、落后员工结对帮扶。开展党员旺季奉献厅堂、文明城市创建党员先行等特色鲜明的主题教育活动及技术比武、演讲比赛等活动，丰富员工生活，提高员工技能。

【工会活动】 支行以工会为抓手，加强人本关怀。重点完善乡镇网点职工小家建设，改善硬件配置。成立羽毛球、气排球和瑜伽兴趣小组；开设健康养生、服务礼仪、消防安全等知识讲座；组织开展文明毅行健步走、磐安百丈潭徒步等活动，多方面提升员工综合素质。支行响应政府工作，主动担当社会责任。开展反假币、反诈骗金融知识宣传普及活动。

【文明创建】 落实礼让斑马线文明劝导工作。同时，发挥工行社会影响力，利用海报、广告、跑马灯等媒介投放社会主义核心价值观、文明城市创建、法治社会与公民道德养成等社会标语，进一步担当社会责任，履行大行义务。

(翁燕鸿)

12 月 20 日，工商银行金华婺城支行助力文明城市创建工作，为周边文明志愿者送上暖胃姜汤

(工商银行婺城支行供稿)

·中国农业银行股份有限公司婺城支行

【概况】 2018 年，农行婺城支行内设综合管理部、客户部、运营财会部、风险管理部 4 个机构；下设营业中心、江北支行、城西支行、河上桥支行、农产品市场分理处、浙师大支行、婺江东路支行、汤溪支行、白龙桥支行、蒋堂支行、罗埠支行 11 个网点机构。在职员工 203 人，其中男性 79 人，女性 124 人；平均年龄 40.4 岁；中级以上职称 44 人，初级以上职称 64 人；硕士研究生 6 人，本科 147 人，专科 42 人；党员 77 人，团员 25 人。行领导 6 人，中层正职(含主持工作)共 15 人，中层副职(含助理)25 人，副行长兼运营主管 9 人，运营主管 2 人。

2018 年，支行各项存款余额 90 亿元，增量 7.6 亿元，各项贷款余额 95.64 亿元，增量 15.54 亿元，较好地完成市分行下达的各项投放指标；实现中间业务收入 9883 万元，完成市分行全年计划的 101.7%；实现营业收入 3.78 亿元，同比增加 4348 万元，超计划 1318 万元；实现净利润 1.94 亿元，同比增加 5308 万元，超计划 2462 万元。

【经营效益】 深化对公业务发展。贷款精准投放，重点支持“七类客户”，抓好大项目贷款投放、规上企业营销、小微企业贷款投放；紧抓机构业务，抢占民生金融市场；搭建重点客户直管平台，做强做大投行业务；加强部门直营力度，提升业务创收能力；“整村推进”三农业务，支持乡村振兴，做好“农创客”的跟踪营销；推进国际业务转型，提升跨境金融服务能力。推进零售业务发展。加大个贷投放，在做好房贷的同时，抓好非房贷投放，做大网捷贷、个人经营贷款；用好重点产品，发挥农行产品优势，吸引更多的客户资金回流，做好增存稳存；运用工单营销，抓好重点客群，做大个人优质客户群体，提升获客、活客、粘客能力；开展各项活动和竞赛，发挥各网点优势，做好场内场外营销；抓好“三大攻坚”，三大营业中心以机构(法人)客户为重点，城区网点以市场客户为重点，乡镇网点以农村市场为重点，打响市场攻坚战；抓好场景营销，搭建单位食堂、停车缴费等应用场景，抓好网捷贷、房联贷的应季营销和场景营销，做大掌银有效客户群体；做大做强分期业务，打造银商联盟，扩大分期业务品种。

【风险防控】 推进个贷多元化发展，加强与高校、汽车销售商等的合作，做大网捷贷业务、个人经营贷款、特色预授信业务；掌握并营销可贷新入驻、新注册企业，持续做大中小企业客户群体；搭建政府职能部门合作平台，有效拓展机构类客户；建立区域集群产业金融服务整体方案，加强产业链和平台型客户营销。优化行业结构。推进重大项目的合作，做好项目贷款的投放。围绕"凤凰计划""尖峰计划"大力开展上市公司、行业龙头客户的营销；积极拓展市场需求稳定、成长性好的小微企业群体。优化期限和担保结构。在期限结构上，强化中长期贷款对信贷质量的稳定作用，提高中长期贷款比重。在担保结构上，逐步降低担保贷款占比，对优质客户适度加大信用贷款和新型抵质押贷款的推广力度。压降不良贷款。做好潜在风险化解，加大对"关注类贷款清退"等指标的考核监测力度，严格管控新的关注类贷款；防范新的风险苗头，严控高股票质押和发债客户风险，关注对美贸易企业风险；加强逾期催收，重点加快已核销A类贷款的清收，对逾期贷款管控不到位、化解不力的网点加强现场督导，实施问责机制。

【党建引领】 坚持党建工作与业务经营融合发展，做实"三线一网格"管理，做细党风廉政建设，提升人文关怀，激发队伍活力。党建工作领导小组统筹部署，研究制定年度计划及考核方案，明确"一岗双责"，实行党建工作专项考评与机构绩效考核并行，确保党建工作与业务经营同谋划、同部署。规范网点议事规则，深化"三会一课"制度，选好配强支部书记，提升基层党组织的目标向心力、制度执行力、价值创造力。2018年，党委理论学习中心组共开展集中学习12次，组织开展"歧路年华"、"不忘初心、牢记使命"等主题征文、"查教结合学案例"专项行动、警示教育宣讲等，引导党员干部走光明路、守清廉风。根据省分行"三线一网格"效能监察及市分行巡察反馈意见，成立整改专项工作组，落实责任，建立问题、任务、责任3个清单；深入网点开展"三线一网格"效能监察、工作检查，确保整改按时、保质、保量完成。打造"党旗印婺心"党建品牌，开展"缅先烈、敬英雄"主题党员活动，树立党建样板网点；发挥"四个结对"的作用，拓展党建结对共建单位，建立互助共长的长效合作机制；挖掘先进典型，用好"三线一网格"好人好事事迹专栏，开展"我身边的好榜样"表彰评选；突出党员示范岗，全行共设立党员示范岗20个，党员责任区15个，实现网点一线全覆盖。

9月16日，支行党员在三门亭旁镇进行党员活动

（区农行婺城支行供稿）

【网点转型】 根据上级行网点转型推进工作要求，支行制定转型方案，倒排转型日程。2018年，有4个网点实行单高柜，压降高柜数量10个，释放柜面人员15人，增强网点的营销服务力量。压降柜面窗口，释放人力资源。分析网点周边环境、客户流量、柜面业务量等因素，提升"智能+综合"业务分流率、超柜业务替代率，有计划推进柜面窗口压降工程。优化劳动组合，增强转岗培训。对转岗的柜面人员开展大堂经理、客户经理岗位适应性训练及跟班学习，提升营销能力和业务素质。对客户经理岗位实行分级分小组管理，提高经营效率。优化网点布局，明确经营定位。推进网点功能分区，利用金融科技、智能设备给网点赋能增效；构建网点分层管理体系，实现三大营业中心、城区网点、乡镇网点的差异化经营。按照市分行"六化"考核原则，优化支行绩

效考核体系，规范网点二次分配管理，突出综合效益导向、转型发展导向、风险管理导向。

【队伍建设】 机关队伍正风提效。支行广开言路，强化网点自律，推动部门由任务分配型向管理服务型转变、由分散型向协助型转变，提高部门对前台的领导能力、指导能力和服务能力。在网点考核上，利用好“支行机关对基层干部履职能力评价表”，按季进行考核评价，排名纳入员工绩效考核，消除对员工“不作为、不称职”的担忧。在层级沟通上，建立及时、有效、畅通的信息反馈机制，建立上下层级之间的沟通平台。青年员工培养方面，构建成长机制，拓宽青年员工的晋升通道；完善沟通机制，定时召开青年员工座谈会、青年读书会，及时了解青年员工思想行为动态；以党建带团建，积极将业务素质好、管理能力强的青年员工吸收进党组织，充分发挥团委职能。客户经理队伍方面，开展客户经理结对交流学习活动、研学交流与主题培训活动，对客户经理进行月度能力测试，纳入客户经理能力档案。年轻干部任用方面，建立跟踪培养、岗位结合的选拔任用机制，通过乡镇挂职锻炼、部门跟班学习、网点见习轮岗，打通管理序列和专业序列的晋升“双通道”。

（包晗娜）

10月23日，支行员工参加创建文明城市活动慰问执勤交警 （区农行婺城分行供稿）

·中国银行股份有限公司金华市婺城支行

【概况】 2018年，婺城支行外币存款余额59.67亿元，比年初新增14.25亿元；本外币贷款余额74.86亿元，比年初新增11.24亿元；实现拨备前利润16613万元。2018年度婺城支行被市分行评为绩效考核优胜单位。

【党建引领】 支行强化“党建引领”的作用，结合“两学一做”活动，从党员干部着手深入开展谈话交心，解疑惑理思路，明确党建工作贯穿全行工作各个方面，要求党员干部走在前、冲在前，行班子成员身体力行、带头攻坚，克服了时间紧、人员少、任务重等困难，调动全行干部员工的积极性和主动性，特别是两支客户经理队伍更是冲锋在前。通过大家的努力，支行各项业务得到了快速增长，全辖绩效考核名列第一；支行党支部被省行评为“先进党支部”，同时涌现出一批先进模范团队和党员干部，如宾虹支行、汇金支行荣获总行业务竞赛团体奖、支行客户基础拓展突击队被市行评为“先锋突击队”、业务发展部被市行评为“中银卓越团队”；“中银卓越行长”姜军、“先锋党员”周峰、“模范劳动者”金文皇、“优秀青年”俞峰、“优秀女职工”杨倩等等，一支团结协作、锐意进取、勇于赶超的团队逐渐形成。

【金融服务】 金融服务进企业。为响应中国人民银行号召，加快移动支付业务的发展，举办主题为“中国银行金融服务进企业”的云闪付APP推广宣传活动，向职工普及安全使用银联新支付系统、银行卡及电子银行防诈骗相关知识，得到企业职工的好评；金融服务进社区。为更好地服务民生，加快金融科技转型，支行员工经常放弃休息时间，走进网点周边社区向群众宣传手机银行的功能，即涵盖存款、贷款、理财、民生缴费等与生活息息相关的方方面面，手把手教他们手机银行操作步骤；工商注册进银行。为方便企业办理工商注册登记，缩减企业办证流程，主动与婺城区市场监督管理局提出合作意愿。在多方商谈和协调下，成为中行首批获得代理工商注册资格的银行，为客户开户实现名称预先核准、工商注册登记、银行开户一站式服务；优化公积金业务。自2017年金华公积金中心将公积金贷款向银行延伸之后，不断在实际中总结经验，简化办理操作流程，做到专人办理、一站服务、一次完成，得到客户的认可。

【业务发展】 重点推动项目攻坚效果明显，行领导带领客户经理全力争抢“凤凰行动”客户春光科技，金华2018年唯一的一家主板上市企业，争取募集资金2亿元；抓住城中村拆迁的契机，通过走进农民中间，从前期到最后拆迁款争揽的落地，全行上下齐心，成功从众多的银行竞争者中脱颖而出，争得拆迁款1.1亿元；为确保行政事业单位存款进一步发展，专门成立服务领导小组，为行政事业单位量身制订金融服务方案，提供专业的金融服务；积极参与行政事业单位的招投标，实现行政事业单位存款新增8亿元，同时争取区政府国库集中支付资格并测试开通；个金条线严格执行“贷款时效承诺制”，与开发商组建群组，每日通报收单进度，极大提高贷款投放时效，受到开发商赞许，累计投放量18.64亿元，新增12.61亿元，均列全辖之首。

【特色支行】 宾虹支行作为汽车金融专业支行，主要以汽车分期业务来做大网点，2018年从人员配置、岗位设置、考核方案给予倾斜，实现汽车分期业务较好、较快增长。2018年汽车分期新增业务同比增幅42%，分期业务量在金华中行排名第1名，被金华市评为2018年度绩效考核优胜单位，并荣获总行消费分期“尖刀出鞘”奖。另一家特色支行汇金支行是全辖票据金融中心，网点抓住票据贴现轻经济资本，高EVA的特性，加大重点客户服务和挖掘，同时根据省行推荐异地客户，积极开展营销对接，有效做大支行票据贴现业务量，其总量同比增幅5.67%，列全省第3位。2018年汇金支行党支部被金华市分行评为“优秀党支部”，并荣获总行单位银行结算账户优胜奖。

（吕爱姣）

·中国建设银行股份有限公司金华婺城支行

【概况】 2018年，中国建设银行股份有限公司金华婺城支行认真贯彻落实省、市分行工作会议精神，推进以分行“一条主线、六个提升”为目标，聚集聚力五大抓手，全面实施“住房租赁、金融科技、普惠金融”三大战略，扎实推进“转型发展、创新驱动、合规保障”三大战役。截至2018年年底，一般性存款时点余额为17.31亿元；各项贷款余额为16.64亿元，实现中间业务毛收入2104.27万元；全行不良贷款余额4461万元，比年初下降3462万元。完成资产质量控制各项指标。

【安全运营】 加强合规文化传导工作，培育和践行核心价值理念。以“以守志笃行的精神、以合规经营的行为、以又好又快的发展、转型谋新篇、共享新成果、重塑新辉煌”为主题，全面把握核心理念的丰富内涵。

【网点管理】 细化精细化管理。通过强有力推进，员工日常将7S管理作为一种习惯，贯穿于每日作业中，管理效果初现，一定程度上提升支行的竞争力。

【金融服务】 深入社区、走进政府和学校开展金融服务。支行组织业务骨干深入街道社区开展金融服务，受到居民群众的欢迎。

（方翠荷）

·金华银行股份有限公司婺城支行

【概况】 2018年，金华银行婺城支行各项存款余额达472622万元，各项贷款余额209705万元。婺城支行加大小微企业营销拓展力度，提高市场占有率，其中，小微企业贷款余额35376万元，占贷款余额的16.87%。截至12月底，支行双逾贷款余额4249万元，比年初下降2938万元，完成率94.24%；双90贷款余额2237万元，比年初下降3582万元，完成率132.56%；表外欠息累计收回358万元，完成率71.66%；委托清收金额104万元，完成率5.41%。其中通过诉讼程序现金收回不良贷款本金775万元；非诉讼程序现金收回贷款本金821.88万元；平移转化不良贷款26笔，共计金额7794万元；2018年，支行立案起诉不良客户19户，涉及金额2836.41万元。

【负债业务】 积极参与存款招投标工作。2018年，参与各类招投标4次，中标3次，共留存1.311亿元。2016年以后，各政府单位纷纷通过公开招投标来决定存款账户的合作银行。对于各银行来说，通过招投标的存款，成本普遍较低且稳定性较强。支行针对此项工作及时给予重点关注，对于各种完全不同类型的招标都积极参与，每一次对招标书中评分办法及评分标准进行逐项推敲，做好事前沟通，面对国有大行和股份制银行的竞争，充分发挥本行的优势。虽然财政资金总量减少较大，但尽最大努力做好稳存工作。利用机构布局调整的契机,做好宣传营销。2018 年 6 月中旬,支行营业部搬迁至新址营业。支行开展对周边商业街、各单位、各小区、各村的宣传,在区政府内 LED 滚动播放迁址公告,开展扫楼扫办公室,扩大影响,新址业务量逐步上升。

【零售业务】 开展支行储蓄存款竞赛活动,大打全员营销牌。1—3 月,开展婺城支行“扬帆 2018 开门红”营销竞赛活动;11—12 月,开展冲刺 60 天专项活动。各项活动贯穿全年,既增强支行的全员营销意识,又发挥全行员工的资源优势,有力推动支行储蓄存款的增长。

【内控管理】 加强学习培训,提高营业经理及柜员素质。制定每二周开展一次运营条线员工的培训,要求每位营业经理根据自身的业务特长,选取内控管理和运营方面的内容制作课件,培训后组织考试,既给营业经理锻炼学习的机会,强化老员工业务能力和规章制度的认知,也达到培训新入行员工的目的。2018 年,进行运营条线培训 13 次,考试 3 次,培训人次 894 次,取得较好效果。加强内控管理,严抓制度落实。支行合规员每两个月制定检查题纲,对支行 10 家运营网点进行有针对性重点检查。通过每期的检查、通报、处罚、回头看的形式,支行定期召开检辅通报会,对问题及情况进行汇报交流,各部门一起对存在问题进行分析,确保支行内对存在问题处理形成统一意见和处理办法。使干部员工合规操作意识和风险意识有所增强。严格执行重要岗位工作人员强制离岗休假或轮岗工作。2018 年,支行对 50 位柜员、6 位客户经理、8 位营业经理、4 位团队长进行轮岗、对 16 位员工进行强休,开展“8 小时外”动态管理工作。班子对所有 31 位中层干部进行家访工作,中层干部对所有的员工进行 130 余次家访工作。

【党建工作】 2018 年,党风廉政建设工作与业务工作同强调同部署。加强理论学习,认真执行每周一课,重点学习“两学一做”重要内容,组织全体党员进行应知应会测试,强化全体党员的廉洁自律意识,加强干部员工的大局意识、责任意识、奉献意识,从思想源头上抑制不良风气的产生。不断加强党员干部 8 小时外动态管理,通过民主生活会、思想汇报、谈话及家访的形式及时掌握干部员工的思想和行为动态,抑制与消除各种不良倾向和风险隐患,促进支行各项业务稳健高效发展。强化队伍建设,组织党员积极参与送金融知识进企业进学校、金融服务乡镇行等丰富多彩的活动,提高党员队伍的凝聚力。宣传党的各项方针政策,依据两学一做的工作要求,认真开展学习会、座谈会。

(许美丹)

·金华成泰农村商业银行

【概况】 浙江金华成泰农村商业银行股份有限公司在金华市婺城区共设有 6 家支行 17 个营业网点,包括婺城、江北、汤溪(部分)、乾西、琅琊、雅畈等支行及其下辖网点以及莘畈、箬阳、岭上 3 个金融空白乡镇双定网点,在全区设立丰收驿站 333 家。截至 2018 年年末,婺城区服务网点各项存款余额 45.79 亿元,占全行 26.53%;各项贷款余额 25.40 亿元,占全行 22.27%;个贷户数 13164 户。

【强化政银合作】 以服务乡村振兴为纽带,制定实施婺城区《乡村振兴战略五年行动计划》,与区政府签订合作协议,夯实政银合作基础。与婺城区农办、扶贫办合作,全面对接下乡脱贫项目,积极参与蒋堂、乾西扶贫搬迁项目,发放扶贫搬迁贷款 384 户,金额 7634 万元。与贫困村开展帮扶结对,按照“2+1”帮扶行动相关要求,与市发改局、统计局共同与塔石乡东店村结成帮扶结对,每年主动上门开展走访调研,共同研究发展村集体经济的对策路径。截至 2018 年年底,已为该村发放贷款 17 笔,金额 152 万元。与婺城区组织部、农林局对接,与农林局签订合作协议,联合推出“富村贷”专属消薄创新产品,为婺城区 326 个行政村集体经济薄弱村授信“富村贷”1.35 亿元。成立“金融消薄先锋队”,为婺城区 141 个行政村发放消薄贷款 3772 万元,为婺城区顺利完成铂大工贸投资项目奠定了经济基础。向婺城区集体经济发展公司意向授信 1 亿元,用于金茶小微创业园建设,以金融助力“脱帽快跑”。与组织部对接,以先锋党员为主体,创新推出党员“先锋贷”信用贷款,发挥党员干部在乡村振兴推进过程中的先锋模范作用。2018年年底，全区共发放党员“先锋贷”614户、金额10262万元。“先锋贷”产品编入省农信联社《金融活水满之江》手册。

【完善渠道建设】 2018年，银行强化自助渠道建设，加大自助服务终端、自动存取款机、自助发卡机等自助设备投放力度。截至2018年年末，在全区设立便民自助终端25个，助农POS机349台，POS机具到村覆盖率达到100%。在助农机具“村村通”的基础上，积极开展功能体验宣传，切实提高便农自助终端、助农取款点的使用效率。丰富丰收驿站功能。以“丰收驿站”为纽带，通过有效整合金融、电商、物流、社区、公益等各类社会资源，为农村偏远地区提供集小额存取款、缴费充值、线上线下代购代售、快递收发、信息咨询等为一体的金融服务，实现丰收驿站行政村服务全覆盖。同时与农林局合力打造“丰收驿站+益农社”新模式，形成“农业金融双合力”。

【助力美丽乡村】 建设美丽乡村，推进“美丽家园”贷款，强化对村集体农业基础设施开发项目的支持，满足美丽乡村建设资金需求，至2018年年末，全区总计发放“美丽家园”贷款1944户，金额21973万元。完善服务体系。与婺城区网络经济局合作“农村电子商务进万家”项目，完成18个电商共建点建设。同时依托省农信联社丰收购、丰收家电商平台，与经营稳健、口碑较好且具有一定知名度的“涉农”商家深度洽谈对接，积极上线具本地特色、知名度高的商户，重点推进农产品进城。完善产品体系。扶持全区农业生产建设，支持绿色信贷发展，推进民生工程落地。截至2018年年底，全区共发放“粮农贷”78户、金额1294万元；发放绿色产品“光伏贷”贷款469户，余额2708万元；发放“苗商贷”1015户、余额12568万元；发放失地农民养老贷款“安心贷”337户、余额1034万元。推进诚信建设。持续推进农村信用体系创建工作，培育诚实守信的乡风民风。加快推进“八婺好家风”信用贷款，12月末全区已有725户、金额9223万元，让“好信用”成为农民获得贷款的绿色“通行证”。

【支持实体经济发展】 支持小微企业发展，支持民营企业发展，加大信贷扶持力度，向婺城区发放小微企业贷款321户、金额6亿元。对接小微园建设。加快营销小微创业园贷款，为小微创业园量身打造“小微成长贷”，与中铁鹰鹏小微企业园项目签订战略合作协议，授信总额13亿元，解决小微企业融资难题。推进税银合作建设。与税务部门对接，发放“税银通”纯信用贷款17笔，金额2827万元，推动“个转企”“小升规”发展，助力地区形成良好的诚信纳税氛围。推进“双创”金融服务。全面推广创业担保贷款，鼓励高校毕业生等群体创业就业，已发放创业担保贷款96户、余额1883万元。

【便捷高效精准服务】 简化办贷手续流程，持续优化办贷流程，整合客户签字资料，全面实行手机银行自主放款功能，强化普惠通手机应用，将普惠快车、整村授信流程有机结合，实现贷款办理无纸化、移动化、线上化，极大提高了办贷效率。开展整村授信。与乡镇(街道)、村两委等部门对接，上门批量办理普惠签约，不断提高授信覆盖面。截至2018年末，婺城区完成普惠签约19788户，签约覆盖率16%，年内新增7555户，覆盖率提升6.11个百分点。上线浙里贷业务产品。2018年12月召开“浙里贷”发布会，将“浙里贷”业务作为拓展新市场的主要产品，强化线上融资业务。婺城区全区共签约“浙里贷”304户、金额3999万元，贷款200户、金额2318万元。同时根据已有行内存款优质客户、一码通客户分别推出“码商贷”“优信贷”两款存线上贷款产品。开办工商注册通业务。针对企业工商注册所需资料多、手续繁琐、网点排队久、需缴纳中介费等问题，与市场监督管理局携手共同推进“工商注册通”业务，深化政银合作关系，实现企业政银综合服务“一窗受理”和“一站办理”。在婺城区服务网点，雅畈、婺城2家支行开办“工商注册通”服务。

（谢 赞）

·金华市婺城区万通小额贷款有限公司

【概况】 金华市婺城区万通小额贷款有限公司是一家以服务“三农、小企业”为宗旨，从事小额放款和金融活动的新型金融组织。作为银行等金融机构的有效补充，公司充分发挥金融毛细血管的作用，坚持贯彻“小额、分散”的服务宗旨，繁荣市场经济，拓宽市场融资渠道，扶持“三农”经济，携手中小微企业及个人创业者共谋发展。

公司于2009年成立，是由上市公司万里扬集团公司为主发起人，注册资本1.85亿元。公司是浙江省小额贷款公司行业协会理事单位，金华市小额贷款公司行业协会副会长单位，是市本级首家小额贷款公司。公司成立后，多次荣获浙江省A+级优秀小额贷款公司、省创新服务中小微企业先进单位、金华市纳税超千万元大户、小额贷款公司信用建设示范单位等荣誉称号。

【业务创新】 公司作为金华金融多层次市场中一支富有锐气、敢于创新的生力军、根据金华经济发展需求和客户的不同特点，针对性、前瞻性地开展各类产品和服务模式的创新。有针对农林牧副渔、乡村休闲旅游农庄等“三农”客户的“农家乐贷款”；有针对创业型客户提供的“创业源贷款”；有针对客户临时性、过桥性资金需求发放的“万通桥贷款”；有针对优质保证人推荐客户的“快速通贷款”；有针对优质客户按限额控制、一次签约、分笔办理、随贷随还、按月结息、专户管理的活期“活贷灵贷款”。公司创新研发的多种产品以其贴近实际、业务便捷、利率灵活的优势，赢得众多客户的青睐，为解决客户融资难题探索多条可行路径。

(朱小昌)

·金华市婺城区丰银小额贷款有限公司

【概况】 金华市婺城区丰银小额贷款有限公司是经浙江省人民政府金融工作办公室批准设立的一家小额贷款公司，成立于2012年12月，公司注册资本10364万元人民币，位于金华市八一北街737号世贸双塔东塔19D，是浙江省小额贷款公司行业协会及金华市小额贷款公司行业协会成员。

【经营管理】 公司秉承“只贷不存、小额分散、规范经营、防范风险”的原则，坚持服务“三农、小微企业”为发展方向，面对复杂的内外经营经济形势，坚持“控风险、调结构、求效益、强队伍”为主线，贯彻“清收为大”的方针政策，稳中求进，盘活存量信贷资金，确保无新增不良贷款。公司年末贷款余额8793.82万元。

公司密切关注宏观经济政策及企业经营形式的变化，积极支持小微企业的发展。以倡导诚信合作、实现互惠共赢的办事宗旨，围绕客户实际需求，推出信用、担保、抵押等多样的贷款类型，通过“小额、分散”的贷款方式，发挥“方便、快捷、灵活”的特点，以低于民间借贷的贷款利率，帮助解决小微企业的资金需求。

在经营管理的过程中，关注员工发展，重视员工业务和技能的培养与提升。坚持以内控建设为保障，强化内部管理，根据有关要求，签订廉洁自律责任书，规范放贷行为，促进业务健康有序发展，狠抓文明优质服务工作，为客户提供周到、便捷、高效服务。公司2018年度监管评级等级为良好。

公司积极配合市、区两级金融办组织的检查考核以及其他监管部门组织的常规性和临时性检查，全年无举报。

公司全面接入省小额贷款公司信息系统平台，业务开展严格执行省金融办、上市办等文件的有关规定，有效规范公司业务活动和财务活动行为。及时主动向区财政局、金融办等报送相关数据。

(周　蔷)

保险机构

·中国人民财产保险股份有限公司金华市婺城支公司

【概况】 2018年，中国人民财产保险股份有限公司金华市婺城支公司全年保费收入13375万元，车险保费规模跨上亿元，全年累计承担各类风险责任总额达1618亿元，支付各类赔款7783万元，发挥保险的“经济助推器”和“社会稳定器”功能。

【服务“三农”】 公司全力推动乡村振兴发展战略，扩大农业保险范围和覆盖区域。2018年公司承保婺城区政策性农业保险品种7个，分别为水稻保险、大棚保险、生猪保险、能繁母猪保险、公益林保险、商品林保险、大棚蔬菜保险，累计承担5.32亿元风险保障，全年累计支付赔款665.5万元。独家承保全区政策性农村住房保险，连续多年实现承保全覆盖，为全区7万多户农户提供风险保障，切实增强农户抵御自然灾害和意外事故的能力。

助力当地农村经济发展、发挥风险保障的作用。2018年初,公司与婺城区扶贫办公室正式签署保险扶贫合作协议，主动履行国有企业社会责任，响应中国保监会、国务院“金融扶贫、保险先行”号召,加大保险支持产业扶贫力度,致力提高农村地区低收入人口和扶贫产业风险保障水平,打赢脱贫攻坚战。1月5日,公司为浙江金帆养殖有限公司发放辖内首笔“普惠金融支农融资”资金800万元,以“政府政策支持+保险资金融资+保险风险保障”化解“三农”融资难题,助力当地三农产业发展,彰显红色央企的责任与担当。

稳步推进农村营销服务部机构网点建设,加强村协保员队伍建设,延伸服务触角,打通服务最后“一公里”。2018年,汤溪、雅畈、白龙桥3个网点营业部走进273个乡镇,开展政策性农业保险、农房保险、小额意外保险说明会及产品说明会,面对面为村民提供保险服务。

【客户服务】 坚持“以客户为中心”,不断夯实基础服务、创新服务,提升客户满意度。

公司本级实现出单、无人伤车险理赔单证收集一窗处理的综合柜员制,方便车险客户就近网点办理理赔手续;落实出单员评级机制,以制度为抓手,增强柜面人员服务能力和专业水平;着力解决投诉处理催办率较高问题,紧抓投诉管理不放松,提升客户满意度。

打造人保服务金字口碑。春运期间,全省系统开展“中国人保心服务、伴您欢喜过大年”活动,对春节出行遭遇紧急状况的客户提供直升机救援与地面救援车、查勘车相结合的“空地一体化”特色救援,公司青年员工成立“心服务”志愿者小组,前往金华市火车西站,为车站旅客提供引导咨询、帮扶等志愿服务,保障出行。全省人保财险“5·18客户节”期间,公司联合金华交警开展“警保联动”保畅通活动,在金华高速路出口搭建“心服务”站点,设置服务咨询台,为休息区车主分发人保宣传折页和矿泉水,提供保险咨询、线路导航等多样化便民服务。

【社会活动】 2018年，公司坚实扛起国企责任,服务社会。主动参与全国文明城市创建,履行企业社会责任，开展以志愿服务为核心的环境卫生整治、社区宣传服务等工作，先后组织20余批、200余人次员工赴西市街社区、金奥社区开展志愿者活动。5月30日,由人保财险金华市分公司、婺城支公司和金华市保险行业协会联合开展的“防范和处置非法集资宣传进乡镇”活动,走进婺城区白龙桥镇,向当地群众宣传普及防范非法集资知识,引导广大群众自觉远离非法集资陷阱。8月,公司响应公益扶贫精神,连续两年开展捐资助学活动,向汤溪镇塔石乡文头村帮扶结对的困难学生送去爱心捐款共计2000元。9月23日,人保财险金华市分公司、婺城支公司助力护航第二届中国山水四项公开赛,为所有参赛运动员提供直升机救援服务,在危急情况下为运动员开辟空中生命绿色通道。

(卢珊珊)

·中国人寿保险股份有限公司金华分公司

【概况】 中国人寿金华分公司是《财富》“世界500强企业”中国人寿集团旗下的地市级分支机构,位于金华市婺城区丹溪路633号。公司主营业务为人寿、意外和健康保险产品,涵盖生存、养老、疾病、医疗、身故、残疾等多种保障范围,公司下设6个县、市支公司,全市共有65个营销服务部和营业部,机构遍布金华主要的乡镇,辐射到广大农村地区。截至2018年年底公司共有员工430人。

2018年,公司全年实现总保费45.1亿元,同比增长27%,市场份额37.7%。2018年各类给付支出约15亿元,其中理赔给付8.7亿元,年金、满期金给付6.3亿元,全年处理各类赔案超6万件。

【经营管理】 2018年,公司各项经营管理工作进一步夯实,整体实力进一步提升,获系统内、外多项荣誉称号，被中国人寿集团公司授予“五一劳动奖状”、争先创优示范单位称号,被评为“金华市诚信经营示范单位”、国民消费教育基地、“金华市纳税信用A级企业”，是行业唯一税收遵从协议签署单位,获“金华市文明单位”称号。

公司按照行业转型升级的要求，推进销售转型、队伍转型、结构转型。按照重基础、重价值、重效益的发展思路,强化销售队伍管理,提升销售人员的专业服务技能。加强各项内部管理工作,开展内控标准知识的普及和推广,组织内控标准知识培训和考试。开展“反洗钱月”等风险教育活动。

【客户服务】 公司践行“以客户为中心”的发展理念,提升服务水平,各项服务工作到位。连续多年主动开展“寻找保单主人”行动,做好千万元满期保险金的给付工作,保障客户权益。开展柜面服务升级达标活动,加强柜面工作改革,推行综合柜员服务模式,强化考核管理。开展客户增值服务,提高公司品牌价值,广泛开展保险知识讲座、国寿小画家、健康运动等形式多样的客户服务活动,组织“6·16 国寿客户节”,累计服务客户 1 万多人次。加强行业宣传,开展“7·8 保险公众宣传日”宣传活动,“保险下乡”等活动,提升社会民众的保险意识。加强公司柜面服务水平, 做好标准化服务体系和考核体系建设,完善业务处理流程,为客户提供更加便捷、全面的保险服务。推进“数字国寿”系统建设,加快信息技术创新,实施投保、服务、理赔流程 E 化工作,为客户打造一站式便捷服务。

3 月 19 日,分公司组织消费者保护日咨询活动
(中国人寿保险公司金华分公司供稿)

【民生保障】 贯彻保险“新国十条”和“省十条”精神,加强政策性保险业务开展,发挥商业保险在社会保障体系中的作用,积极服务社会民生。公司参与设计并主承办全市统筹的大病保险项目,覆盖全市505 万城乡居民,项目创新实施“选缴保费法”,大幅提升大病保障水平,2018 年为全市 13 万人减轻大病医疗负担超 12 亿元。公司主动对接,全面开展大病保险政策宣传、帮助群众缴纳选缴保费、配合做好后续服务等工作,为此项重大民生工程顺利运行做出努力。同时公司承办市区工伤调查经办服务项目,持续开展残疾人意外保险、公安民警意外保险、学生平安保险等政策性业务,积极承担企业公民的责任。

(张之彬)

5 月 30 日,金华市大病保险选缴情况通报会召开
(中国人寿保险公司金华分公司供稿)

旅　游

综　述

【概况】 2018年，婺城区接待游客451.07万人次，同比增长28.17%；实现旅游收入41.32亿元，同比增长28.16%，其中，接待国内游客447.39万人次，同比增长28.47%，旅游收入40.98亿元，同比增长28.46%。金华农耕文化园(水上高尔夫、笼式足球、卡丁车)获评“浙江省运动休闲旅游示范基地”“浙江省省级休闲渔业精品基地”“浙江省省级休闲渔业精品基地”，美保龙美丽生态牧场获评“浙江省100个‘最美田园’”，安地镇岩头村获评“省休闲旅游示范村”。

【旅游资源】 全区拥有国家AAAA级旅游景区1个、AAA级旅游景区2个、AA级旅游景区1个、国家级重点风景名胜区1个、省级旅游度假区1个、市级风景名胜区1个、省特色旅游村7个、省旅游特色经营点1个。区属旅行社6家星级宾馆4家。其中四星级2家(浙江金华大唐国际旅行社有限公司、浙江君悦国际旅行社有限公司)，3星级1家(金华美好假期旅行社有限公司)；星级饭店3家，市旅游推荐饭店1家（金华市伟达·雷迪森广场酒店）；省级特色旅游村(点)6家。

全国重点文物保护单位有太平天国侍王府、天宁寺、法隆寺经幢和铁店窑遗址群4个；省级重点文物保护单位有八咏楼、汤溪城隍庙、金华府城隍庙、鹿田书院、七家厅、陈村桥、滕氏宗祠、汉灶窑址、白沙堰、石楠塘徐氏宗祠、寺平村乡土建筑、永康考寓、金华通济桥、宏济桥码头、方梅生故居、北山摩崖题记、邵飘萍旧居、台湾义勇队旧址等18个；县(市)级文物保护单位48处；市级文物保护点112处。

【旅游规划】 《金华仙源湖省级旅游度假区总体规划(扩容)》获省政府批复。扩容后纳入新建的十里桂花长廊、生态环境良好的四顾屏山和雅干垅、整治一新的梅溪、山水资源丰富的汪家垅水库等，总面积达到40.57平方千米。

【景区创建】 浙江巨龙温泉旅游度假村、金华农耕文化园、喻斯生态旅游景区获评为国家AAA级旅游景区。婺州古城围绕国家AAAA级景区创建要求和暗访反馈，对景区游客中心、旅游厕所、旅游标识等内容进行整改，重新设计、修改增补了一批标识标牌。加快“一街六馆”打造，熙春巷特色饼街完成选址和路面基础设施建设，基本完成6馆选址。创建成功省A级以上景区村庄37个，其中安地镇岩头村、箬阳乡琴坛村、塔石乡余仓村创建成功省AAA级景区村庄。

【景区管理】 开展旅游景区品质提升工作，对4个国家AAA级旅游景区体检式对标检查，重点在环境卫生、景区安全、服务设施、员工培训、质量管理、承载量公示、信息化建设等方面查漏补缺，以标准实施推进旅游景区品质提升。进一步推进“厕所革命”新三年行动计划，新建改建17个。对安地镇6处交通标识进行改造提升。

【旅游基础设施建设】 2018年，婺城区以国家A级旅游景区标准指导旅游项目规范化建设，浙江巨龙温泉旅游度假村室外温泉项目投入营业；喻斯生态旅游景区完成竹海滑道等项目建设,并均已投入营业。

【乡村民宿发展】 2018 年,婺城区依照《民宿基本要求与评价》(DB 33/T 2048-2017)省级地方标准,推进山水间·宿在山间、竹坞等民宿高质量发展。

【假日旅游】 2018 年,婺城区假日旅游呈现较好发展态势。"元旦"假日金华动物园接待游客 0.45 万人次,实现旅游收入 25.3 万元;春节黄金周接待游客 14.85 万人次,同比增长 77.6%,实现旅游收入 1.36 亿元,同比增长 77.6%;"五一"节假日 A 级景区接待游客 1 万人次, 同比增长 83.6%, 实现旅游收入 30 万元,同比增长 25%;"十一"黄金周接待游客 30.01 万人次,同比增长 44.04%,实现旅游收入 3.02 亿元,同比增长 44.04%。

【乡村旅游】 2018 年,婺城乡村旅游全年接待游客 134.7 万人次, 同比增长 54.34%, 实现旅游收入 5633.42 万元,同比增长 84.71%。

(陈一鸣)

区级以上旅游景点

【婺州古城】 婺州古城依江而建, 地处义乌江、武义江、金华江三江交汇口,与五百滩江心洲、燕尾洲遥遥相望,形成"两洲相望,三江汇流,城水相依"的山水古城格局。古子城是金华古城双城格局中的"内城",始建于唐昭宗天复三年(903 年),距今已有 1100 多年历史,曾是历史上府署、监察、试院、文庙的聚集地,是金华历代的政治、文化、军事中心。据明万历《金华府志》及清光绪《金华县志》记载,旧子城,周四里,城有四门,南为保宁门,东为熙春门,西为桐树门,北为金华门。相传子城废于宋朝时,明万历时尚留保宁门和桐树门。保宁门于 2004 年在原址重建,熙春门已在熙春巷口立碑纪念;桐树门、金华门已不复存在。历经千年沧桑,婺州古城经受了战争的摧残和城市化建设的影响,整体格局在一定程度上受到了破坏,但八咏路、酒坊巷、鼓楼里、石榴巷、旌孝街等街区仍保存着约 15000 平方米的历史建筑,是金华市区唯一一处保存相对完整的历史街区。

【金华动物园】 位于仙源湖省级旅游度假区内,距金华市区 12 千米,占地 26.67 公顷,是集野生动物观赏、科普教育、休闲观光为一体的山地生态动物园,是国家 AAA 级旅游景区、浙江省科普教育基地、金华市中小学生实践教育基地,景区展览来自世界各地的珍稀濒危野生动物近 100 种 2000 多头(只)。

【金华农耕文化园】 是国家 AAA 级旅游景区、省休闲农业与乡村旅游示范点、省运动休闲旅游示范基地、省果蔬采摘旅游基地,位于白龙桥镇高桥村,占地面积 26.67 公顷,景区以农耕文化元素为主题,有土灶自烧、果蔬采摘、捉泥鳅等 10 余项农耕体验项目和滑草、卡丁车、水上高尔夫、真人 CS 射击等运动项目,适合家庭亲子游、团队活动、朋友聚会。

【浙江巨龙温泉旅游度假村】 度假村位于仙源湖旅游度假区内,是国家 AAA 级旅游景区、婺城区首家职工疗休养基地,总投资 5.8 亿,占地 8.67 公顷,是集温泉疗养、水上运动、旅游度假、住宿餐饮、商务会议等多元业态于一体的都市休养温泉产业集群。温泉来自地下深度 1596 米的热矿泉水,出水口温度 46℃,水质优良,是名副其实的医疗养生温泉。巨龙水世界设计建设了海啸池、彩虹滑梯、儿童水寨、漂流河等 10 项国内先进的水上娱乐项目。

教　育

综　述

【概况】 2018年,婺城区教育局以促进教育内涵发展为中心,全面实施素质教育,深化教育改革,优化教育资源,促进教育均衡的工作思路,各项工作有序推进,办学水平和效益不断提升。

【校园硬件提档升级】 2018年,总投资27908万元,完成年度投资额的96.42%。实验中学实训大楼、虹路小学综合楼、婺城小学扩建工程(二期)、雅畈镇中心幼儿园(一期教学楼、二期附属工程)、婺州外国语学校综合楼、二七区块金师附小教育集团小学及25所学校的暑期维修改造工程已全面完成。

【名校集团化办学】 发挥名校辐射带动作用,深入推进名校集团化办学,实验小学由金师附小教育集团统一管理,第九中学纳入金华四中教育集团管理,育才小学挂牌环城小学育才校区,有效推动全区中小学教育教学水平的整体优化。琅琊初中、虹路小学校园改造,总建筑面积10700平方米;在原有49所标准化学校基础上2018年新增1所学校即金华市求是学校,已通过市级复核。

10月12日,金华市环城小学育才校区揭牌仪式活动现场　　(区教育局供稿)

【教育改革工作】 抓好教学常规,修订完善《教学常规优化管理办法》,进一步落实听课制度等举措,以"主管部门、教研机构、学校"为中心,分层推行"推门听课",促进主管部门、教研机构及学校各级深入教学第一线,加强对教学质量的过程监控。深入实施课程改革,通过开设拓展性课程,在全区学校开展爱国教育、传统文化、农耕文化等各类型的研学旅行活动,促进学生素质综合性发展。在2018年中考中,全区590分以上考生有221人,在市区占比达59.2%。广泛开展国学、学雷锋、志愿者服务等为主题的教育活动,深入推进"校村结对、双堂双进"德育共建活动,学校德育实践走深走实。

【学前教育和职成校改革工作】 合理布局学前教育,实施幼儿园扩容和薄弱幼儿园改造工程,2018年新建(改、扩建)幼儿园6所,撤并"低小散"幼儿园13所。创新职业教育培养模式。实验中学推进教学改革和选择性课程改革,有序推进产教融合,常态化开展特色活动。2018年高职考报考人数178人,上线148人,上线率为83.15%;药学类53人上线,其中8名学生上本科线。推进社区教育全面发展。成立浙江省终身教育婺城区分中心,录入成教培训成果。连续两年举办婺城区社区教育文化节,被中国成人教育协会认定为"全民终身学习活动周活动成功组织单位"。两所乡镇成人文化技术学校评为省现代化成技校,两个培训项目被评为省成教品牌项目。

【名师培养和师德建设】 按照“抓好试点、以点带面、稳步推进、不断完善”的改革步骤,积极稳妥地推进中小学教师“县管校聘”管理改革;按照“招聘一批、培养一批、交流一批”的思路,通过招聘、培训、交流带动等形式,加大名师培养力度,进一步夯实教育发展基础;加大教坛新苗、教学能手、区级名师等梯队培养力度,逐步建立金字塔型人才体系;依托浙江师范大学优质教育资源,抓好面向全体教师的继续教育培训工作;通过特级教师工作室、婺城区中青年教师的分层培训,辅以配套的“省培、国培”系列和校本培训,系统提升教师专业素养。重视师德师风建设,采取常规培训与专题教育相结合、奖励与处罚相结合的办法,通过开展师德标兵、师德先进个人评选和师德培训,加强师德师风建设。

【文明教育】 加强对全国文明城市创建工作的组织领导,形成主要领导亲自抓、分管领导具体抓、负责科室主动抓、相关科室配合抓、全员参与共同抓的文明创建工作机制。建立起以婺城教育微信公众平台、微博为中心,各中小学微信公众号、美篇、微网站为补充的宣传阵地,提高全国文明城市创建的知晓率、曝光率。以建设“文明校园”为抓手,开展文明出行、垃圾分类、烟头不落地等活动,紧抓校园绿化建设、厕所革命等创建工作提档升级,确保创建责任无缺失、管理无漏洞、卫生无死角、联接无缝隙、工作全覆盖,有力推动各项创建工作的落实和学生文明素养的提升。婺城小学俞淇雯获评浙江“新时代好少年”,环城小学林睿阳斑马线上的“最美鞠躬”成为婺城文明教育的生动体现。

【和谐校园建设】 建立校园隐患常规排查整治制度,健全各项预警机制和应急预案,层层签订安全生产工作责任书,建立安全生产责任追究制,进一步压实安全责任。重视宣传教育。通过“三强三多”全方位打造立体化宣传教育网络,根据季节特点有侧重点地开展防溺水等安全教育活动,进一步增强防范意识。加强应急演练。按要求配全警棍、钢叉等安保设备,补充完善《消防安全避险应急预案》《防爆防恐工作预案》等12个预案,同时加强各类预案演练,排查涉及校园暴力、心理健康等隐患,校园周边安全隐患排查并及时整改到位。创新管理机制。推广家长监督责任险,强化学生意外伤害事故的经济保障,提高校园抗风险水平。全面开设中小学安全教育课程,提高中小学校安全教育的针对性与实效性。细化食堂监管,推进食堂精细化、网络化监管,定期开展培训、自查互查考核,全区所有学校全面实施食堂4D管理,卫生等级AB级达省定95%,实现校园食品安全零事故。

【廉政建设】 坚持开展“三会一课”制度和“主题党日”活动,组织各支部书记参加素质提升班、党务培训研修班等活动。认真落实党委书记抓基层党建工作,加强支部规范化建设,42个基层支部完成阵地升级更新。“两学一做”抓长效,局党委召开专题党建工作会、党风廉政专题会、优秀共产党员表彰会、党建调研座谈会及开展党日主题活动和党员志愿者活动,开展党内谈心谈话、提醒谈话,组织党员干部参与十九大精神视频微课学习、撰写提交学习心得。自选动作抓创新。发动全系统1700多名党员将“浙江新闻”、“金华新闻”APP、“婺城组工”、“婺城发布”等微信公众号作为学习平台,参加“两学一做”每月一赛。充分利用学校特色,发挥党建引领优势,创建出“党建+温暖教育”“红色传承”“党建+和润教育”等知名党建品牌,涌现出一批以“婺城师道最美托举”为代表的优秀党员和以“浙江省千名好书记”为代表的优秀基层支部书记。

8月22日,婺城区2018年暑期校长工作会议现场 (区教育局供稿)

教育人事管理

【概况】 2018年,婺城区有中学13所,小学25所,区机关幼儿园1所。中小学、幼儿园实有编内教师3006人,退休教师1683人。

【县管校聘改革工作】 2018年,婺城区政府下发《关于推进中小学教师"县管校聘"管理改革工作的实施意见》,教育局配套制定《关于中小学教职工适岗竞聘工作指导意见》《中小学教师退出教学岗位实施办法》两个实施细则推进中小学教师"县管校聘"管理改革。婺城区义务教育段共有学校36所、在职教师2727人,此次参加"县管校聘"管理改革的学校有31所(其他5所学校涉及到布局调整等原因暂不列入)、覆盖教师2319人。本校竞聘上岗2277人、跨校竞聘上岗25人、组织调剂安排上岗2人、待岗培训3人、解聘12人。其中城区学校间竞聘4人、城区学校到农村学校竞聘8人、农村学校到城区学校竞聘的4人、农村学校间竞聘的12人。

【教师队伍素质建设】 按照"招聘一批、培养一批、交流一批"的思路,通过采取招聘、培训、交流带动等形式,加大名师培养力度,夯实教育发展基础。继续加大面向"211""985"重点大学以及省内院校优秀毕业生的提前批招聘比例。2018年,婺城区招聘录用高校毕业生65人,其中面向应届优秀毕业生招聘录用20人,面向社会公开招聘45人。从区外调入、引进优秀教师18人。重视师德师风建设。积极采取常规培训与专题教育相结合、奖励与处罚相结合的办法,通过开展师德标兵、师德先进个人评选和师德培训,加强师德师风建设。

义务教育

【概况】 2018年,婺城区义务教育阶段学生45680人,其中小学30465人、初中15215人,班级1184个,其中小学831个、初中353个。学龄人口入学率100%,巩固率100%。

【深化推进课程改革】 2018年,婺城区实施小学、初中作息时间表改革、推迟上学改革。2018年年初出台《浙江省教育厅关于在小学施行早上推迟上学工作的指导意见》《金华市教育局关于进一步规范市区义务教育学校办学行为的若干意见》文件精神,因地因校因时实施推迟上学改革。小学:5月1日至9月30日,早上最迟到校时间不得早于8:00;10月1日至4月30日,早上最迟到校时间不得早于8:20;小学一二年级上午上课时间不得早于8:30。初中:5月1日至9月30日,到校时间为7:00~7:20;10月1日至4月30日,到校时间为7:20~7:40;上午第一节上课调整为8:00开始。2018年3—4月市教育局组织3个区开展交叉督查,重点针对上放学、作业布置、开足开齐课程等方面,通过明察暗访,师生座谈,查看资料等方式,对照要求逐项检查,及时反馈整改意见。全区推行学校全员听课。全区从2018年开始,对学校开展教学常规检查,修订下发《婺城区关于印发听课制度(试行)的通知》,要求教研室每到一所学校,听遍所有老师的课,召开师生座谈会,作业检查等,并及时对学校反馈,提出整改意见。基教科参加琅琊初中、雅畈小学、东市街小学、青春中学等学校听课、座谈和反馈,学校普遍反映效果很好。全区初三教学质量研讨。1月23日和5月2日召开全区初三教学质量研讨会,会上教研室进行教学质量专题复习,初中校长分别介绍各校学情,5个学科代表作后阶段复习指导。2018年婺城区中考创出历史新高,提前招生创出新高,金华一中领军班、金华一中实验班、杭州二中、学军中学、镇海中学等:金华五中28人,金华四中22人,婺州外国语学校5人;高分段人数绝对领先,全区590分及以上人数219人(市区共374人),占据市区59%。

【中小学德育顶层设计方案评比】 2018年6月29日,婺城区开展中小学校德育顶层设计方案评比活动。评比从德育工作体系化、德育工作精细化、德育工作特色化三方面,每组学校校长讲演和现场答辩,每个学校各显神通,展示学校特色的德育模式。评出初中组(含职高)一等奖5名;小学一组(城区小学)一等奖6名;小学二组(农村小学)一等奖 6 名。

【"校村结对、双堂双进"德育共建工作推进会】 2018 年,6 次召开"双堂双进"工作座谈会和课题研究培训会议,德育共建课题持续研究成效显著,为德育创新找到一条新路径。

【"最美学生"评比】 12 月,开展最美学生评比。围绕立德树人的根本任务,落实中共金华市委办公室、金华市人民政府办公室《关于全面加强中小学德育工作的实施意见》(金委办发〔2016〕27 号)精神,集中展示学生综合素质,发挥先进典型的示范引领作用,开展第五批"最美学生"评选活动。共有 33 名学生上交材料,评委们根据提供的材料认真评选,确定推荐 8 名学生参加市级评选。

【心理健康教育】 区未成年心理辅导站建设完成,抽调心理健康骨干教师轮流值班制,已经接待辅导来访未成年人 50 余人次。建成省级心理活动示范点四中、九中,标准化学校 30 所。

【区级以上音乐竞赛活动】 5 月 26—29 日,婺城区参加市艺术节合唱、器乐现场比赛。全区共有 13 个节目参加,实验中学、浙师大附小、荣光国际学校、站前小学、金华五中、新世纪学校、环城二小获得合唱、器乐各个组别的一等奖。其中浙师大附小、金华五中、新世纪学校包揽小学甲组合唱、初中甲组合奏、小学甲组合奏三个组别的第一名,琅琊初中、婺城中学、乾西小学、青春中学、东市街小学获二等奖,乾西小学同时获得优秀组织奖。10 月,环城小学获金华市少先队鼓乐检阅一等奖。参加市级婺剧进校园工作先进单位和个人评选。先进单位:东市街小学,先进个人:金师附小梅映、东市街小学贾秀军。婺剧新苗:金华五中王星航同学、环城二小陈缤瑜同学。11 月,浙师大附小参加浙江省中小学生艺术节合唱组别比赛获艺术表演类一等奖。11 月,省级比赛美术作品类获奖情况:一等奖金华五中(立体造型)、荣光国际学校(绘画)、金师附小(绘画);二等奖:金华五中(摄影)、金华四中(平面设计);三等奖:荣光国际学校(书法)、金华四中(平面设计);学生艺术实践工作坊:二等奖:荣光国际学校《泥塑泥语》;中小学美育改革创新优秀案列:一等奖金师附小、环城小学;二等奖:环城二小。6 月中旬报送美育案例 10 个,美术工作坊 1 个(荣光国际学校的陶艺)。选送 38 幅作品参加"崛起浙中杯"金华市中小学教师第二届书法大赛。5 月,布置市级艺术特色学校申报工作,上浮桥小学(口风琴)、荣光国际学校(陶艺)。12 月 29 日,完成现场考核。

【校园足球】 2018 年,开设小学组夏季校园足球联赛,连同秋季联赛一年二赛,改善区级比赛赛事少、解决和市级比赛衔接的情况。对小学阶段的赛事组别进行调整,把只分男女组别细化分甲(男女)、乙(男女)、丙混 5 个组别,提高学校的积极性(小学 14 个学校参赛、婺城小学和东市街小学均报满 5 个组别)和学生的参与面、促进学校队伍梯队建设。初中校园足球继续锁定市春、秋季比赛冠、亚军。各校足球训练基本由外聘教练担当,在校园足球开展初期起到补充师资不足需求,随着校园足球水平的提高,外聘教练水平没有相应的提高,在很大程度上阻碍学校对培养自己教练的需求,也让很多教师失去锻炼机会。省级校园足球特色学校 2018 年新增金华四中、浙师大附小。

【推进健康婺城工作】 开通网上禁毒"青骄"课堂,小学生 3~6 年级、初中 7~9 年级学生完成注册,每人学习二课时并完成测试工。90%的同学参加省禁毒知识竞赛,较往年 40%有大幅度的提高。食品安全知识知晓率全区达到 94.60%。评选区级禁毒先进单位金华四中、白龙桥小学、婺城小学。健康促进学校完成情况:2018 年有金牌学校金师附小,新增站前小学、白龙桥小学。银牌学校红湖路小学。铜牌学校金华四中、安地镇中小学校、北苑小学、东市街小学、琅琊小学。乡村少年宫:2018 年新增完成区级自筹资金白龙桥小学、长山小学、琅琊小学、沙畈小学、竹马小学等 5 所小学乡村少年宫建设。

【"雏英杯"婺城区第十八届中小学艺术展演】 12 月 29 日,婺城区中小学生"共创全国文明城市·争做新时代好少年"合唱专场,有 39 个学校 1000 多名学生参加艺术展演。展演沿用小主持人报幕环节,通过小主持人展示本校最靓丽的一面。本届艺术展演与金华之声展开合作将精彩的表演通过网络直播的方式,让更多学生、家长及社会人士了解婺城区艺术教育水平。通过专家评比,评出一等奖 9 名、二等奖13名、三等奖17名、优秀组织奖10名。

【婺城区第九届中小学生乒乓球联赛】 5月22—25日，举行婺城区第九届中小学生乒乓球联赛，初中男子组前三名分别为：金华五中、金华四中、金华十七中，初中女子组前三名分别为：金华五中、琅琊初中、金华十七中，小学男子组前三名分别为：育才小学、乾西小学、华电小学，小学女子组前三名分别为：金师附小、北苑小学、琅琊小学。初中参赛情况不够理想，男队只有金华四中、金华五中、金华十中、金华十七中4支，女队只有金华五中、金华九中、金华十七中、琅琊4支，小学男队21支队，女队17支队。

【第十二届初中篮球比赛】 10月23—27日，举办婺城区第十二届初中篮球比赛，篮球城乡同组比赛，篮球参赛队初中男子7支球队，初中女子4支球队。

【青少年科技活动】 6月，组织中小学生参加市科协举办的武义萤石科普一日行活动。选派环城小学16名学生参加。9月26日，老科学家到婺城小学、东市街小学、红湖路小学、蒋堂小学、白龙桥小学5所小学开展进校园活动。11月，举行"雏英杯"2018年婺城区青少年科技节，大赛设科技创新、科学实验及操作技能、小课题研究、未来工程师之建模、信息技术五大项。此次活动得到全区各中小学校的高度重视，共有20所学校300多名学生参加现场比赛，149件作品参加评选，通过专家审评，共评出一等奖32名、二等奖49名、三等奖52名；优秀指导老师32名；优秀组织奖5名。选拔181名学生和101件作品参加市级评比。举办婺城区第33届青少年科技创新大赛。同月，举行"雏英杯"2018年婺城区青少年科技创新大赛，大赛设青少年科技创新成果(小发明、小论文)、青少年优秀科技实践活动、优秀少年儿童科学幻想画、机器人创意、青少年科技创意、科技辅导员科技创新成果六大项。共有25所学校报名参加比赛，202件作品参加评选，通过专家审评，共评出一等奖 41名、二等奖58名、三等奖104名；45名学生和2名老师共47件作品参加市级现场评比。

【县域语言文字工作】 6月底，区中小学生规范汉字书写大赛选送，每个组别25件硬笔书写作品，共75件送市局。7月中旬，金师附小(小学个人组)、北苑小学(小学集体组)、婺州外国语学校(中学个人组)、青春中学(中学集体组)代表婺城区参加全市第十二届中小学生中华经典诗文诵读比赛。此届大赛由婺城区承办，金师附小协办。婺城区获得金华市第十二届中小学生中华经典诗文诵读大赛优秀组织奖。金师附小获市一等奖、获省二等奖。11月，第五届浙江省大中小学生规范汉字书写大赛获奖名单：小学低段一等奖金师附小、婺城小学；二等奖：青春小学；三等奖：金师附小。小学高段：育才小学、环城小学、金师附小。初中组三等奖：金华四中。9月14日，县域普通话普及情况调查培训及开展调查工作，调查对象为婺城区居民450人，不含中小学生和教师。

【区"非智力因素教育联盟"研讨】 5月23日，婺城区"非智力因素教育联盟"成立大会在荣光国际学校举行，荣光国际学校、环城小学、婺城小学、站前小学等19所学校成为联盟学校，全国非智力因素研究会首任会长燕国材做非智力因素和学生核心素养专题讲座，联盟成立将进一步促进中小学非智力教育。10月30日，在婺城小学举行第二次研讨。11月14—17日，组织联盟学校参加天津2018年非智力因素学术年会。

【班主任基本功大赛】 9月，为推动班主任专业化发展的进程，壮大优秀班主任核心团队，促进全区班主任队伍建设，发展学生全面素质，推动文明城市创建工作，婺城区举行班主任基本功大赛。全区有60名班主任参加此次比赛，其中初中组17名，小学组43名。9月14日、9月21日，在雏英活动部分别举行笔试和面试，最后确定初中组一等奖4人、二等奖8人、三等奖5人，小学组一等奖9人、二等奖17人、三等奖17人。根据比赛成绩，推荐5名老师参加市级比赛，环城小学吴云俊获市一等奖，环城二小朱虹获市二等奖；初中组金华四中徐婴晓获市一等奖，金华九中王亚琴、婺州外国语学校倪帅获市二等奖。环城小学吴云俊参加省级比赛，获省一等奖，长三角地区铜奖第一名。

【"红船领航"演讲比赛】 10月，根据金华市教育局、市委宣传部、市新华书店联合下发的《关于开展金华市中小学生“红船领航”主题演讲活动的通知》(金市教办基〔2018〕45号)《金华市婺城区教育局关于组织开展婺城区中小学生“红船领航”主题演讲活动的通知》(金婺教〔2018〕104号)文件的要求,中小学生“红船领航”演讲比赛10月29日在东市街小学举行。40名选手参加此次比赛,其中初中组14名,小学组26名。根据比赛成绩,确定初中组一等奖3名、二等奖5名、三等奖6名,小学组一等奖5名、二等奖11名、三等奖10名。推荐金师附小胡宸、金华四中徐浩茗参加市级比赛,均获市级一等奖。

【“温暖的旅程”亲子读书活动】 11—12月,为营造全民阅读良好氛围,激发未成年人阅读热情,深入推进未成年人思想道德建设,婺城区开展第九届“温暖的旅程”未成年人亲子读书活动。亲子朗读收到作品114个,评出一等奖8个、二等奖16个、三等奖32个。12月29日,市级比赛在荣光国际学校举行,环城小学赵嘉薇、荣光国际学校戴子科、戴子学获市级比赛二等奖。

特殊教育

【概况】 2018年,婺城区学前段有残疾儿童34人,入学28人,入学率82.3%;高中段有残疾学生65人,入学53人,入学率81.5%;义务教育段有残疾儿童153人,入学148人,入学率96.7%。其中上门帮教12人,随班就读80人,特教学校就读49人,其他12人。2018年,由区财政出资新建成7个资源教室,分别是雅畈小学、婺城小学、白龙桥实验小学、长山小学、金师附小凤山校区、竹马小学、浙师大附小,资源教室覆盖所有的乡镇街道。12月5日,由基建科科长张根有带队,检查新建成的资源教室使用情况。从检查情况看,很多资源教室没有启用,没有专人管理。要求各校要抓好落实,指派专人管理,多参观学习,做好台账资料备查。3月15日,金华市特殊教育工作会议在武义培智学校召开,环城二小被评为特殊教育工作先进集体,童健英、王丽萍被评为特殊教育工作先进个人。4月3日,区特殊教育工作会议在东市街小学召开,会上由环城二小温旭珍和仙源湖实验学校王丽萍分别作《资源教室器材分享》和《资源教室方案建设和运作》经验介绍,取得较好的效果。4月8日,金华市合格资源教室授牌仪式暨示范性资源教室建设推进会在义乌浙师大附属实验学校举行,环城二小、环城小学、仙源湖实验学校评为市合格资源教室。6月19日,省督察组进行特殊教育督导检查,听取区特殊教育工作汇报,现场检查环城二小的卫星班以及资源教室,仙源湖实验学校的资源教室。9月26日,“金华市特殊教育随班就读课堂教学研讨活动”在仙源湖实验学校举行,由仙源湖实验学校叶凌希老师上语文课《拍手歌》,王丽萍上语文补偿教学《拍手歌》,受到听课专家和老师的一致好评。12月6日,“金华市卫星班工作推进会”在环城二小举行,环城二小的金建琴副校长介绍卫星班的情况。

民办教育

【概况】 2018年,婺城区共有各级各类民办教育机构180个,其中,民办中小学6所,九年一贯制学校4所,初中1所,小学1所,增加学校为主要面向外来务工人员子女服务的九年一贯制学校——金华市婺城区求是学校、金华市婺城区尚雅实验学校;民办幼儿园118所,其中省一级幼儿园1所,省二级幼儿园18所,省三级幼儿园72所;民办培训机构41所。民办学校在校学生人数18299人,其中,民办幼儿园在园幼儿13533人,占全区在园幼儿的82%;民办义务教育阶段在校学生4766人,占全区义务教育阶段在校学生的11%。

招生考试

【概况】 2018年,招生平稳,较好地实现阳光、公正、平稳、有序招生。做透学区变化的确定工作。确定前反复调研,确定方案慎重再慎重,确定后媒体及时公告、主动做好有关区域的解释沟通工作。原婺城区实验小学学区不变，整体回归到迁建学校，婺城区实验小学由金师附小教育集团统一管理；金华四中新设教学服务区，金华市第九中学纳入金华四中教育集团管理。做好招生前摸底工作。2018年要求学校深入基层、摸清学区内有房无户的人数，金华四中深入小学，每个涉及学区的小学毕业生家长打电话了解情况，还有不少学校利用微信进行预报名。

【召开招生培训会议】 在会议上就市区招生文件主要部分、学校阳光招生工作承诺书、招生计划、报名办法、2017年招生情况通报、2018年招生形势、招生工作要求进行详细布置。严明招生纪律。区纪委领导和局领导在多次招生有关会议上，进行严肃教育和反复告诫，强化廉洁招生，强化稳定压倒一切，从大局出发，服从统筹；加强现场招生报名的透明度，实现阳光招生。开好关键环节会议。要求学校严格按照学区内、有房无户、无房无户3个阶段规范招生，7月3—8日，教育局局长李刚3次召开不同区域的校长会议，严格招生计划，分析形势，强调规矩，重视困难，强调把握发展趋势，研究有关学校布局调整方案，做好统筹。做好来访来电来信的解释、答复和统筹工作。基教科全体同志既讲政策底线要求，又耐心做好上门、来电来信咨询和解释工作，对于符合条件的有房无户对象尽量给予统筹安排，以换位理解的态度做好无法安排的对象和不符合条件的对象解释劝说工作，严肃维护公平、公正，力争确保招生平稳。

【招生典型情况分析】 城区、新城区学区内有房对象较往年增加较快。出现有户无房对象增加不少等新情况。山区学校生源快速萎缩，读好书愿望越来越迫切。无房无户务工子女数量增加，但入公办学校机会减少。对策建议：要求市区建立网上报名系统招生。向杭州、宁波等学习，修改完善招生政策，制定更细化的招生报名办法。人数剧增的区域要加快新学校的规划建设。解决好学校因扩班缺师资的问题。收紧政策性安排指标，妥善做好部队、浙师大等单位小学适龄儿童的就读分流工作。涉及跨区的学区区域需重新进行明确。

【中考考务工作】 婺城区2018年高中段招生考试共有4320名考生，包括尚雅实验学校10人、少体校22名、方格外国语学校34名，总人数比2017年减少87人。设考点8个，考场149个(比2017年减少1个考场)。扎实做好考前各项准备工作。做好涉及考试安全的各个部位的自查整改，严格按照市考试院的考务管理规定设置考场，做好考试业务培训，部门协调落到实处。精准实施考务操作程序。坚持精细实施，严格按照操作流程进行，严格落实安全保密管理制度；各考点采取得力措施，严防舞弊发生。开好考前会议。领导小组会议、考生考试培训和动员会、领队会议、外派监考等工作人员会议、考点安全小组会议、部门协调会议、考点布置安排会议、考点全体工作人员培训会议。切实为考生提供高效优质服务。将服务考生的要求渗透到考试招生的每一项工作、每一个环节、每一个流程中，提升广大考生的感受度和获得感。各考点做好2018年中考工作的考生守则、纪律要求和注意事项的学习以及应试方法和填志愿的科学指导，采取有效措施加强后勤保障服务，细化考生的吃、住、行安排，让考生全身心投入到考试中。讲究工作的方式方法，坚持以正面教育和提前防范为主，在施考过程中尽量减少对考生的干扰，减轻考生的心理压力，创造和谐的考试环境。

校园安全

【概况】 婺城区教育系统紧扣“以人为本，安全第一；预防为主，综合治理；区域统筹，学校牵头；警校互动，家校联勤”的32字校园安全工作方针，维护学校正常的教育教学秩序，促进全区教育事业健康快速发展。2018年，婺城区教育局获“金华市校园安全工作优秀单位”“婺城区维护社会稳定先进集体”集体嘉奖等荣誉。

【创新机制】 开展实施“警校家”联动护卫机制，强化派出所、学校、学生家长三者之间的“联动、互动”。完善婺城区中小学安全教育课程，采用有资质的安全教育教材，实现每周一课时的安全专项教育课程。

【三防工程】 人防建设:全区学校按要求配备校园专职安保人员共142人,落实安保人员工资经费497万元。物防建设:配齐配全“八个一”器械,按要求设置校门口防冲撞装置。技防建设:各校均安装了与公安系统联网的访客登记系统和一键报警装置。

【交通出行】 2018年,开通学校专用校车17台,每天运行60趟次,负责7个学校、76个接送点、1900多名学生的上下学接送任务。

【排查演练】 各学校排查涉及校园暴力、食品安全、心理健康等隐患200余处,开展全区范围校园周边安全隐患排查9次,开展“5·12”、反恐防暴等各类应急演练180余次。

【食品安全】 细化食堂监管,全区学校食堂均为阳光食堂,实行4D管理,学校食堂实行统一配送和定点采购,投保食品安全责任险。全区中小学、幼儿园100%实行校(园)长陪餐制,同时创新方式积极探索家长陪餐制、就餐巡查员等创新模式。

【信访工作】 办理“浙江省统一政务咨询投诉举报平台”信访件972件,满意度95%以上;配合相关科室参与信访接待6次。牢固掌握群体动态,依靠政法、公安、乡镇村做好防控工作同时,督促各乡镇中心学校成立工作小组。

幼儿教育

【概况】 2018年,婺城区有各级各类幼儿园133所(含13所教学点),其中,公办幼儿园15所。在园幼儿16548人,学前三年幼儿入园率为99.7%。省等级幼儿园共有105所,等级幼儿园占比为87.5%,等级幼儿园招生覆盖面为95%。全区有专任教师1241人,大专以上毕业专任教师比例92%,教师持证上岗率92%。省三级以上标准的乡镇中心幼儿园建园率100%。

【扩容工程】 新建雅畈镇中心幼儿园、白龙桥镇阳光贝贝幼儿园等2所幼儿园,改(扩)建城西幼儿园、白龙桥镇滨江幼儿园、白龙桥镇叶店幼儿园、岭上乡九峰幼儿园、乾西乡长湖幼儿园等5所幼儿园,撤并6所薄弱幼儿园。

中等职业教育

【概况】 2018年,婺城区有中等职业学校1所,金华实验中学是国家级重点职校,首批“浙江省中职教育改革发展示范学校”。学校开设13个专业,有中央财政支持的实训基地1个(数控),省级示范性专业2个(学前教育、电子)、省级实训基地1个(电子)、省骨干专业1个(汽美)。另有金华市财政支持的公共实训基地1个(学前教育)和2个重点专业(电子、学前教育)。

【项目建设】 5月,浙江省教育厅公布新一届中职各专业教研大组理事学校名单,金华实验中学成为电子电工类、学前教育类、烹饪类、旅游类四大类专业教研大组理事学校。8月,区政府重大建设项目金华实验中学产教融合工程——实训大楼项目建设主体工程完工。

【技能升学】 2018年,金华实验中学师生在各级各类比赛中共获奖77项。其中,教师获得省一等奖1项、二等奖1项;学生获省一等奖2项、二等奖5项、三等奖3项。2018年,高职考上线人数148人,上线率83.15%,其中,药剂专业的周翔同学以560分获全省药学类第一名,工艺美术类、电子电工类、旅游类上线率100%。

【特色活动】 5月,金华实验中学举办第三届良工360技能节,开展技能节进社区活动。

成人教育

【概况】 婺城区有社区学院1所,乡镇成技校13所,街道社区学校5所。2018年,成人双证制教育培训420人,扫盲脱盲679人。

【创建工作】 婺城区被中国成人教育协会评为“全民终身学习活动周成功组织单位”,雅畈镇成技校被评为浙江省现代化成技校,雅畈镇振兴婺州窑传承教学基地项目被评为“浙江省终身学习成教品牌项目”。

(邢均林)

教育基础设施

【概况】 2018年，婺城区基建项目10项，暑期维修项目共实施21所学校，总投资2549万元，其中区财政安排2067万元，学校自筹482万元，8月底全面完成。

【基建项目】 金华市婺城区职业中等专业学校(金华实验中学)实训大楼、虹路小学扩建工程(三期)综合楼及(四期)食堂体艺馆工程、婺城小学扩建工程(二期)、雅畈镇中心幼儿园教学楼工程、婺州外国语学校建设项目(二期)、二七区块金师附小教育集团小学及实验幼儿园建设项目、琅琊初中综合实验楼工程、金华四中扩建工程、金华市第十七中学扩建工程——食堂工程，总建筑面积95850平方米，总投资41107万元，其中2018年投资27908万元，新开工面积18063平方米，金华实验中学实训大楼、虹路小学扩建工程(三期)综合楼、婺城小学扩建工程(二期)、雅畈镇中心幼儿园教学楼工程、婺州外国语学校建设项目(二期)建成投入使用，竣工面积28237平方米。

9月1日，金师附小凤山校区正式投入使用

(区教育局供稿)

教育教学研究

【概况】 2018年，为发挥区教科研专家的示范指导作用，区教育局成立教科研专家库。经过报名，全区有63人报名参选婺城区教科研专家库，其中在职特级教师10人，正职校长16人。分别选出中小学德育、职教、课题研究、幼教、管理以及中小学各学科的共计37人入选婺城区教科研专家库。

2018年，全区在各级比赛中，获得国家级二等奖1项，省级三等奖8项，市级一等奖87项，市级二等奖114项，市级三等奖176项。其中，环城小学吴云俊在省中小学班主任基本功大赛中获得一等奖，金华市荣光国际学校章琪获得“浙江省智慧班主任”称号。

金华市荣光国际学校的教学科研成果《指向真实学习力:项目学习群的构建与实践探索》获第二届国家级教学成果二等奖，是金华市教科研管辖范围内唯一获奖项目。

2018年，婺城区7个省级教研课题成果省级获奖，占金华市省级教研课题获奖数的近半数。省级教研课题成果评比两年举行一次，在2018年的浙江省教研课题选送中，全市送省参评省级教研课题20项，其中婺城区9项。经过浙江省教研室的评选，金华市共15项课题省级获奖，婺城区7项获奖。

由婺城区教育局局长李刚负责的省级规划课题《双堂双进:区域推进德育生态圈建设的实践》结题，结题成果初步获金华市教科研成果一等奖。自课题开展研究以来，得到领导、专家的高度肯定，各大媒体竞相报道。金华市教育局将“双堂双进”作为唯一的未成年人思想道德品牌上报金华市创建全国文明城市办公室，并在全市推广。

师资队伍建设

【“教师资格认定”改革压缩6个工作日】 教师资格认定在实行材料承诺制的基础上，通过“数据共享、部门流转、优化精减”3种方式,实现2018年秋季教师资格认定的“减材料、减时限、减跑次”。申请人递交的材料由原来的8项精减至4项;办理时限由原来的30个工作日压缩至24个工作日;部门内部流转核实“有无犯罪记录”,减少跑次。此项改革惠及全区初中、小学、幼儿园教师1872人。

【教师专业发展培训】 根据婺城区教师梯队培养方案规划,加大教坛新苗、教学能手、区级名师等梯队培养力度,逐步建立金字塔型人才体系;依托浙江师范大学优质教育资源,抓好面向全体教师的继续教育培训工作;通过特级教师工作室、婺城区中青年教师的分层培训,辅以配套的“省培、国培”系列和校本培训,系统提升教师专业素养。在省第12批特级教师评审中,婺城区姚晓芳、叶惠、江美华3名教师获省特级教师的光荣称号, 在2018年正教授级高级教师评审中,婺城区童桂恒、贾淑玮2位教师通过,2018年区新增省教坛新秀2名、市教坛新秀15名。在新一轮的婺城杰出教师、婺城名师、婺城教学能手的评审认定中, 获评婺城杰出教师6人、婺城名师38人、婺城教学能手64人。

教育督导

【概况】 婺城区督导室有督学 50 名, 实现中小学、幼儿园责任督学挂牌全覆盖。每年开展学校发展性评价,幼儿园正式纳入发展性评价体系,实现学校(幼儿园)督导评估全覆盖。

【督导工作】 2018年, 区督导室完成2017年度县(市、区)党政领导教育发展目标责任制考核和公报数据填报工作;2018年春、秋季开学专项督导检查;幼儿园规划建设和三级幼儿园评定管理情况专项督导;5月20日起, 历时一个多月对全区各校进行学校发展性督导评估活动,幼儿园和民办学校的发展性评价与年检结合,评估细则试行稿也相应的出台;8月,接受省教育督导组对婺城区基础教育重点县提升工作的中期检查;11月, 对三级幼儿园办园进行评估。结合婺城区的实际情况,进一步加大对中小学校发展性评价的课题研究,申报浙江省首届教育督导课题,于2018年11月顺利通过立项;全面改善贫困地区义务教育薄弱学校基本办学条件及农村义务教育学生营养餐,11月进行专项抽查督导;12月,根据《教育督导条例》等对婺城区的专兼职督学进行换届。

(方 潇)

学 校

【金华第四中学】 金华第四中学位于解放西路128号,由著名经济学家千家驹等人在1925年10月创办。2018年,学校有班级42个,学生2374人,教职员工168人。特级教师8人,高级教师59人,省、市、区级教坛新秀60多人,省市区级优质课一等奖90多人。省市级名师(含培养人选)8人,硕士研究生8人。

2018年,学校实施“以德治校、科研兴校、名师强校”战略,坚持走“学生和谐发展、教师专业发展、学校特色发展”之路。形成“不断追求、不断创新、不断完善”的办学风格,以“为学生发展服务,办人民满意教育”为办学宗旨。在“砺志、厚德、博学、笃行”校训的指导下,开展校本教研,实现学校的可持续发展。

学校走科学育人之路,形成体育特色;开展体育竞赛,打造活力校园。2018年,学校为省重点中学乃至省体工大队输送优秀运动员。学校是金华市体育特色、篮球特色、足球特色三大特色学校。

2018年,学校坚持全面质量观,着眼于学生的和谐发展,以优质的教育回报社会,赢得了广泛赞誉。学校注重开放办学,把握时代脉搏,密切校际交流。与浙江师范大学联姻,利用高校教育资源,指导教育实践;发挥“名校效应”,建立教育共同体。对内,请进外教,推进教学多元化;对外,走出去,弘扬国学文化。

【金华婺城中学】 金华婺城中学位于临江东路8号, 占地面积5.8万平方米, 2018年学校有班级42个、学生2027人、教师137人。

2018年,学校深化课程改革、教育教学质量、教科研水平、学生竞赛、特色化办学、数字化校园建设以及教育品牌的创建，以“和美环境”“和善教育”“和雅教师”“和悦学生”“和弦管理”为核心要素的“五和”校园文化架构也已打造成型，以“润德、润智、润心、润情、润行”为目标的和润课堂焕发出新的活力。学校逐步发展成为婺城区农村学校的标杆学校。

学校特色教育成效显著，是“全国青少年校园足球特色学校”、婺城区合唱艺术特色学校。作为金华市义务教育课程改革基地学校，学校非常重视课改工作，构建了“和润”校本课程体系，开展了“品德塑造课、学科拓展课、身心健康课、艺术修养课、社会实践课”五大类别为主的校本课程走班教学。2018年，学校为适应现代教育技术的发展，在七年级、八年级各开设4个网络教学班，将信息技术与教育教学深度融合，促进课程改革不断深化。

2018年，学校十分重视校园环境及文化氛围的创设，校园绿化和美化工作逐步提档，文化氛围愈渐浓厚。学校进行文明校园建设和美丽校园建设，设置和韵艺术长廊、校训景观园等，使校园环境得到极大提升。婺城中学已真正成为一所有文化底蕴的现代化的花园学校。

婺城中学秉承“以生为本，和谐发展”的办学理念，本着“为学生发展服务，办人民满意教育”的办学宗旨，恪守“学生和谐发展、教师专业发展、学校特色发展”的办学思路，遵循“砺志、厚德、勤学、笃行”的校训，努力营造“勤教、善教、因材施教”的教风，精心培育“爱学、会学、主动好学”的学风，不断追求、不断创新、不断完善，为打造“设施一流、管理一流、师资一流、质量一流”的示范性学校。

【婺城区琅琊镇初级中学】 琅琊镇初级中学占地面积30015平方米，建筑面积7632平方米。2018年，学校17个班级，学生782人；专任教师54人，其中区教坛新秀3人、高级教师10人。

2018年，学校以“学会做人、学会学习、阳光生活”为育人目标，开展校本课程建设，结合地方文化创建“三点水”源课程体系，在学生学业评价体系中不断完善“琅琊榜”。“琅琊榜”分设“厚德榜”“麒麟榜”“才艺榜”3个榜单，通过表彰学生的厚德载物、品学兼优、才情兼备，实现学校“学会做人、学会学习、阳光生活”的育人目标。

2018年，学校实施的“六四式航标导学”新课堂教学模式改革，不但赢得“婺城区教育教学质量优胜单位”“金华市课堂教学改革先进单位”“婺城区中小学非智力因素教育联盟学校”等荣誉，更让教师们牢固树立“以学生为中心”的意识，积极践行“自主、学习、探究”教学理念。

2018年，学校以“德育为先”的办学特色，向下扎根，向上绽放，注重提高学生思想素质、培养学生吃苦耐劳的精神。“琅琊榜”三大榜单之一的“厚德榜”以《中学生守则》《中学生日常行为规范》《琅琊初中学生行为准则》为基础，提出“懂孝敬、守规则、肯吃亏、乐互帮”4个方面的评比准则，通过定期评比和表彰，培养学生高尚的道德情操，实现“学会做人”的办学目标。经过几年的实践，以树立先进典型激励全体学生形成良好的校园风气和学习氛围。

学校还率先打破校内教育框架，与横店爱国主义教育基地合作组织新生军训。锤炼意志、端正品行，把新生行为习惯养成教育活动化效果明显。

【婺城区沙畈小学】 沙畈小学位于金华西部，是婺城区唯一一所山区小学。校园占地面积13300平方米，建筑面积5000多平方米，2018学校有班级6个，教师14人，学生68人，其中住校生33人。6个班级中人数最多的班级为18人，人数最少的班级为8人。

学校坚持“以人为本，促进师生和谐发展”为办学理念，完善制度文化，优化校园环境，提升文化内涵，提高师生素养，打造特色山区学校教育。学校始终坚持把“育德求知的学园、温馨和谐的家园、健康成长的乐园、绿色生态的校园”作为全体师生共同追求的目标，成就山里孩子的梦想，办成一个美丽的学校。学校拥有良好的办学条件。拥有教学楼，教师公寓，学生公寓，食堂餐厅，配有科学实验室、音乐室、美术室、图书阅览室、多媒体教室、电脑教室、会议室等专用教室，6个教学班全部安装先进的多媒体设备。具有完备体育器材，教学条件优质。

沙畈小学是一个充满温馨的校园，有诸多爱心人士来校关爱，学校成立了留守儿童之家，有美然春蕾班和青英春蕾班，有华美爱心基金，有青苹果计划，有营养餐，有亲情热线等，把关爱惠及每一个孩子。

【婺城区长山乡中心小学】 婺城区长山乡中心小学是一所农村学校。学校占地面积10899平方米，2018年全校共有学生392人,12个教学班级, 教职工28人。学校面向长山乡户籍及外来务工人员的适龄儿童招生。

2018年,根据地方文化特点,结合学校学国学的浓厚氛围,学校与金华市伏羲武馆合作将武术作为学校特色项目。武术进课堂,全校所有学生学会武术操并举行校园武术操比赛。学校武术队每周在教练的带领下刻苦训练,在各类比赛中屡创佳绩。

近几年,学校先后荣获“全国文明礼仪教育基地”“全国小学德育研究规划课题重点实验学校”“全国第二届‘关爱明天 普法先行’普法教育活动零犯罪学校”、全国青少年“五好小公民”主题教育活动示范学校 、“金华市绿色学校”“婺城区文明单位”“婺城区五好关工委”、“东成杯” 金华市婺城区传统武术比赛最佳校园奖等诸多荣誉。学校的办学成绩得到上级领导和社会各界的充分认可,是一所历史底蕴深厚,体艺特色明显的农村小学。

学校秉承“教书育人有爱心,读书做人有孝心”的校训,以“让学生感到快乐,让教师感到幸福,让家长感到满意” 为办学目标, 努力把学校创建成“育人环境优雅、学校文化深厚、师资队伍敬业、教学质量突出、办学特色鲜明”的婺城区农村特色品牌学校。

【婺城区求是学校】 金华市婺城区求是学校直属于婺城区教育局,是一所民办的全日制小学,学校创建于2017年5月, 占地面积8700平方米, 建筑面积5000平方米,户外塑胶活动场地2404平方米,绿化面积2245平方米,学校办学规模12个班,480名学生。

2018年, 学校有10个班,371名学生, 教职工23人,专任教师21人。学校以“人人发展,全面发展, 个性发展,终身发展”为理念,以文化孕精魂,以活动促发展,以科研求突破,全力打造一个阳光校园。“沐浴阳光,放飞梦想”的班集体创建活动为学生良好习性的形成奠定基础;“轻负高质, 堂堂清”的有效教学改革为学生的终身学习打下根基;以“快乐健身” 的特色阳光体育活动为学生铸就强健身体。

学校聘请具有40年教学管理经验的原公办学校名校长、婺城区教育局教育科长担任校长,组建一支德才兼备的优秀教师团队担任教育教学工作,用爱和责任让每个孩子得到最好的发展。教师团队有来自金华市环城小学、金华市青春小学支教的教师,有辞职到校应聘的老师,其余老师均为公办学校任教数年、经过严格选拔的有经验的优秀老师。2018年, 参加区优质课与教学比武有3名老师获奖, 参加公办教师编制考试有3人上线面试, 有6人通过职称认定。

在改善办学条件的基础上,2018年, 学校投入300万元用于购置设施设备。人人有按照身高可升降的桌子与靠背椅子; 班班有希沃牌70寸交互智能平板、标准高度光照充足的11灯座22管LED日光灯、30度斜角的黑板灯,班班有广播、监控与落地空调。

学校的生存与发展,管理是关键,只有规范管理、精细管理,学校才能赢得发展机遇,才能有效提升社会影响和竞争力。我们加强队伍建设,以人为本,聚心、聚智、聚力,完善落实管理责任、增强服务意识、提高管理水平、创新工作思路、追求工作绩效。利用群体组织、丰富教职工文化生活,发挥学校在日常管理、教育教学、家校联系和扩大社会影响的作用。

【金华市婺城小学】 婺城小学,占地面积42000平方米,是省义务教育标准化学校,于2018年8月启用婺城小学白沙溪校区,采用“一校两区”办学模式:同一个学校,同一个理念、同一个校长和班子、同一支师资队伍、同一个教学体系,2018年有教学班54个,教师115人,学生2300多人。学校取得国家级足球试点学校、全国书香校园、全国零犯罪学校、浙江省绿色学校、浙江省义务教育标准化学校、浙江省课程改革首批试点学校、浙江省教科研先进集体、浙江省消防安全示范学校、浙江省体育道德风尚奖、金华市文明单位、金华市五一巾帼标兵岗、金华市中小学教学改革先进学校。为了让每个孩子健康快乐成长,学校以厚德致礼、善悟致新为办学目标,实施阳光教育,包含“阳光课堂、阳光德育、阳光评价”三大实践板块。。

作为浙江省首批课改试点学校，学校在基础性课程中落实 “三有”课堂，在拓展性课程中激发学生潜能。在每年的跨年活动“我的婺小年”大型体艺嘉年华中，践行课程整合，6 个专场活动，110 场班级足球联赛，9 个学生家长方阵，真正做到了齐参与、共快乐。还以体艺课堂为载体、以体艺竞赛为推手、以乡村学校少年宫为依托，以德育教育为核心先后开设 “婺龙足球”、“金色舞台”、“游学体验”等长短课社团，共计 59 个拓展性课程，夯实了课程内容、丰富了育人途径。

【婺城区白龙桥实验小学】 婺城区白龙桥实验小学占地面积 24508 平方米，校园绿树成荫，环境优美，布局合理。建有育英楼、培贤楼、行政楼和综合楼。设有服务于教学的音乐、美术、书法、电脑、多媒体、图书、阅览、舞蹈、实验等专用教室以及 250 米标准环行塑胶跑道等田径场，各班配足配齐现代化教学设施。

2018 年，学校坚持以规范管理、特色办学为引领，重基础、重实效为发展理念，以德育为先导，以科研为抓手，以学生为根本，以特色促发展。向着建设“精品校园”“精英学生”“金牌教师”的办学目标，打造具有白小特色的课程体系，培育具有白小特质的教师队伍，营造具有白小风格的校园环境，不断推进素质教育向纵深发展，提升了学校的办学内涵，形成了以“五润”为核心理念的学校文化和管理风格，营造了和谐发展的健康氛围，取得了令人瞩目的成绩。

白龙桥实验小学 2018 年有中心校一所，完小 3 所，分别是白龙桥镇实验小学、白龙桥第二小学、古方小学和天姆山小学。全镇 4 所小学共有 63 个教学班，2395 名学生，141 名教师中，有大专以上(含大专)学历 138 人，占教师总数的 97.9%，中高级教师 3 人，一级教师 85 人，市级教坛新秀 1 人，市名师名校长培养对象 4 人，市优秀班主任 4 人，区级教坛新秀 12 人，区级名师、教学能手等称号 4 人，区优秀教师 14 人，区优秀班主任 13 人，区教坛新苗 9 人，是一所年轻教师学校。

【金华师范学校附属小学】 金华师范学校附属小学创办于 1916 年，又名艾青小学，系金华市实验小学，公办全日制小学，位于金华城区中山路 68 号。2018 年，在区委区政府的规划下，在解放路和凤山街的交汇处，新建了金师附小凤山校区，从此开始同一法人、同一套班子、同一种管理体系的一校两园的办学模式。

学校曾先后走出 20 名特级教师，10 名校长。2018 年，学校有教职员工 128 人，大专以上学历占 100%，其中正高级教师 2 人、省特级教师 1 人、省教坛新秀 2 人，市、区教坛新秀、名师及培养对象 70 多人。获省级以上荣誉的有80 多人次，优质课评比获全国、省、市级以上奖励的有 200 多人次，各种教学基本功比武获省市级奖的有 200 多项。

金华师范学校附属小学有 49 个班级，2000 名学生。积淀丰厚的人文底蕴和优良的办学传统，以一流的管理、师资、质量。培养出近 3 万多名学子，如中国“诗坛泰斗”艾青，中科院院士黄文虎，著名儿童文学家鲁兵，人民出版社原社长马樟根，儿童文学理论家蒋风，诗人圣野，书法家王景芬，画家高清，企业家杜自弘等。1992 年，学校被中国教育学会、中央教科所编入《中国名校大辞典》。

学校秉承“保持善良，保持努力”的价值取向，加强师德师能建设，打造优质之师，加强活动课程建设，培育文明学生。通过开展各种形式的主题活动，让老师和学生善良努力成长。

【金华市实验中学】 金华实验中学(金华市婺城区职业中等专业学校)属国家公办学校、国家级重点职业学校、国家级德育实验学校、浙江省首批中等职业教育改革发展示范学校，学校法人为金华实验中学。

学校位于婺城区实中路 333 号，占地 4 万平方米。2018 年，全校教师 247 人，学生 3400 人。学校分学前教育专业、旅游服务专业、信息商贸专业、机电专业 4 个群，共含 14 个专业。办学层次主要包括中等职业教育、3+4 中本一体化、五年一贯制大专、2+3 与 2+4 中高职衔接本科、大专以及农村劳动力转移培训和企事业单位职工技能培训等各类短期培训教育。

学校坚持“立足长远、内涵发展、多元办学、质量立校”的思路,走“以质量提升为核心的内涵式发展”道路,坚守“高质量、多元化、开放式、国际性”中职名校的总目标,确立“金华领先、省内一流、全国知名、世界水准”的办学总愿景。

实验中学锐意前行,学校形成自己的办学特色:文化鲜明、德育出众、专业精进、教学稳进。

学校有着独特的校园文化——白沙文化。其内涵:“德技融通、情智并重”与浙江省中职学生核心素养基本内涵相契。学校的人才培养体系以及校园环境布局,紧紧围绕白沙文化展开。

学校德育管理有着鲜明特色,并对周边区域产生辐射作用。尤其是浙中首创的值星班制度,至2018年已有23个春秋,形成了完善的值星管理体系。2018年,学校德育管理追求创新,探索走德育课程化之路。学校“3+X”德育模式获得省级立项。

学校专业建设围绕区域经济发展需求,立足自身优势,大力进行专业结构优化、发展优势专业,开设特色专业。学前教育专业“3+4”中本一体化培养试点获批;省三名工程中三个项目获得立项;新开轨道交通专业;无人机专业态势良好。

学校通过强化教师队伍建设,创新教学评价机制,推行教学新举措,不断提升教学质量。2018年,单考单招上线率、本科上线率不断突破,特别是药学类单考单招成绩第一名连续两年落户金华实验中学。

金华实验中学确立走“以质量提升为核心的内涵式发展道路”,坚定地朝着目标迈进。

科 技

综 述

【概况】 2018年，以国家创新型城市建设和融入G60科创走廊为契机，婺城区深入实施创新驱动发展战略，开展科技创新补短板行动，助推打赢“九场硬战”。全年科技成果转移转化成效明显，婺城区实现技术交易总额7.694亿元，技术交易合同备案数352项，省级科技成果登记数48项，发明专利产业化项目14项。

科技计划

【科研项目】 2018年，新列省级项目9项、市级7项、区级32项。项目包括先进装备制造业、电子信息、新能源、新材料、新能源汽车、生物医药、节能环保七大新兴产业以及农业、食品加工等传统产业。通过项目的组织实施，加快科技成果的转化和产业化。

2018年省级立项科学技术研究计划项目一览表

表3

项目名称	计划类别	承担单位
高碳低合金汽车制动盘	省级新产品试制计划	金华浩翔汽配有限公司
车用大马力电机控制器	省级新产品试制计划	浙江中科正方电子技术有限公司
汽车智能监控及辅助管理系统	省级新产品试制计划	浙江中科正方电子技术有限公司
766Q金属锯	省级新产品试制计划	浙江开创电气有限公司
DN600-DN3600防腐蚀预应力钢筒混凝土管	省级新产品试制计划	浙江巨龙管业科技有限公司
DN600-DN3600 PCCP管道预制一体式检查井	省级新产品试制计划	浙江巨龙管业科技有限公司
DN800-DN3000系列芯模震动钢筋混凝土排水管	省级新产品试制计划	浙江巨龙管业科技有限公司
DN4000预制双胶圈方形综合管廊	省级新产品试制计划	浙江巨龙管业科技有限公司
DN300-DN1200系列径向挤压钢筋混凝土排水管	省级新产品试制计划	浙江巨龙管业科技有限公司

表 4

2018 年市级立项科学技术研究计划项目一览表

项目名称	计划类别	承担单位
具备智能控制系统的商用车传动总成装备研发	市重大	浙江万里扬变速器股份有限公司
7CrSiMnMoV 模具钢激光强化技术研究及其在大型汽车零件整体成型中的应用	市重点	金华华科激光科技有限公司
基于北斗定位的邮政 EMS 智能共享物流载体研发及应用研究	市重点	金华市捷特包装有限公司
识字求助系统的研发	市重点	天下谱局金华文化股份有限公司
水泥料包智能装车及除尘系统的关键技术与应用研究	市重大	金华华东环保设备有限公司
纺织印染废水处理微生物载体利用技术研究应用	市重点	金华雅帅纺织有限公司
电动工具传动系统用高性能致密性斜齿轮近净成形技术的开发	市重点	金华市宇辰粉末冶金有限公司

科技创新

【培育创新主体】 2018 年,新增国家高新技术企业 10 家,累计 38 家;新增省级科技型中小企业 51 家,累计 202 家;新增市级高新技术企业 20 家,累计 75 家;新增市级农业科技企业 2 家,累计 31 家。

【建设创新载体】 2018 年,新认定市级科技企业孵化器 2 家,累计 11 家,其中国家级科技企业孵化器 1 家,省级众创空间 1 家,省级星创天地 1 家;新增市级以上研发中心 12 家,累计 79 家。

【谋划产业创新综合体】 与浙江大学合作申报省、市级婺城汽车变速器及车辆齿轮产业创新服务综合体,市级申报已通过。综合体一期拟建于云安阁智慧信息产业园内,建筑面积 1.6 万平方米,主要用于科技成果交易中心、汽车变速器和车辆齿轮展示中心、金融中心、评估中心、研发中心等综合服务载体的建设。

科创廊道建设

【共建科技城】 完成《金义科创廊道婺城区块建设规划》和金义科创廊道三年计划编制。成立区科创廊道办,实施建设项目 13 个,完成投资 14.05 亿元,推荐共建金华科技城项目 4 个。

【招引院所】 2018 年,与中国工业设计研究院、上海大学和上海理工大学进行合作洽谈,初步完成与上海大学和上海理工大学合作建院方案。推进与浙江师范大学、浙江省农科院的战略合作,搭建优质的公共科技服务平台。

科技合作

【工科会】 2018 年,发动企业参加工科会各项活动,征集技术难题 22 项,签约合作项目 7 项,推荐往届工科会签约项目典型案例 2 项,推荐创新挑战赛难题 3 项。

【高层次合作】 协助市科技局承办工科会军民融合技术专场"走出去"对接活动,为浙江万里扬股份有限公司等 7 家企业与中国船舶工业系统工程研究院等 5 家军工单位对接搭建合作金桥。加强国际科技交流合作,指导浙江省万里扬股份有限公司申报 2018 年省级国际科技合作基地。

【科技人才】 推荐上报婺城籍高层次人才 13 人。做好第三批"百博入企"2018 年度考核工作及征集新一批博士入企的推荐工作。科技人才引领创新创业。推荐2名科技企业总经理参加“科技婺商”评选，1人获“科技婺商”称号，1人获入围奖。发挥科技特派员作用。对入驻婺城区的17位特派员按专业分为5个专家组对联系乡镇、特派员基地、联系农户开展科技培训和技术指导，以科技助力乡村振兴。

7月6日，婺城区举办全区规模以上企业科技创新培训会　　（区科技局供稿）

科技帮扶企业

【落实科技政策】 争取省市级财政补助，2018年全区共获省级资金补助338.5万元，市级资金补助2297.44万元。兑现落实区级2018年科技创新专项资金1734.79万元。发放科技创新券130.68万元，使用79.95万元。

【完善科技服务】 开展大调研和大走访活动，走访、接待企业200余次，解决问题40余个。落实“最多跑一次”改革，涉及科技的5个权利事项，全部网上受理，其中3个事项跑零次。联合省知识产权研究与服务中心、市科技局、税务、统计等部门及各乡镇(街道)，就国家高新技术企业申报、专利、项目申报、全社会研发投入、科技政策等对企业进行多次培训，提高企业研发积极性。

5月8日，金华市婺城区科技(科普)活动周活动现场　　（区科学技术协会供稿）

知识产权工作

【专利数据】 2018年，全区发明专利申请量730件，发明专利授权量193件，万人发明专利拥有量13.88件，新增省级专利示范企业2家，其中复核1家，新增市级以上专利示范企业5家，通过知识产权贯标国家认证企业3家。企业利用专利权向银行进行质押贷款1.46亿元。

【知识产权保护】 开展市、区专利联合执法、女企业家知识产权沙龙、广场咨询与服务等系列活动，50余家知识产权示范企业参加。11月，通过省级知识产权示范区复核。

（祝晓圆）

5月11日，婺城区平安校园建设推进会暨5·12应急疏散演练现场　　（区科学技术协会供稿）

文 化

群众文化工作

【概况】 2018年,区文化馆在编人数11人,设有综合办公室、表演艺术活动指导部、视觉艺术活动指导部、免费开放部。完成7个主题81场文化下乡任务,送展览18场,32场公益性讲座,参与人数8300人次。完成大型活动43场,参与人数50100人次。其中文化大过年系列活动以民俗节庆活动春节为依托点,以点带面举行123场活动,丰富春节、元旦期间的百姓文化生活;百姓才艺大赛有18个乡镇360支队伍6048人次参与活动;视觉婺城系列采风写生活动,全省有30多名省粉画家参加,创作100多幅山水作品。这三大群众活动品牌点亮婺城百姓的文化幸福感。完成对外走亲7场,其中文艺演出5场,精品书画展览走亲2场。馆文化志愿者中队累计招募文化志愿者服务队员663人,组建49支文化志愿者服务团队,组织义演活动500多场次。人民广场戏剧吧周周有演出,婺州公园每周也有坐唱班演出。组队参加省、市比赛,获省级金奖2个,银奖1个,三等奖2个、书画入省展5个、市级金奖3个、银奖8个、铜奖2个。文化馆以"文雅婺城"免费艺术培训为抓手,丰富艺术培训项目,创新培训方式,实施午时错时开放培训模式,满足区机关、企业、事业单位以及文艺骨干、文艺爱好者多元化、多层级的文化需求,2018年举办42个培训项目408个班次,参与培训人员达11504人次。加强基层文化干部、文艺骨干队伍的建设,组织两期乡镇(街道)文化站长文化工作业务培训13个班次,390多人次参加培训;助力"乡村振兴"排舞送师下乡15个乡镇街道120个班次,3600人次。2018年培训15494人次。

提升婺城区文化馆网站建设;加强与融媒体联系,对外宣传中,金华电视台、《浙江日报》、《金华日报》、《婺城新闻》、浙江省艺术网、《金华晚报》等共有14家新闻媒体报道新闻55条,美篇77余篇,有效宣传婺城文化。

【区德育共建工作表彰暨推进会】 1月5日下午,区委宣传部、区教育局、开发区教育局主办,区文化馆、区音乐家协会承办的"立德树人·双堂双进"德育共建工作表彰暨推进会在区文化馆婺星剧场隆重举行,有35家"校村结对 双堂双进"德育共建工作先进单位和53名先进工作者受到表彰。

【区"三送"进农村文化礼堂活动】 1月10—19日,由区纪委、区委宣传部、区文体新局等部门主办,区文化馆承办"两美婺城 文化暖冬"中共十九大精神

1月10日,婺城区竹马乡婺城区党的十九大精神宣讲暨"送政策 送文化 送服务"进农村文化礼堂演出现场 (孙傲雪摄)

宣讲暨“送政策、送文化、送服务”进农村文化礼堂文艺演出活动分别走进竹马乡下张家村、雅畈镇芳田村、白龙桥镇马海地村、安地镇南郭村等7地文化礼堂进行巡演。

【区乡镇(街道)文化站干部业务培训】 1月26日，婺城区乡镇(街道)文化站干部业务培训在区文化馆综合教室举行，区各乡镇(街道)文化站干部、文化干事及文化馆全体业务干部30人参加培训。培训内容主要包括《大型文化活动的策划与组织》《公共文化服务下的免费开放》，并到三江街道参观学习。

【区文化大过年系列文化活动】 2月4日至3日10日，由区委宣传部、区文体新局、区文联主办，区文化馆、区图书馆、区非遗中心、区文物办、各乡镇(街道)承办“让婺城更自信 让百姓更幸福”文化大过年系列文化活动在市区八咏公园启动。在此期间开展文化大过年七天乐、“我们的春晚”乡村农民春晚、“新春喜洋洋”乡镇、街道文化大拜年等系列活动，通过演出活动、各类群众性春节民俗活动和文化娱乐活动，展示全区文化发展成果的大舞台，丰富人民群众文化生活。

2月7日，金华市八咏公园2018年“让婺城更自信 让百姓更幸福”文化大过年主题演出活动现场

（孙傲雪摄）

【区“欢乐元宵”系列活动】 3月1—2日，由区委宣传部、区文体新局、区文联主办，区文化馆、区图书馆、区非遗中心、区文物办、各乡镇(街道)文化站承办“欢乐元宵”元宵节猜灯谜、看大戏等活动在婺城区婺州城市广场隆重举行。

【区少儿舞蹈展演】 3月11日下午，由婺城区文化体育新闻出版局主办，婺城区文化馆、婺城区舞蹈家协会承办，竹马乡政府协办的“花儿朵朵”婺城区少儿舞蹈展演在“茶花之乡”竹马乡下张家村茶花广场隆重拉开序幕，200多名儿童参加活动。此次活动以“改革开放四十年 婺城走进新时代”为主题，旨在弘扬民族文化，展示儿童舞蹈的勃勃生机和无穷魅力，鼓励和表彰优秀儿童舞蹈作品及做出突出贡献的编导人才，推动儿童舞蹈事业的蓬勃发展。

【区经典婺剧展演活动】 3月30日至4月2日，由区文体新局主办、婺城区文化馆承办“喜迎盛会，文化共享，经典婺剧展演活动”在婺州城市广场举行，受到婺城老百姓的热捧。

【区“人文长山 诗画东屏”文化艺术节】 4月15日，由区文体新局、区文联、长山乡党委主办，区文化馆、区文联所属协会、长山乡东平村承办“人文长山 诗画东屏”文化艺术节在长山乡东屏村举行，以文化形式助力乡村振兴，借此促进乡风文明、推动乡村振兴。

【古韵婺城·仙岛岱山文化走亲演出】 4月23日，区文化馆组织文艺团队赴舟山市岱山县文化走亲，为当地群众献上一台精彩的文艺演出，展示婺城浓郁的古韵特色。两地因“文化”结缘，以“文化走亲”为媒介，互访互学，为两地之间架起一座以文化为纽带的沟通桥梁。

【省知名艺术家走进婺城古村落】 5月24—27日，由区委宣传部、区文体新局、区文联主办，浙江省水彩画家协会浙中水彩粉画研究中心、区沙畈乡党委

5月24日，婺城区沙畈2018年“走进红色沙畈”《视觉婺城》第三季知名艺术家助推乡村振兴采风活动启动仪式活动现场 （孙傲雪摄）

沙畈乡人民政府、区文化馆承办“《视觉婺城》——省知名艺术家走进婺城古村落第三季之不忘初心走进红色沙畈”写生创作活动,全省30多名知名粉画家创作100多幅作品,利用婺城特有资源建立同知名艺术家之间互相交流与创作的平台,推广当地的风情地貌以聚人气,让婺城文化发扬光大。

【区第六届少儿器乐大赛】 5月26日,由区文体新局、区教育局主办,区文化馆承办“2018年婺城区第六届少儿器乐大赛”在区馆婺星剧场开赛。比赛分为儿童A组、B组、少年组,钢琴、架子鼓、古筝、二胡,全区600多位选手参赛。最终评出少儿声乐大赛金、银、铜及优秀奖项。

【区第二届少儿舞蹈展演】 5月27日,由区文体新局、区文联主办,区文化馆承办的纪念改革开放四十周年婺城区“缤纷舞星”第二届少儿舞蹈展演在区馆婺星剧场举行。本次大赛主题以改革开放40年来社会变革为主线,谱写舞动婺城美好生活的舞蹈篇章。

【省知名粉画艺术家写生作品展】 6月12日,由省水彩画家协会、区委宣传部、区文体新局、区文联、联合主办,浙江省水彩画家协会浙中水彩粉画研究中心、区文化馆、沙畈乡党委、政府承办的“走进红色沙畈”第三季——知名粉画艺术家“助推乡村振兴” 写生作品展在区政府大厅隆重开幕,28位艺术家55幅作品得以展示。

【区“风雅婺城”汇报成果展演】 7月5日,区文化馆在婺星剧场举行 “风雅婺城”2018年上半年免费培训汇报成果展演。400多位普通百姓登上梦想的舞台,尽情展示自己对文化、文艺活动的热爱。此次活动旨在发挥文化引领作用,扩大婺城区文化馆免费开放公益培训影响力,展示出婺城艺术普及领域共享互融的丰硕成果。

【区清廉婺城建设漫画作品大赛】 7月 6日,区文化馆承办的“不忘初心 牢记使命”清廉婺城建设漫画作品大赛在区文化馆书法指导室进行评选,6位专家评委对来自全国各地150件投稿作品进行公平、公正评选,评出一等奖2名、二等奖8名、三等奖12名、优秀奖作品20名、入选作品20名。

【区港澳台学子走进金华新农村】 7月21—29日,由区委、区政府牵头,区文化馆承办了“仙山婺水相约岩头” 港澳台学子走进金华新农村 (“徽派小村——岩头”)研学活动欢迎仪式、文艺演出、音乐会和“意蕴岩头”区农民油画写生作品展等系列活动,学子们在婺城和美乡村感受金华的风土人情和八婺文化,感受传统文化的博大精深。

【区创建全国文明城市荣誉战之文艺巡演】 9月15日,由区委宣传部、区创建办、区文体新局主办,区文化馆、城东街道党工委 办事处承办的创建全国文明城市荣誉战之“文明婺城 你我同创”文艺巡演第一站在婺城旌孝街东市街小学门口广场启动。之后进行白龙桥、城西街道、乾西湖头等6场文艺巡演。活动进一步提升城市文明程度,培育和践行社会主义核心价值观, 突出创建全国文明城市主题,通过文艺巡演的宣传方式,使创建全国文明城市工作家喻户晓。

【区国庆书画作品展】 9月30日至10月12日,由区委宣传部、区文体新局、区文联主办,区文化馆、区书协、区美协承办“改革开放四十载 翰墨丹青颂辉煌”国庆书画作品展在区政府大厅开展。展览展出区书画家作品80余幅,创作题材内容丰富、形式多样、表现手法各异,展现婺城书画家们艺术特色和绘画风格。

【区清廉婺城建设漫画作品展】 10月15日至10月29日,由区文联、区纪委、区文体新局主办,市美术家协会、市漫画家协会、区文化馆承办“不忘初心牢记使命”清廉婺城建设漫画作品展在区政府大厅展出。大赛遴选出50件优秀漫画作品,紧扣形势要求,以“不忘初心”为主题,紧扣“学党章党规、学系列讲话”,树立新风正气,鞭挞消极腐恶,反映各地在落实中央八项规定精神、践行党的群众路线的漫画作品。

【区·洞头文化走亲——洞头渔民画精品作品展】 11月19日,2018婺城区·洞头渔民画精品作品展在区政府大厅展出。此展由区文体新局、温州市洞头区文广新局联合举办,区文化馆、洞头区文化馆承办,有40幅作品参展。

【区第四届婺剧坐唱班大赛】 11月23日, 由区文体新局、区婺剧促进会主办,区文化馆承办的“非遗

传承 文明构建” 婺城区第四届婺剧坐唱班大赛在婺星剧场举行。14 支队伍同台竞技，婺剧曲目中的著名选段在台上轮番演绎，赢得现场观众的阵阵掌声。雅畈镇、竹马乡和新狮街道选送的 3 个节目为一等奖。

【区首届优秀文化志愿者表彰暨“文化志愿者培训”大会】 12 月 7 日，在婺城区文化馆一楼婺星剧场，500 多名志愿者欢聚一堂。为鼓励和表彰婺城区文化志愿者的“奉献、友爱、互助、进步”精神，举办 2018 年金华市婺城区首届优秀文化志愿者表彰暨“文化志愿者培训”大会。大会共表彰 5 名优秀志愿者个人，10 支优秀志愿者团队。

【区优秀书画作品文化走亲展】 12 月 6—19 日，由区文化馆和苍南县文化馆、洞头区文化馆共同承办的“写意婺城”婺城区优秀书画作品文化走亲展分别在苍南县文化馆一号展厅和洞头区文化馆一楼展厅开展。展出 21 位婺籍书画家 40 余幅书画作品，让参观者充分感受婺城书画魅力，提升对婺城书画的了解，使馆和馆之间通过异域走亲走活这盘“文化棋”。

【区第三届百姓才艺大赛复赛】 12 月 13—14 日，在区文化馆一楼婺星剧场，举行由区委宣传部、区文体新局主办，区文化馆、区各乡镇(街道)党委、政府承办的“改革开放四十年 助推创建全国文明城市”暨第三届百姓才艺大赛复赛。10 个乡镇街道 150 支队伍进行初赛海选，报送 44 支队伍参加复赛，共有 220 人参与，选出 15 支队伍进行最终的决赛。

【区第七届精神文明建设“草根奖”颁奖典礼】 12 月 24 日，区第七届精神文明建设“草根奖”颁奖典礼在婺城区文化馆一楼婺星剧场举行。此届草根奖颁奖活动由区精神文明建设“草根奖”活动组委会、金华广播电视总台联合举办、区文化馆承办，“草根奖”共设立“重信守义奖”“孝老爱亲奖”“敬业奉献奖”“志愿服务奖”“文明创建奖”5 个奖项。通过“政府引导、民间设奖、群众评选”的方式，共产生 25 位获奖草根人物。

【区免费艺术普及培训成果汇报展】 12 月 25 日，由区文体新局主办、区文化馆承办的“文雅婺城”2018 年免费艺术普及培训成果汇报展在区文化馆婺星剧场举行。展演中学员们以生动的演出向观众展示在公益艺术培训班所学到的知识和艺术技能。

【区机关、乡镇(街道)干部迎新诗歌朗诵大赛】 12 月 29—30 日，“担当赶超、婺城图强”庆祝改革开放 40 周年婺城区机关、乡镇(街道)干部迎新诗歌朗诵大赛分别在金华市文化中心隆重举行。区四套班子领导、区各个单位主要领导、区各机关党委共 19 支队伍 950 名朗诵者和来自 18 个乡镇(街道)近千名朗诵者一起以诗歌的名义，诵读的形式，深情讴歌在党的领导下，婺城改革开放 40 年来取得的日新月异发展成果，最终分别评出机关、乡镇(街道)的一、二、三等奖和组织奖名次，分别给予奖励。

(孙傲雪)

2018 年婺城区文化馆业务干部辅导、获奖一览表

表 5

序号	辅导老师	时 间	内 容	何处获奖	奖 级
1	章晓华 胡云钱	2018.1	入围	入选浙江省第九届曲艺新作大赛(浙江省文化厅)	省级
2	孙傲雪	2018.5	书法作品《梅花诗》	入展浙江省群文书法小品展	省级
3	郑红建	2018.6	油画风景《水渠》	入选浙江省“剿灭劣 v 类水”写生作品展(文化厅)	省级
4	郑红建	2018.6	粉画作品《潺潺溪水》	入选“剿灭劣 v 类”浙江省美术作品展(省美协)	省级

续表 5

序号	辅导老师	时 间	内 容	何处获奖	奖 级
5	陈彤 李军	2018.6	粉画作品《景·殇系列一》	受邀入选浙江省第二届优秀粉画作品展(省水彩画家协会)	省级
6	孙傲雪	2018.7	摄影作品《农具模特秀》	浙江省“闹新春”民俗摄影作品三等奖(文化厅)	省级
7	郑红建	2018.8	油画作品《战友情》	入选浙江省“庆祝建军九十周年”美术作品展(文化厅)	省级
8	郑红建	2018.9	粉画作品《潺潺溪水》	入选浙江省第五届“群星”视觉艺术展(文化厅)	省级
9	郑惠元	2018.9	民族歌曲《青春舞曲》	“美丽浙江”浙江省第三届群众声乐大赛民族组银奖	省级
10	柳 毅	2018.3	龙舞《龙腾婺城》	金华市“欢乐金华百姓文化节”“龙腾贺新春”龙舞大赛获银奖	市级
11	郑红建	2018.5	油画作品《逝去的风景》	入选金华市美术书法作品赴杭州展(市美协)	市级
12	郑红建	2018.6	油画风景《绿》	入选金华市“剿灭劣 v 类水”油画作品展(市文化馆)	市级
13	郑惠元	2018.6	民族歌曲《问春》	获金华市第十一届青年歌手大赛银奖	市级
14	郑红建	2018.7	油画作品《战友情》	入选金华市“庆祝建军九十周年”美术作品展(市文化局)	市级
15	郑红建	2018.8	油画作品《赴》、《潺潺溪水》	入选金华市群星奖“油画、水彩、粉画”作品展(市文化局)	市级
16	郑惠元	2018.8	优秀指导老师奖	金华市第四届少儿声乐大赛	市级
17	郑慧娜 柳毅	2018.8	双人舞《夫妻球迷》	获金华市第五届舞蹈大赛银奖	市级
18	柳 毅	2018.8	三人舞《生日那碗面》	获金华市第五届舞蹈大赛铜奖	市级
19	郑慧娜 柳毅	2018.9	排排舞《hape 扭腰》	获金华市第十届排舞大赛金奖	市级
20	孙傲雪	2018.12	美术作品《清溪物语》	入展“金华市宣传思想文化战线大比武暨纪念改革开放 40 周年书画摄影展”	市级

公共文化

【概况】 2018 年,区级公共文化设施实现区有三馆的目标:即婺城区建有区文化馆、区图书馆、区非遗展示馆(民办)。建成区图书馆白龙桥分馆。区文化馆、区图书馆、非遗展示馆免费对外开放。所有乡镇(街道)文化站被挪用、被占用问题得到解决,并实现对外开放。

【服务中心建设】 2018 年,全区建成 17 个村(社区)综合文化服务中心。共建有农家书屋 420 个,农村文化礼堂 115 个、村(社区)文化活动室 420 个、文化活动广场 366 个。创建市级文化示范村 2 个,先后组建农村业余文化队伍 1100 支,构建区、乡镇(街道)、村(社区)三级文化体系。开展文化惠民实事工程,送电影下乡 3600 场,送传统戏下乡 218 场,文化走亲 7 场。录取 3 名学生,参加浙江省第二批乡镇文化员定向培养。出台“金华市婺城区公共文化服务提升专项行动工作方案”，助推创建全国文明城市。

【公共文化服务提升】 2018 年，确定城中街道、安地镇为浙江省“十百千”工程重点乡镇。城东街道旌孝街社区、城中街道杨思岭社区、城北街道红湖路社区、城西街道中山路社区、新狮街道玫瑰园社区、白龙桥镇郑岗山村、蒋堂镇西洪村村、琅琊镇高田塍村、安地镇南郭村、雅畈镇加全塘村、竹马乡白竹村、乾西乡栅川村、长山乡长山二村、箬阳乡黄阳村、沙畈乡东山村、塔石乡银岭村、莘畈乡学岭头村等 18 个村(社区)为浙江省“十百千”工程重点村(社区)。

【文化场馆建设】 完成省文化和旅游厅的“100%的市、县(市、区)完成规定场馆建设要求,100%的县(市、区)建有城市书房、完成县级图书馆文化馆法人治理结构改革和图书馆分馆建设任务,100%的乡镇(街道)建有省定三级以上综合文化站、按要求组建乡村文艺团队,100%的省级中心镇和人口 5 万人以上的乡镇(街道)落实文化下派员制度、建有文化馆分馆,100%的农村文化礼堂按照省定标准规范运行”的任务。

乡镇广播有线电视联网率 100%，农村有线电视达到 100%数字化,有线对农广播覆盖率达 100%。共建村级广播室 529 个,音箱 3810 只,满足乡镇、行政村两级应急信息发布,实现市本级行政村应急信息发布全天候相应并迅速送达目标地。更新改造 10 个乡镇站的设备设施,确保“三百目标”的实现。

【文化文艺下乡】 组织文艺表演团体和文艺工作者开展送文艺进校园、乡村、社区,丰富繁荣农村文化。开展文艺演出 40 场。区文化馆积极开展公益性文艺培训,讲座辅导 30 场次,培训 1300 人次。区图书馆藏书 41 万多册(包含电子书),人均 1.08 册,持证读者证 3310 人,借阅书籍 89000 册,接待读者 20 万人次,为乡镇文化站和村(社区文化活动室)送书 2 万余册。建成农家书屋 382 个,覆盖全区 100%的行政村,每个书屋配备 1000 册以上的图书、20 余种报刊和专兼职图书管理员，借阅登记制度实施良好。举办婺城区全民阅读大型系列活动,建成 25 个图书流通点。

通过送文化下乡、才艺大赛等形式,让群众成为大文化建设的主角和生力军。形成“山花节”“青年歌手大赛”“视觉婺城”“少儿才艺大赛”“民俗文化节”和“走生态廊道 游婺城美景”“甘蔗节”“白菜节”等品牌活动,举办大型群众文化活动 15 场,文化走亲 7 场,组织文艺队伍深入全区乡镇(街道)村巡回演出 50 场。

(郑友建)

婺城区婺剧促进会

【概况】 2018 年,婺城区婺剧促进会下辖乡镇街道分会 5 个,会员 120 人,理事会理事 27 人。开展一系列的活动,全区热心人员,宣传氛围越来越浓。婺剧事业的传承创新、发扬光大,促进了婺城区文化事业的发展。

【婺剧进校园】 继续做好婺剧进校园工作,会同教育、文化部门召开了工作交流会,新培育一批婺剧进校园学校，东市街小学等 10 多所中小学校开展丰富多彩的婺剧专题表演活动,受到各方领导和群众肯定。

【坐唱班大赛】 调查解民间剧团和坐唱班数量及现状,明确婺剧促进会理事以上班子成员至少联系一个剧团或坐唱班,支持、鼓励民间剧团和坐唱班做好婺剧传承工作。11 月 23 日,在婺城区婺星剧场举办一次业余爱好者婺剧表演大奖赛,来自农村社区自发组成的坐唱班 16 支队伍 200 多人参加比赛,通过比赛一批婺剧人才和爱好者,对一、二、三等奖进行表彰,雅畈坐唱班获得一等奖。

【婺剧传统唱腔编选】 由浙江婺剧团主要演员陈建成,新编《婺剧传统唱腔编选》,10 月完成并印刷成书 1000 册,把群众喜欢听的经典唱段汇总归类,都编入书中,这本精选书能够成为民间婺剧爱好者随时都可以用上的实用脚本,让他们通过各种方式学唱婺剧。

【婺剧培训班】 7 月 11—15 日,邀请婺剧专家朱元昊老师对婺剧促进会会员、文化站长、部分婺剧爱好者50多人,进行一次婺剧业务培训,提高婺城区婺剧艺术表演水平和欣赏水平,并对婺剧历史、角色表演及基本表演方式,乱弹、徽戏中最有特色的主要代表作品,婺剧伴奏乐器二胡等特点等进行一次讲座,激发婺剧爱好者热情,做到学有所获、学有所乐。

【婺剧特色活动】 巩固发展蒋堂镇泽口村的婺剧特色村,积极创建婺剧特色村(社区、学校),精心培育婺剧坐唱班、合力建设婺剧文化园。10月,新组建婺城区婺剧促进会婺之声乐队,由20多名婺剧爱好者参加,活动正常,在全区起很好带动作用。

【创作新剧本】 创新思路。民间婺剧人才召开新编婺剧创作研讨会,鼓励自编自演涉及家乡人文典故和促进乡村振兴的婺剧,将传统婺剧融入现代生活。5月31日,新编大型廉政婺剧《爱莲说》在蒋堂镇开化村首场演出。

(张建红)

图书事业

【概况】 婺城区图书馆免费开放成人报刊室、少儿借阅室、电子阅览室、地方文献、自习室、培训室等场所,坚持每周固定开放80.5小时。按上级业务规定提供夜间、节假日、双休日全年开放服务。2018年服务22万余人次,文献外借13万余册次,办理读者证3822张,其中新证782张。新增图书3万册,价值92.5万余元。入藏地方文献261种、540册,征集800多种本地内部资料。建成"金华古戏台"数据库,新申报"金华市民间曲艺"数据库。与市馆、少儿馆流转图书30次、10584册,移动图书馆年访问15万次,歌德电子书下载量6000余册。图书馆微信平台关注粉丝5259人,推送信息223篇,阅览人次45160人,在"浙江新闻客户端"、《金华日报》、《金华晚报》及新闻客户端、金华电视台、《金华广播电视报》、《今日婺城》等媒体刊登宣传报道34篇。

【图书流通】 加强基层建设,搭建城乡一体化公共图书馆服务网络。完成省级中心镇白龙桥分馆的建设,原城北街道图书分馆、老金华县馆图书全部回归图书馆,新建新狮街道、凤凰山社区、安地镇岩头村、区检察院、元素酒店、尚学堂幼儿园、站前小学图书流通站6家图书流通站,送书、图书流转36416册。制定婺城区农家书屋管理规范,建成农家书屋书目数据库框架,农家书屋图书由区图书馆统一采购、统一编目、统一配送,农家书屋书目与本馆书目实行统一业务规范,将服务触角延伸至各行业基层。加强基层业务的辅导,促进基层图书室、公共电子阅览室、共享工程业务发展。

【阅读推广】 2018年,举办全民阅读推广活动215场,其中公益讲座、培训、展览93场,阅读推广活动122场,各项阅读品牌(益智工坊、亲子课堂、少儿剧场)活动正常化运行。

开展婺城区第四届全民阅读系列活动。与全省同步举办第二届"阅读马拉松"挑战赛、2018年"图书馆之夜"活动;开展"文化大过年"猜灯谜、线上线下双轮驱动"闹元宵"活动;举办"网络书香过大年""阅读阅自己""文化浙江阅读先行" 等三系列9项线上活动;开展"全民阅读与经典同行"诵读会、"答题闯关赢好礼""阅读悦自己"等系列阅读及数字推广活动下基层,让广大群众体验和享受互联网时代数字阅读带来的便利和快乐。

开展第十四届未成年人读书节。成功举办"品读经典 对话信仰 弘扬社会主义核心价值观" 读书征文大赛、开展"共读一本书 做文明小使者"阅读推广主题活动;"读书丰富人生 知识创造财富"阅读征文比赛;"我与图书有约" 错位摄影大赛、"百幅画卷颂乡村——我心目中的美丽乡村"创作及巡展活动,增添浓厚的阅读氛围,拉近读者和图书馆的距离。

发挥公共图书馆的教育功能,组织和开展各类公益培训讲座活动。暑期,区图书馆开办8个公益培训项目,均由优秀的教师担任主讲。培训内容丰富,设有益智数学、趣味数学、阅读与写作、绘本阅读、少儿围棋、小小主持人、尤克里里提高班、基础班等8个项目,受益学员160人次。举办"美丽乡村"画展、《诗·影婺城》婺城诗歌摄影大赛、婺城记忆图文展、最美阅读空间摄影作品展、婺城区第七届精神文明建设"草根奖"等 16场次展览,其中《了解文化浙江共享文化小康》主题展分别在马海地、筱溪等10村进行巡展。

【成绩与荣誉】 2018年8月，婺城区图书馆获评第六次全国县级以上公共图书馆评估定级一级馆。2018年10月，由婺城区图书馆建设完成的省级地方特色数据库项目“金华古戏台”通过验收并获“优秀奖”。

（张 嫱）

文物保护工作

【概况】 2018年婺城区不断完善文物安全工作机制，与各文保单位文保员签订文物安全责任书，明确任务，夯实责任。定期开展文物安全检查工作，制定巡查方案，按每月出动不少于2个工作日的要求开展检查。冬春季，按照市文物局的统一部署，开展消防安全专项检查及梅雨季节文物安全专项检查。根据《浙江省文物局关于组织开展“双随机”抽查监管工作的通知》精神，对辖区内文物保护单位进行随机执法检查。加强文物执法，及时处置擅自在建设地带内施工事件2起，责令整改并恢复原状。检查发现一批古建筑内的灭火器已临近保质期，通过招标采购，及时进行更换。

【文物保护基础工作】 2018年，在各乡镇（街道）对本行政区域内第三次全国文物普查登记的不可移动文物进行核实的基础上，公布第一批婺城区第三次全国文物普查名录。与市文物局联合编制《金华市市级文物保护单位保护范围及建设控制地带图集》婺城分册，加强市（县）级文保单位管理工作。开展第七批省保单位的四有档案的编制（含建筑测绘）工作，有关档案资料经省文物局专家审查确认报省文物局备案。开展第四批市保单位四有工作，制作并安装12处新增文物保护单位标志碑，经乡镇、村推荐给每处文保单位配备文保员；开展第八批国保及配合区规划部门开展省级历史文化名村推荐申报工作。

【文物保护维修工作】 保护为主，推进文物保护维修工作。大力争取文物保护资金，开展2018年度市文物保护专项资金和市区第二批传统村落保护专项资金的申报工作；审核批复高儒祖郭庙、琅琊白沙庙、乌云石拱桥抢险加固设计方案；启动古方朱氏宗祠、罗芳桥胡氏宗祠、高儒祖郭庙等文保单位、文保点的修缮工作；完成上范红军标语抢险加固工程和上阳存义堂修缮工程竣工验收工作。

【考古调查】 配合325国道（金华—武义段）建设，处置雅畈镇上马山村附近发现的一处墓葬遗址；配合行政许可开展“临江西路以北、西堰街以西地块”“安地村南C2地块”“华龙南街以东、330国道以南地块”“洞溪村首创花园东侧地块”“雅畈二环南路以南武义江以西地块”“长山乡乌石屏村地块”等土地出让前置审批考古调查工作。

【第七批省保单位四有档案编制工作】 依法对各级文物保护单位划定必要的保护范围、作出标志说明、建立记录档案和区别情况分别设置专门机构或专人负责管理等，是国家依法对各级文保单位实施保护管理的基本措施和保证。对2017年婺城区新增的2处省保单位，根据省文物局的部署，开展第七批省级文物保护单位四有档案编制工作，2018年6月底完成初稿，将有关纸质及电子档案资料提交省文物局专家初审通过。修改完善后经省文物局专家审查确认报省文物局备案。

【古建筑类文保单位（点）消防器材更换发放工作】 2018年11月，婺城区文物办根据前期文物消防安全检查中发现的部分灭火器即将过期的情况，对辖区古建筑类文保单位（点）内的消防器材进行更换发放，共涉及37处古建筑，发放120组（2只水基灭火器和1只箱子为一组）消防器材。在更换发放过程中，区文物办结合实际情况请专业人士对使用人、管理人如何正确操作消防设备进行指导，同时进行消防安全知识宣传，确保文物安全。

【市文保点祖郭庙、县保单位白沙庙修缮设计方案评审会召开】 市文物保护点沙畈乡亭久祖郭庙，因年久失修，屋面漏雨，建筑潮湿，导致木构件糟朽，急需抢救性修缮。沙畈乡政府、亭久村委会委托相关设计单位编制了抢险加固设计方案报区文物部门审批，区文物部门召集有关专家对设计方案进行评审，经修改完善后通过区文体新局的审核批准，整个修缮工程预计需维修资金25万元。后由亭久村为责任主体开展修缮工作。

县级文物保护单位琅琊白沙庙因年久失修,屋面多处漏雨,建筑内白蚁虫蛀严重,木构件糟朽,安全隐患严重。琅琊镇政府、高田塍村委会委托相关设计单位编制抢险加固设计方案报区文物部门审批,区文物部门召集有关专家对设计方案进行评审,经修改完善后通过区文体新局的审核批准,筹措资金开展修缮施工工作。

【市文物局调研婺城区文物保护利用工作】 在“不忘初心,牢记使命,当好新时代金华文博答卷人”的大调研背景下,3 月 23 日下午,市文物局局长汪希燕带队到婺城区调研文物保护利用情况。在婺城区文体新局局长周文虎、文化科科长郑友建等人的陪同下,调研组现场走访雅畈镇罗芳桥村的 3 处文物保护点。随后,调研组一行与雅畈镇、安地镇分管领导及文化站长、罗芳桥村负责人进行座谈,认真听取基层在文物保护利用工作中遇到的困难和问题,并现场讨论研究罗芳桥胡氏宗祠资金缺口的问题,提出解决的方案。区文体新局局长周文虎汇报婺城区文物保护利用情况,对区文物办如何做好文物保护利用工作提出具体的要求。

(郎亚红)

2018 年婺城区文物保护单位一览表

表 6

序号	名称	地址	年代	保护级别
1	太平天国侍王府	城东街道八咏楼社区将军路鼓楼里	1861	全国重点文物保护单位
2	天宁寺大殿	城中街道四牌楼社区飘萍路 488 号	元	全国重点文物保护单位
3	法隆寺经幢	江南街道金钱寺村	唐	全国重点文物保护单位
4	铁店窑遗址	琅琊镇泉口村铁店自然村	宋—元	全国重点文物保护单位
5	寺平村乡土建筑	汤溪镇寺平村	明—清	全国重点文物保护单位
6	七家厅	雅畈镇雅畈二村	明	全国重点文物保护单位
7	八咏楼	城东街道八咏楼社区八咏路中段	清	浙江省级文物保护单位
8	永康考寓	城东街道八咏楼社区将军路 81 号	清	浙江省级文物保护单位
9	宏济桥码头	城东街道上浮桥社区浮桥街	清	浙江省级文物保护单位
10	上浮桥邵飘萍旧居	城东街道上浮桥社区浮桥街 89 号	清、民国	浙江省级文物保护单位
11	台湾义勇队旧址	城东街道八咏楼社区酒坊巷 84 号	民国	浙江省级文物保护单位
12	金华府城隍庙	城中街道明月楼社区明月路马路里 116 号	清	浙江省级文物保护单位
13	金华通济桥	城中街道清波门社区八一北路南端	清	浙江省级文物保护单位
14	汤溪城隍庙	汤溪镇汤溪村中山路 60 号	清	浙江省级文物保护单位
15	汉灶窑址	雅畈镇汉灶村	唐	浙江省级文物保护单位
16	石楠塘徐氏宗祠	雅畈镇石楠塘村	明、清	浙江省级文物保护单位
17	东村桥	长山乡长山三村西南面	北宋	浙江省级文物保护单位

续表 6

序号	名称	地址	年代	保护级别
18	滕氏宗祠	琅琊镇杨塘下村中央	明	浙江省级文物保护单位
19	琅琊白沙堰	琅琊镇琅琊徐村	三国	浙江省级文物保护单位
20	鹿田书院	罗店镇鹿田村南面	清	浙江省级文物保护单位
21	方梅生故居	罗店镇罗店村	清	浙江省级文物保护单位
22	北山摩崖题记	罗店镇九龙村东北面的白衣洞内及洞前村东南面的双龙洞、冰壶洞、朝真洞内	唐—中华人民共和国	浙江省级文物保护单位
23	古方洞山塔	白龙桥镇古方一村	明	浙江省级文物保护单位
24	叶店叶氏宗祠	白龙桥镇叶店村	清	浙江省级文物保护单位
25	明月楼	城中街道明月楼社区明月路与人民东路交叉口西南侧	清	浙江省级文物保护单位
26	下章章氏宗祠	罗埠镇下章村	清	浙江省级文物保护单位
27	萧家小龙桥	汤溪镇萧家村西面约 1 千米处的莘畈溪上	清	浙江省级文物保护单位
28	上境古建筑群	汤溪镇上境村	明、清	浙江省级文物保护单位
29	赤松门古城墙	城东街道八咏楼社区八咏路	明、清	金华市(县)级文物保护单位
30	《浙江潮》旧址	城东街道八咏楼社区酒坊巷 126 号	民国	金华市(县)级文物保护单位
31	鼓楼里将军楼	城东街道八咏楼社区古子城鼓楼里	1954 年	金华市(县)级文物保护单位
32	东市街 66 号何氏三杰纪念馆	城东街道八咏楼社区东市街 66 号	清	金华市(县)级文物保护单位
33	东市街 31 号福音医院	城东街道八咏楼社区古子城东市街 31 号	民国	金华市(县)级文物保护单位
34	酒坊巷 98 号真神堂旧址	城东街道八咏楼社区古子城酒坊巷 98 号	民国	金华市(县)级文物保护单位
35	飘萍路 98 号满堂书院	城东街道飘萍路 98 号	清	金华市(县)级文物保护单位
36	侵华日军铁路桥遗址	城东街道上浮桥社区义乌江上	民国	金华市(县)级文物保护单位
37	一览亭	城中街道四牌楼社区飘萍路 100 号	清	金华市(县)级文物保护单位
38	通远门古城墙	城中街道西市街社区西市街南通济巷	明、清	金华市(县)级文物保护单位
39	仁寿堂	城中街道明月楼社区明月街北端	清	金华市(县)级文物保护单位
40	莲花井	城中街道明月楼社区解放东路与后街交叉口东北端	宋	金华市(县)级文物保护单位
41	601 别墅	罗店镇十里铺村	1969 年	金华市(县)级文物保护单位
42	双龙电站	罗店镇西旺村	1958 年	金华市(县)级文物保护单位
43	黄绍竑别墅	罗店镇罗店村	民国	金华市(县)级文物保护单位
44	石楠塘节孝坊	雅畈镇石楠塘村	清	金华市(县)级文物保护单位
45	雅畈将军殿	雅畈镇雅畈二村	明	金华市(县)级文物保护单位

续表 6

序号	名称	地址	年代	保护级别
46	白龙桥马海庙	白龙桥镇横大路村	明	金华市(县)级文物保护单位
47	交椅山红军标语	塔石乡大茗村交椅山自然村	民国	金华市(县)级文物保护单位
48	上范红军标语	莘畈乡上范村枫坞里自然村	民国	金华市(县)级文物保护单位
49	开化周氏宗祠祭亭	蒋堂镇开化村	明	金华市(县)级文物保护单位
50	乌云石拱桥	沙畈乡乌云村	明	金华市(县)级文物保护单位
51	雅干龙王庙	安地镇雅干村	明	金华市(县)级文物保护单位
52	新垅申公墓牌坊	安地镇安地村	明	金华市(县)级文物保护单位
53	徐村节孝坊	琅琊镇徐村	清	金华市(县)级文物保护单位
54	琅琊白沙庙	琅琊镇琅琊徐村	清	金华市(县)级文物保护单位
55	东畈石经幢	琅琊镇东畈村	清	金华市(县)级文物保护单位
56	湖前恩荣牌坊	洋埠镇湖前村	明	金华市(县)级文物保护单位
57	下郑善庆堂	罗埠镇下郑村	清	金华市(县)级文物保护单位
58	山下周遗址	罗埠镇山下周村	新石器时代—商周	金华市(县)级文物保护单位
59	金店狮子炉	罗埠镇西金店村金店自然村	不详	金华市(县)级文物保护单位
60	后大窑址	汤溪镇厚大村	五代—北宋	金华市(县)级文物保护单位
61	陶寺忠烈祠	汤溪镇陶寺村	清	金华市(县)级文物保护单位
62	九峰胡森石刻	汤溪镇九峰风景区	明	金华市(县)级文物保护单位
63	下伊青阳山遗址	汤溪镇下伊村	新石器时代—商周	金华市(县)级文物保护单位
64	长山朱大典读书处	长山乡长山三村	明	金华市(县)级文物保护单位
65	栅川于氏宗祠	乾西乡栅川村育贤路 64 号	清	金华市(县)级文物保护单位
66	白竹诸葛宗祠	竹马乡白竹村白竹街 35 号旁	清	金华市(县)级文物保护单位
67	上阳存义堂	塔石乡上阳村	清	金华市(县)级文物保护单位
68	祝村宣德堂	莘畈乡祝村	清	金华市(县)级文物保护单位
69	周村虞氏宗祠	沙畈乡周村	清	金华市(县)级文物保护单位
70	高儒李氏宗祠	沙畈乡高儒村	清	金华市(县)级文物保护单位
71	银坑红军活动旧址	沙畈乡银坑村	1935—1937	金华市(县)级文物保护单位
72	东俞俞氏宗祠	白龙桥镇东俞村	清	金华市(县)级文物保护单位
73	双牌窑址	白龙桥镇双牌村双牌窑自然村	清—2003	金华市(县)级文物保护单位

续表 6

序号	名称	地址	年代	保护级别
74	古方朱氏宗祠	白龙桥镇古方一村	明—清	金华市(县)级文物保护单位
75	下汪八角井	蒋堂镇下汪村	明	金华市(县)级文物保护单位
76	上盛敦伦堂	琅琊镇上盛村	明—清	金华市(县)级文物保护单位
77	东畈敦本堂	琅琊镇东畈村	明—清	金华市(县)级文物保护单位
78	安地信成堂	安地镇安地村	明	金华市(县)级文物保护单位
79	堰头萃德堂	汤溪镇上堰头村	清	金华市(县)级文物保护单位
80	堰头聚成堂	汤溪镇上堰头村	清	金华市(县)级文物保护单位
81	胡碓世名堂	汤溪镇胡碓村	明	金华市(县)级文物保护单位
82	高义新桥	汤溪镇高义村	民国	金华市(县)级文物保护单位
83	鸽坞塔钟氏宗祠	汤溪镇鸽坞塔村	清	金华市(县)级文物保护单位
84	派溪李仙种堂	汤溪镇派溪李村	清	金华市(县)级文物保护单位
85	岩下燕翼堂	汤溪镇岩下村	清	金华市(县)级文物保护单位
86	黄堂前宅全德堂	汤溪镇前宅村	清	金华市(县)级文物保护单位

非物质文化遗产保护

【概况】 2018 年,婺城区非遗保护传承工作在激活和传承上下功夫,擦亮历史文化名城的招牌,对非物质文化遗产进行活态保护,让婺城历史上留下来的璀璨而宝贵的文化财富回归到生活,融入到社会。2018 年度的非物质文化遗产保护工作从普查入手,对普查工作中获得的非物质文化遗产项目进行认真评审和科学认定,公布金华酥鱼等 16 个项目为婺城区第六批非遗代表作名录。区四级非物质文化遗产名录体系已完善,有国家级“婺州窑传统烧制技艺”1 项,省级名录“金华剪纸”“抢头杵”“城隍庙摆胜”等 3 项,24 个项目被列为市级非物质文化遗产名录,103 个项目被列为区级非物质文化遗产名录。

【“非遗”代表性项目、保护基地、传承人的申报和认定】 做好 2018 年区级、市级项目申报工作,通过实地调研,认真准备,认定公布金华酥鱼等 16 个项目为区级非遗代表性名录;公布第四批区级传承人、第三批区级非遗传承保护基地。

【“非遗”保护形式】 通过多种形式开展非遗传承保护工作,举行“‘非遗’进校园”“美丽‘非遗’文化礼堂百村行”活动。11 月 3 日,在蒋堂镇文化礼堂举办婺城区婺风百村文化礼堂行启动仪式。2018 年举办“美丽‘非遗’文化礼堂百村行”活动 11 场,创建婺城“非遗”园和婺城工匠坊,婺城工匠坊于 6 月完成创建并投入使用,“非遗” 园于 11 月建成并对外开放。

【宣传工作】 配合市电视台完成对婺城麦芽糖、桂花糕、冻米糖、清明果的传统制作技艺视频摄制和播出工作。

【资源整合】 做好非遗保护、文化廊道建设、文化产业齐头并进,提升婺城非遗园、婺城非遗馆、金华好物 3 个品牌阵地的水平和竞争力,在金奥花园创建婺州窑培训基地,在蒋堂文化大院创建婺城非遗培训传承基地,在开化村创建婺城剪纸展馆,岩头村创建婺城非遗展馆。

(朱明升)

文化市场管理

【概况】 2018年,婺城区文化市场行政执法大队共出动执法检查988人次,检查文化经营单位1437家次,按一般程序立案查处违规经营单位16家,其中,网吧6家、歌舞娱乐场所2家、电子游戏1家、网络游戏2家、印刷企业5家,按简易程序处罚2家,移交公安立案查处1家,罚没款14500元。处理8890举报6起,取缔非法营业性演出2起,取缔“黑网吧”1家,取缔无证地摊2家,市场良好率达95%。撰写发布各类信息91篇,其中文化市场监管平台OA刊用信息73篇,浙江省文物网刊用3篇,《文化金华》期刊刊用1篇,制作发布美篇45篇。

【文明城市创建】 确立以“首战当决战”的目标定位,全天候、全时段、全员额开展对标检查,排查安全隐患24起,责令改正6家次,责令停业整顿4家次,取缔非法经营场所2家,清除网吧、KTV、影院“牛皮癣”230多张。更新管理、安全、消防等制度标牌,增设文明宣传牌213块,为印刷企业规范发放社会主义价值观宣传牌165块。2018年,对辖区内文化市场经营场所共计巡查924家次,检查覆盖率达到100%。

【落实双随机】 2018年,婺城区文化市场行政执法大队根据国务院关于“开展双随机一公开”执法监管的意见要求,坚持按照以常态保持为首要,以从严落实监管为保证的工作思路,按每月上下旬分别进行随机抽查的方式,抽查双随机场所共计127家次,其中文化市场共计出动检查86家次,其中网吧38家次,印刷厂72家次,歌舞娱乐场所5家次,出版物经营单位12家次。网吧、歌舞娱乐场所随机检查率达到日常检查总量的50%以上。印刷复制、出版物发行经营场所达46%。

【“扫黄打非”】 根据全国“扫黄打非”办《关于深入推进“扫黄打非”进基层的指导意见》《关于推进“扫黄打非”基层站点规范化标准化建设的意见》的要求,突出抓好“扫黄打非”工作向基层延伸。组织召开“扫黄打非”法规培训会议。结合安全管理工作会议,联合区文化印刷行业协会召开全区“扫黄打非”法规培训会议,对全区30余家网吧、152家印刷企业、21家出版物经营场所负责人进行培训;结合全区文化站长业务培训,组织区、乡镇(街道)两级的领导小组成员、文化站长“扫黄打非”工作法规培训;在婺城区白龙桥镇召开2018年度全区“扫黄打非”进基层工作推进会,各乡镇(街道)“扫黄打非”领导小组组长、联络员参加会议。多渠道多举措开展宣传活动。在“3·15”消费者权益保护日、“3·18”文化市场安全日、“4·26”世界知识产权保护日及“2018绿书签”宣传活动期间,执法大队配合市场监督管理局、法制办等部门分别举办“品质消费、美好生活”“保护知识产权”“护助少年儿童健康成长,拒绝有害出版物及信息”等主题的现场咨询、知识问答活动,下发各类宣传材料共计3500份。全面提升“扫黄打非”进基层规范化建设水平。全区共计18个乡镇街道及金华山罗店镇已有397个(含罗店镇40个)村(社区)已经建立基层工作站点,全区配有516名“扫黄打非”专职网格员,并纳入综治网格化管理体系,2018年年底完成不少于50%的规范化标准化基层站点建设,初步形成区、乡镇(街道)、村(社区)三级网格管理“一张网”体系,较好地筑牢“扫黄打非”基层管理第一道防线。

6月5日,婺城区文体新局在白龙桥镇召开婺城区“扫黄打非”进基层现场会

(婺城区文化市场行政执法大队)

【推进软件正版化】 2018年，大队做好办公软件、操作系统正版软件采购工作并结合金华市婺城区电子政务应用工程做好国产通用办公套件的嵌入和使用培训工作。针对办公软件在实际应用中暴露出的一些技术问题，积极与厂商衔接，及时解决，在升级版本中进一步完善工作。有序推进区机关单位使用正版软件工作，完成婺城区国有企业电脑软件使用情况统计工作。

【印刷出版行业监管】 大队多次对全区印刷行业"五项制度"的建立、执行情况进行专项执法检查，全年对印刷企业、出版物经营场所检查共计379家次，检查覆盖率达到80%，办结5件关于印刷企业未规范建立"五项制度"的行政案件；与婺城区印刷行业协会联合对印刷业开展监管，组织参加协会会员大会与常务理事会议。

【校园周边环境整治】 针对开学前后、"两考"时期、暑假期间，大队开展以校园周边环境为重点的文化市场专项整治，主要是对学校附近的网吧、出版物市场和歌舞娱乐场所进行突击检查。在春季开学期间，进入校园内开展"校园绿书签"活动，对学生进行出版物、网上信息方面的宣传教育；在"两考"期间，大队在检查时向经营单位提出护考要求，严禁网吧和娱乐场所未成年学生进入，要求歌舞娱乐场所和KTV厅降低声音分贝，为"两考"学生提供一个安静良好的考试环境。12318举报电话24小时开通。6月、9月，大队对全区学校周边的网吧、书店、音像制品店进行地毯式的检查。专项整治全年共开展5次，共计出动56人次，检查网吧72家次，歌舞娱乐场所15家次，校园周边各类出版物商店40家次，检查中对3起网吧违规接纳未成年人进行立案查处，对1家黑网吧进行取缔，有效净化校园周边环境，为全区中小学生创造良好的学习环境。

【网吧管理】 为贯彻落实《国务院关于促进市场公平竞争维护市场正常秩序的若干意见》(国发〔2014〕20号)《国务院关于印发社会信用体系建设规划纲要(2014—2020年)的通知(国发〔2014〕21号)等有关规定》，加强文化市场内容监管，加大对严重违法经营主体的惩戒力度，保护未成年人合法权益，促进行业诚心自律，净化市场环境，参照文化部《文化市场黑名单管理办法(试行)》及我国文化市场有关法规规章，制定《婺城区互联网上网营业服务场所黑名单管理办法》。出台美丽网吧的评选方案。2018年根据《金华市网吧星级化管理办法》，全区有2家被评选为五星级网吧，5家被评选为四星级网吧。

【安全生产】 持续加强安全教育，提高业主抓安全的思想意识。2018年，为有效提高经营单位的安全意识和安全防范能力，大队协调相关单位召开专题会议8次，对全区文化站长培训2次，同时通过短信、微信、QQ等交流平台，及时转发各级安全管理工作的指示要求，通报上级暗访检查情况，公布安全管理的具体措施、安全重点和注意事项。开展节假日及敏感时期安全专项检查。根据年度工作安排，结合市场经营特点，大队分别在春节、元旦、五一、"两会""两考" 期间开展文化市场专项检查行动。组织开展消防知识讲座和消防防护演练。组织会议邀请消防大队人员授课，对网吧、歌舞娱乐场所和印刷企业业主全员组织培训和演练，按照送课上门的方式依托金东区消防培训中心对全区137家印刷企业员工进行消防培训演练并组织考核。

【文物监管】 加强宣传提高文物遗产保护法规意识。监察大队根据文体新局的部署安排共组织文保员及分管乡镇领导消防安全培训1次，并联合区文物办结合文物保护单位检查开展《中华人民共和国文物保护法》宣传6次。规范有序开展日常巡查工作。2018年，文物监察大队坚持按照每月出动不少于2个工作日的要求，出动执法检查人次97人次，检查文物保护单位(点)90家次。按照管理要求与文物保护单位文保员签定安全管理责任书，确保监管队伍、文保员能够常态化履行职能。发挥网格管理模式，将全区文物保护单位和不可移动文物按照属地原则，划分为多个网格，由各个乡镇、村网格管理员专门负责该网格内的文物监督工作。2018年，在群众的及时报告下，对2起文物保护范围内擅自施工破坏进行制止处理。做好"双随机"抽查监管工作。根据《浙江省文物局关于组织开展"双随机"抽查监管工作的通知》精神，大队共组织文物"双随机"检查6次，共抽查文物保护单位38家次，共检查发现各类安全隐患16处,现场整改14处,要求限期整改2处。

【主题宣传】 开展主题宣传活动,提升群众依法消费维权的法治意识。大队抓住几个关键时间节点,开展文化市场法治宣传活动,分别在“3·15”消费者权益保护日、“4·26”世界知识产权宣传周期间,12·4宪法宣传日配合市场监督管理局、司法局等部门举办“消费与责任”和“尊崇宪法、学习宪法、遵守宪法、维护宪法、运用宪法”为主题的现场咨询、知识问答活动,向群众讲解普及文化消费维权和非法出版物的鉴别知识等。

3月16日,婺城区文化市场行政执法大队在宣传展台给群众介绍文化市场维权方面的法律法规

(婺城区文化市场行政执法大队)

【市场管理】 “三步骤”提高新批场所依法经营能力。坚持对新经营业主进行约谈。按照营业前期先学法规的要求,由大队组织对新经营业主进行法规培训学习。加强对新批场所现场指导,大队坚持按照营业前先验收的要求,对新增场所的经营制度落实情况进行验收,对发现的问题及时指导纠正,确保“不带病”营业。对新经营场所加大监督力度。在日常巡察中,大队坚持将新增营业场所的经营情况巡查做为检查的重点区域,并将检查情况建立新的依法诚信经营档案,帮助和提高新业主依法经营的意识。

(倪 超)

婺城区文学艺术界联合会

【概况】 婺城区文学艺术界联合会(简称区文联)有团体会员13个,会员1000余人。2018年,区文联发挥文艺独特功能,服务中心、服务大局,自觉投身文化强区建设,为推进全区文艺事业建设作出积极贡献。

【组织建设】 开展大调研活动,走访文艺家协会、基层文艺工作者及有关部门,就如何更好繁荣婺城文艺、文艺助力乡村振兴、加强协会自身建设等方面开展专题性调研。做好协会换届工作,先后下发《婺城区文联关于做好区各文艺家协会换届工作的指导意见》及《婺城区文联关于区各文艺家协会换届工作的补充意见》,严把选人关,程序关。顺利完成区老干部摄影协会、区书法家协会、区作家协会、区民间文艺家协会、区摄影家协会换届工作。

【协会活动】 发挥文联各协会资源优势,助力文化礼堂建设,帮助文化礼堂挖掘村史资料,创作书画、摄影、村歌、诗词等作品,打造全省首个“诗歌礼堂”。举办乡村音乐会、村歌赛,开展“两美婺城 文化暖冬”为主题的三送活动、以“美丽乡村行·文艺送农家”为主题的送戏下乡活动、婺城新春文化拜年巡演、婺剧专场展演以及写春联送春联等活动。开展文明出行志愿服务,积极到联系的旌孝社区进行“心连心 共创建”活动。动员协会力量,成立文艺志愿者队伍,开展社区志愿结对,助力文明城市创建。组织文艺家进社区进农村开展文明宣讲、走读采风、小品创作,以文艺的方式为创建全国文明城市营造良好氛围。组织10多位书画家结合蒋堂开化村周氏宗祠的建筑风格与莲廉文化馆的装修设计量身定制书法美术作品30余幅。组织书画家们奔赴雅畈为芳田村文化礼堂精心创作书画作品,与当地书法爱好者一同为村内56名党员书写家规家训。全力配合纪委做好“扬清风正气·建清廉金华”书画摄影作品征集活动。开展纪念改革开放40周年“对话乡愁”诗歌系列活动,邀请《人民日报》(海外版),文艺部主任、中国传媒大学客座教授刘琼作

《地域和写作》主题讲座,《诗刊》杂志社编辑、央视中国诗词大会亚军彭敏作《诗词之美,点亮人生》讲座。举办"改革开放四十载 翰墨丹青颂辉煌"婺城国庆书画展、协助完成纪念改革开放40周年图片展和时代商魂诗书画展。"缤纷舞星"婺城区第二届少儿舞蹈展演。召开文艺助推乡村振兴研讨会,组织各文艺家协会骨干实地走访了石楠塘村、婺州窑、白杜龙、雅畈古街等地,并进行座谈,为婺城区实施"乡村振兴"战略出谋划策。举办"文化助力乡村振兴""人文长山·诗画东屏"文化艺术节,组织8个协会骨干会员参与,为东屏村献上精彩的文艺演出和独具东屏特色的文艺作品。举办"视觉婺城"第三季,邀请杭州、嘉兴、湖州、宁波、舟山等地近30位知名艺术家,在沙畈古村落开展写生采风活动。举办"仙山胜水·浙中花都"为主题的"镜游婺城"四季风光旅游摄影大赛。举办文艺助推乡村振兴书画笔会6场,"乡村音乐会"7场。组织书法家到磐安采风,组织农民油画家开展"意蕴岩头"采风写生,组织诗词楹联协会会员到雅畈杜鹃王国采风。举办"顾锡东戏曲艺术节" 第七届越剧票友大赛金华初选赛。组织摄影家们开展"我们的中国梦——摄影进万家·温暖全家福"活动及元宵民俗采风。

2月4日,婺城区2018年文化大过年系列活动现场 (区文联供稿)

4月15日,文化助力乡村振兴之人文长山诗画东屏系列活动现场 (区文联供稿)

【文艺培训】 邀请市区文艺工作者齐聚蒋堂为当地文艺爱好者进行戏曲、声乐、合唱培训,提高乡村文艺爱好者的艺术水平。组织农民书法家进行每月一次的集中培训,为婺城农民书法爱好者提供专业指导。田园油画公社自2011年创立,多年来未曾停歇,坚持每周一次的辅导;开展"人物肖像写生沙龙"教学活动,每周一晚。组织开展"风雅婺城"排舞提升培训"送师下乡"文化服务活动,组织民协到农村小学传唱汤溪山歌,组织音协骨干会员辅导农民村晚,创作村歌及教唱。开展八期群众舞蹈培训,分别是民族舞、肚皮舞、广场舞、排舞、爵士舞等,总人数达2000多人。

(邵玉婷)

【区作家协会】 2018年,区作家协会不定期组织交流活动,开展"艾青之夜"诗歌朗诵会、"全国著名作家走读白沙" 采风活动、"走读新农村" 采风活动、"对话乡愁"诗歌系列活动等。《人民日报》(海外版),《浙江日报》《金华日报》等报刊、媒体对活动进行报道。区作家协会受区文联的委托,认真编辑《婺江文艺》纸刊,推出一批优秀文章。同时,还抓住新媒体时代的特点,参与创办"婺江文学"微信公众平台,面向全国刊发各类优秀的文学作品500多篇, 积累6000多名粉丝,成为金华市最具影响力的网络文学平台。

2018年,全区广大作家尤其是基层会员和文学工作者,紧跟时代步伐,创作出一大批弘扬时代精神并产生广泛社会影响、为人民群众所喜闻乐见的作品。据不完全统计,2018年全区作家和文学工作者发表中短篇小说、诗歌、散文、儿童文学、影视戏剧文学、外国文学翻译作品、文学评论等文学作品约60多万字。

(李英昌)

【区美术家协会】 2018年3月,婺城区美术家协会配合区文联做好文联系统调研座谈会工作,按照文联的统一部署,开展"不忘初心,牢记使命,当好新时代答卷人"大调研活动,在雅畈创作基地召开座谈会。同月,协会组织部分创作骨干参加民盟举办的“不忘初心,继续携手前进书画作品展”,其中吴广明主席创作的大型巨作《百鸽图——神州锦泰》气势磅礴,压倒群芳。4月,协会主席吴广明带队到下张家村参加由文联牵头的文艺助推乡村振兴书画笔会,共计创作作品10余幅。5月,配合相关部门举办《视觉婺城》第三季之知名艺术家走进婺城古村落系列活动。6月,在婺城区政府举办写生作品展。协办由金华市文联、婺城区纪委、婺城区文新局主办,金华市美术家协会、金华市漫画家协会、婺城区文化馆承办的“不忘初心 牢记使命”婺城区廉政建设漫画作品大赛。10月,承办“改革开放四十载翰墨丹青颂辉煌”婺城国庆书画作品展,征集会员作品50余幅并积极配合布展工作。组织并推荐夏立、周济果等一批协会骨干会员参加由市美协举办的众筹公益书画作品巡回展。组织会员参加省、市、区举办的各项大展并取得良好的成绩。郑红建3幅粉画入选“风声水起”浙江省彩粉画邀请展。池清、张丽花、廖萍作品参加金华市机关党委举办的庆祝改革开放40年书画展获二等奖、三等奖。池清、周继果作品入展省美协举办的“弄潮杯”中国画大展。

(池 清)

【区书法家协会】 2018年春节期间,区书法家协会组织会员参加写春联送春联活动,先后到竹马乡、雅畈镇、安地镇、白龙桥、蒋堂镇、沙畈乡等地开展公益写春联活动,共送出春联1000多对。2月,张雄华老师应中国书协邀请参加“永远的丰碑——纪念周恩来同志诞辰120周年全国书法名家邀请展。3月,张雄华被《东方艺术·书法》“当代书坛20家”提名,并参加当代书坛20家书法展。4月,在雅畈镇举行农民书法作品点评,30余人参加,会员陈政权为婺城区农民书法爱好者提供专业指导。5月,婺城农民书法骨干临帖培训在文联书画创作基地安地镇喻斯村进行,有15位骨干参加本次培训。在江南德艺书社举办教师书法公益讲座,由章国新负责讲课,市区20多位学校在职教师参与活动,开启教师书法公益学习班,每两周开课一次。重新整理会员,新吸收会员15人,最新会员总数125人。6月,组建婺城区书法家协会会员公益讲座活动。由协会国家级会员自愿报名并通过常务理事会讨论决定首批公益课讲师:张雄华、章国新、王琼瑶。10月,召开常务理事会即换届筹备会议,经商议产生第五次会员代表大会代表名单,第五届理事候选人建议名单。11月22日,区书法家协会召开第五次会员代表大会,选举产生新一届理事会。

2018年,董玮、张艺枫、李赛君、朱颖入展“唐诗之路”浙江省第五届女书法家作品展暨第四届女篆刻家作品展。罗美君、何盈、陶莉莉、杨美玲、孔珊珊入展浙江省第八届中青年书法篆刻展。肖敏、胡妙玲、张倩、范嘉婧、赵荷英“杭能杯”浙江省中小学茶文化书法大赛入展。胡志飞、张艺枫、何盈、厉美光、肖敏、金国平入展金华市首届正书展。李赛君、夏立、鲍全胜、韩木土入展金华市首届行书展。崔增喜、郑建高、范启良、吕松霖入展金华市首次“质量强市杯”书画展。

(章国新)

【区戏曲家协会】 2018年区戏曲家协会共举办活动场次30多次。4月,在区文联的联系村——长山乡东屏村举办“人文长山 诗画东屏”文化艺术节,整个活动由文联和戏曲家协会策划、组织,其他文艺家协会共同努力参与完成。会员和爱好者们参加“文化大拜年”“文化走亲”“农民春晚”等活动,用小品、快板、道情或婺剧等表演形式为大家送去文化大餐。婺城区“创建文明城市,构建文明交通”文艺巡演,在区庆“三八”表彰演出大会、2018婺城区“会员心向党 建功新时代”等活动中,曲艺节目的演出十分精彩。

胡健所创作拍摄的作品《黄牛黄了》获浙江省最多跑一次微剧大赛一等奖,《无问西东》获浙江省建筑监理微电影大赛最佳导演奖和最佳作品奖,方言RAP《电瓶车》获金华市政府公益广告一等奖,小品《噩梦》获浙江省大学生预防艾滋病宣传情景剧大赛一等奖,小品《为了第八次》获金华市文艺大比武最佳主题奖。越剧之友社吴鸣等人入围全国的秧歌比赛。方园妹获电视台主办的诗情画意金华山诗歌朗诵比赛优秀奖。何金凤获长三角戏迷大赛银奖,郑淑菲获群星奖,之友社获得优秀组织奖。青年婺剧团获得第四届金华市传统戏剧民间剧团表演赛金奖。章晓华所创作的金华道情《“傻里傻气”出奇迹》通过

2018 年度金华市文艺创作重点扶持项目成果验收。

（章晓华）

12 月 15 日，新农村新气象农家乐演出现场

（区文联供稿）

【区舞蹈家协会】 2018 年，婺城区舞蹈家协会开展很多大型的活动，如“花儿朵朵向太阳”婺城区少儿舞蹈展演；“缤纷舞星” 婺城区第二届少儿舞蹈大赛；浙江省体育舞蹈大赛以及各舞蹈馆组织的大型演出和比赛等。组织开展一系列的群众舞蹈培训，如民族舞、肚皮舞、广场舞、排舞、爵士舞等，总人数达 2000 多人。进行婺城区“风雅婺城”排舞提升培训“送师下乡”文化服务活动，总共服务 15 个乡镇街道，3600 多人次。协会参与乡村振兴、文明创建等主题活动，参与送演出 49 场，参与大型活动 35 场，文化走亲 7 场。2018 年，组织年会和理事会议，加强会员之间沟通联系，商议有关协会发展的一些事项。协会还开展艺术采风，让大家在多彩的民俗文化中寻找创作灵感。

2018 年，会员及培训中心硕果累累。刘学刚 2018 年 2 月编导舞蹈作品《活着 1937》获国家艺术基金 2018 年度资助项目，之后带领《活着 1937》主创团队赴南京采风观摩，到高校参加浙江省高雅艺术进校园系列活动展演；12 月《活着 1937》获教育部“高校原创文化精品推广行动计划”舞蹈类作品立项；9 月，完成台湾学术研究伦理教育课程进修，并获合格证书；11 月发表论文《现实题材舞蹈创作的理念分析——以国家艺术基金项目群舞〈活着 1937〉为例》。柳毅：参加多场主题演出活动，如“文化大过年七天乐”活动六场、“欢乐元宵节”活动两场、“花儿朵朵”婺城区少儿舞蹈展演等；参与组织举办各类比赛活动、文艺巡演，如“不忘初心，文化暖冬”十九大精神宣讲暨“送政策、送文化、送服务“进农村文化礼堂 10 场、婺城区“创建文明城市构建文明交通”文艺巡演 10 场。柳毅组织参与金华市“欢乐金华百姓文化节”“龙腾贺新春”龙舞大赛获银奖；编创、表演的双人舞《夫妻球迷》获市第五届舞蹈大赛银奖；参与编排排舞《hape 扭腰》获市排舞大赛金奖；编排《青丝鸟》获市排舞大赛银奖；编排《墨梅》获市排舞大赛铜奖；获金华市第十届排舞大赛优秀指导老师称号；编排创作的舞蹈《生日那碗面》获金华市第五届舞蹈大赛铜奖；参加市文化馆业务干部个人业务大赛获金奖。盛红英：组建的团队在 2018 年度相继参加“心联心、共创建”文化志愿者助力金华创建全国文明城市文艺演出；我们的家园——万家农村文化礼堂庆丰收暨美丽非遗百村文化礼堂行活动、倡导文明新风共建美好家园网上工会建设暨创建文明城市文艺晚会等各类公益演出 40 余场。参加“金华市婺城区文化馆组织的排舞送师下乡培训” 活动，到长山乡、塔石乡、蒋堂镇、安地镇、城东社区等 7 个乡镇的文化礼堂教村民跳排舞 500 余人次。2018 年团队在金华市第十届排舞大赛中获金奖；浙江省排舞广场舞锦标赛获一等奖；“我为食品安全代言”金华市“食安杯”广场舞大赛获第二名；金华市健身操舞锦标赛获一等奖。晓萍舞蹈：4 月，晓萍舞蹈艺术中心组队 31 位同学参加 2018 年 IDE 世界舞蹈大赛中国台州站共报 59 项组别， 获得 28 个第一名，12 个第二名，6 个第三名；5 月“Umay 佑美”杯第四届中国金华体育舞蹈全国公开赛，晓萍舞蹈在比赛中获得精英组奖金 16000 元，37 块金牌，21 块银牌，13 块铜牌；6 月，成功举办 2018 浙江·金华体育舞蹈公开赛暨友好城市少儿拉丁舞大奖赛；8 月，浙江省体育舞蹈技术等级年度考核圆满结束；11 月，2018 浙江金华音乐产业发展大会ACED 国际标准舞，晓萍舞蹈共有 29 名学员参加了本次比赛，共报了 58 项组别荣获 20 个第一名、12 个第二名、10 个第三名；11 月，中国–浙江体育舞蹈国际公开赛晓萍舞蹈在比赛中共28人参赛获得金牌12块、银牌12块、铜牌8块,奖金1900元;12月,中国·义乌体育舞蹈公开赛暨第八届舞林大会晓萍舞蹈共有180名学员参加荣获奖杯110个、银牌115块、铜牌64块。桃李园舞蹈艺术中心:2月,由桃李园舞蹈选送的舞蹈节目《和谐阳光》《花儿》参加婺城区文化大过年系列演出活动;3月,由桃李园舞蹈选送的舞蹈节目《和谐阳光》《我和月亮说句话》参加了"花儿朵朵"婺城区少儿舞蹈展演活动;5月,组织学生赴杭州广播电视台,参加中国舞蹈家协会浙江考区委员会2018庆"六一"教学成果展,学生获得最佳表演奖(一等奖),丁小婧老师获得优秀指导教师称号;8月,组织学员参加中国舞蹈家协会中国舞蹈考级活动;8月,中心教师丁小婧、吴雨乐参加金华市舞蹈比赛获二等奖;9月,中心教师丁小婧、吴雨乐参加浙江省群众文化艺术节;9月,丁小婧老师参加金华市排舞大赛获一等奖。杏儿舞蹈:1月,参加浙江电视台闪耀童星全国少儿春节联欢晚会的录制;2月,参加金华市体育局举办的"过大年·来健身"活动;3月,参加金华市"花儿朵朵"茶花园展演活动;5月,参加"缤纷舞星"金华市婺城区第二届少儿舞蹈展演活动,《月愿》《那时花开》获银奖;6月:参加中国少年儿童艺术家"小舞蹈家金华总决赛",分别获金银铜三奖;7月:参加中国少年儿童艺术家小舞蹈家浙江总决赛;8月,参加第二十四届中新国际青少年艺术交流盛典,荣获舞蹈组金奖;11月,参加浙江3套《麻豆超爱秀》模特赛;11月,参加上海高定时装周模特赛;11月,参加中国舞蹈家协会展演;12月,参加金华市第二届健身操锦标赛,获一等奖。米粒舞蹈艺术中心:1月,学员赴杭州电视台录制"闪耀童星全国少儿春晚";3月,参加婺城区文化馆在竹马举办的"婺城区少儿舞蹈展演";4月,学员参加"人文长山,诗画东屏"开幕式;5月,学员参演《洋娃娃舞会》节目在婺城区"缤纷舞星"第二届少儿舞蹈大赛上获银奖;6月,小舞蹈家比赛获一金二银三铜的好成绩;8月,开展18年中国舞蹈家考级100%通过;11月,参加18年中国舞蹈家协会浙江考区年会。毛毳舞蹈艺术中心:毛毳舞蹈艺术中心被授予"中国舞蹈家协会五星级单位"称号,享受五星级单位组织考级、师资班和教学成果展演的权利和义务;2月,学员参加金华市婺城区2018年第二届少儿舞蹈大赛获两金三银;3月,9名学员参加浙江省艺术特长生A级测试,5名学员通过考试;4月,教师团队参加"全国百姓才艺大赛",参赛群舞《天鹅》荣获一等奖;6月,学员受邀参加中国舞蹈家协会浙江考区在浙江电视台播出录制的"庆六一展演";7月,组织中国舞蹈家协会中国舞考级,922名学员参加考试,通过率100%;9月,两名在职教师参加中国舞蹈家协会说课大展台活动,获全国十佳优秀教师称号;11月,受中国舞协浙江考区委托,承办"中国舞蹈家协会浙江考区金丽衢地区年会",全市共170多名机构负责人参加此次会议;12月,组织为期两天的"中国舞蹈家协会社会艺术委员会教学成果展演",参赛节目158个,参赛演员2000多人,评选出优秀节目作品,免费参加中国舞协浙江考区的年度颁奖典礼的录制;开展中国舞蹈家协会中国舞师资班课程18次;学员陈予欣被金华艺校舞蹈表演专业录取,学员温晰媛考入广西省艺术学校附中舞蹈表演专业。舞彤艺术馆:5月,由陈肖彤和于岚老师创编的《足球操》参加浙江省幼儿体育大会第七届幼儿表演大赛暨全国邀请赛获金奖,同时参加金华市开发区校园文化艺术节获一等奖;群舞《加林赛》《小白翎》获婺城区"缤纷舞星"少儿舞蹈大赛金奖,《花儿朵朵向太阳》《小辫子、山妞妞》获银奖;参加中国舞蹈家协会浙江考委会教学成果展演6个节目分别获得1个最佳表演奖、3个最佳才艺奖、3个最具潜力奖。独舞《报童晨曦》参加魅力中国行才艺比赛获金华赛区金奖;独舞《爬坡上坎》参加魅力中国行才艺比赛获金华赛区银奖。蕙之舞舞蹈艺术中心:3月,群舞《弄堂记忆》《咖喱咖喱》参加下张乡"花儿朵朵向太阳"婺城区少儿舞蹈展演;5月,群舞《弄堂记忆》参加婺城区第二届少儿舞蹈大赛获银奖;8月,组织学员们进行浙江省舞蹈家协会考级;11月,参加第四届"新星璀璨文化艺术节"群舞《弄堂记忆》获幼儿B组金奖;《美丽的姑娘》获幼儿B组银奖;独舞《好宝宝》获幼儿A组铜奖。雯艺舞蹈:参加浙江省青少年艺术风采大赛金华赛区群舞二等奖;浙江省青少年艺术风采大赛独舞一等奖;第四届新星璀璨校园文化艺术节独舞二等奖;群舞三等奖。舞悦天艺术:1月,参加浙江省青少年艺术风采大赛决赛编创节目《鱼儿欢歌》荣获小学A组金奖,原创节目《花开茉莉》荣获小学B组金奖;2月,骄傲中国·艺起闹元宵2018全国少儿元宵晚会"编创节目《红红的中国结》获得一等奖;4月,学员程莞鱼、夏培馨顺利通过浙江省艺校初试;4月,"古歌拉丁"杯2018年长三角地区国际标准舞联赛(体育舞蹈)嘉兴站获8金12银6铜;6月,老师赴宁波参加浙江省舞协中国舞考级教师培训;7月30日,浙江省舞蹈考级,3位学员获得全A优秀证书;8月1日,全体老师受邀参加武警中队(军民共铸双拥花)——纪念建军91周年联欢晚会;8月5日,师生赴大连国际艺术舞蹈学校参加拉丁暑期集训;12月,老师参加中国·环南艺2018舞蹈产业年度盛典活动。

(柳 毅)

【区音乐家协会】 2018年,婺城区音乐家协会应时召开理事会,及时落实待议待行事项:针对协会音乐人才聚集迅速的现状,6月初协会及时在蒋堂文化礼堂召开理事扩大会议,增补多名协会领导与理事,优化会员所在行业的职业结构,强化并壮大优质会员队伍;7月,召开年度第二次理事扩大会议,组织理事会员探讨商议协会会员参会纪律的现状与今后的制度要求、强化使用音协微信群及音协秘书长王建江代表区音协参加金华市文联的第二次会员代表大会等事项。协会提早谋划,就发挥音乐力量助力乡村振兴主题集思广益。婺城新春文化拜年巡演首站在白龙桥镇下窑村举行,整场活动共17个节目,节目类型结构都是因地制宜设计、合理组织,以群众喜闻乐见的婺剧、器乐、经典老歌、通俗歌曲、红歌为主,表演形式丰富多彩,内容生动活泼,现场反应良好。乡村音乐会陆续在筱溪、蒋堂、喻斯、岩头、东屏、竹马等地开展。

(孟展麟)

【区摄影家协会】 2018年2月,婺城区摄影家协会组织"镜游婺城"摄影大赛,以"仙山胜水·浙中花都"为主题向各地摄影家和广大摄影爱好者征稿。2月3—10日,协会参与婺城文体新局开展2018文化大过年系列活动,为群众免费拍摄"全家福",举行"温暖的婺城"春节民俗摄影展览、"婺城记忆"婺城区古城、古祠文保摄影展;元宵节期间,婺城摄协组织会员民俗摄影采风活动。2018年,相继组织会员级摄影爱好者到芳田村、下伊村、杜鹃王国、长山、九峰职校、安地、喻斯村、南国村、塔石乡等地采风。3月,叶爱莲代表协会参加2018浙江省摄影工作会议。同月,婺城摄协参与区文化馆组织摄影免费开放活动,为期半年。5月,邀请摄影名家卢广老师到协会指导,为会员进行作品点评。同月,婺城摄协参加市摄协组织的2018金华中青年摄影人才研修班。9月,在岩头村与区委组织部一同开展港澳台学子心连心活动,组织20余名协会会员及摄影爱好者参与。9—12月,婺城摄协多次组织全体会员积极参与到金华创建全国文明城市中来,以实际行动共同把婺城建成美丽和谐的生态城区,助力全国文明城市创建。

(陈兆刚)

12月29日,摄影家协会换届现场

(区文联供稿)

【区老干部摄影协会】 2018年,区老干部摄影协会响应省摄协关于在春节期间组织会员积极开展"我们的中国梦——摄影进万家·温暖全家福" 文艺惠民活动的号召,先后组织会员到竹马乡金店村、安地镇岩头村等地为村两委、老年人拍摄集体合照;围绕"乡村振兴"主题开展采风系列活动,组织会员参加竹马乡下张村第九届茶花节活动、"人文长山,诗画东屏"文化节以及婺城武术节、安地的桂花节、塔石的丰收节、雅畈的杜鹃花节等活动。组织18位会员赴井冈山的红色之旅,组织会员赴安徽、永康等地采风。坚持每月沙龙例会,每月的20日下午召开月会(摄影沙龙),举行8次。根据月赛主题,优选报送参赛作品,聘请顾问评出“优秀”“佳作”奖作品,并对照片进行点评。组织会员参赛投稿,为市老干局选送纪念开革开放40周年展览的摄影作品、市纪委廉政摄影作品、市宣传部关于新农村建设主题的摄影作品等活动征集作品。2018年,协会会员参赛获奖合计68次,其中获国家级奖6次、省级奖6次、市级奖49次、区级奖91次。

完成协会换届选举工作,在区文联、区民政局社团科、区老干局领导、指导下,协会于6月16日如期举行第四届换届选举工作,产生新一届理事会,理事人员由第三届12名减为7名,选举产生陈兆刚主席,潘志升副主席兼秘书长。协会换届后,对《关于实行会员动态管理的规定》《关于实行在QQ群上交流照片统计通报制度的通知》《婺城区老干部摄影协会财务制度》《婺城区老干部摄影协会第四届理事人员分工意见》《月赛参赛规则》等制度补充完善。完成上级交待的任务,按照区民政局关于2017年度检查工作的通知,完成社会团体2017年度检查报报告书、2017年度审计报告。

(倪庚耀)

【区诗词楹联学会】 2018年,学会在全体会员中举行各方面的有关讲座共计8场。每月10日例会都安排一至二节课的时间,就有关诗词方面的专业进行培训,由学会资深会员担任主讲,通俗易懂、言简意赅,全年有320余人次参加听课,学习效果明显。开展多种形式的活动,活跃会员思想,积累创作素材,激发写作灵感。1月10日,学会举办第七届迎春诗会,有46位会员参加。诗会内容丰富多彩,曹益良会长作迎春诗会献词、沈根新部长即兴祝贺、会员诗歌朗诵、独唱、女声小合唱、器乐演奏、道情、书画作品展示、现场挥毫拨墨等多种形式。2月,组织会员分别到中山路社区和银坑革命老区送春联活动,为社区居民和革命老区送去了新春的气息。4月,学会安排到婺城区雅畈杜鹃王国、何氏民居、婺州窑博物馆参访,为诗词创作收集了大量素材。学会诗教队伍在会长带领下走进雅畈小学,与学校进行对接;重阳前夕,学会特邀请80周岁以上的老前辈共22位参加重阳座谈会。承办市学会“每月一课”楹联创作活动,学会以“婺城三花”产业和“三分田”农电商为主题发动全市开展楹联创作活动,历时3个月,收到55副楹联,经专家评委评审,22人获得奖励,并在安地岩头村举办“金华市楹联创作助推全国文明城市创建活动”现场会。市学会及各县市会长到会,区领导张璞副区长、文体新局领导、安地镇领导等到会讲话,并给予大力支持。开展诗词联创作,在量与质两个方面有较大的提高。《十五周年集萃》采撷学会成立15年以来,会员创作的精品,共入选诗词136篇。2018《婺城诗联》投稿会员有55人,共收稿件诗351首、词64阕、联115副、赋4篇、文2篇。经过编委会成员认真而细致的审阅、筛选和修改,初选和初审工作已完成。学会公众号“风雅婺城”发表4期,30余首,着重发表会员新作品,期待与广大诗词楹联爱好者一起交流、共同品赏。刘跃飞、范天行两位会员编写的《姑蔑公主》正式发行。孔宝泉、曹益良、季光湘、陈可萍会员分别获得由金华市诗词楹联学会组织的楹联月课活动三等奖和优秀奖。2018年度,学会发展新会员4名。

(阮 华)

【区青少年文学艺术促进会】 2018年1月22日,婺城区青少年文艺促进会组织会员到乾西小学开展学春联、赏春联、作春联、写春联活动,指导乾西乡中心小学的学生用手上的笔书写春联,完成一幅幅书法作品。2月2日,为深入学习贯彻中共十九大精神,推进婺城区“双堂双进”活动开展,促进会联合民盟金华市委文化专委会、婺城区文明办、教育局、团委、民盟婺城区总支、婺城区书法家协会、婺城区湖头村两委、婺城区乾西乡中心小学在婺城区湖头村文化礼堂内举办“双堂双进——五福迎新春”暨“党盟共建,同心美美——书法进课堂成果展示”活动。乾西乡中心小学作为首批试点单位有360多名师生参加活动。3月23日,参加婺城区文联于组织各文艺家协会骨干召开文艺助推乡村振兴研讨会,调研组一行先后走访石楠塘村、婺州窑、白杜龙、雅畈古街等地。3—6月,促进会组织专业师资在乾西乡中心小学、乾西乡中心幼儿园、东市街小学、婺城小学开设书法、拉丁舞、中国舞、乐器等公益课程，有500多名师生受益，得到社会各界的广泛好评。12月14日，民盟金华市委会"美美同心之家"在婺城区师大街310~312号婺城区青少年文艺促进会揭牌成立。市政协副主席、民盟市委会主委胡锦全，中共金华市委统战部副部长、市侨联主席蓝跃军为"美美同心之家"揭牌。12月27日，中共金华市委书记陈龙调研民盟市委会工作，专门走访设在婺城区青少年文艺促进会的民盟市委会社会服务示范点"美美同心之家"，并听取促进会举办七彩阳光青少年文艺系列展评活动的汇报。

（张 宇）

【区宾虹书院研究会】 2018年，区宾虹书院研究会几位副院长分别组织带领会员前往塔石上阳村、岭下镇坡阳古村、焦岩、汤溪大湾谷、丽水廉竹乡局下村、金东区王牌村、长山东屏村、义乌佛堂、龙游、磐安玫瑰园、多湖小学、金东保安公司、常山高速铁路派出所、长山乡一村、二村、三村、秋滨街道石门村、竹马汪山头村、杭州余杭书画笔会、金华市江北井刚山社区、市区江南南苑社区、婺城公安分局、衢州制管厂、澧浦镇锁园等地，有为当地绘制特色酒坛、竹篾等作品，有为当地绘制墙绘，有为当地送书画，有在当地开展书画笔会，有在当地开展采风写生等活动，活动形式多样又十分有意义。研究会在白龙桥镇新昌桥村创建文化基地，在安地双溪源成立宾虹美术馆且作为2018安地桂花节的分会场。3月金华市薪火青年公益发展中心聘请成永松副院长为讲师，主讲书法知识。6月，组织会员前往磐安玫瑰园景区，为宾虹第14个书画创作基地揭牌。组织50多位会员参加"纪念改革开放40周年，翰墨飘香赞颂新成就"书画创作活动，为下张家文化礼堂创作书画作品近200幅。协会利用双休日请老师为名会员进行集中授课，从书法的正确选帖临帖，到篆、隶、楷、行、草书理论到技能技法指导，各位老师结合自身经历，深入浅出地介绍学习临帖的正确方法，为学员现场进行一对一临创示范。通过这一系列的活动，激发广大会员学习创作的积极性。协会先后有6名会员自费参加了中书协培训中心举办的培训班，还有1位会员赴清华大学国画高研培训班深造。

（孔江宁）

【区民间文艺家协会】 2018年，婺城区民间文艺家协会会员创作一批弘扬时代精神、为人民群众创造喜闻乐见的作品。程明芝、胡阿荣、盛庆余等人为各地挖掘整理出许多民间故事和传说。程明芝、洪增贵应邀为金东区的琐园村、孝顺镇白溪村整理创作民间故事30多个，为促进两个区的民间文艺交流做出探索。洪增贵创作的婺剧《千秋令》《白沙老爷》先后被金华市青年婺剧团排练，其中《千秋令》已上演150余场。程明芝创作的大型历史剧《爱莲说》由金华市青年婺剧团排演，被京金影业拍成戏剧电影，快板剧《认真宣传十九大》《全民创建文明城》等先后在《金华文艺》发表，并在各种文艺会演、展演和巡演中上演。副主席陈新华建成的婺州窑博物馆、陶艺体验馆、大师工作室、非遗文化演义广场、婺州窑遗址公园、婺派建筑群、民宿、地方特色餐饮等，总投资2.6亿万。自开馆以来，对外免费开放，已参观15万人次，体验馆成为大、中、小学研学，海外名校学子，港澳台同胞交流学习的好场所。婺窑小镇已逐步打造成金华文化旅游的金名片。其创作当代婺州窑陶瓷作品被中国美术馆、中国延安革命纪念馆、中国工艺美术大师作品博物馆收藏。作品《禅》在上海首届中国国际进口博览会领导人赠礼筹办工作中做出突出贡献，获得了中国国际进口博览会，上海城市保障领导小组外事保障组，上海市人民政府外事办公室的表彰。5月，获由中华人民共和国文化和旅游部发的国家级非遗文化遗产项目"婺州窑陶瓷烧制技艺"代表性传承人和由中国轻工联合会发的中国工艺美术大师荣誉称号。副主席戴维平，参与新农村建设与保护古建筑古文化古迹相结合的工作，在两会上多次向政府及相关部门提出建议和意见、加大力度保护古建筑和资金的补助，2018年被评为市级治村导师及八婺讲习所市级讲习员。副主席苏建芬，自编道情《汤溪古镇美名扬》《洋埠菜场变化大》《游埠古镇》，小品《拔菜》和串烧《汤溪三宝》，并在各区和镇演出，还到汤溪小学传授汤溪山歌《摇啊摇，摇到外婆桥》，从小学生抓起，把非遗一代代的更好地传承下去。秘书长、省优秀民间艺术人才陈纪祥，在区委宣传部的帮助指导下提升民办文化礼堂，探索做法被列为文化部政策研究课题，并迎来时任市委常委宣传部林丹军部长等领导的调研，有关事迹在《中国文化报》等媒体刊发，先后被评为省优秀民间文艺人才、省文化示范户、金华好人、市新农村建议带头人金牛奖、市优秀阅读推广人等荣誉称号。会员曹能雪5年里创下竹编技艺《小蒸笼》和弹拨绝技《一把三弦闹花台》两项非遗保护项目，其中《一把三弦闹花台》2018年被列入金华市第七批非遗名录。会员盛庆余利用自己的书法特长，每年为村民免费写春联，还到金华拜师学艺，学会唱道情，自编自演《唱下尹》《下尹村歌》等节目。会员洪增贵除进行民间文艺作品创作外，还担任村里婺剧表演队的司鼓手，为泽口村建设全省首个农村婺剧文化园做出积极贡献。

协会借用陈纪祥民办文化礼堂的部分场地设立民间文艺协会阵地，并建起民间文艺厅、祖训家规厅、乡村记忆厅、非遗传承厅4个厅。先后接待参观者达5000多人次，并借用这里的“百姓讲堂”“百姓舞台”等场地举办民间文化讲座培训达30多次，民间文艺演出达20多场，成就和提升了协会的存在感与知名度。

（朱明升）

卫 生

【概况】 2018年，婺城区卫计局查找卫生计生工作中存在的短板和基层医疗卫生计生单位存在的困难问题。强化措施、狠抓落实，全面深化医疗卫生体制改革，不断提升医疗服务水平和公共卫生服务水平，完成卫生计生各项目标任务。

【基础设施建设】 加大投入基础设施建设，补齐医疗资源短板，推动在建项目建设提速。婺城区人民医院新院区于2018年7月投入使用，新院区搬迁后，每月业务同比增长37%以上。投入1.19亿元用于5家街道社区卫生服务中心标准化提升改造工程。投入800万的区妇计中心新区业务大楼室内装饰工程基本完工。

【特色工作】 实施好市区医疗联合体，全区18家乡镇卫生院(街道社区卫生服务中心)与市属二级以上医院建立“医联体”，区妇计中心与市人民医院妇产科协作，婺城区人民医院由市中心医院全面托管。完善分级诊疗制度，推进“双下沉、两提升”长效机制建设。

加强基层特色专科建设，婺城区城西街道社区卫生服务中心儿童康复科和乾西乡卫生院中医康复科被命名为金华市第二批特色科室。

【公共卫生】 提升公共卫生综合保障能力。提升基本公共卫生服务的质量和提高家庭医生服务签约率，持续抓好妇女、儿童、老人等重点人群健康工作，实施农村“两癌筛查”、0~3岁儿童发育筛查和早期干预、孕产妇免费产前筛查、国免以及其他重大公共卫生服务项目。

2018年，参保城乡居民健康体检94965人次，共体检成人50555人次（其中老人31363人次），学生儿童44410人次，体检结果异常23742人次，建立规范化电子健康档案344918份，户籍人口电子建档率达84.12%。家庭医生规范化签约143787人，规范化签约率达37.15%，完成省定目标。

完善应急组织体系，加强应急物质储备。按照“统筹管理、科学分布、合理储备、统一调配、实时信息”的原则进行物质储备。投入50万元，用于应急物质储备，保证各种突发公共卫生事件所需各种基本物资，确保一旦发生突发公共卫生事件能够立即启用。

省级卫生乡镇实现全覆盖。塔石乡、莘畈乡、沙畈乡、箬阳乡、琅琊镇通过国家卫生乡镇市级评估。

【妇幼计生】 2018年，妇幼卫生信息指标完成情况：产妇总数3428人，监测地活产数3428人，高危产妇1759人，高危占产妇数51.31%，高危管理率100%；户籍孕产妇死亡0，新生儿死亡1人；婴儿死亡5人，婴儿死亡率1.46‰；全区接产医院剖宫产率36.17%。民生实事指标：0~3岁儿童发育筛完成3288人，完成率110%；免费产前筛查1301人，筛查率92.16%，产前诊断571人，诊断率96.5%。

加强三优指导工作建设，发挥三优指导中心阵地在优生优育优教工作中的组织、管理、服务、宣教和协调作用，全区14家区级指导中心，2家市级示范点及2家省级示范点开展优生优育优教活动计150场次，受益目标人群约4.2万人次。

做好计划生育特殊家庭各项帮扶，重点落实计划生育特殊家庭三项制度，计划生育特殊家庭双岗联系人、家庭医生签约服务和失独家庭就医绿色通道落实率均达100%。解决计划生育特殊家庭在生活保障、养老照料、精神慰藉等方面的实际困难,按照“应扶尽扶、精准扶助”的原则,抓好落实。2018年,继续出资35万余元向保险公司购买独生子女意外伤害救助保险、独生子女死亡伤残父母意外伤害保险。每逢端午、中秋、春节3个节假日由计生协牵头下发人均价值约100元的节日慰问品,慰问人群约650人次。继续完善市级“8890虚拟养老服务体系”,使计划生育特殊家庭感受到党和政府、社会的关爱和温暖。

【医疗安全工作】 每月开展一次医疗卫生机构依法执业专项监督严查和抽查,结合医疗废弃物专项督查工作,对辖区内另外221家医疗机构进行监督检查,加强中小型医疗机构分级监督。

健全安全生产责任制,开展维护医疗秩序、打击涉医违法犯罪专项活动,排查安全隐患;做好信访稳控工作,医疗纠纷与往年相比明显减少,能通过司法途径解决争议,未发生严重的医闹事件和伤医行为。

【党建工作】 以“不忘初心、牢记使命、医心为民,当好新时代婺城答卷人”大调研活动作为贯彻落实中共十九大精神的重要措施,作为“不忘初心、牢记使命”主题教育的重要载体。开展各类特色主题党日活动,以暖心“红”点亮山乡儿童微心愿、亮眼“白”护航莘莘学子、抹茶“绿”为居民健康上把锁、淡淡“粉”守护妇幼健康四大版块阐释婺城卫计党员“不忘初心、牢记使命、医心为民”的良好风貌和形象。

开展正风肃纪专项行动,多次突击抽查下属基层单位作风建设情况,加强行业自律,坚决纠四风、治陋习。严格落实书记抓党建第一责任人责任,理顺乡镇卫生院党组织隶属关系,把基层党组织建设工作任务落到实处。

(余　莉)

体　育

综　述

【基本情况】 2018年，婺城区文体新局加强体育组织、场地设施、健身活动、健身指导等方面建设，通过立体构建、整合推进、动态实施，不断提升婺城区公共体育服务能力和水平，推动全民健身。婺城区文体新局获2018年度金华市体育工作先进县(市、区)称号。

竞技体育

【竞技比赛成绩】 在第十六届省运会足球比赛中，婺城区组队的金华市男子丙组获第二名(折合赛场金牌数3枚)；男子甲组获第六名(折合赛场金牌数0.5枚)；男子乙组获第八名。

参加全国少儿游泳冠军赛，获金牌2枚。参加“泳者之星”第38届“迎春杯”浙江省青少年(儿童)游泳锦标赛，获2枚金牌、1枚银牌、3枚铜牌。参加在金华市体育中心游泳馆举办的2018年金华市“迎春杯”浙江省青少年(儿童)游泳比赛，获21枚金牌、11枚银牌、23枚铜牌。2018年浙江省青少年儿童游泳分站赛第一站，1人达标。浙江省青少年儿童游泳分站赛第二站，2人达标。浙江省青少年儿童游泳分站赛第三站，5人达标。在省运会游泳比赛中区运动员共获得59.5分，占金华队得分(128.75分)的46.21%。位列各县市区之首。在传统优势项目田径项目上区运动员共获得7.5枚现场金牌，本届省运会婺城区共获得14枚现场金牌。

【中小学生体育赛事】 2018年，区文体新局联合区教育局举办婺城区第十届中小学生乒乓联赛、婺城区第十二届中小学生(小学组)篮球联赛、首届小学生夏季足球赛、婺城区第十一届中小学生游泳比赛、婺城区第十八届中小学生田径运动会、婺城区第八届中小学生足球联赛、婺城区第十三届中小学生篮球联赛。

【运动员输送】 区体育运动学校输送到浙江省田径队的运动员郑小倩参加2018年全国田径冠军赛暨大奖总决赛(亚运会选拔赛)女子1500米决赛获得冠军。因成绩突出入选国家田径队，于9月25日前往美国尤金进行90天的集训。

群众体育

【概况】 2018年，按照因地制宜、小型多样、就近就便的原则，通过区域联动、全民健身展示、群众体育节等形式，推动群众体育活动普遍开展，培育地方特色活动，承办各级各类体育赛事活动。2018年，举办43项大型体育赛事活动，涉及棋类、武术、轮滑、冬泳、毅行、皮划艇、体育舞蹈、气排球、自行车、青少年竞技等项目，其中承办3个全国性的大型赛事，2个省级，8个市级大型赛事。全民体育运动在城乡广泛开展。

【群体体育活动开展】 2018年，在婺城区相继举办2018贺新春——金婺“申体杯”中国门球挑战赛(华东赛区);“健康中国 健康琅琊”迎新毅行活动;“热热闹闹文化年 红红火火中国节”婺城区2018文化大过年系列活动之体育趣味运动;“华东杯”2018中国山水四项——金华南山越野赛;以“发展体育产业 推动乡村振兴 ”为主题的2018年浙江省毅行大会·金华站暨莘畈乡第二届毅行系列活动;2018年浙江省五人制足球冠军联赛金华婺城区海选赛;2018全国“江阴周庄杯”业余象棋棋王赛浙江赛区金华预选赛暨首届“金婺棋协杯”业余争霸赛;2018年婺城区健身气功三级社会体育指导员培训班;婺城区老年体育健身辅导站站长(骨干)业务培训班;金华市第五届青少年(儿童)轮滑锦标赛暨首届Roller Cross轮滑联赛第二站比赛;区宣传文化系统体能拓展大比武活动;2018浙江金华体育舞蹈公开赛暨友好城市少儿拉丁舞大奖赛;2018金华武林大会暨金丽衢武术交流大会;2018华为手机杯中国围棋甲级联赛金华婺城专场(浙江昆仑队VS龙元明城杭州队)赛;港澳台学子40人走进金华和美乡村——安地镇岩头村,开展南山脚下梅溪廊道绿色骑行和摘西瓜活动;2018第二届中国“山水四项”公开赛新闻发布会;第十个“全民健身日”,婺城区组织区老年体协、各乡镇街道老年体协、区退教协会老年体协,因地制宜,就地就近开展健步走、广场舞、登山、广播体操、健身球操、太极拳(剑)、健身气功、趣味游泳比赛、健康知识问答等活动;2018金华市首届全民健身体育嘉年华启动仪式暨社区排舞比赛;2018年第三届“金华棋王”围棋争霸赛;2018第二届中国“山水四项”公开赛;“体彩杯”金华市青少年武术散打锦标赛暨第三届散打精英争霸赛;2018婺城区健身排舞(广场舞)三级社会体育指导员培训班;华东区传统武术邀请赛暨婺城区第六届武术比赛;婺城区门球协会成立两周年庆“优生活杯”门球邀请赛等活动。

【全民健身设施建设】 以省、市、区三级民生工程建设为载体,推动“四提升四覆盖”工程在全区范围内全面实施。2018年,完成10个小康体育村提升工程、2个社区多功能运动场、1个笼式足球场、1个拆装式游泳池及婺城区全民健身中心(实中分中心)建设。同时,利用“三改一拆”后的空地、闲置厂房、空置场所等变废为宝,把镇(街道)级、村(社区)级的体育设施规划落地。A18文体创意园、金华大道体育高档篮球馆、莘畈丽园文体活动中心、琅琊上盛气排球馆、琅琊水上运动中心、新狮街道沙溪村体育公园、雅畈神农山庄休闲垂钓基地应运而生,时代广场百货公司顺利转型文体产业广场。全区各类场地设施2065个,人均体育场地面积达到2.09平方米,健身(登山)步道达到每万人1.8千米。

【基层队伍培训】 通过建立社会体育指导员培训基地和非奥项目发展培训基地,不断加强社会体育指导员、各类运动项目教练员和裁判员队伍建设。加强业务培训,注重吸纳优秀教练员、运动员成为社会体育指导员,增强社会体育指导员的业务素质。

2018年,开展婺城区健身气功、健身排舞(广场舞)社会体育指导员培训,新增三级社会体育指导员138人;开展全区健身辅导站站长(骨干)培训、全区基层老年体协秘书长业务培训以及全区老年体协业务培训等再培训,培训人数达700余人。

【科学健身指导】 继续实施《浙江省3~69周岁公民体质评价》标准,定期开展国民体质监测和全民健身活动状况调查,为群众进行体质测定、运动能力评定提供运动健身指导。加强体医融合,确定以乡镇卫生院(街道社区卫生服务中心)为试点单位,开展针对社区居民的体质测定与科学健身指导工作。

2018年,完成1个站18个点的国民体质测定与运动健身指导站点布局,共组织1478人进行国民体质监测,合格率达95%。

【体育产业发展】 2018年度市体育产业发展资金项目库项目入库4家(金华蘑菇体育用品有限公司、金华市大道体育发展有限公司、金华睿阳体育发展有限公司、金华凤鸣体育策划有限公司)。获批金华市体育产业(运动休闲)基地1个(琅琊镇)、示范基地3个(时代广场文体产业园、金华滕通渔具有限公司、金华市大道体育发展有限公司)、体育+特色村1个(琅琊镇上盛村)。

学校体育

【概况】 2018 年，组织婺城区第一届小学生夏季校园足球联赛、第七届中小学生校园足球联赛、第十届中小学生乒乓球联赛、第十一届中小学生游泳比赛、第十二届中小学生篮球比赛、第十七届中小学生运动会等，促进阳光体育运动持久地开展、学生身体素质和艺术素养的提高。

【特色学校申创】 开展申报创建国家级校园足球特色学校 6 所学校、省级校园足球特色学校 10 所，开展申报创建省级心理辅导示范学校 5 所，开展申报创建健康金牌学校 3 所，健康银牌学校 1 所，健康铜牌学校 5 所，通过创建申报工作，提升办学理念、管理机制、课程建设、办学条件、师资队伍、活动成效等 6 个方面建设。以评促提高的原则，每次反馈做到精心研究，不回避问题，起到很好的指导促进作用。学校特色体育运动整体水平有较大提高。

老年体育

【概况】 2018 年，婺城区老年体协在区委、区政府的领导下，在上级老年体协的指导和重视下，在区文体新局和有关部门的大力支持下，同时在全区各级老年体协组织和各个分会 (项目组) 的共同努力下，较好地完成年度工作安排和上级老年体协交给的各项任务。带领全区老年朋友开展健身活动，取得一定的成绩。

【基层骨干培训】 3 月 21—22 日，全区老年体协工作业务培训在区老体协培训基地莘畈乡大立元村举行，来自全区各乡镇、街道老年体协专管干部、秘书长，区退教协会和区直机关老年体协主席、秘书长共 46 人参加培训。5 月 16—18 日，婺城区健身辅导站长(骨干)业务培训班在培训基地——莘畈乡大立元村举办，来自全区各乡镇、街道、区直机关和区退教协会老年体协推荐的 70 余名学员参加培训。7 月 3—4 日，婺城区老年体协在培训基地——莘畈乡大立元村举办了全区基层老年体协秘书长业务培训班。来自全区各乡镇、街道、区直机关和退教协会老年体协秘书长共 28 人参加培训。9 月 7 日，区退教协会老年体协在金华四中举办《小康生活恰恰恰》广场舞培训，来自退教协会各个辅导站 70 余名骨干参加培训。

【展演活动】 6 月 10 日，全国健身球操交流活动开幕式在金华市体育中心举行，婺城区老年体协组织 260 余名运动员参加开幕式上的健身球操表演。9 月 29 日上午，由婺城区文体新局主办、婺城区老年体协承办的老年人“迎国庆”文体展演在金华体育馆举行，来自全区 14 个乡镇、街道、区直机关、区退教协会老年体协推选的 700 余名老年朋友参加此次展演。

【组队参加市级比赛】 2018 年的金华市第六届老年人运动会上，婺城区老年体协先后派出太极拳(剑)、健身球操、气排球、乒乓球、门球等 12 个项目近 70 余名运动员、教练员参加比赛，分别获太极拳(剑)集体项目男子组、女子组均第三名，男子个人第二名；气排球女子第二名，男子第五名；乒乓球团体第七名；健身球集体项目优胜奖，自选项目优秀奖；门球项目第六名；兜球项目优秀奖。

【基层老年体协工作】 2018 年，婺城区各老年体协分别举办各类活动。白龙桥镇和区退教协会老年体协在白龙桥镇文化礼堂联合举办 “喜庆十九大，文艺汇演”活动；长山乡和城中街道老年体协在长山乡三村文化礼堂联合组织“新春喜洋洋、文化大拜年”走亲活动；安地镇郑宅二村组织老年朋友举行“春节联欢”晚会；雅畈镇老年体协在雅畈二村文化礼堂组织老年朋友举办“红红火火过新年，欢欢喜喜闹元宵”联欢晚会；玫瑰园社区举办第十四届邻居节趣味运动会；东方前城社区第九届邻居节在东方前城小区南广场举行；柳湖花园社区举办以“道一声‘你好’或‘感谢’”为主题的第十三届邻居节趣味活动；浙师大社区举办第 13 个邻居节健身走活动；新狮街道老年体协组织有关各村(居)文体骨干 20 余人在街道文化中心举行兜球骨干培训；区退教协会老体协在四中体育馆举办可乐球培训班、在九中体育馆举办 2018 年乒乓球团体赛、在市老年活动中心举办老年排球友谊赛、在金华九中,白龙桥小学举办一年一度的趣味运动会、在金华四中体育馆举办广场舞《小康生活恰恰》培训班等活动。

【信息宣传】 2018 年,区老年体协与区委宣传部门联系,开展宣传老年体协活动的报道工作,每季至少刊出一期简报,反映全区老年体协开展活动情况。全年投稿积极单位如下:区退教体协、雅畈镇、琅琊镇、长山乡、新狮街道、城北街道、白龙桥镇、城西街道、竹马乡、乾西乡。

(徐 斌)

民 政

综 述

【基本情况】 2018年，婺城区民政局围绕区委、区政府中心工作，坚持“民政为民、民政爱民”的工作理念，严格对照目标任务，夯实工作基础，注重措施落实，稳步推进民政各项工作开展。

【双拥共建】 春节、“八一”期间，发放慰问金90万元。下拨春节座谈会经费2.85万元，下拨“八一”拥军优属座谈、慰问补助经费20.7232万元。

12月27日，婺城区全面启动“光荣之家”光荣牌悬挂活动 （区民政局供稿）

【优抚工作】 2018年，发放重点优抚对象定期补助款2974人次、计1494.94万元，发放2018年2月份物价补贴879人、计163229元；做好2018年度一至六级残疾军人医疗保险参保及缴费工作，共计19人缴费78.204万元；下拨“三难”补助款63.7125万元；对市区重点优抚对象农村年满60周岁退伍军人发放慰问金。全面开展退役军人和其他优抚对象信息采集工作，做好四类人员推介就业工作后续管理工作及下岗志愿兵助困工作。

【救助福利】 动态管理，健全完善低保工作制度。2018年全区在册低保对象2410户、3305人，全年共发放低保救助金2261.59万元。发放特困人员基本生活费428.4万元和照料护理补贴20.3万元。开展农村低保专项治理，2018年对3000余人申请社会救助对象开展家庭经济状况核对。医疗救助、临时救助力度不断加大。2018年，发放医疗救助资金550万元，救助1.68万人次；发放临时救助资金97.57余万元，救助困难群众1140余人次。开展孤困儿童大排查工作，全年新增困境儿童7名，发放孤儿和困境儿童生活补助105.2万元。

【养老服务】 不断提升养老服务质量，健全多层次养老服务体系。建成20家区级示范型居家养老服务照料中心，3家省级兼具日间照料与全托服务功能的示范型居家养老服务中心。新建居家养老服务照料中心31家，截至12月底，全区已建成居家养老服务照料中心299家。

【基层政权和社会事务】 指导社区开展城乡精品社区创建，完成城中街道明月楼社区等7个精品社区创建。组织开展省级农村社区建设示范评选活动，乾西乡湖头村和琅琊镇浩仁村获“首批省级农村示范社区”称号。依法指导撤村建居工作，完成乾西乡湖头、雅宅、下天师、黄桥头等4个村的撤村建居工作。加强社区专职工作者队伍建设，面向社会招聘社区专职工作者14人。不断规范村(居)民自治和民主管理工作，以全国文明城市创建工作为抓手，指导城乡社区修订完善村规民约、社区公约。2018年，办理结婚登记4184对，离婚登记2015对，补发结婚登记证1065对，补发离婚登记证244本，出具无婚姻登记记录证明5份。完善机制，深化殡葬改革。加快公益性生态公墓建设力度，完成建设长山公墓、塔石村两个公墓、莘畈方家公墓。完善制度，提请两办下发《关于进一步深化殡葬改革全面推行生态葬法的实施意见》(婺区委办〔2018〕109号)。

【社会组织管理】 培育社区社会组织，提升社会组织参与社会治理水平。截至12月底，全区依法登记的枢纽型、支持型社会组织25家，其中区级1家、街道级4家、社区级20家，已覆盖2/3街道和2/3城市社区。部署开展2018年公益创投工作。评选出“大手牵小手，助老孝风行”等8个入围项目以及明确相应补助资金。

【水库移民后期扶持】 下达2018年水库移民后期扶持项目42个，安排水库移民专项资金2041.9万元；完成2018年度大中型水库移民直补人口信息复核工作，合计发放直补资金998万余元，全区1.66万名移民受益。

(谢文霞)

2018年婺城区百岁老人一览表

表7

序号	名称	居住地	出生日期	性别	年龄
1	王秀英	新狮街道柳湖花园社区	1915年6月30日	女	103
2	于奶奶	城东街道游园街	1916年5月30日	女	102
3	俞作铭	城中街道八一北街	1916年9月4日	男	102
4	虞奶奶	塔石乡东店村	1916年9月14日	女	102
5	杨介福	雅畈镇雅处村	1916年12月3日	男	102
6	郝辉毕	白龙桥镇华电新村	1916年9月21日	男	102
7	徐春梅	琅琊镇棠坑源村	1917年3月5日	女	101
8	胡　秀	城北街道站前社区	1917年2月9日	女	101
9	王松凤	塔石乡银铃村	1918年4月28日	女	100
10	林希韫	城中街道	1918年11月21日	女	100
11	郑文贤	乾西乡坛里郑村	1918年11月18日	男	100

就业和社会保障

【概况】 2018年,婺城区人力社保局超额完成各项目标任务。新增就业岗位5946人,完成全年目标任务的141.57%;失业人员实现再就业2594人,完成全年目标任务的144.11%,其中就业困难人员再就业165人,完成目标任务的110%;城镇登记失业率1.47%。基本养老保险参保率为93.61%,同比提高4个百分比,较上年末新增参保人数7600余人,提前4个月完成省定的90%的目标任务。基本医疗保险参保率为99.26%,持续巩固在98%以上,城乡居民大病保险选缴保费选缴率为63.94%,超额完成市政府下达的不低于50%的任务目标。

【"最多跑一次"】 2018年,区人力社保局部署开展"社保服务下延"和"全城通办",推进"五台联办、两个十分钟"服务模式。4月,全区18个乡镇街道完成经办平台升级改造,实现社保业务"全城通办"。推进政务服务"无差别受理"改革,持续推进信息系统共享,实现互联互通,依托"浙江政务服务网""金华人社APP"实现业务"网上办""自助办"。

【就业创业】 举办高校毕业生、退役士兵返乡、"全域同城、智选金华"等专场招聘会,组织企业参加"浙江省技能人才校企合作洽谈会等,190余家企业提供岗位3000余个,达成就业意向2000余人次。先后赴云南省昆明市、四川省凉山州等地开展劳动合作对接工作,与当地签订劳务合作框架协议,助力破解区企业用工短缺难题。以高质量就业社区为抓手,健全覆盖城乡劳动者的职业培训体系,开展精准就业帮扶。与浙江师范大学创新创业学院、金华日报报业传媒集团团委共同签署"助力婺城、创新创业"三方框架合作协议,提升学生的职业素养和创新创业能力。

【"大数据+就业"模式】 2018年,建立"婺城就业"微信公众号,收集、发布各类招考、用工信息,宣传各类就业创业政策等,同时与"今日头条"开展合作,利用大数据计算分析求职者期望的岗位类型,将用工信息精准的推荐给求职者,让企业招工信息传播不但覆盖有"量",更有"质"的保证,以实现精准对接。收集整理有招聘意愿的企业77家,发布用工岗位2000余个,数百人通过线上平台达成就业意向。

【人才招聘】 2018年,"双龙计划"入选21人,申报市级技能大师工作站2个,区级技能大师工作站3个,新增高技能人才612人。深入实施"婺智回归"工程,举办2018"菁英婺城"第二届中高级人才封闭式洽谈会及2018"精彩婺城"第二届人力资源高峰论坛大力扩宽引才"朋友圈"。开展"百家名企进名校""百企万岗进校园"等引才活动,全年提供就业岗位5370个,达成意向1560人。持续做好人才住房保障补助工作,当好人才服务"店小二"。

【技能人才自主评价首推成功】 区人力社保局积极推进企业技能人才自主评价工作。通过分析研判选定试点单位、制定评价目标和评价标准,规范企业自主评价流程等一系列措施。7月21日,市区首次企业技能人才评价工作在浙江万里扬集团股份有限公司开展,25名工人参加自主评价,其中23名通过考试。

【社会保障】 推进参保扩面工作,完成省定目标。大病保险政策全面落实,全区住院实际报销比例为67%,较2017年提高近13%。城乡居民养老保障工作有序开展。2018年,市区城乡居民养老保险基础养老金由每人每月150元提高至180元,高于全省最低标准25元,同比增长20%。被征地农民人地对应工作稳步开展,任务目标基本完成。

【"无欠薪" 工作】 相续出台全区联动受理举报投诉工作机制等15个规范性文件,聚焦在建工程领域和政府投资性项目,按照"监督+督办、指导+服务、化解+处置"的监察执法模式,开展多部门联合督查和"双随机"执法。2018年,出动268人次,检查在建项目58个,涉及农民工5390余人,发放各类宣传资料2万余份。联合区司法局、律师事务所成立劳动监察机构公共法律服务站,优化公共法律服务。开展"婺城无欠薪"创建工作后,拖欠农民工工资问题得到有效治理,2018年受理举报案件192起,同比下降近60%。

【"互联网+调解仲裁"助力维权】 探索解决劳动争

议纠纷的新途径、新方法,借力“互联网+”,拓宽维权渠道和优化维权服务。2018 年,通过浙江劳动人事争议调解仲裁网络平台在线调处案件 6 件,结案金额 37.75 万元。《“互联网+调解仲裁”助力维权最后一公里》获区领导批示并在《浙江省人力资源和社会保障》杂志刊登。

(刁 康)

城乡居民医疗社会保险

【概况】 婺城区城乡居民医疗社会保险管理处是婺城区人力资源和社会保障局下属的公益一类事业单位。设编制数 9 人、实有在编人员 9 人,主要从事宣传、贯彻、落实国家和省、市政府有关医改和医保工作的各项政策、法规,并组织实施和检查监督执行情况;负责医保基金的征缴、使用和管理;负责对定点医疗机构医保工作实施监督;负责医保基金预决算草案的编制,定期分析公布医保基金的运行情况,及时向上级有关部门提供基金预警报告;承担医保各项审核与审批、医药费用结报工作;依法查处有关医保方面的举报和投诉;完成区人力资源和社会保障局交办的其他工作。

截至 2018 年年底,婺城区本地户籍人口基本医保参保率达 99.26%,城乡居民基本医疗保险参保到账 20.4 万人,到账率达 98.52%,完成省、市政府关于医保参保巩固在 98%以上的任务目标。大病保险选缴保费人数 15.7 万人,选缴率 75.75%。征缴工作中的亮点是基本医保、大病保险均完成市局下达的任务目标,并且全区是市本级唯一完成大病保险征缴任务的区。据统计,收费工作中通过手机缴纳基本医保保费和大病保险选缴保费的人数分别达到 60%、50%。

【医保报销情况】 2017 医保年度(2017 年 7 月 1 日至 2018 年 6 月 30 日):住院 3.95 万人次,总费用 3.73 亿元,报销额 2.21 亿元,实际报销比例 59%;普通门诊 119.1 万人次,总费用 1.32 亿元,报销额 3349.2 万元,实际报销比例 25%;慢病门诊报销人次 6.92 万人次,总费用 1619.27 万元,报销额 699.31 万元,实际报销比例 43%;特病门诊报销人次 5.16 万人次,总费用 2446.45 万元,报销额 1719.75 万元,实际报销比例 70%。

2018 医保年度(2018 年 7 月 1 日至 12 月 31 日):住院 2.19 万人次,总费用 2.11 亿元,报销额 14361.4 万元,实际报销比例 68%;普通门诊 56.70 万人次,总费用 6850.45 万元,报销额 1928.92 万元,实际报销比例 28%;慢病门诊报销人次 4.4 万人次,总费用 1077.29 万元,报销额 541.86 万元,实际报销比例 50%;特病门诊报销人次 3.09 万人次,总费用 1657.90 万元,报销额 1472.44 万元,实际报销比例 89%。

2018 年全年城乡居民体检 8.6 万人次,体检支出 314.5 万元。

【资金检查情况】 对外地住院报销费用总金额 2 万元以上的均向就医医院进行电话核实。2018 年累计共核实 137 例,占总报销例数的 21%。

2018 年,通过对分配到的 42 家定点医药机构的医保智能化审核,累计减少医保基金违规支出合计 52.48 万元。

配合市局做好定点医药机构的定期检查和随机抽查,2018 全年累计查处违规金额 29.71 万元。单位联合市场监管、卫计、公安等部门开展了打击欺诈骗取医疗保障基金专项行动及“回头看”行动。做到了“三必查”,即上级移交的必查、实名举报的必查、屡犯不改的必查。重点查处民营医院诱导骗取参保人员住院、恶意挂床住院、虚构医疗服务等行为;查处定点零售药店串换药品、物品等套取医保基金行为;查处参保人员异地就医手工报销、就诊频次较高、使用医保基金较多的大额医疗费用票据和过高门诊费用等问题。

11—12 月,依据《关于印发金华市区参保城乡居民和企退人员健康体检实施方案(2018—2020 年)的通知》(金卫〔2018〕22 号)文件,对全区各乡镇卫生院(街道社区卫生服务中心)进行专项检查,对缺漏项等问题进行查实扣款,累计金额 10395 元。

根据《金华市人力资源和社会保障局关于对医保定点单位进行年度考核的通知》(2018 年 11 月 7 日印发)文件要求,单位组织了由市局医待科、稽核科人员，本单位人员，及外邀专家共 6 人组成考核小组，于 11 月 21—23 日，对选定的 8 家定点医疗机构和 6 家定点零售药店共 14 家医保定点单位进行年度考核，将考核得分情况向市局做汇报。

配合市局开展新定点医疗机构现场核查、零售药店电子台账专项检查等工作。

【“最多跑一次”改革】 落实“最多跑一次”“无差别受理”等改革举措，根据省人社厅、市社保局发布的办事指南动态调整“最多跑一次”事项，做到“八统一”动态更新。有“最多跑一次”事项 14 项(其中社保下延、市区联办事项 5 项)。2018 年，窗口，办理 5433 件业务。

年度工作亮点是，参保登记业务下延到乡镇街道管理处办理以及与金华银行开展 “社银联通”办理；特治特药备案、特慢病备案、转外就医备案等就医管理备案转到医疗机构直接办理；推广“金华人社”APP 掌上办。落实市社保局提出的“五台联办、两个十分钟”要求，推动掌上办、就近办、上门办，深化“最多跑一次”改革。

（刁 康）

婺城区残疾人联合会

【概况】 婺城区残疾人联合会(简称残联)，下设金华市婺城区残疾人劳动就业服务所。区残联主要承担代表、服务、管理的职能：承担区政府残疾人工作委员会的日常工作，负责对各类残疾人专门协会和团体进行指导、监督和管理。2018 年，区残联辖 19 个乡镇(街道)残联，413 个村(社区)残协，全区持证残疾人 8822 名，其中视力残疾 862 人、听力残疾 1431 人、言语残疾 179 人、肢体残疾 3863 人、智力残疾 1010 人、精神残疾 1447 人、多重残疾 298 人。

【组织建设】 2017 年 9 月，经区政府第 14 次常务会议研究决定，明确以合同工形式招聘乡镇街道残联专职委员，经公开招聘后 16 个乡镇街道聘用残疾人专职委员，2018 年 3 月陆续到岗，组织 4 期残疾人工作业务培训。根据中残联和卫计委重新修订发布的残疾人证管理办法，结合全区“最多跑一次”改革的要求，制定《婺城区残疾人证管理实施意见》，通过网上办理、上门服务、快递送达等形式实现残疾人证办理零次跑。

【社会保障】 2018 年，婺城区两项补贴实行按月发放，9 月，审核困难残疾人生活补贴 2171 人(不含罗店)，发放补助资金 379.28 万元，审核重度残疾人护理补贴 3667 人 (不含罗店)，发放补助资金 713.84 万元。下拨各乡镇街道春节走访慰问资金 45 万元，慰问品 500 份，走访慰问残疾人 1500 多人次；56 家机关部门与 56 户特困残疾人完成第六轮结对帮扶，筛查确定第七轮机关部门结对帮扶贫困残疾人方案，一定三年；为塔石乡上塔石村以及第一书记联系村白龙桥镇白龙桥村补助项目资金 6 万元；修订完善《关于实施残疾人临时救助规范管理的通知》(金婺残联〔2018〕17 号)，对 46 名因病因灾致使生活困难的残疾人给予 1000~2000 元不等的临时性救助，发放临时救助资金 6.2 万元。联合区财政局、区住建局修订出台《关于印发〈婺城区农村贫困残疾人 “安居工程” 实施办法〉 的通知》(金婺残联〔2018〕7 号)，进一步明确安居工程实施对象为无房居住、现住房已鉴定为危房(C 级或 D 级)的贫困残疾人户、低收入农户、一户多残户，补助限额由原来的每户 1.5 万提高到 3 万元，2018 年 8 户残疾人发放安居工程补助 12.6 万元。为 1399 名就业年龄段重度残疾人按照每人每年 100 元标准缴纳城乡居民基本养老保险；为 2466 名重度、低保、精神残疾人按照每人每年 500 元标准缴纳城乡居民基本医疗保险，为 2592 名残疾人缴纳 1 份大额医保；为全区 8822 名持证残疾人缴纳 1 份意外伤害保险。

【教育助学】 2018 年，为 12 名残疾大学生发放 2017 学年学费住宿费补助 14.04 万元。对残疾学生及贫困残疾人家庭子女参加学前、义务教育、高中段和大学教育实施助学补助，2018 年残疾学生和贫困残疾人子女助学补助正在审核中。儿童节期间，为金华市特教学校送去 3 万元慰问金及慰问品。

【就业扶贫】 2018 年，全区共建省级残疾人就业扶贫基地 1 个，市级扶贫基地 14 个，对 14 家省、市级“残疾人扶贫基地” 实行规范化建设，实现制度上墙，辐射带动 245 名残疾人就业。运用民营模式创建爱心家园10家,截至10月全区扶持创建12家爱心家园,安置残疾人辅助性就业227名。通过网络管理平台、安置人员爱心背心配置、第三方评估等途径实现对爱心家园的科学化、规范化、人性化管理。为338名个体就业和灵活就业残疾人按照年缴费额50%的比例发放职工养老保险补助;新增就业125名,其中按比例就业50人;开展残疾人就业技能培训160人次。

【康复医疗】 2018年6月,经区政府第30次常务会讨论通过,和金华市中医总院合作开发残疾人综合服务中心大楼,建立婺城区康复托养中心,于7月签订开发协议。为省级康复站城西卫生院发放补助资金2万元。制定《困难残疾人家庭无障碍改造项目实施意见》。筛查确定2018年无障碍进家庭户114户,确定城北街道军民社区创建2018年省级无障碍社区,全部完成勘察及方案设计,定期开展进度督察。为36名贫困残疾儿童提供每人每年2.4万元的康复训练经费;提供残疾人基本康复服务4482人,康复服务率92.03%,残疾人辅助器具服务1192人,辅具适配率99.09%;纳入医疗救助精神残疾人免费服药936人,实现全覆盖。

【文体活动】 2018年,完成“送戏下乡”6场,为残疾人订阅报刊182份,赠送各类书籍200册,残疾人社区文体活动参与率达到78%。组队参加金华市第六届残疾人运动会,选送4名运动员参加浙江省第十届残运会,取得1金6银2铜的成绩,实现金牌零突破。通过报纸、电视、微信平台等宣传残疾人政策及工作动态,编印发放“两项补贴宣传单”“一图看懂残疾人政策”“残疾人证办证须知” 等宣传单2万多册。

【入户调查】 根据上级残联的统一部署,委托第三方调查机构采用入户调查、信息采集等形式对全区8783名残疾人基本服务状况和需求信息的变动情况、村(社区)残疾人基本公共服务的改进情况进行动态收集、审核上传。完成抽样的207户残疾人家庭收入状况监测。

(廖 亮)

婺城区红十字会

【概况】 2018年,区红十字会党组积极发挥领导核心作用,凝心聚力谋发展、风清气正干事业,区红十字会秉承“人道、博爱、奉献”精神,积极服务经济发展大局,稳步开展红十字“三救”“三献”工作,新增万佛塔景区救护站及浙师大民防学院救护培训基地,全年培训红十字救护员1165名,普及培训11293人次,充分发挥在人道领域联系群众的桥梁和纽带作用。

【人道救助和生命关爱】 开展“博爱送万家”活动,活动惠及安地、新狮等15户困难户,发放现金1.2万余元。发放“8890”爱心救助款6000余元,发放助老金35万余元,惠及老人共计397人;采集造血干细胞29例,登记器官(遗体)捐献2例;以中国人体器官捐献协调员郑方在器官捐献协调工作中的真实感人事迹制作选送的节目《爱的守护》在由市委宣传部、市文明办、市红十字会联合主办的“信义和美、文明同行”专场活动中获得最佳组织奖。

【应急救援和志愿服务】 红十字志愿者服务队、红十字应急救援队参与各项活动。参与莘畈乡第二届毅行大会完成点位安全保障任务;参与婺城区建党97周年主题活动,提供救护知识咨询;红十字应急救援队完成浙江省2018实战应急联动演练和2018年婺城区防汛抢险演练任务;完成岭上乡安门岭因暴雨被困群众的紧急救援工作,湖海塘元宵节的保障工作,获金华市红十字会优秀救援保障队伍荣誉称号。

(邱苗涵)

人 物

“浙江好人”

【徐卫兵】 男，1967年出生，是中国铁路上海局有限公司杭州工务段金华线路车间主任，自1985年进入原金华工务段成为一名养路工以来，他就将守护铁路安全深深扎根于自己的思想中。工作中，他认真负责，爱岗敬业，无论天气好坏，他总是扑在安全生产第一线。栅栏网状态如何，路外安全宣传是否到位等情况徐卫兵总是一一排查，一旦发现问题就及时落实整改，切实保障好管内200多千米线路、350多组道岔的安全稳定。虽然自身学历不高，但他凭着实践经验，言传身教，培养出2名高级技师、11名技师，徐卫兵入选2018年5月“敬业奉献”类“浙江好人”。

【钱跃芳】 女，1960年1月出生，籍贯浙江金华，金华市婺城区新狮街道车头村村民，中国人寿保险公司金华分公司职员。丈夫身体不好没有工作，她不仅要赚钱养家，还主动承担起照顾小叔子和高龄公婆的重担。小叔子患有重度癫痫，生活不能自理。一旦病发，她都待在小叔子身旁，严遵医嘱，给药或者送医。在她精心照料下，小叔子的病已经两年没有发作。2017年7月，90岁高龄的公公突然中风，85岁的婆婆也住进医院，钱跃芳毫无怨言地放下工作，在两个病区和家之间来回奔波，照顾一家老小。钱跃芳入选2018年6月“孝老爱亲”类浙江好人。

【俞魏魏】 网名牛排，男，1979年出生，浙江金华人，职业户外指导员(领队)、摄影师、“爱回西藏 圆梦之旅”公益项目发起人。2014年，由他发起“爱回西藏 圆梦之旅”爱心公益活动第一季启动。35台电脑，2.2吨物资，1.1万千米，历时29天，从浙江到西藏日喀则市定日县盆吉乡，为让雪山脚下的180名孩子们能了解外面的世界，俞魏魏援建了全球海拔最高的电脑教室。2014年至2017年，俞魏魏共发起3次“爱回西藏 圆梦之旅”公益活动，共为西藏3所学校援建了电脑教室，惠及3200多位藏区贫困学生；作为志愿者领队参与“爱心助跑圆梦大学”行动整整6年，共组织并带领近500余位自愿者，车辆200多台，深入各个山村走访、核实所有递交申请的贫困大学生，为爱心款的精准发放，提供真实有效的依据；2016年发起“只因有爱”山区送校服认捐公益活动，圆了婺城区沙畈小学和莘畈小学207位孩子的校服梦。俞魏魏先后获2014年金华市优秀志愿者；2015年浙江杰出志愿者；2016年获全国十佳最美家乡人提名奖、浙江省关爱行动优秀项目专员称号、金华市公安局网络信息安全特聘专家；2017年“爱回西藏”“益言益行”网络公益故事微视频征集展映全国二等奖、网络强国这五年演讲比赛二等奖、浙江省党的十九大精神青年宣讲团讲师、金华市十大优秀青年。俞魏魏2018年6月入选“助人为乐”类浙江好人。

【许维新】 男，1963年8月出生，中共党员，籍贯浙江金华，金华市婺城区税务局干部。在许维新13岁那年，母亲病情加重卧床不起。由于父亲、哥哥长年在外工作、妹妹尚且年幼，他独自承担起照顾、护理母亲的全部职责，陪着母亲度过了脑梗塞治疗、子宫肌瘤手术、胆囊切除的艰难时光。母亲曾自杀过3

次,最近的一次,母亲将放在家里的药全部吞下,幸亏许维新及时发现送进医院抢救才挽回一命。40 多年里,他自学中医养生知识,每天悉心照顾母亲。为方便照顾母亲,他在工作单位边给母亲租房子,因为他的仔细照料,母亲多年顽固难愈的病情奇迹般开始好转,可以下地走路,83 岁的身体比 70 岁还要硬朗。许维新入选 2018 年 10 月"孝老爱亲"类浙江好人。

【孙丽娟】 雅畈镇华南村白杜塘村人,她几十年如一日地细心照顾患病公公日常起居,关爱年迈的婆婆,用实际行动诠释着"孝"和"爱"的传统美德。2018 年 12 月,孙丽娟入选"孝老爱亲"类浙江好人。

乡镇 街道

城东街道

【概况】 城东街道辖区面积2.99平方千米，户籍人口9742户、23113人，下辖5个社区，2个经济合作社。

【工业经济】 2018年，工业总产值53954万元，同比增长33.33%。其中，规模以上企业工业总产值为53701万元，同比增长41.87%，完成年度指标的107.4%。外贸自营出口总产值1735万元，同比增长41%。其中，出口达1725万元，同比增长40.2%。固定资产投资875万元，其中限额以上工业投资600万元，完成年度指标的35.3%。引进内资3600万元。限额以上住餐业1—12月完成4484万元，同比增长5.7%。

【财政税收】 2018年，街道税收总收入11067万元，同比增长37.43%。国税、地税财政收入任务1713.87万元。完成2332.2万元，完成136.08%，同比增长46.28%。

【安全生产】 2018年，街道与社区、辖区企业单位签订“安全生产综合目标责任书”74份，明确各自承担的责任及要求；开展安全生产工作宣传。安全月期间在辖区内发放宣传资料800多份，张贴宣传画40张、悬挂横幅、电子显示屏14块对《中华人民共和国安全生产法》进行广泛宣传；在安全月中，街道辖区企业（古子城管委会、金华市德仁假肢矫形康复器材有限公司、浙江双溪印业有限公司）组织3次消防和突发事件演练，参演单位17家，参加演练人员80人次。（辖区各社区、金华市妇幼保健院、金华市博物馆）组织350余人进行安全知识培训，通过应急演练和安全知识培训，达到对消防安全知识及疏散逃生的现场宣传与培训；开展职业病卫生防治工作，对辖区内企业进行宣传，出动宣传人数20人次，到企业发放宣传单50次；召集辖区17家企业的21位企业主要负责人进行安全生产管理人员培训。辖区26家企业签订“安全生产主体责任告知书”，签字盖章后上墙公示告知；加强对特种设备的巡查，对即将到期的设备告知使用单位提前检验，对超期未检的设备下达整改通知书。2018年，提醒使用单位12次，下达整改通知书3次，均整改到位。

【社会治安综合治理】 截至2018年10月，“城东街道基层治理综合信息系统”处理信息39265件，办结39265件，办结率达100%；落实党政领导综治责任制，以化解矛盾纠纷为主线，全面落实社会治安综合治理各项措施。签订各类责任书2560份；完善“综治平台”建设，优化“全科网格队伍”，完成平安建设系统的闭环交办工作。开展消防安全检查整改工作，重点开展出租房消防整治；组织开展安全生产大检查及专项治理活动，检查231余人次，检查企业161家，排查隐患7处；开展应急演练和安全知识培训，组织3次消防和突发事件演练，参演单位17家，80人次；组织350余人进行消防安全知识及疏散逃生的现场宣传与培训。做好18名社区矫正人员和相关吸毒人员社区康复工作。

【人口与计划生育】 2018年，街道辖区内共出生182人，计生率100%；出生男孩96人，女孩86人；网上审核办理一孩、二孩生育登记153人，办理“独生子女光荣证”28 例、“流动人口婚育证明”3 例。通过建立新婚待孕、未婚青年微信群;悬挂宣传横幅、标语、画报;开展主题宣传、便民活动;召开心理健康讲座;发放各类避孕药具、生殖健康宣传品和免费避孕药具等形式使辖区内广大育龄群众和外来流动人口都能及时了解计生全面二孩政策和生殖、优生、优育、青春期健康等知识。对辖区 2645 名流入人员进行网上电子婚育证明查询。2018 年,街道享受奖扶1 人,公益金 10 人,特扶 56 人。街道社区传统节日对社区内失独家庭和计生困难家庭进行走访和慰问。强化服务观念,做好服务工作。自 3 月 9 日可通过浙江政务服务 APP 办理生育登记服务以后,2018 年街道通过该平台共办理生育登记 153 件。

【文明创建】 加大文明创建宣传力度,结合重大节日,通过组织主题晚会、教育实践活动、发放宣传资料等,扩大创建活动效果,通过调查问卷全面了解创建工作成效;城东街道志愿服务队注册志愿者 3441 名,服务时长 6.9 万小时,开展各类志愿服务活动 300 余次,参与志愿者 3000 余人次。全国文明城市创建工作有效推进,城东街道在市文明指数三方测评评比中获中上等次;开展“门前五包”监督落实,劝导 440 余起;重点对背街小巷、“城中村”、浙赣铁路沿线、城区农贸市场进行整治,拆除违法建筑 50 余处,清理乱张贴 1.57 万张,乱堆放 890 处,清理卫生死角 330 处,清运各类垃圾 1107 车,粉刷破旧立面 625 平方米,安装楼道灯 60 多盏,更换窨井盖板 400 个,硬化街巷路面 1400 平方米,修缮破损路面 6900 平方米,绿化补种 5700 平方米,投入 400 余万元,辖区面貌焕然一新,城区环境不断改善。

【文化宣传】 9 月 13 日,城东街道文化站举办“文化惠民 秋季公益培训”活动,标志城东街道文化站正式免费开放。免费培训声乐、书法、舞蹈、篮球、健康讲座等内容。2018 年,1 万余人次到街道文化站参与活动,精心组织“以文明为邻,连心共创建”邻居节纳凉晚会等 8 场丰富多彩的文体活动,各文体队伍多次在各级各类比赛中获得佳绩,婺之春舞蹈队在“2018 金华市首届全民健身体育嘉年华启动仪式——暨社区排舞比赛”中获第一;金华市第十届排舞大赛中,群英舞蹈队获金奖。街道开展各类宣讲 13 次,受众人数 1100 多人。各社区在各级各类新闻媒体的报道据统计《金华日报》29 篇,《金华晚报》98 篇,《今日婺城》142 篇,电视台报道 19 次,黑板报刊出 245 期。

【党建工作】 2018 年,街道主要领导带队,到各社区、辖区单位、企业、居民户走访调研,查找问题,主要发现并解决 120 余个问题;根据基层党建“整乡推进、整区提升”部署要求,建立机关党建四层文化走廊,5 个社区打造“一居一品”各具特色的党建基地,基本完成“红色阵地”规范提升工作,青春路社区被评为市级党建示范点,旌孝街和八咏楼社区被评为区级示范点。街道以“不担当不作为”专项整治为抓手,树立重实干重实绩的选人用人导向。接收班子成员挂职干部 2 名,派出班子成员 1 名,普通干部 2 名。推进年轻干部的教育培养,选派 2 名干部参加婺城区年轻干部成长学堂,1 名干部参加婺城区中青年干部培训班。通过中层干部竞聘和干部选拔,推选两名中层正职干部,有效调动年轻干部工作积极性和主动性;推进“两学一做”学习教育常态化制度化。全面开展“打赢九场硬战先锋行动”,以“不忘初心、牢记使命”主题教育为抓手,严格落实党建主体责任,结合“三会一课”“主题党日”“周一夜学”“八婺讲习所”“七一大党课”等载体,深入学习贯彻十九大精神,教育引导党员干部凝心聚力;开展走街入户“扫码”制,利用“红动婺城”APP,推行“党员干部联街入户网格信息化”管理,提升党员干部的工作作风。12000 余户辖区家庭均已安装二维码;大力开展党员志愿服务,为社区居民群众提供各类便民利民服务和帮扶服务,打造“志愿红”风景线;成立街道大工委,打造区域化党建新亮点。根据区委区域化党建工作要求,街道党工委围绕城市党建综合体建设,开展“红色领创 共建图强”主题活动,整合辖区驻区单位、两新组织等 37 家共建单位,以“区域+领域”理念推进新时代城市基层党建,成立“城东街道大工委”,推荐产生 5 名兼职委员,推动形成城市基层党建互联互通机制,提升基层党建工作水平;6 月 26 日,“街道大工委” 成立仪式在八咏楼广场举行,现场公布需求、资源、服务三张清单 28 项,大工委成员单位现场认领 22 项。

【民政残联】 2018年，街道残联加强第二代残疾证换证的审核工作，6月改革后，办证37人，为残疾人申请轮椅5辆。同时为22名残疾人自己缴纳养老金争取社保补贴7.78万元；认真做好残联人两项补贴的申报工作，为辖区的221名重度残疾人享受居家安养护理补贴61.083万元；24名重度残疾人享受机构护理补贴4.59万元；65名低保残疾人享受生活补贴17.6万元；春节期间走访慰问残疾人62人，送去慰问金2.5万元，发放实物22份（被子1床、大米2袋和食用油2瓶），让残疾人感受到政府的关爱。为4名残疾人机动轮椅车主申请年度燃油补贴1040元；继续做好残疾人及残疾人子女助学工作，对就读九年义务教育、高中和大学的残疾人子女和残疾学生进行全面摸底，为9名残疾学生申请助学助困补助1.2万元；5名残疾人子女申请助学助困补助3000元；积极配合第三方完成一年一度《全国残疾人基本服务状况和需求数据动态更新》共调查519人。

【来料加工】 2018年，婺城区来料加工发放加工费1032.25万元，其中有企业营业执照3家，发放加工费500.2万元；在春节来临之际，城东街道妇联协同社区妇联走访慰问辖区56名困难妇女及家庭；在“三八”妇女节，街道妇联协同八咏楼社区妇联走访慰问辖区空巢老人2名，为老人送上祝福和慰问品；3月15日上午，街道妇联与旌孝街社区在清风公园开展法律知识进社区便民服务活动，有300余名居民群众参加。活动中为100多位居民测量血压，发放“五水共治”“垃圾分类管理”宣传册1200余份；5月29日，街道妇联协同计生办在清风公园开展计生特殊家庭帮扶暨第20个“5·29”会员日活动。此次活动共发放计生政策法规、优生优育宣传资料600多份，现场答疑近100余人；12月19—22日在迎接国测中，200余名巾帼志愿者响应市区妇联号召，主动作为，靠前服务，做金华市创建全国文明城市的参与者、践行者和推动者；推荐60户区级文明家庭，2户示范文明家庭；绿色家庭6户，1户市级绿色家庭；推荐市、区“三八红旗集体”2家（青春路社区妇联、旌孝街社区妇联）；推荐最美志愿者服务社区1家（八咏楼社区）。

【城市管理】 2018年，街道开展环境卫生整治100余次，清理卫生死角50余处，清理垃圾300多吨，清理楼道小广告6万余处。开展灭“四害”活动，发放鼠药250千克，蟑螂药3万盒，清理滋生地60余处；按时有效完成智慧城管督办工作。2018年，街道处理督办案卷3636条，结案率达99.78%；多次召开专题会议进行布置落实“五水共治”工作。落实通园溪保洁承包工作，确定两名保洁员并签订保洁责任书，负责日常打捞清理水面漂浮物，按月考核。遇上特殊天气如近期遇到的暴雨、洪水等，街道及时开展专项巡查整治工作。街道治水办对通圆溪的保洁情况，周边环境卫生情况以及水质变化情况及时巡查即查即改，发现重大影响水质的污染问题及时汇报，同时及时配合整治，以确保通圆溪的整治成效。物管工作再上一个新高度。对有物业的小区积极主动联系小区物业，指导物业做好垃圾分类及管理工作；对无物业管理的小区进行大排查帮助居民协调解决污水管改造、化粪池满溢等民生问题，并对易受暴雨影响、存在安全隐患的房屋等进行重点排查，同时加强对辖区内居民进行安全宣传工作，提高辖区居民自身的安全防范能力；牵头做好小区业主委员会的筹建、换届工作，如清风隽府和竟达观园等5个小区的首届业主委员会的选举工作等。

【劳动保障】 2018年，街道城镇新增就业岗位357个，失业人员实现再就业236人，其中就业困难人员26人。超额完成城镇居民二次医保征缴工作任务，到账率分别达到99%以上，其中大额到账2977人，到账率75%，位居全区第二；办理居保续保239人，完成率95%；申请审核2018年第二季度40.50社保补贴442人，申请金额144.17万元；发放下岗失业困难人员、企退特困人员以及重病住院人员等慰问金28.32万元，共计402人次；对辖区登记的6255名企退人员进行资格认证，为142名下岗失业人员做好失业金登记认证工作；受理劳动矛盾纠纷案件3件，涉案金额22540元。2018年，街道共受理投诉举报案件2件，涉案金额50200元，调解率100%。

【“五水共治”】 街道调整完善领导小组，成立“河长制”办公室，签订责任书，成立网格员治水铁军。

开展治水主题宣传活动12场,利用电子屏、发放宣传册等方式普及水知识。更新河长公示牌7块,对通园溪所有排水口进行再次摸排,重新安装排水口标识牌9块。清理打捞垃圾20余吨, 投入经费10万余元。为迎接2018年城市黑臭水体整治环境保护专项督查工作,全面排查56个窨井,各社区巡查并整治小微水体42处。对旌孝街"六小行业"进行专项整治。全面开展"污水零直排"排查工作。积极参加"比学赶超"治水督查竞赛活动。

【"三改一拆"】 2018年,城东街道围绕区委区政府部署的"三改一拆"工作任务,精心组织,上下联动,强势推进"三改一拆"工作。完成全街道5个社区的无违建村(社)创建工作,开展企业消防通道整治工作,对各社区的违法建筑和企业违法建筑进行拆除工作,拆除违建计6.06万平方米, 发放各类限期责令整改通知书200余份,接谈通知书300余份;上浮桥区块城中改造征迁项目拆除近14余万平方米;配合市政府重点工程,对辖区内的老旧小区,老厂房,老建筑进行征迁改造工作。对区"三改一拆"交办的第三方疑似违建99处现象进行核查, 按照上级指示对整个辖区进行摸底排查存量违建。通过"三改一拆"专项行动,遏制各类违法建筑的发生。

【重点工程】 2018年,街道上浮桥集体土地征收和城中村改造工作,完成对复兴街以西上浮桥村集体土地征收16.47公顷, 区域内的城中村改造涉及被征收户456户。4月27日开始入户调查,占地面积13.73公顷,建筑面积13万平方米,涉及被征收户1017户;做好电大街(复兴街)改建集体土地及房屋征收工作剩余6户被征收户思想工作;为确保万佛塔公园建成后的开放效果,街道社区加大万佛塔周边环境卫生巡查、保洁力度,联合区综合行政执法局对万佛塔周边有碍观瞻的问题进行全面排查和整改。军分区干休所屋顶73台太阳能热水器全部拆除。配合城东执法中队拆除县服装厂宿舍东侧违建两处,菜园改造小公园一处,城河里破损路面硬化1000平方米,改造破损墙面300平方米。以营造优美的人文、生态环境,打响"千古风流婺州城"旅游品牌。

(黄快快)

城西街道

【概况】 城西街道辖区面积1.66平方千米,下辖中山路、二七花园、双龙、河盘桥、西郊5个社区,户籍5440户、13228人。2018年,城西街道以城市能级提升主战场、城区融合发展主廊道为工作方向,以全面打赢"九场硬战"为工作目标,紧紧围绕加快二七区块开发、推进城西板块发展等中心工作,上下同心、直面难题、敢于担当,辖区经济、社会等各项事业取得较好发展。

【工业经济】 2018年,街道实现工业总产值5.73亿元,其中:规模以上工业总产值5.13亿元;工业投资和技术改造投资300万元;自营进出口完成3750万美元; 出租营业房征税工作扎实开展, 完成征收1482户,共计308.61万元。

【重点项目】 全力保障二七区块重点工程开发建设。做好各项重点工程无障碍施工保障工作,婺江西路、解放西路、工人路、凤山街等市政道路工程稳步推进;金师附小集团小学、幼儿园,11万伏五一变电站等配套工程进展顺利;中天、美的、保利等房产全程做好跟踪服务。加快建设城西板块基础设施配套工程。作为新老城区融合发展交通主廊道——解放西路西延工程, 涉及西郊6个生产队200余户,6.67公顷的土地征用、借用政策处理工作已完成,道路12月底竣工验收通车。作为市区重点工程——环城西路优化改造工程,涉及西郊社区30余户、1.33公顷以及达利食品规上企业的拆迁政策处理工作基本完成。人民西路西延工程涉及街道老化肥厂区内的10余家租赁企业完成搬迁政策处理。

【城中村改造】 稳步推进西郊城中村改造各项工作。西郊小坝巷区块安置房基础地勘、工程图纸设计已完成,正在规划工程许可公示阶段,项目总承包招标后12月份进场施工。巨龙二期约1000套安置房建设进场施工,年底完成地下室工程。投资700余万元的西郊潘里新区次干道工程竣工验收。依靠街道自身力量启动4个自然村房屋征迁,分类梳理西郊城中村改造涉及政策层面的主要问题,特别是对招工回迁、下岗失业、特殊时期大学生等特殊人员安置,潘里、七里殿2个保留区块拆迁安置涉及政策平衡等主要问题深入研究对策。

【"三改一拆"】 争创"无违建街道"工作。2018年,街道顺利完成全市首批"无违建乡镇街道"创建工作,受到市政府表彰。针对婺江西路部分家具、锻造等低小散企业的违法建筑问题,街道联合行政执法部门,严格程序、重拳出击,对双马家具等6家企业违法建筑实施连片拆除,面积3万余平方米,有效化解辖区企业安全生产隐患。

【社会管理】 推进社会治理改革创新。加强培训考核、规范办事流程、提升服务意识,确保"最多跑一次"在街道全面延伸。"四个平台"运行稳定有序、成效显现。2018年共收集各类信息1.5万余件,办结率100%,案件流转率在全区排名第三。"8890"服务平台受理和处理投诉100余件。联合城西派出所在重要路段安装监控摄像头30余个,在重点部位安装智能门禁系统8个,建成微型消防站2个。

【城市管理】 文明城市创建扎实推进。与辖区居民签订近3000份文明城市创建承诺书,完成300份问卷调查,新增公益宣传广告900余处,整改落实问题督办清单350余处。中山路社区作为文明示范社区试点创建,加大与共建单位、物业公司的协调参与力度,调动广大群众创建主人翁主体责任意识。双龙、河盘桥社区稳步推进补齐基础设施落后短板,特别是在居住小区、背街小巷等方面下足功夫;西郊社区在房前屋后乱堆乱放、道路硬化、卫生常态化保洁等方面落实责任,加强基层党建+社会治理工作在文明城市创建中落地。

【民生保障】 社会保障工作细致完善。落实低保户、困难家庭、复退军人、残疾人、优抚对象等特殊人群保障经费266.79万元。对287名"4050"失业人员发放社保补贴9.4万元,对281人城乡居保(老农保)待遇领取人员进行资格认证。对2134名居民从2018年3月到5月进行耐心细致的医保催缴工作,最终以参保率99.8%在婺城区婺城区名列前茅。上半年计划生育率100%,共出生62人,其中男孩37人,女孩25人,出生性别比148:100,生育全过程管理率100%。

【"五水共治"】 城市黑臭水体整治杜绝盲区。2018年中央环保督察标准高、要求严、任务重,街道高度重视,专题部署方案、明确责任分工。特别是对长湖、回溪的水面水体和西郊环境卫生进行重点巡逻巡查,不间断发现问题解决问题,确保不留死角。

【平安综治】 根据2018年年初制定的《城西街道2018年安全生产和消防安全工作考核办法》,落实街道、社区干部重点单位安全生产监管责任。与各社区、辖区单位、企业签订安全生产目标管理责任书270余份。10家企业15人参加区安监局开展企业负责人企业安全员持证上岗集中培训。完成小微企业托管3家、职业病防治创建5家。搞好安全宣传,强化消防意识,开展消防演练4次,不断完善各项应急预案和现场处置方案。

【基层党建】 全面加强城市基层党建综合体建设。以"党建+"为理念,以服务企业为宗旨,走访时代商圈33家企业,召开企业负责人座谈会15次,成立区首个楼宇党建联盟——城西街道时代楼宇党建联盟。开展"不忘初心、牢记使命,当好新时代城西答卷人"全员蹲点大调研。街道班子成员分为8个调研小组,调研课题涵盖楼宇党建、安全生产、城中村改造、社会治安综合治理、垃圾分类等方面。其中党政一把手均已发表调研文章,人大常委会主任调研课题得到市领导的高度重视和肯定。针对调研中梳理出116个问题,街道多次召开党政班子会,听取各调研小组汇报,讨论解决问题办法,拉出问题清单,明确责任主体。完成问题整改113个,3个问题需要协调市区相关部门解决。加强基层作风建设,加大监督执纪力度,履行好党风廉政建设"监督责任"。2018年,街道纪工委立案1件,开展专项监督4起,提醒谈话45人,批评教育1人,责令检查3人。开展"清廉村居"建设,以双龙社区为示范点,通过以点带面、示范带动,形成优良的党风政风民风的良好局面,形成团结干事、干净干事、奋发干事的工作氛围。全面加强意识形态领域建设工作,把握宣传舆论工作正确导向,团结社会各界人士服务地方经济发展,做好新形势下统战方面各项工作。开展学习中共十九大精神和习近平新时代中国特色社会思想为主要内容,以理论中心组、周一夜学、党员主题日等工作载体,在广大党员干部群众中深入持续贯彻学习,全面推进街道各项工作开展。

(丁小璐)

城中街道

【概况】 城中街道地处金华江北中心地段,辖区面积6.21平方千米,下辖3个社区居委会,户籍人口9157户、24805人,流动人口15000余人。辖区内有大小商户5000余家,是江北经济、文化中心。城中街道有工业企业11家,规模以上企业2家。2018年,完成工业产值2.4亿元,规模以上工业产值2.36亿元。实现营业收入2.46亿元,完成出租房税收征570户,税款274.29万元。

【重点工程】 2018年,实施通园路征迁工程,涉及征收户30户,签约率100%,提前10天完成征收任务。"三改一拆"拆除建筑面积5115平方米,完成年度任务102.3%。加强"五水共治"日常管理,完善长效机制。开展垃圾分类工作,设置普通宣传栏70余处,宣传牌156块,发放垃圾分类手册1万册,设置室外垃圾桶756只,室内垃圾桶6533只,组织志愿者869人次。提升改造18处垃圾房,以明月京华为突破,扩展至3个住房小区,逐步推进城市垃圾分类工作。

【基层党建】 2018年,城中街道谋划"党建+发展"新课题。建立西市街商圈联合党委,孵化培育7支商场志愿服务队,成立"西市街众创空间",在商圈设立惠农直通车摊位,扩大党建在商圈的影响力。开展"七一"系列活动,通过支部书记座谈会、大党课、红色书信朗读比赛、党员义工广场服务等活动增强党员的向心力和凝聚力。推进社区活动场所规范化建设,依托远程教育功能,打造远教示范站点3个,全面布局和规划明月楼社区综合体建设。

【民生事业】 2018年,城中街道发放各类慰问补助金11.38万元,低保金38.5万元,优抚对象定期定补抚恤金295.58万元,临时救助金7600元,残疾人生活补贴和残疾人护理补贴47.82万元。做好816名退役士兵信息采集工作,完善339名残疾人及监护人基本信息。城乡居民医保参保2726人,参保率98.8%。慰问企退人员99人,发放慰问金7.76万元。调处老五中停车场经营管理问题,经公开招标,浙江金益医药有限公司以41万元竞标成功,大幅提高租金,并将三年租金123万一次性交给西市街社区。

【文明创建】 抓好全国文明城市创建,在总结成功经验的基础上,梳理问题短板,挂图作战,对账销号,高标准迎接省级文明城市测评验收和国家级文明城市测评验收。绿植补种2655平方米,施划车位700余个,新增分类垃圾箱422个,灭火器安装2000余个,路灯安装600个楼道,旱厕整改1个、6000多户居民直接受益。2018年街道获全区创建文明城市工作突出贡献表扬。

(胡依玲)

城北街道

【概况】 城北街道辖区面积4.4平方千米,户籍人口15618户、39547人。街道党工委下属6个社区党委,1个村改居支部,1个经济合作社支部,76个基层党组织,两新党组织14个(其中12个非公企业党支部,2个社会组织),共有1790名党员。

【经济工作】 2018年,完成工业经济总产值6220万元,辖区实现税收14603万元,个人出租房税收177.5万元。在辖区工业经济日渐式微的情况下,城北街道坚持把服务业作为产业培育的主方向,突出现代第三产业的战略位置,不断加大招商引资工作力度。招商引资完成内资引进5000万元,重点引进投资2.004亿元的金华宏悦妇女儿童医院项目。2018年,辖区内在册个体工商户2925家,私营企业1284家,其中第三产业占比为97.25%。

【重点工程】 推进城中村改造和重点项目征迁。五星社区田里、后地区块城中村改造征迁工作稳步推进,涉及红线3.54公顷、拆迁总建筑面积5万余平方米、65户农户的后地征迁区块全部完成签约并腾空,涉及红线6.07公顷、拆迁总建筑面积4.2万余平方米、170户农户的田里征迁区块已基本完成签约并腾空;完成人民西路西延(洪源段)和婺州街北延国有土地上的房屋征收后续收尾腾空、拆除工作;20天时间完成金华四中扩建国有房屋征迁的签约和腾空工作。洪源区块安置房建设全面动工。

【"三改一拆"】 2018年,拆除违法建筑9.12万平方米,完成全年任务数32.59%。完成五星社区田里、后地区块城中村改造9.2万平方米,区块内235户农户基本完成签约并腾空,进入拆除阶段。军民、红湖路、郑岗山、凤凰山4个社区通过市级"无违建示范社区"验收。

【城市管理】 2018年,城北街道依托金华市智慧城管和8890服务平台有效解决各类问题,办理智慧城管案件5019件、结案5019件,8890服务平台受理投诉542件、结案542件。安装公益广告5536块,加大环境卫生整治力度,发放分类垃圾桶1140个、分类垃圾袋534.77万只,出动人员4600余人次,清理楼道单元700余个,清理卫生死角、堆积物700余处,清运垃圾200余吨,清理牛皮癣9500余处,清理闲置地块8处,修剪草坪树木4000余平方米。

【社会保障】 2019年,城乡居民基本医疗保险缴费4926人,缴费率达98.74%。对24名失业困难人员进行春节慰问2.4万元;对32名企退困难人员进行春节慰问3.4万元,为100名死亡企退人员送上慰问金10.7万元,对10名企退重病患者进行实物慰问2.79万元,对225名重病住院人员进行慰问11万元,对11名企退困难人员进行日常帮困0.8万元。发放残疾人护理补贴62.56万元,发放残疾人困难生活补贴14.90万元,发放残疾人机构托养费用13.87万元。2019年1—10月民政低保享受人数111户、152人,取消24户,核减37人,新增11户、21人,共发放低保金94.18元;临时救助43人、4.4万元。

【基层治理】 加快推进完善"四个平台"建设,落实"15225"制度,实现条块、层级、线上线下联动融合,提高协同治理效率,高效高质开展便民服务。2018年,新增事件44779件,通过网格员办结事件41755件,上报事件4602件,流转交办事件609条。通过不断完善网格组织架构,加强网格员队伍建设、管理、考核,做实做强网格基础阵地,确保问题发现在基层、解决在网格。

【基层党建】 2018年,发展党员5名,其中35岁以下的占60%,大专及以上学历80%。以红湖路社区城市党建综合体为载体,推出"情满红湖"党建品牌,开展惠民系列活动。谋划打造郑岗山社区"五星服务、从心开始"党建品牌,落实建设新的党建综合体,不断增强基层党组织凝聚力和战斗力。加强党员日常管理,严格落实党员"五星管理"工作,落实书记上党课制度,向基层党员传达上级指示精神。组织开展"不忘初心,牢记使命"当好新时代城北答卷人"大调研,认真贯彻落实市委提出的打赢"九场硬战"的任务和要求,继续推进"两学一做"学习教育常态化制度化,强化党员在城中村改造、"五水共治""三改一拆"等重点中心工作中发挥先锋模范作用。

(秦莉冰)

新狮街道

【概况】 2018年,新狮街道有22个村(居),其中4个纯社区、9个村改居社区、9个行政村。辖区总面积23.76平方千米,有户籍人口33234人,外来常住人口4万人,浙江师范大学学生4万余人,其中还包括1500余名境外人员,总人口约12万人。

【工业经济】 2018年,完成工业总产值7.16亿元,同比增加3.02% ,其中:完成规上工业企业产值3.48亿元,增加6.5%,完成工业投入5914万元,引进内资5181万元,自营进出口总额3.01亿美元,同比增长300%。

【财政税收】 2018年,完成财政税收收入3亿元,其中地税收入1.06亿元。街道年度收入合计3606.41万元,财政拨款收入1777.63万元,其中,一般公共预算1223.57万元、政府性基金预算554.06万元、其他收入1828万元。行政事业经费等支出3713.04万元,基本实现收支平衡。

【重点工程】 婺城区完成投资1100余万元的康村、车头等8个社区的截污纳管及雨污分流改造、路灯亮化、绿化提档、环卫实施改善等市政配套实事工程,投资500万元的勤俭至沙溪段杭金衢高速两侧2.4千米绿化提档及村改景观改造工程；市重点工程芙峰街(二环北路至市委党校段)道路拓宽及管网改造工程已经完成主管道建设和路面沥青铺设,工程进入验收阶段。积极做好通园溪、回溪综合治理工程的政策处理工作,确保无障碍施工。杨家相村口至姚垅毛栗山公墓机耕路需要街道筹备的拼盘资金已经落实到位。

【产业发展】 以城北综合区划归街道管理为契机,街道通盘考虑辖区整体规划调整,多次邀请市区两级国土、规划部门专家为街道把脉问诊,为整体控规调整做好准备。辖区内现有企业退二进三深入推进,已有5家规模以上企业厂房部分或全部出租给电商、餐饮等第三产业,承租企业普遍发展势头良好,如美晨商贸年网络销售额上亿元。

【文明创建】 克服外来人口多、人口结构复杂,社会治理难度大、基础设施落后、经费保障不足等诸多难点,坚持问题导向,积极推进各项工作。成立街道及各村居领导小组,形成“一村一策”治理方案,强化村居主体责任。全面开展房前屋后、大街小巷的集中整治, 创建以后, 共清理卫生死角8000多处,清理垃圾3700多车;重点路段、重点行业、重点区块“三重”领域由街道牵头,联合各职能单位开展拉网式专项整治, 并通过建立部门执法微信群、问题抄送快解决等创新做法,高效全面推动问题的整改和长效的保持。投入资金改造康村、骆家塘社区闲置地块。康村的荒地变花海、垃圾堆变身休闲广场;骆家塘将几年前部分村民违法抢建的地基平整后建设停车场两处,可提供停车位达80余个,让畅达街真正“畅达”。同时投入118万元完成机动车位施划10642个,非机动车位5.3万余米。充分发挥党员、团员、妇女代表的作用,积极开展志愿者活动,市区各共建单位积极参与社区共建并给予了各社区大力支持。根据创建全国文明城市要求,打造统一的市民教育阵地、文化活动阵地、便民服务阵地和志愿服务阵地,开展形式多样宣传活动,利用宣传栏、黑板报、电子屏等各类宣传载体,制做多样的公益宣传广告牌, 充分宣传文明城市创建活动;积极倡导社会公德、职业道德、家庭美德和个人品德。建立公安、行政执法、市场监管、交警等执法微信群,打破单个部门执法权限不足,全面实行联动执法模式。创建以后,共清理“牛皮癣”21000多张;拆除违法大型广告牌360余处;行政执法共简易处罚18751起,罚款9.5万元,立案查处90起,罚款30.6万元,违法停车抄牌5746辆;市场监管共立案查处42起,罚款63万余元;交警累计违停抄牌8900余辆;公安派出所抽调专人与街道社区干部一起强制剪除私拉乱接电线11000余根并对私接乱接充电行政处罚31个。

【社会治安综合治理】 构建“以街道为社会稳定责任主体,以‘红色全科网格’预防机制和‘一三六’灭火机制为抓手”的治理模式。织密红色全科网、构建综合集成网、贯通事件流转网,社会治理“一张网、全覆盖、无死角”,依托“红动婺城”APP,组织“码”上建、民情“码”上知、事情“码”上办,前端扫码、后台管理,收集民意社情,排查矛盾纠纷,事事有回音、件件有落实。通过扫码,为群众代跑643件,进一步改善党群干群关系。创新公安、学校、街道、社区、房东、留学生志愿者六方协管机制,成立外国人服务管理中心,坚持服务与严管并重,为境外人员提供咨询、购票、签证、翻译、法律援助500人次,调解境外人员纠纷72起,通过实地核查、线索移交、签证回访等,处理境外人员非法居留案件19起,依法拘留5人。建立“大党委制”,设立“专职+兼职”委员,吸纳机关企事业单位、非公有制经济等党组织相关负责人担任兼职委员,使街道在社会治理中理直气壮唱主角,打造了“柳湖红韵”品牌,对社区治理起到了示范引路作用。坚持调解主体多元、调解模式多元、调解平台多元的原则,统筹人民调解、行政调解、司法调解,创新“线上+线下、速调+联调、本土+专家”的调解模式,奋力打造一线实战平台。全年共化解重大矛盾75起, 调处一般纠纷2000余件,调处率达96%。深化“三治融合”。发挥村规民约、行业规范、家风家训的功能,推行民主恳谈会、乡贤议事会、民情沟通日,增强民主自治能力;大力培育“国学讲堂”“弥谦学堂”“远教广场”等阵地,厚植文化底蕴;开展最美家庭、最美婆媳、最美儿女评选活动,推动孝义好家风;开展党员“五星”管理量化积分制，推动党员干部领跑带跑。村(社)“三治融合”体系不断完善，村(社)治理焕发出强大的生机活力。

【环境治理】 创新实现一把扫帚扫到底模式，上半年通过公开招标将所有村居的环卫保洁打包交由专业环卫公司清扫，在配合全国文明城市创建期间，街道和各社区创建期间又专门成立一支垃圾清运突击队，对无主垃圾、偷倒垃圾随时开展清理行动。

【安全生产】 始终把隐患排查治理作为“第一道防线”，在深入排查、彻底治理、防范事故上下功夫，全年开展各类排查40多次，切实做到防微杜渐、防患于未然。检查快件寄递行业21家，危化企业、洗浴场所20余家，出租房5000多间，发现问题100多项，并积极落实整改。新增智能充电桩1200余台，智能门禁300余户。

【“三改一拆”】 深入开展房屋安全隐患排查，坚持不懈打好治危拆违攻坚战，切实推进无违建街道创建。全面做好新增违建的巡查防控，尤其是落实好重大节假日防控制度和措施。大力开展历史遗留问题的处置力度，拆除高村违建办公楼超高楼层、五一蜡烛加工厂、车头社区临时搭建商铺等老大难问题，并全面开展对光华印务、捷盈、新华皮件等15家企业连片违建厂房专项整治行动。拆除违章搭建435处，面积15.0975万平方米。

【“五水共治”】 圆满完成国家城市黑臭水体整治环保专项督查迎检任务，全力开展剿劣治水成果巩固战。坚持水岸同治，抓好通园溪、回溪、洪源溪河道及沿线保洁工作，对38处劣V类小微水体再整治、再巩固、防止水质反弹；出资采购2000多株藕苗投放到各村居的水塘，并根据不同水体情况，试点种养不同水生植物，持续美化环境、净化水质；按照污水零排查要求，各村居及街道辖区企业积极展开污水零直排区建设的调查，摸清底数。多次联合行政执法、市场监管、交通等部门开展联合执法，不断加大污水排查整改力度，全年共排查污染百余个，查处、责令整改、关停、处罚违规排放六小行业千余家。下裴村生活污水终端成功连接市政污水管网；杨家相村生活污水处理终端微动力系统修复运行；发放工业企业污水排放许可证书17件。

【民生事业】 切实把普惠社会保障政策落实到位，作为解决民生事业工作的着力点。按照“应保尽保”的低保工作要求，推行动态管理，全年街道在册低保对象61户85人享受低保边缘救助24户，家庭人数58人，发放低保救助金59.2万余元；完成企退认证5170人，发放城镇“4050”灵活就业社保补贴485人，15.25余万元，完成辖内参保人数7908人，实现城乡居民医保参保率98.91%，大病医疗保险参保人数5291人，实现大病医保参保率74.73%，全区排名第一；“婺城无欠薪”行动全面铺开，与49家企业、饭店签订不欠薪承诺书，调解劳资纠纷12起，劳动争议调解3起，涉及金额158万元，辖区内在建工程建设项目也没有欠薪情况发生；医保、社保、双拥、社会救剂等民生保障政策全面落实到位。

(王文辉)

江南街道

【概况】 江南街道辖区总面积4.18平方千米。下辖7个社区。户籍数11104户，户籍人口29767人，外来流动人口20147人。

【工业经济】 2018年，规模以上工业总产值178.61亿元，同比上升6.8%；固定资产投资7.57亿元；限上服务业营业收入3.49亿元，同比上升15.3%；限上消费品销售总额7.20亿元；限上社会消费品零售总额2.47亿元。全年引进内资1.13亿元，浙商回归0.88亿元，完成率122%。

【平安综治】 推进消防安全网格化管理体系建设，签订安全生产责任书、消防安全责任书1756份。开展安全宣传讲座36期、消防安全逃生演练13场，发放宣传资料2730份。开展隐患排查专项治理5次，整改隐患232处，新增灭火器3320只。

【文明创建】 建立街道文明创建工作体系，2018年召开各类创建工作会议27次。开展创建宣传发动工作，建设广播站7座、安装小广播84个。发动城中村房东以自管自治的形式参与创建工作。成立创建应急突击分队和迎检夜间巡逻队,开展全时域巡查整改。开展11次交叉自查,发现和整改问题1337个。完成2条文明示范街区的打造。

【“五水共治”】 强化“三大手段”,加强“五水共治”长效管理机制。做好河堤卫生保洁管理和污染治理,安排人员巡查河道,发动义务监督员督查河段,制止、举报乱倒乱丢等不文明行为。全面摸排雨污管网,筹备防汛防台物资,设置临时避灾点8处。加大“六小”行业整治力度,做到监督检查全覆盖。

【“三改一拆”】 严格落实“无违建创建”长效机制,严防新增违法建筑,各巡查站2018年巡查1946次。开展违章搭建清零行动,拆除违章搭建1.2万平方米,其中,拆除明伦街、高畈街违章搭建64处,拆除小水池195处,新增违法建筑整治率100%。

5月16日,江南街道组织街道、行政执法在下官桥马路综合市场开展联合执法整治行动

(江南街道供稿)

【卫计工作】 开展育龄妇女健康普查和计生宣传文艺演出2场,发放宣传品1532份。设立计生用品免费领取点27个,完成母婴室标准化建设1处。走访计生困难家庭27户,组织计生讲座5场。

【民政残联】 发放低保、重度残疾人、困境儿童补助90.07万元,发放军人军属抚恤金。组织退役士兵参加推荐就业,开展退役军人、优抚对象信息采集工作。组织开展居家养老服务专项检查7次。

【社会保障】 登记企退人员5890人,慰问234人,发放慰问金71.34万元。组织开展企退活动42场次。开展企业无欠薪调查工作,走访中小企业36家。

8月4日,江南街道组织由班子成员带队的辖区企业活动走访

(江南街道供稿)

【文化建设】 修缮破损、老化健身器材14组,新建社区电子阅览室3个,完成4个社区文化活动中心提档改造,依托12支业余文化堆开展活动129场次。

(郑 旸)

三江街道

【概况】 三江街道辖区面积7.65平方千米,下辖15个社区,户籍数26515户,户籍人口70707人,常住人口110636人,流动人口82515人。

【工业经济】 2018年,实现工业总产值4.05亿元,同比增长25.7%,固定资产投资总额7.4亿元,税收收入14.2亿元,同比增长40.7%。做好出租房税收政策宣传,落实专人负责管理个人出租房税收,收缴个人出租房税收848万元。

【文明创建】 以创建工作为抓手,全面推进八大工程,先后打造2个社区、3个小区、1个城中村、6条街巷、15个楼道的示范样板工程。发动3.5万名群众参与建立“城市之心”志愿者服务队,成立“门前五包”巡查队,取缔临时交易点、马路市场,粉刷楼道1055个,安装智能充电桩2114个。在全市二环内所有乡镇街道6次排名考核中分别获第1名、第2

名、第3名各一次。

5月14日，街道召开创建全国文明城市暨重点工作推进部署会 （三江街道供稿）

【征迁工作】 为保证征迁工作顺利进行，抽调34名街道、社区干部，成立3个征收工作组，集中力量，压实责任，全面推进征收工作。征迁工作组克服畏难情绪，强化攻坚意识，挂图作战、绘表攻坚，做到动迁前"一张纸"算好明账，动迁时"一把尺"严守底线，动迁后"一本账"存档备查，用政策扫清解读误区，用真诚化解历史问题，满足群众合理诉求，接待信访群众60多批次、320多人。

【"五水共治"】 围绕"一年灭黑臭、两年提水质、三年可游泳"目标要求，街道坚持用问题短板倒逼工作落实，全面推进"一河一策"治理方案，完善"一河两员"监督机制。结合党建活动，开展以"五水共治"为内容的主题活动，组织党员参与巡河及环境美化活动。结合"创文"活动，先后出动130多人次清理江干渠河道水草、杂草，打捞漂浮物100多车20多吨，清理沿街水龙头656个、水池483个，餐饮店增设隔油池86个。

【安全生产】 2018年，完成辖区1700家食品单位的底数摸排和造册登记工作，同步开展隐患排查，常态化开展整治200余次，查处查封多家违法违规餐饮店，关停4个无证菜场，使辖区居民的食品安全得到保障。组建专职消防员巡查队伍，对"三合一"场所进行不间断地检查督促，开展电线整治30余次，剪除私拉乱接电线5500余根，安装充电桩2580个，充电口12873个，灭火器换新16487个。

【社会保障】 加强最低生活保障、残疾人保障和双拥优抚工作，开展走访慰问工作，为160户困难户，发放大米、食用油、棉被、食品等物质及慰问金15万元，对享受低保的45户家庭发放生活补助金35万元，对260名残疾人发放护理补贴79万元、生活补贴10万元，对966名困难退休职工发放慰问金42万元。通过银行发放优抚金82万元，对义务兵家属发放义务兵补贴55万元。

【平安综治】 联合三江派出所等部门开展"扫黑除恶""平安大巡查"等专项行动，通过每月定期、突击相结合的方式对辖区内的重点群体、重点区域、重点行业进行检查监管，对重点治安隐患地区进行严打整治。共侦办涉黑涉恶案件12起，侦破惩处5起，涉案19人，其他案件也在进一步侦办中。受理治安案件1748起，电信网络诈骗410起，打击"黄赌毒"违法犯罪活动90起，坚决做到"黑恶必除，除恶务尽"。

【基层党建】 始终以街道党工委为核心，把辖内党组织"串联"起来，成立街道大工委，培树带富先锋，建成多个具有一定规模和影响力的党建示范点，聚点成面扩大辐射效应，按照规范化标准化要求，完成所有党组织活动阵地的升级改造。推行"党建+"模式，以雅苑社区为范本，积极探索"商圈党建"共同体新模式，以婺江新村和新园社区物业党支部为试点，初步形成"红色物业"党建新样本，逐步形成轻轨党建联盟、寺前皇社区"54321"工程、雅苑红色商圈党建、阳光社区"七彩阳光"4个党建特色品牌，辐射带动周边党建工作提档升级。

（邵 敏）

西关街道

【概况】 西关街道辖区面积4.57平方千米，下辖7个社区和4个经济合作社，居民户数9635户，户籍人口24214人，外来流动人口42654人，人口自然增长率11.578‰。

【工业经济与财政税收】 2018年，完成规模以上工业总产值4.78亿元，同比增长16.9%；限额批零住餐营业额 53.48 亿元,同比增长 1.9%;限上服务业营业收入 22.8 亿元。辖区内所有规模以上工业企业实现正增长。固定资产投资额 9.44 亿元,位居金华经济技术开发区各乡镇(街道)第三。全年税收收入 8.11 亿元,同比增长 15.9%。在全国第四次经济普查中登记法人和产业活动单位 2685 个,个体经营户 103 户,完成西关街道经济普查任务。

【党建工作】 西关街道党工委以“党建+”为载体,开展在职党员进社区及党员志愿服务活动 400 余次;结合街道实际,开设“八婺讲习所”,开展讲习活动 20 余次;推行建立“红色街长制”,深化“四联服务社”做法,做实“红色物业”,营造“小区、辖区、社区”自管自治的良好氛围,纵深推进文明城市创建工作。积极探索楼宇党建“1+1”组织覆盖模式,串联宝莲楼宇中 82 家成员单位、172 名党员,试点成立首家宝莲楼宇党委,延伸党建工作触角,实现党建服务项目化,为“竖起来的园区”装上“红色新引擎”,将廉政文化与党建工作相结合,推进董宅社区的“家规家训家风”示范点建设,共评比出各类典型人物 7 名,用身边的好家风引领辖区党风政风民风持续转好。

3 月 1 日,西关街道召开 2019 年工作大会

(西关街道供稿)

【征迁工作】 山嘴头区块城中村改造方案已获批复,初步出具安置地块红线,完成人口房屋基本情况调查,基本完成合作社集体资产评估;金义东轨道交通建设寺后皇区块 18 户房屋征迁已有 17 户签约,剩 1 户未签约。同时街道全力解决征迁历史遗留问题,尖峰药业地块扫尾、天元食品地块征迁如期完成。

6 月 6 日,西关街道农试站宿舍楼拆除现场

(西关街道供稿)

【文明创建】 街道和社区、合作社干部发扬不怕辛苦、连续作战的精神,坚守在一线、拼搏在一线,问题整改在一线、团结协作在一线,通过“网格化创建、全科型服务”“路长制”“社区共建”“垃圾不落地、金开更美丽”“心连心”大走访等载体,全民创建、全域创建,完成全国文明城市创建首轮迎检工作。在创建过程中,辖区人居环境显著改善、市民素质显著提高、城市品位显著提升、干部作风显著转变。

【“五水共治”】 通过开展引水工程、日常清淤、落实“每日三查”制度、实行水电渎流域分段保洁责任制等工作,举全街道之力,于 6 月完成住建部消灭“黑臭水体”专项检查验收。同时,还积极协助相关单位(部门)对辖区内牡丹苑、市政花园小区、金兰水库宿舍、理工大学宿舍、江南明珠、消防大楼、南湖花园(南区、北区)、县园丁新村、香樟庭院、铁路宿舍等 11 个老旧小区实施截污纳管改造工程。

【平安建设】 全面落实平安建设目标管理责任制,狠抓社会治理和基层基础建设,深入推进矛盾纠纷化解、消防安全、安全生产等工作。做好矛盾纠纷排查化解工作,排查各类矛盾纠纷 578 起,调处 578 起,调处成功 572 起,调处成功率为 99%。深化基层治理,大力推进“四个平台”建设,建立健全快速反应机制,确保各类安全隐患和群众需求得到快速有效处置。2018 年接到“8890”投诉 1199 件,协调并回复 1122 件,退办 77 件,协调答复率 100%。

【文体活动】 重视完成街道综合文化中心提档改造建设,完成 3 个社区文化活动室建设;组建文艺团队 20 支,指导社区开展文化活动 48 场次,晚会类 13 场次,讲座类 7 场次,培训类 8 场次,创文系列活动 20 场次,丰富人民群众的文化生活,形成文化凝聚力。

【社会保障】 2018 年,发放最低生活补助金和物价补贴 15.22 万元;发放困难残疾人生活补贴 17.90 万元,重度残疾人护理补贴 40.41 万元。2018 年,新增低保边缘困难群众 2 户。发放优抚对象优抚金 66.88 万元,优抚对象医疗保险补助 19 人,救助金额 0.95 万元。接收登记企业退休人员 4521 人。对 4353 名社区在册登记的企退人员进行养老金发放资格认证工作,完成认证 4343 人,认证率 99.77%,确保企退人员养老金发放工作保质保量完成。城乡居民医保参保 4276 人,完成率 100%,大病保险参保 3121 人,完成率 72.99%,完成金华经济技术开发区任务目标数。"4050"社保补贴人员总计 463 人,发放补贴 151.65 万元。

(黄咏潋)

秋滨街道

【概况】 秋滨街道辖区总面积 32.8 平方千米,耕地面积 302 公顷。下辖 20 个社区居委会(其中 3 个 2018 年 12 月 25 日由婺城区批复完成撤村建居)、2 个行政村,户籍人口 6532 户、17707 人。流动人口 10.96 万人, 是金华市 4 个重点工业乡镇(街道)之一。

【工业经济】 2018 年,实现工业总产值 209.1 亿元,占金华经济技术开发区的 43%;限上批零住餐销售额65.8 亿元; 规模以上工业主营业务收入 209.1 亿元,占开发区的 71.6%;税收收入 23.1 亿元,占金华经济技术开发区的 38.6%。

【开发建设】 2018 年, 秋滨街道完成土地征收 103.4 公顷,征收房屋 470 户,共 14.6 万平方米,企业 1 家,共 1.53 公顷。其中,衡远动力电池零跑汽车整车等项目顺利投产,万里扬、众泰福特、今飞等重大投资项目相继落户。完成石门村接管,使产业平台拓展 11.1 平方千米。完成万里扬一期 28.93 公顷的土地征收工作和银湖小学、古丽中学 15.47 公顷土地政策处理和清表工作。完成夹溪路新建工程(28 号路-19 号路)约 1.09 公顷的政策处理、清表。完成金华市华晨机电有限公司 1.53 公顷土地收回工作。完成秋涛路工程(美和路至花溪街)0.72 公顷的政策处理、清表工作。石门溪改造项目顺利施工。

【文明创建】 加强宣传,共建共创。通过广播、倡议书、公益广告等多种方式,营造全方位、多层次、立体化的宣传声势。广泛开展"礼让斑马线""烟头兑鸡蛋"等特色活动,浓厚共建共创氛围。突出重点,强化整治。积极开展小区、城中村房前屋后乱堆乱放、乱张贴、乱围栏的全面清理整治工作,其中小广告理达 11.73 万平方米,取缔多家社区内马路市场。优化设施,保障资金。加大基础设施建设投入,增加停车泊位 1.51 万个,增划非机动车线 2.79 万米;增加小区绿化 4.39 万平方米,楼道洁化 85.77 平方米;拆除私搭乱建 1.84 万平方米。

【治水拆违】 严格按照婺城"河长制"规定要求,认真履行河长巡查工作,及时发现并解决问题,切实巩固治水及剿劣成果。上下联动,全面排查黑臭水体污染源, 完成黑臭水体专项整治工作;"无违建"创建实现常态化。全年共拆除违建 12.5 万余平方米,完成年度目标的 113.8%。

9 月 8 日, 秋滨街道石门溪生态廊道建设施工现场
(秋滨街道供稿)

【开展调研】 在征迁工作中,同步开展调研。开展3个课题调研,走访调研88次,参加人员75人,调研346人次,覆盖对象378家,涉及21个村(社区)、315户家庭。收到调研成果8个,形成调研文章13篇,收到问题(建议)51个,已解决20个,其中现场解决7个。

【平安综治】 建立完善"党政领导、多方参与、优势互补、调解优先"的多元化纠纷解决机制,协同施治,综合管理,将各类矛盾化解在街道范围内。共成功调处各类社会矛盾纠纷1447起,调解满意度达98.96%。

【创新工作】 规范落实党工委班子议事规则。推行网上议事的做法,最大限度地减少会议对工作精力的影响,同时确保该议则议。在干部管理与监督上,人性化进行干部考勤管理,监管并行,开展干部日常行为量化监管,多举措减负,多维度关怀,激励干部大胆作为、奋勇争先,取得实实在在的效果。抓好用好村干部队伍建设。严格按照金华经济技术开发区村干部底线管理办法以及廉洁履职负面清单管理办法把村干部队伍管起来,有效防止"不作为、乱作为"现象发生,推动村干部规范履职、干净做事,构建一支素质过硬、执行力强的村干部队伍。

(范苏丞)

3月8日,秋滨街道文化站举办"三八"妇女节插花活动 (秋滨街道供稿)

雅畈镇

【概况】 雅畈镇辖区面积74.33平方千米,耕地面积1524公顷,原下辖37个行政村,12月底行政村规模调整后合并为22个行政村。户籍数8680户,户籍人口23229人,均为农村居民人口。外来流动人口1812人,人口自然增长率4.7‰。2018年实现财政总收入5052.47万元。

【工业经济】 2018年,完成工业总产值9.81亿元,完成规模以上企业总产值4.81亿元,工业新增投入3569万元,限额以上工业投资2589万元,重点工业技改投入980万元,招商引资1.38亿元。小升规企业培育1家,新入园企业2家,整治"低散乱"、"四无"企业和个体工商户13家。

【农林水项目】 2018年,完成加全塘村浴塘加固及渠道改造工程,完成车坞水库等5座小(2)型水库及2座山塘标准化管理创建工作已完工;有序推进汉加片高标准农田质量提升工程及宜山村康安山、南干村师加坞2个造地改田项目;完成彭上村竹园沿山、雅叶村马龙岗建设用地复垦项目。完成7个村市级森林村庄创建工作,雅畈镇被评为省级森林城镇、省级平安农机示范镇。

【重点项目】 2018年,第二生活垃圾焚烧发电项目和金华市飞灰(含危废)填埋项目全力攻坚。组织全镇机关干部、辖区内"两代表一委员"和部分企业家、村干部、村民代表共计600余人,分批次到到宁波明州环境能源有限公司参观。完成主厂区19.8公顷土地流转,高压电线迁移10个塔基政策处理已完成,12月开始土地平整。为项目建设提供跟踪式服务、一条龙服务,对项目建设中遇到的问题、碰到的困难,安排专人处理。项目于12月19日顺利开工。金武公路建设工作成效显著。前期征迁已基本完成。红线内房屋拆迁涉及5个村、19个农户、39幢房屋,建筑面积5881平方米,已完成房屋的调查评估、签约补偿及拆除工作。农户拆迁安置地块基本落实,村庄规划调整中。

【小城镇建设】 2018年,完成东阳街及下街街景立面整治；镇区主入口景观及集贸市场提升改造；雨污水管网新建；集镇梓溪及支流清淤；东阳街及下街道路改造；雅新中街、东阳街及下街强弱电上改下管道铺设等工程。开工建设新型压缩式垃圾中转站及新建公厕3个；雅新中街道路改造、雅芳绿道、三横一纵等项目建设中。

【文明创建】 班子成员联系集镇5个村，成立多个专项工作组，实现定人定岗定责，每日按照文明城市标准查摆问题，推动整改落实工作。组织5000余人次参与集中环境整治行动20余次，治理集镇范围桥面、路面堆物31处，治理主次干道车乱开、车乱停、僵尸车400多辆，治理集镇范围摊乱摆、占道经营200多处。张贴创卫宣传广告1060块、发放创卫倡议书3500张、LED宣传屏6块、健康教育宣传栏39块。发动村两委、党员志愿者加强文明劝导，全力营造人人参与共建氛围。2018年，雅畈镇被评为省级卫生乡镇。

【新农村建设】 2018年，打造汉灶、上岭殿、寿溪、下山头、南干、儿坑6个精品村，小下店、上马山、上六、罗芳桥、雅叶5个秀美村及汪家宜居示范村。芳田精品村，雅桑园、寿六秀美村通过市、区验收。全镇34个农村污水治理项目中27个已正式移交第三方运维，其余7个项目上交资料第三方运维验收移交。开展"四治两化"、环境卫生普查10次、抽查6次，河道卫生专项检查6次。建成汉灶、上岭殿、汪家、芳田、小下店、寿溪、罗芳桥村生态洗衣房7个。制定2018年农村生活垃圾分类减量化处理主要工作要点及实施办法，进一步强化长效管理和日常监管工作，促进落后村转化，确保垃圾分类减量化处理工作常态化规范化运行。

【"五水共治"】 制定河湖长包干负责制，新增武义江(雅畈段)镇级河长及村河段长15名、镇村级湖长责任人各5名。完成清淤17.26万立方米，其中堪善塘水库完成清淤5.1万立方米，黄大塘池塘完成1.3万立方米，莲塘、下力塘、大森塘山塘完成清淤6.3万立方米,龛塘山塘完成4万立方米。对69处劣五类水体进行巩固提升，对辖区内的小微水体加强日常管理，建立长效机制及日常巡查制度和巡查档案，推进小微水体水质提升，水体有较好的巩固无反弹。

【"三改一拆"】 2018年，拆除各类违法建筑面积22.26万平方米，其中工业厂房违建钢棚拆除面积11.54万平方米，其他违法建筑拆除面积6.9万平方米；在拆除违建中新增违建2处，一处为农民建房120平方米，一处为企业违建8600平方米钢棚；无违建村整治6668.8平方米。

【社会治理】 2018年，成功调解矛盾纠纷10起，未发生涉毒案件、安全生产事故、群体性事件及火灾事故。建立健全村级平安建设组织，完成"反恐怖工作责任书"的签订工作。建立镇扫黑除恶专项斗争领导小组，广泛开展宣传工作，收回扫黑除恶线索排摸回执单9000多份。推进"四个平台"建设，完善基层治理体系，完成村级网格地图信息数字化绘制工作。开展全镇范围重大节日安全检查6次、冬季用火用电安全隐患排查4次、夏季安全隐患排查2次。肇事、肇祸精神病人排查2次，参与烟花爆竹禁燃巡逻400余人、3000余次。

【行政村规模调整】 成立行政村规模调整工作领导小组，做好前期调研及宣传动员工作。结合党员"联邻帮户"机制，逐队逐户做深做细群众思想工作，提升村民的知晓率、认同率和支持率，全镇户代表会参会率达99.7%，通过率达99.9%；股东代表参会率96.5%，通过率98.5%。对重点村加强领导干部力量配备，倒排时间表，明确联系领导和联络员，时刻掌握村情动态，确保村调工作平稳有序进行。

【民生事业】 举办雅畈镇第三届杜鹃花节，组织开展送戏下乡、送书画下乡等活动。雅叶、三村、芳田等村文化礼堂建设已完成验收，殿后村文化礼堂建设整改中。用好低收入评定政策，推进低收入农户认定归类工作。发放冬春荒救济款4万元、"三难"救助金11.8万元、残疾人慰问款3万元、义务兵优待金96.62万元、临时救助金9.23万元。新增低保28户、52人，低保边缘11户、32人，五保户4户、4人，注销低保15户、21人，注销低保边缘户54户、151人。

（陈　健）

4月3日,“相约杜鹃花海 传承婺窑文化”为主题的第三届雅畈杜鹃花节正式开幕

(施俊、苏晓婕供稿)

9月30日,雅畈镇召开乡贤联谊会,成立乡贤协会

(雅畈镇人民政府供稿)

安地镇

【概况】 安地镇辖区面积136.47平方千米,原下辖37个行政村,2018年12月行政村规模调整后合并为22个行政村,户籍数6298户、16912人,是国家级生态乡镇、省级森林城镇、省级卫生乡镇,有“中国桂花之乡”的美誉。2018年,全镇税收总收入4298万元,同比增长207.88%。财政收入1592.3万元,完成任务数的341.13%,同比增长266.72%,其中国税收入358.9万元,同比增长78.91%;地税收入1233.4万元,同比增长428%。

【旅游发展】 2018年,仙源湖度假区扩容得到省政府批复,顺利从9.8平方千米扩容到40.57平方千米,全域铺开“旅游风情小镇”建设。其中,巨龙温泉旅游度假区、喻斯生态旅游区成功获评国家AAA级景区,大幅提升安地旅游品质。2018年接待游客106.2万人次,同比增长15.4%,实现旅游经营性收入2.88亿元,同比增长15.2%。

【小城镇环境综合整治】 2018年,开展安地小城镇环境综合整治工程,共启动13个建设项目,完成岩头村景观改造及配套设施提升;梅溪西侧建筑立面整治;镇政府大院及周边改造;南山陵园530穴坟墓建设;安兴街、邮电街等主要街道立面改造;临时停车场建设;背街小巷提升改造。有序开展安置区桥梁建设、安置房一期等民生重点工程;做好镇中心幼儿园、智慧交通等项目前期准备工作,完成小城镇整治关键小事、两站两员、公厕改造等民生实事,设置便民停车点6个,健康主体广场1个,便民充电站3个,放心餐饮示范点3家。

【美丽乡村建设】 开展美丽乡村建设,梅溪生态廊道沿线的村如岩头、上傅、下傅、新垅等村的精品村建设基本完成,岩头村成功承办“仙山婺水 相约岩头,港澳台学子走进金华和美乡村”活动;稳步推进“五水共治”工作,严格落实“河长制”,2018年,完成清淤3.39万立方米,完成仁坑、杨垄2个山塘除险加固工程,保证全镇水域安全、水质良好,安地水库成功创建为市级规范饮用水源保护区。结合文明城市创建和国家卫生乡镇创建工作,针对“道乱占、车乱开、摊乱摆、房乱建、线乱拉”进行专项督察,拆除违法建筑82处,面积40029平方米,拆后土地利用率达90%以上,整治乱堆乱放318处,镇域环境焕然一新。

【精神文明建设】 通过文明家庭、最美家庭、最美媳妇、最美邻居等系列创建活动,为“担当赶超、婺城图强”汇聚精神能量和道德滋养。涌现出如勇救落水儿童的刘向阳、朱海峰、程超,区第七届精神文明建设草根奖“重信守义”奖安地邮政所郑卫星,“孝老爱亲”奖岩头村陈文明等一批好人。2018年共评选区级“文明家庭”30户、市级“文明家庭”2户,区级“平安家庭”2户、市级“平安家庭”1户,区级“绿色家庭”6户、市级“绿色家庭”1户,助力全国文明城市创建。成功举办第十届仙源湖桂花节、第三届“中国山水四项”——金华南山越野赛、第二届

“醉美仙源湖”摄影比赛等大型文体活动，亮出安地好名片；开展农民“村晚”、文化走亲、“校村结对、双堂双进”活动、“传承国韵”开蒙礼主题活动、纪念改革开放40周年文艺会演、“青春无悔 岁月如歌”知识青年下放50周年晚会等活动，讲好安地好故事；引导群众创作贴合村情民意的文化作品，创作岩头村、喻斯村、西周村等村歌，其中《最美不过喻斯村》获得区首届“文化礼堂杯”村歌演唱大赛金奖，唱响安地好声音；着力提升已建文化礼堂的软实力，岩头村文化礼堂挂牌成为全区首家“诗歌文化礼堂”。

9月29日，第十届桂花节在仙源湖开幕

（安地镇人民政府供稿）

【消除集体经济薄弱村工作】 2018年，安地镇积极引导山区百姓发展绿色产业，努力激活村集体造血功能，通过整合资源、结对帮扶、招商引资“三管齐下”，完成13个省定经济薄弱村“消薄”任务，实现经营性收入5万元以上的村32个，完成率88.89%，提升群众满意度、幸福感。

【社会民生】 2018年，全镇城乡居民养老保险参保5944人、医疗保险参保10680人。全年落实兑现各类民政资金226.198万元，其中城乡低保130万元，抚恤补助66万元，义务兵优待25.44万元，五保供养1.848万元，临时救助2.91万元，帮助困难群众渡过难关，维护社会稳定。2018年出生人口为170人，男女性别比为102.3:100。发放新婚新育、“三优”、流动人口等各类宣传资料200余份，全面宣传落实两孩政策。完成两癌检查722人，生殖健康检查711人，确保育龄妇女有病早发现、早治疗。

【基层党建+社会治理】 推进“基层党建+社会治理”工作。坚持以基层党建引领为先导，以“一网、三治、六助力”为载体，多策并举，扎实推进社会治理新模式，全力创新发展新时代“枫桥经验”，建设和美安地。在前期党员联系户工作开展的基础上，将支部网格细分为联系户小网格与综治工作、市场监管、便民服务、综合执法等基层治理四大要素有机结合，构建社会治理“全科网格”综合体，推动工作重心下移，做到网格问题早发现、早报告、早处置，实现“小事不出村，大事不出镇”，有效化解矛盾纠纷。同时，认真开展“扫黑除恶”专项斗争工作，成效显著。

【基层党建】 紧紧围绕“红韵安地”品牌，整合各类资源，完成全镇36个村的党员权利与义务制度牌更新，对梅溪生态廊道党建示范带内各党建示范点进行提档改造，将牌楼—金安大道—下傅垄串成党建示范圈。其中，岩头村增设党建主体景观8处；上傅村新增党建小品2处；下傅村新增一块长达11米的红色党建景观；镇办公楼围墙外增设一条20余米长的党建红色长廊。通过党建示范圈的带动辐射，桂花飘香风景线上的南郭村及喻斯村、十里桂花长廊里的西周村纷纷响应，营造浓厚党建氛围。

（郑戈弋）

白龙桥镇

【概况】 白龙桥镇辖区面积92.91平方千米，耕地面积2146.7公顷，原下辖49村民委员会，8个社区居委会，2018年12月进行行政村规模调整后合并为27个村民委员会，12个社区居委会。全镇户籍总数24877户，人口65241人，外来流动人口33108人。

【工业经济】 2018年，白龙桥镇经济指标保持平稳，产业布局不断优化。471家工业企业完成生产总值163.97亿元，71家规模以上企业总产值76.53亿元，占工业总产值的46%，同比增长2%。全年整治“低散乱”企业62家，其中改造升级14家，关停淘汰13家，合理转移18家，整合入园17家，企业经营发展更加合理规范。

【农业经济】 2018年,全镇完成粮食订单306.67公顷,创建百亩高产示范方6个,新培育省市级规范性家庭农场4家。通过充分梳理和挖掘村集体经营性收入、整合资源新建项目、合理分配区政府“铂大”项目投资资金等方式,为集体经济薄弱村开辟致富增收新道路。全镇46个村消薄成功率达到100%。

【财政税收】 2018年,全镇税收总收入92791万元,同比下降13.13%。其中,国税收入68484万元,同比下降14.69%。地税收入24307万元,同比下降8.39%。区级税收收入24495.24万元,同比下降12.02%。其中国税16587.35万元,同比下降12.74%,地税7907.89万元,同比下降10.48%。

【重点工程】 政策处理攻坚克难,平台保障能力不断增强。2018年,全镇32项重点工程政策处理完成24项。原云计算地块、后童地块、洞溪拟出让2.53公顷地块、13.93公顷商住地块顺利清表;330国道平改立项目完成最后一户政策处理遗留问题,顺利通车;福利院北侧10.2公顷地块和西城印象西侧2.8公顷地块顺利出让;杭金衢高速拓宽工程、白龙桥法庭、330国道两侧及二环西路绿化工程、双溪西路下穿等清表工作相继完成。

【社区管理】 规范有序开展行政村规模调整工作,将原有57个村社调减为39个村社。在户代表和股东代表会议中,户代表、股东代表同意率以及设立新村经济合作社同意率100%。

12月25日,白龙桥镇行政村规模调整户主签字现场 (白龙桥人民政府供稿)

【社会保障】 全镇42家居家养老服务中心总体运行流畅,新成立的退役士兵社会化服务工作组完成全镇退役军人和其他优抚对象的信息采集工作。结合“婺城无欠薪”创建目标,调解劳资纠纷14起,涉及金额17.6万元,调解疑难纠纷109起,镇人民调解室被评为省级先进调解室。

【文明创建】 2018年,临江村等3家文化礼堂通过验收,举办文化活动150余场、选树身边好人40余人。围绕全国文明城市创建三年工作计划,开展“双十行动”,六乱整治、死角盲区大围剿,烟头不落地专项行动,村庄环境、精神文明建设提升方面取得突破。

【新农村建设】 结合村居特色打造“花满婺城”景观节点,完成7个精品村建设,13个秀美村已进入设计招投标阶段,获评省A级景区3个,其中新昌桥村为AA级;39个村居开展“全域美”环境整治行动,采取网格合力攻坚的方式,组建网格“全域美”志愿者队伍,进行交叉整治,全面扫清房前屋后乱堆乱放、家禽家畜随意散养、卫生死角脏乱差臭等不文明现象。

【小城镇环境综合整治】 注重提升城乡规划,建设美丽乡村、打造品质集镇。小城镇环境综合整治EPC项目顺利完成招投标,41项工程完成设计、15项工程进入施工阶段。新昌桥廊道项目、婺州城市绿道基本完成,古方、龙蟠等村3565户农户完成美丽庭院建设,2处生态洗衣房新落地并投入使用。龙蟠村完成“省级宜居示范村”建设工作,成为全区唯一申报该项目并通过验收的行政村。

【平安综治】 学习“枫桥经验”,基层治理水平不断提升。通过“党建+社会治理”模式,完善“四个平台”网格建设,提升基层自治能力和效果。全镇71名专职网格员在“扫黑除恶”专项斗争等工作中发挥重要作用。

【安全生产】 完成2018年全面禁燃工作任务,落实干部联企制度,每月定期对辖区内512家生产型企业展开安全生产检查。对老旧小区及公共场所展开检查,补装灭火器1400余只。培训企业法人、安全员190人次,安排第三方开展应急疏散演练。以“雪亮工程”和“出租房屋旅馆式智能化管理”建设助推平安建设，新建治安摄像头521个，新安装智能门禁357个，新安装电瓶车智能充电桩20个。

【“五水共治”】 注重改善生态环境，“五水共治”、环保督查、垃圾分类三管齐下。劣V类水体清剿向小微水体延伸，办结31件治水督办件，办结率达到100%。针对省环保督查组交办的涉及16家企业和园区的14个举报件，全镇紧盯企业抓整改，责令5家企业停产整改，1家企业办理，并加强对15家企业的日常巡查及监管。2018年，全镇有21个村被评为垃圾分类和环境卫生优秀村。

（陈元庆）

琅琊镇

【概况】 琅琊镇辖区面积93.07平方千米，耕地面积1533公顷，原辖30个行政村，2018年年底行政村规模调整后合并为18个行政村。全镇户籍6785户、19491人，人口增长率0.94%，外来人口总数554人。2018年实现财政总收入3644.32万元。

【工业经济】 2018年，实现工业总产值48153万元，同比增长1.04%，其中，4家规模以上企业实现工业总产值16763万元，同比增长34.38%。自营进出口实现4115.58万元，同比减少18.96%。同时完成小微企业园建设前期工作，继续跟进项目进度。

【农业经济】 2018年，建成无花果基地8.93公顷，芦笋基地3.3公顷，金线莲种植基地20公顷。完成粮食播种面积1400公顷，旱粮播种面积29.87公顷，垦造耕地7.33公顷，标准农田提升140公顷，新立项造地改田5.33公顷，建设用地复垦0.33公顷。完成春季山地绿化造林20公顷，平原绿化造林8公顷，四旁植树1.2万株，林木抚育133.33公顷，新植珍贵树种1.8万株、苗圃34.67公顷。组织完成上盛村油茶基地造林验收、新朱村股份制林业改革试点工作。

培训种粮大户、养殖大户、粮食专业合作社社员196人次。早稻、晚稻、单季稻复种面积3.33公顷以上大户共计10户。开展12批次的农产品检测，发放宣传资料315份，加强农产品质量安全监管。向16家家庭农场、种植大户推广商品有机肥2160多吨，为清洁田园、生态环保打好基础。成立金华市婺城区琅琊农村集体经济发展有限公司及金华市婺城区琅琊惠民投资发展有限公司。全镇30个村全面完成总收入10万元及经营性收入5万元以上消薄任务。发放耕地地力面积补贴230多万元，开展农业机械免费实地检验工作，农机手可以联系两家农机维修公司上门免费保养农机具，向18家农机大户和农业专业合作社发放44张农业机械免费检验卡，带动农业产业化发展，促进农业增效、农民增收。

【第三产业】 2018年，举办“健康琅琊 健康中国”毅行活动、千人畅游母亲河（白沙溪）活动、9·23中国第二届“山水四项”公开赛等，开启琅琊镇“体育+”的新篇章。以“省级粮食功能区”和“省级现代农业综合园区”建设项目为主要抓手，申报浩仁村农家乐乡村旅游基础设施建设、棠坑源村乡村休闲旅游村庄美化提升、杨塘下村农家乐乡村旅游集聚区建设3个山区经济项目，发挥各项资源优势，提升基础设施，促进农旅产业发展。培育各村的农家乐、乡村民宿旅店，主推家庭农产品园，推广富硒米、千层糕、冷水茭白、有机蔬菜、有机水果等特色农旅产品，完善吃住游玩于一体的服务配套设施。2018年9月，举办第一届农民丰收节暨婺城区农产品展销会，带动农副产品当日销售260余万元。

【“五水共治”】 完成“碧水1号”“碧水2号”小微水体排查162处，微水体水系连通100%。严格落实“河长制”，监督镇村级河长巡河工作，彻底剿灭劣V类水水体。改造自来水管道10.7千米。27个行政村正式移交完成农村生活污水治理工程，完成审计16个，正在审计的9个。完成后金莲塘、南山莲塘、新兰干竹垅山塘清淤工程，清淤方量9.16万立方米。完成高田塍村饮用水提升改造工程，铺设管网总长11千米，水表402只。30个行政村的防汛工作组成员安装并学会使用“浙江省防汛APP”。完成污水零直排区创建问题排查167处，投资800万元对集镇雨污管网改造检修，集镇区域所有商户、农户做好截污纳管。

【美丽乡村精品村建设】 高田塍秀美村通过区农

办验收并完成审计。完成第三批杨塘下村精品村建设竣工资料、决算;基本完成第四批高田塍村精品村建设的白沙公路沿线村庄美化、美丽庭院建设及村中休闲广场等项目建设。棠坑源、新朱、高田塍、马坦、琅琊滕5个村的生态洗衣房完成建设并投入使用。

【小城镇环境综合整治】 全镇各主要街道每70米设置分类垃圾桶,每户配备2只分类桶和铁艺垃圾筐,筐上设置花盆、宣传标语。琅琊徐、琅新、琅沙、白沙卢、水竹蓬5个村顺利完成生活垃圾分类资源化处理站的建设,并投入试运行。招聘“两站两员”2人,特聘金盾公司保安10人,强化停车秩序整治。拆除违章建房6万平方米,拆除插管井152个,拆除蓝色屋顶232处,清理乱堆乱放640余处,小广告480余处,整治低小散企业7家,罚款车乱停420余辆,整治道乱占450余处。外墙粉刷约220户,粉刷面积5.35万平方米。各主要街道外墙立面(含店招、空调外机罩等)改造面积3.47万平方米。已经于10月26日顺利通过市整治办的初次考核验收工作。

3月18日,琅琊镇领导班子成员查看小城镇环境综合整治情况　　(琅琊镇人民政府供稿)

【党建工作】 持续有效开展“两学一做”学习教育,组织镇、村干部深入学习领会习近平新时代中国特色社会主义思想,认真学习中共十九大及十九届一中、二中、三中全会精神。利用党日活动面向全体党员开展多形式、分层次、全覆盖的全员培训,发放各类宣传册1500余份。建成特色鲜明的“党建+”工作示范带。按照民生民事进行设计打造“党建+”工程,结合高田塍村精品村建设、琅新琅沙移民公园建设、琅琊徐村水系一条街建设,形成一条有鲜明党建特色品牌的村庄示范带。全面落实软弱涣散村的整治工作,由镇主要领导联系,通过配备第一书记、健全工作机制、加大为民办事,促使村班子战斗力明显提高,各项工作得到有序推进,党组织凝聚力明显增强。

【安全生产】 2018年,全镇安全生产形势平稳,组织开展春季安全生产大检查、出租房消防整治活动、今冬明春安全生产大检查等专项检查整治活动。完成企业安全托管13家、双重防护9家、智慧用电3家、标准化21家。企业安全生产逐步规范化,安全生产管理水平得到提升。

【社会保障】 通过广播、宣传资料等方式对全镇12076名参加城乡居民医疗保险的村民征缴2018年的医疗保险费用,宣传新出台的大病保险政策,降低村民“因病致困”概率,同时镇村干部帮助不方便的村民通过支付宝和金华人社APP进行网上缴费。全镇实现基本医疗保险实际到账11973名,到账率为99.15%,居全区第8名;大病保险实际参保到账7229人,占参保总人数的59.86%,相比2017年新增5244人,增幅264.18%。对126名未参加城乡居民医疗保险人员进行排查,通知本人或家属尽快办理参保手续。现有低保户152户、212人,1—10月,发放低保金125.53万元;做好农房政策性保险农户参保率达100%;发放春节救灾款57人、4.3万元;对962名企退(被征地农民)进行重阳节慰问。完成劳动保障、民生保障、优抚安置保障以及残联工作,困难群众的分层分类救助制度得到落实。

【人口与计划生育】 截至10月底,全镇在籍已婚育龄妇女4850人,总出生140人,男孩82人,女孩58人,期内出生婴儿性别比141:100,无计划外生育,计划生育率100%。6月1日开始,全面开展网上办理生育登记服务,服务对象85例。

【文化宣传】 14个“文化礼堂、精神家园”准确定位,结合端午、中秋、国庆等节假日,开展“我们的节日”文化主题活动,自编自导自演“农民村晚”,村民好评如潮。各行政村先后开展实施“春泥计划”,覆盖面达100%,优化农村未成年人成长环境,丰富未成年人暑期精神文化生活，提升未成年人道德素养。同时利用节假日开展反邪教主题宣讲会,深入了解邪教的危害。建立村级普法阵地,全镇村居工作站均设有法律顾问咨询,为老百姓提供法律上的帮助。完成区司法局布置的五级微信塔群建设。持续开展“绿色家庭”“文明家庭”等评选活动。发掘身边的好人好事，广泛宣传各类道德模范的先进事迹,形成良好氛围。“青年之家”“妇女之家”“平安之家”等活动阵地相互融合建设,资源共享,场地共用,为党建带群建活动提供阵地保障。6支志愿者队伍定期开展志愿服务,助力乡村振兴,真正实现党建引领、群团聚力、共建共享、服务发展。

(郝兵勇)

蒋堂镇

【概况】 蒋堂镇辖区面积54.29平方千米，耕地面积2000公顷，原下辖32个行政村,2018年12月底进行行政村规模调整后合并为17个村，户籍7236户、19697人。2018年,蒋堂镇获得省级卫生乡镇、省级文明镇、省级农业“机器换人”示范单位、市争创“平安金鼎工作”集体三等功、市级五水共治突出贡献集体、市级“双拥”工作突出贡献集体等荣誉。

【工业经济】 2018年,蒋堂镇规模以上企业充满活力,产值上升明显。工业总产值15.51亿元,规上工业总产值达到8.01亿元，完成全年目标102.74 %,限额以上固定资产投资1.13亿元，技术改造1.04亿元,引进内资8000余万元,外贸进出口950万美元,实现税收总收入6678万元。

【农业经济】 2018年,建立区级水稻高产创建示范方176.67公顷、高产攻关田1.33公顷、旱粮生产示范基地34.67公顷，市级良种繁育基地76.8公顷。以嘉穗联合社为主建立富硒米生产基地213.33公顷,以此带动走出以富硒西瓜、葡萄等为主的特色优质农业道路,打响蒋堂富硒健康品牌。

【小城镇建设】 2018年,蒋堂镇小城镇建设顺利收官,深入实施乡村振兴战略,大力开展小城镇环境综合整治工作,打赢锯板厂攻坚战、危旧房持久战、畜禽养殖厂歼灭战“三大战役”,共拆除锯板厂218家、锯板机250台,拆除危旧房375处,拆除养殖场203家,拆除面积达25.6万平方米。大拆而后大建,街面整治、开化工业区截污纳管、农贸市场改造提升、老镇区道路改造、垃圾中转站、公厕新建、入镇口改造(东西)等项目顺利完工,集镇景象焕然一新。同时,发挥集镇辐射作用,不断推进精品村、秀美村、A级景区示范村建设工作,以点带面,全面改善乡村面貌。

【消除集体经济薄弱村】 2018年,蒋堂镇率先成立金华市婺城区蒋堂农村集体经济投资发展有限公司，由镇属企业及辖区内8个薄弱村共同合股经营,实现资金变股金,让分散的资金聚起来。同时,引导各村结合实际发展特色经济,清水塘、大立元、年坑3个村,发挥交通区位优势,结合锯板厂拆后土地利用,发展物业经济;许里、石坑、下汪、下方等8个村通过整合村内现有闲置零散的集体土地,进行发包转租,发展土地经济;鼓励开化、泽口、下尹、许里等村利用乡村自然资源、人文资源,开发观光、采摘、农家乐、红色旅游等项目,发展旅游经济,不断激发新的经济增长点,为村集体拓宽增收渠道。

【文明创建】 2018年，在镇域范围增加投放1500余处公益广告,确保镇政府周边、主要街道以及集贸市场、文化站、卫生院等重要点位随处可见公益广告,积极营造文明乡风。组织镇、村干部成立文明志愿者队伍,持续开展“礼让斑马线”文明劝导活动,发挥“两站两员”作用,加大机动车违章停车处罚力度,不断改善出行环境。

【镇、村服务网格】 2018年,对照“一窗受理,集成服务”的标准,蒋堂镇对“365”便民服务大厅进行系统改造提升,并向村、社区延伸便民服务网络,加强村级便民中心规范化建设,打造“一站式服务”的村级综合便民服务中心,实现村、社区便民服务站全覆盖。推广浙江政务网APP,以“数据多跑路,群众少跑腿”为目标,推进网上办理业务,群众实现“最多跑一次”。

【“五水共治”】 推进“全域污水零直排”建设,以点带面,对镇域范围内所有行政村、排污单位进行彻查彻治,不留死角。2018年,排查水体422处,排查问题点数99处,完成池塘清淤43处、山塘3座、水库1座,投入资金418.73万元,清淤量31.41万立方米,占年初任务比的102.25%。坚持不懈抓好已有11家养殖场的环境督查工作,深入推进畜禽养殖场污染防治,实现污水专业化处理。全面打响"碧水"保卫战。

【"三改一拆"】 2018年拆除各类违法建筑89处,共计占地面积147054平方米,建筑面积165284平方米,拆后利用面积134078平方米,拆后利用率91.18%。作为婺城区违法建筑分类处置试点乡镇,蒋堂、界首、石坑3个试点村抓底数排摸,建立一屋一档,已完成前期调查摸底工作,共走访441户,测量登记建筑604处。

【民生事业】 养老服务形式更加多元化。2018年,新开张居家养老照料中心7家,创建示范型居家养老服务照料中心2家,同时督促整改运行不规范的村级居家养老照料中心,完成已有27家居家养老中心集中审计;公共体育服务能力不断提升。西洪、界首、胡家3个村完善小康体育村升级工程,极大丰富村民的文化体育生活;精品文化资源不断丰富。利用农村文化礼堂资源,打造开化莲"廉"文化、下尹"孝"文化、泽口"婺剧"文化、直里"武术"文化等各类文化教育基地,开展形式多样的文化教育活动,努力形成"文化礼堂一日游",融入全区"文化礼堂经济圈"。

【平安蒋堂智慧管理】 坚持"平安蒋堂建设"为主题,深化"四个平台"建设工作,优化资源配置,重点抓实"矛盾化解"、"治安整治"等工作,构建"权责清晰、功能集成、扁平一体、运行高效、执行有力"的乡镇管理体制和机制,全面提升基层社会治理和服务群众水平。进完善两站两员建设,运用"互联网+"模式,完善智慧交通基础设施,实现指尖上的管理,全面提升农村道路交通安全管理水平,减少农村道路交通安全隐患,遏制交通事故多发的势头,保障村民的生命财产安全。联合交警部门多次开展交通安全劝导工作,教育劝导1800多人次,共治理"车乱开""道乱占" 车辆1538辆次, 开出有效违停罚单180张,事故率下降10%左右。

【基层党建】 持续深入开展"不忘初心、牢记使命,当好新时代金华答卷人"大调研,丰富创新"讲习所"内容载体,深入学习习近平新时代中国特色社会主义思想、中共十九大精神及党章党规等理论知识,先后开展集中授课13次,参加活动党员2000余人,引导党员学在经常、做在日常、严在平常。以"8+X"管理法为依托,对每个党员实行积分管理,进行一月一考评、一季一总结、半年一综评,让每名党员真正活跃在一线、贡献在一线、价值体现在一线。推进行政村规模调整,蒋堂镇将32个行政村调整为17个行政村。以行政村规模调整为契机,整合各村人才资源,改变部分村人才匮乏、年轻党员稀缺的现象,不断优化党员干部队伍;化解选配村干部只能"矮子里面选将军"的尴尬,配强村级两委班子;改善部分村级组织长期处于软弱涣散的状态,增强基层组织战斗力。

(刘姗姗)

汤溪镇

【概况】 2018年,汤溪镇接管蒋堂镇黄碧垄、殿后、杨梅山3个行政村,辖区面积由原来的106.36平方千米拓展至109.02平方千米,其中耕地面积3453.33公顷,林地面积3780公顷。原下辖72个行政村,2018年年底进行行政村规模调整后合并为38个行政村,1个社区,共有户籍16161户,人口46300人,外来人口18000人。

【工业经济】 2018年,汤溪镇实现规模以上工业总产值43.96亿元,同比增长17.3%;实现规模以上工业新产品产值16.5亿元,同比增长30.8%;实现规模以上工业主营业务收入39.57亿元, 同比增长22.5%;实现税收2.94亿元,同比增长41.3%。

【农业经济】 推进国家级农业综合开发现代园高标农建设项目,落实2018年粮食功能区维护项目18个, 喷粉松材线虫防治1万亩、清理砍伐病死树233.33公顷。搬迁陈村地质隐患点养殖场,全面治理里金坞采空区塌陷地质灾害点。推进土地整治工作,通过实施高标农项目,建成高标农田326.67公顷。

汤溪镇派溪李畈的良田

（汤溪镇人民政府供稿，拍摄于 5 月 3 日）

【旅游业】 整合旅游资源，创建省 A 级旅游村庄 6 个，省 AA 级 2 个，省 AAA 级 2 个，宅口、下伊等村考古成果丰硕。寺平、上境、下伊、堰头、鸽坞塔 5 个村列入中国传统村落名录，佳乐九峰牧场获批全国 20 佳休闲观光牧场，九峰湿地公园获批建立省级湿地公园，上境、鸽坞塔两个村确定为第三批金华市非物质文化遗产旅游景区。全年乡村活动相继举办了省级非遗项目——“厚大抢头杵”保护传承活动，鸽坞塔村“三月三”民族风情节，白鹤殿口村民俗文化节，城隍庙摆胜祭祀盛典，下伊保稻文化节，上境“端午美食节——汤溪菜厨王争霸赛”“重阳节千人宴”“首届丰收节”，寺平中秋节“银娘祭月”活动等。

【开发建设】 开展“优强促”集中攻坚行动，汤溪镇范围内的健康生物产业园、文旅康养区两大平台初具规模。花园生物、中南高科等一批重大产业项目先后落地。杨梅山、殿后、黄碧垄 3 个村的托管工作顺利完成，空间布局得到优化，基础设施进一步完善。

【征迁工作】 “四破”区块内永青家私、海纳工具、汤溪拖汽修配厂完成拆除，特种油脂厂新厂房钢结构完成搭建。健康生物产业园涉及的华阳苗木、沥青搅拌站及上徐村梅花树等地块土地清表到位；雨水管道西至厚大溪延伸工程 3.87 公顷土地政策处理、清表完成；大荣涂料、浩博材料 3.55 公顷国有土地、污水处理厂 4.33 公顷土地完成收回。完成骨灰堂公墓建设涉及 3.13 公顷土地征收和政策处理；完成金西蒙牛 35 千伏变电站工程涉及施家段电力专线政策处理；完成下窑—龙游天然气管道工程政策处理、清表。宁能热电工程项目涉及山塘下、施家工程全面完工。完成九峰靶场土地流转工作，平稳有序完成陈村村、贞姑山村、油麻车村、厚大村涉及 68.12 公顷的土地流转协议签订、政策处理、清表。

【新农村建设】 推进消薄和行政村规模调整工作，通过强村带弱村、大村带小村、富村带贫村的方式，优势互补、资源共享。围绕“五张答卷”，全面提升乡村品质，2018 年荣获开发区 “新时代和美村”6 个，服务开发区优胜村 9 个，党建精品村 5 个，平安示范村 5 个，宜居富美村 5 个。

【小城镇环境综合整治】 2018 年，集镇建设完成投资 3.33 亿元，项目投资完成率 94.9%，开工 25 个，开工率 100%。集镇强电弱管道改迁下地工程，城南路改造及延伸段景观提升、中山路东段道路改造、南门街小广场、老镇区花岗岩人行道改造、两座停车场、集镇污水管网建设工程已完成，集镇零星工程改造继续查漏补缺，东湖湖滨公园、集镇智慧交通建设，学士路路口东湖街景观、集镇配套服务设施、背街小巷整治等项目基本完工。加大“三改一拆”力度，通过网格化整治，区块化推进，整治拆除存量违建，多部门联动，立体化巡查，拆除新增违建，2018 年拆除违建 13.41 万平方米，完成率 103.22%。

【文明创建】 开展全国文明城市创建活动，以“全科型服务、网格化创建”为抓手，发挥 1100 余名网格员作用，深入 89 个网格开展活动。发放创建宣传资料 2.3 万份，设立大小广告宣传牌 5000 余块，制作宣传墙绘 3000 余平方；开展“捡烟头、兑礼品”活动 7 次，兑烟头 160 余万个；组织人员对主次干道、背街小巷、小区楼道进行大规模集中整治，清运垃圾500 余车，清洗道路 3000 余米，清理小广告 1000 余处，粉刷老旧楼道 7000 余平米，更换破损垃圾桶 650 余个，增加机动车位 4368 个，非机动车位 18412 米；常态化推进与行政执法、交警路政等部门开展的交通联合执法，共拖机动车 15 辆，非机动车 520 辆，集镇环境卫生、交通秩序等整体面貌焕然一新。持续推进生活垃圾分类减量化工作，全年清运垃圾 1.5 万余吨，发放分类垃圾桶近 3.3 万只。

【“五水共治”】 水治理常抓不懈，推进河长制工作,对镇域内所有河道、环境库塘进行全面监管,确保河道全面“挂长”。建立巡查台账,加大对排污口的日常巡查,同时对入河垃圾进行全面打捞清理,全年清淤山塘、池塘28座,河道30条,清淤面积26万立方米。加强对河道沿岸绿化保护,保持河道整洁,莘畈溪、厚大溪“两溪”全流域治理工程开工建设,打造“水清、岸绿、景美”的水环境。

【安全生产】 坚持“隐患就是事故 事故就要处理”的理念,2018年联合检查低小散企业242家,整改隐患1000余处;组织企业开展消防培训及演练72家,并引入第三方安全体检站,定期对全镇企业、建筑施工单位及人员密集场所等进行安全检查并提供技术咨询,确保安全生产常态运行并持续改进。严格落实食品安全监管职责,加强农产品质量安全监测,全年开展检查指导食品销售和餐饮服务单位1700余家次,开展多项专项整治工作,有效保障群众“舌尖上的安全”。为防止非洲猪瘟蔓延,及时制定应急方案,有序开展防控工作,保障全镇养殖业健康发展。提升防灾减灾和应急处置能力,整治农村危旧房206户。全镇未发生重大安全事故。

【民生事业】 2018年,居家养老服务体系不断完善,新建服务照料中心4家,新建农村文化礼堂7家,改造提升文化活动中心3家。实施文化惠民工程,围绕纪念改革开放40周年组织开展形式多样的文化活动,努力营造积极健康的文化环境。关注民生服务群众,全年完成已婚育龄妇女健康普查2930人,2018年农村合作医疗保险完成率98.21%,适龄男青年兵役登记100%。做好基本医疗和公共卫生服务项目,实现与区级医院数据共享。困难户危房改造完成55户。完成人民武装和退役军人登记、信息录入、光荣牌悬挂等工作任务。与此同时,统战、妇联、团委、工会、红十字会和各项民生工作均取得新成效。

【平安综治】 2018年,全镇安装监控探头1320个,已接入镇综合指挥室611个(公安330个、村级249个、行政执法32个),村级基本实现农村高清视频监控24小时全覆盖。开展扫黑除恶专项斗争,严厉打击各类违法犯罪行为,2018年扫黑除恶专项行动中九类罪名人员强制措施数完成33人,采取刑事强制措施、起诉20多人。坚决治理违法用地,全面开展“大棚房”整治工作,综合执法严格落实“网格化”管理机制,对违法建设和不文明行为及时发现制止。

(张卜文)

罗埠镇

【概况】 罗埠镇辖区面积44.33平方千米,集镇面积0.78平方千米,耕地总面积33121亩,下辖62个行政村和1个居委会,设罗埠、莲湖、湖田3个分中心,共12621户、户籍人口35061人、人口自然增长率0.125%、外来流动人口4600余人。

【工业经济】 工业经济稳中有升。2018年,完成规模以上工业总产值26.52亿元,同比增长5.01%;完成限上社会消费品零售总额1041.12万元,同比增长7.99%;完成全社会固定资产投资额3.47亿元;完成税收7985万元,同比增长18.79%。引进并建立坚果产业园,园区内进驻5家坚果企业,投资1.8亿元,5家企业占全国高端瓜子市场70%以上份额。

【农业经济】 2018年,罗埠镇被评为省“平安农机”示范单位和省农业“机器换人”示范单位。2018年粮食播种面积1868公顷,早稻订单面积440公顷,晚稻种植面积838.8公顷,油菜实收面积387公顷,完成高标准农田建设126.8公顷并通过验收。

【征迁工作】 2018年,共12个征迁项目,政策处理率均为100%,全面完成省、市、区交办的各项征迁任务,为开发区经济建设做好服务保障。

【“三创”工作】 2018年,罗埠镇通过国家卫生乡镇验收、省级小城镇环境综合整治验收、成功举办全市省级卫生乡镇创建现场会,并总结创建工作“十法”。坚持“尊重历史,注重传承”,以“茶味慢生活,商埠繁华地,运动健康行,小镇生态居”为集镇定位,全力建设“兴镇罗埠”。共涉及32个工程项目,其中列入EPC项目6个,完成投资约1.6亿元。经全镇上下同心、齐心创建,罗埠镇获全市创建全国文明城市第三方测评二环外乡镇二季度得分排名第一名,三季度得分排名第二名。

11 月 26 日，小城镇整治后的罗埠镇集镇路口
（罗埠镇人民政府供稿）

【美丽乡村建设】 10 个村被评为服务开发优胜村、4 个村被评为党建精品村、3 个村被评为平安示范村、1 个村被评为宜居富美村。完成 8 个省 A 级景区村庄创建，启动 2 个精品村（沙溪村、孙家村）、5 个秀美村（陈家村、塘下朱村、跃龙村、上章村、山下陈村）、1 个省级美丽宜居示范村（黄稍村）。建设 220 余个富有特色的美丽庭院。发展乡村休闲游，成功举办第四届征岩头甘蔗文化节，金珑水库农业休闲观光园二期完成建设。

11 月 12 日，罗埠镇征岩头村甘蔗文化节现场
（罗埠镇人民政府供稿）

【消除集体经济薄弱村工作】 采取“先易后难、逐步推进、全面转化”的思路，全面完成 40 个省定经济薄弱村的“消薄”工作。其中人口仅 168 人的上竹园村通过结对单位市农科院的技术支持下引进新水果玉米品种种植，村集体增收 6 万元。

6 月 11 日，上竹园农户采摘水果玉米
（罗埠镇人民政府供稿）
（徐雍骏）

洋埠镇

【概况】 洋埠镇辖区面积 18.11 平方千米，下辖 24 个行政村，2018 年底行政村规模调整后为 15 个行政村，全镇有 5639 户，人口 15410 人，耕地面积 750.6 公顷，粮食生产功能区面积 326.67 公顷，省级 146.67 公顷。

【工业经济】 2018 年，洋埠镇完成规模以上工业总产值 15.69 亿元，同比上升 17.4%；完成固定资产投资 3.11 亿元，其中工业投资 1.57 亿元。乡镇财政收入 6215 万元，一般公共预算收入 1698.25 万元。

【小城镇环境综合整治】 2018 年，开展专项行动 100 余次，志愿者、村（居）民上万人次参与，出动机械 2000 余台次，清理各类杂物垃圾 3000 余车。拆除违章搭建 300 多户、4.1 万平方米。拆除危旧房 78 幢。拆除水池 170 余个，手摇井 150 余个，水龙头 200 多个。粉刷赤膊墙 11 万平方米，全域消灭赤膊墙、赤膊房。新建占地 960 平方米的二星级综合市场；新建公厕 4 座；新建占地 1.01 公顷市本级乡镇最好的公交首末站及配套停车场，有公交车停车位 22 个，社会车辆停车位 75 个；完成弱电“上改下”整治 39.6 千米，入户规整 1060 户；完善集镇路网，新建信用街等 2 条主要道路，实施望江街、人民路、邮电街白改黑改造 1.5 千米；完成路面改造 4800 米，更新交通标线 5100 米，新建停车场 3 个，便民停车点 11 个，新增停车位 320 个，新增 315 省道交通信号灯 2 处。完成立面改造 2.5 万平方米；新增 45 个景观节点；以 EPC 模式实施米行街和沿江公园建设，提升集镇整体环境品质。作为市整治办推荐免考单位，10 月 31 日通过省考核组的检查验收，11 月 22 日、12 月 21 日在洋埠镇相继召开全市交通运输服务站场建设推进工作现场会和全市“污水零直排区”规范化建设现场会。

9 月 30 日，金华市小城镇环境综合整治督查组在洋埠镇考核　　（洋埠镇人民政府供稿）

【征迁工作】 2018 年，承担重点征迁项目三大项六小项，其中历史遗留任务 1 项，征迁动迁 5 项：下窑—龙游天然气管道工程。涉及东十村 1.5 公顷、西十村 1.09 公顷、下潘村 0.92 公顷，共 3.51 公顷土地租用及政策处理工作已全面完成。下潘段因施工建设需要，开发区于 6 月份交办的增加土地租用 0.16 公顷任务，已于 7 月 9 日完成政策处理。钱塘江治理衢江婺城段堤防加固工程。涉及洋埠、西上陈、青阳洪 3 个村 1.59 公顷的土地租用政策处理已完成，衢江航运输变电线路涉及 5 个村 9 个塔基和 1 条电缆沟政策处理工作已全面完成。G60 沪昆高速公路改扩建工程婺城先行段工程。涉及洋埠 0.57 公顷、0.17 公顷共 0.74 公顷土地租用协议已签订，特殊青苗政策处理都已完成。强宏板式木工机床厂和豪迪染整厂内双冠定时器镀锌车间的两家企业完成拆除工作。

【美丽乡村】 全镇 24 个行政村，22 个村已开展精品村、秀美村、优秀历史文化村等美丽乡村建设。完成寺前杨秀美村、一乐堂秀美村、洪勘头秀美村、大坟头精品村、后彰陈休闲广场、西上陈精品村和优秀历史文化村 7 个项目验收，2016 年遗留的戴家秀美村已通过开发区验收。2018 年启动的东田、坝头秀美村完成 80%；后彰陈精品村项目已通过区级验收，青阳洪精品村完成 70%，美丽宜居示范村大坟头完成 65%、青阳洪完成 30%。2018 年的东田、坝头、东十 3 个村的“一事一议”项目均已完成。成功举办首届“印象·湖前”辣椒旅游节和洋埠体育特色和美村系列活动，倡导文明健康生活方式，激发群众创建美好家园的自豪感。

【文明创建】 全面发动党员、干部群众参与创建，提升村居民文明意识，转变生活习惯。开展“十佳文明经营户”“星级文明户”“好婆媳”“最美家庭”等评比活动。4 月，启动创建工作以后，在市、区两级的测评中取得较好的成绩，市级月度测评获第一名 1 次，第二名 2 次。

9 月 30 日，洋埠镇创建文明城市誓师大会　　（洋埠镇人民政府供稿）

【行政村规模调整】 涉及行政村规模调整的 14 个行政村顺利完成行政村规模调整工作户代表会议各项议程，平均到会率 100%，同意率 99.63%。通过此次调整，全镇 24 个行政村将减少 9 个，减少比例 37.5%。

【党建工作】 挖掘五都钱“钱王后裔”和钱彰武书画等历史文化底蕴，充分利用五都钱的人文历史，提升改造大坟头村党建文化大道和五三村党建文化广场；开展“创五星、争先锋”系列活动，“七·一”全镇800余名党员集体参加“苦干实干，创建新时代美好洋埠”集中大型党课；深化推进“双整”工作，对标“六有六亮”要求，高标准落实农村基层党建“省20条”，6个村完成阵地及党员活动场所规范化提升建设，5个村完成办公楼新建。深化“2+1”结对帮扶推动集体经济薄弱村消除工作，在开发区率先100%完成消薄任务。10个村实现“摘帽”。

（余义丰）

乾西乡

【概况】 2018年，乡域面积24平方千米。乾西乡下辖湖头、坛里郑、王店、雅宅、黄桥头、幸福、下天师、马淤、栅川、后畈田、杨石11个行政村，以及上陈、联合、上天师、鲍杨4个村改居，西苑、移民小康2个社区，常住人口3.3万人。

【工业经济】 乾西乡面对经济下行压力增大的严峻态势，继续开展“千名干部进企业、千方百计解难题”活动，着力盘活存量资源，全力做好平台搭建、服务保障等工作，工业化进程稳步推进。2018年，乾西全乡实现了工业生产总值44.3亿元，同比增长9%，其中规模以上企业15家，规上工业产值达到33.1亿元，同比增长12.2%；规上工业销售产值33亿元，同比增长13%；新增工业固定资产投资1.13亿元；浙商回归完成1133万元；全年累计到位内资2812万元；小上规年底新增1家企业；税收收入14479万元，财政收入3930.75万元。

【农业经济】 农业发展稳中向前。全面开放标准化农产品质量检测室的对外检测工作，全年共对外检测456批次；通过金泉畈640亩标准农田质量提升项目验收工作；完成35户3万余平米畜禽养殖场拆除复耕工作。完善农村集体“三资”管理，开展17个村居财务审计工作，规范村级资金审批制度。

【“五水共治”】 “五水共治”多措并举，严格落实河长制，加强河道日常保洁。剿灭劣V类小微水体，共排查水体255个，其中劣V类小微水体24个，全部完成剿劣工作。扎实推进流域全线清淤。池塘清淤31个，清淤8.1万方，长湖清淤9.8万方。实施源头引水工程，完成了乾竹电灌、黄武畈电灌工程，为长湖进一步活水源提供保障。

【小城镇建设】 投资额500万元以上的工程已有5个全部完工，长湖公园一期正在组织验收，长湖公园二期进度完成85%。投资额500万元以下的工程已竣工102个。2018年，共清理卫生死角1620处、脏乱道路34400平方米、河道沟渠60千米，清除乱张贴25200处、乱堆放13160处、乱搭建372处、垃圾5200余吨，清理、消灭病媒生物孳生地309处。加大基础设施投入，大力整治城市乱想。针对电瓶车充电线乱拉，乡政府补助各村居设立电瓶车智慧充电口1280处，整治飞线、私拉乱接3200余处，全年规整弱电线路约95千米。对全乡范围内各村居路面修补约18000平方米，新增景观节点60余处，新增健身器材6套，整治赤膊墙48处。

【城市管理】 乾西乡二环以内11个村(居)已被列入城市化管理，为此，乡党委政府与时俱进，主动承担新的责任使命，不断精细城市管理。一方面推进城管工作数字化管理，乡共办理智慧城管案件2580余件，全部结案，8890服务平台受理投诉560件，结案560件。另一方面做好全国文明城市创建工作，共清运房前屋后、公共场所的杂物6万余吨，拆除乱搭乱建4万余平方米，赤膊房整治面积5800平方米，种植绿化乔木2500棵，新增村口小景观20个，乡村面貌大幅提升。

【新农村建设】 新农村建设强势发力，投资2660余万元，2018年年底全面完成15个村(居)农村生活污水治理。完善机制，加强对环境卫生、垃圾分类等工作的长效管理。更换破损垃圾桶1万余只。

【重点工程】 完成金华江北岸、黄湖路污水干管、金华江北岸污水干管东延、竹马污水干管、长湖截污干管系统工程一标、二标共计1000余亩土地借用政策处理的善后扫尾工作。完成45省道二环内的征迁及青苗补偿等政策处理，二环外5个村，苗木补偿款已全部发放，征地款除栅川外，其他各村基本完成。顺利启动鲍杨城中村改造项目，完成鲍杨社区383户的调查摸底、测绘工作，认定签约基本完成。

【党建工作】 乾西乡党委坚持全面从严治党要求，狠抓党员干部的工作落实、作风转变。深化“两学一做”学习教育常态化制度化,大力宣传营造氛围,精心安排部署,开展纪念建党97周年系列活动。全面完成17个村和社区两委班子及监委会、董事会等配套组织换届选举工作。

(王海军)

竹马乡

【概况】 竹马乡乡域面积19.58平方千米，耕地面积693公顷,原下辖16个行政村,2018年12月行政村规模调整后合并为7个行政村。全乡有户籍4068户、11891人,外来流动人口2687人。2018年,实现财政总收入4063.8万元,税收1.55亿元,分别增长93.44%和100.78%。

【工业经济】 2018年，完成工业总产值27.6亿元，同比增长23.2%。其中，规模以上企业产值22.4亿元,同比增长41.9%;完成工业新增投入6475万元，引进内资7556万元，其他经济指标基本与2017年同期基本持平。新培育规上企业3家,国家级高新企业1家。规模以上企业利税总额17248.2万元,同比增长157.9%；利润总额10250.2万元，同比增长242.8%。完成佳嘉制漆、晟通休闲用品和永达金属结构等5家企业工业用地3.93公顷，淘汰关停落后产能企业3家,升级改造“低散乱”生产经营单位5家。

【农业经济】 2018年,完成姜衙等3个村土地流转73.33公顷和金店畈、麦地畈高标准基本农田提升二期工程367公顷。实施排灌渠建设共计4215米。与成泰银行签约实施“富村贷”项目,因村制宜发展壮大村级集体经济,全乡完成年度“消薄”目标任务。完成承包地确权登记颁证3255户。

【重点工程】 2018年,完成二环北路加油站、康力博土地征用工作1.2公顷、313省道(45省道)土地征用工作10.3公顷。大展智慧物流园项目一期于3月开工建设，年底完成竣工验收，项目规划用地18.07公顷,其中一期建筑面积5.5万平方米,项目计划总投资1.8亿元,截至竣工验收,项目实际累计投资1.4亿元。

【环境治理】 2018年,关停通园沥青、标点化工及兆虎轮胎翻新厂等3家污染企业，督促虎鹰水泥、高峰建材等4家粉尘污染企业进行防尘设备整改提升。开展长湖和盘溪综合治理工程,加强源头治污,实现水环境治理由治标向治本转变。完善垃圾分类长效管理机制,开展“一法一条例”宣传,实现垃圾分类工作常态长效。

【“五水共治”】 2018年,实施永达路、六环路雨污管网提升改造工程，完善工业园区基础设施建设。对山塘水库清淤,清淤量达24.1万立方米。建造“池污分流”的生态洗衣房3处。

【清查违章建筑】 2018年，拆除存量违法建筑65处,5.07万平方米,完成2018年任务数的101.34%,拆后利用率达100%。

【畜牧养殖】 2018年，华源牧业有限公司（养猪场)、碧虞专业合作社(蛋鸭厂)获评“省级美丽牧场”。

【美丽乡村建设】 开展5个精品村、2个AA级景区村庄创建工作。创建完成区级“美丽庭院”示范户405户,区级“美丽庭院”达标户1234户,乡级“美丽庭院”示范户21户。改造提升乡村道路4.2千米。

【民生保障】 2018年，发放低保金135.55万元,临时救助4.5万元。完成下张家村老年人配送餐点及金店村、方下店村示范性居家养老服务中心建设。

【社会事业】 2018年,竹马乡中心小学附属幼儿园建成启用。投资35万元实施竹马乡卫生院基础设施提升改造工程,优化就医环境。加强小康体育村创建工作,集中更换村级健身场所体育器材40处。新建或提升文化礼堂5家。

【人口与计划生育】 2018年,出生105人,计划内出生105人(其中男孩45人,女孩60人),计划生育率100%,性别比为75:100。一孩出生45人(其中男孩19人,女孩26人);二孩出生59人(其中男孩26人,女孩30人);多孩出生1人(其中女孩1人)。完成两癌筛查403人次,生殖健康检查539人次。

【文体活动】 举办婺城区“发展特色产业 推动乡村振兴”第九届茶花节暨第二十六届茶花展系列活

动。开展文明创建、乡村振兴、改革开放等主题文化活动10场，其中举办村晚5场。

【电影《黄牯头》】 12月5日，以全国劳动模范、下张家村党支部书记钱瑞华为人物原型创作的电影《黄牯头》在下张家村文化礼堂举行开机仪式。钱瑞华是改革开放后的下张家村首任村党支部书记。40年间，他亲历改革开放的波澜壮阔，见证农村面貌翻天覆地的变化。他用茶花带领村民们走上致富路，用改革创新精神叙写乡村振兴，被村民们亲切地称为“黄牯头”（老黄牛）。电影以“黄牯头精神”为主题，以点带面展现基层党员干部的奉献和坚守以及改革开放以来的乡村巨变。影片在一个月内顺利杀青。

【政务服务】 2018年，深化政务公开，发布政府信息120条。全面梳理和规范各类办事事项，不断优化办事流程，推行“一窗受理、集成服务、一证通办”。全乡“最多跑一次”覆盖政务服务事项74项，办理事项2200件。

【文明创建】 新增集镇街区配套垃圾桶35处，整治“赤膊墙”和破损墙面42000平方米。绘制社会主义核心价值观等宣传墙绘2000多平方米，制作宣传册3000份，发放创建全国文明城市倡议书8000多份，下发调查问卷4000份，制作公益广告700多处。整治乱堆乱放、乱搭乱建、乱涂乱画4407处；规整非机动车、单车乱停乱放655车；清理“牛皮癣”、烟头705处；落实门前五包2335家。

【小城镇建设】 实施文化长廊、入城景观、竹马馆驿站等19个项目，新建休闲绿地5处，改造花坛19处，新增绿地26040平方米。完成标志标牌等交通安全设置106处，便民停车点9处，电动自行车充电站4处；配备AAA级生态公厕1座，建造生态洗衣房3处；打造休憩型小品10余处。10月竹马乡顺利通过2018年度小城镇环境综合整治第二批机动考核验收，并被评为小城镇环境综合整治省级样板。

7月15日，竹马乡组织拆除违章建筑现场
（竹马乡人民政府供稿）

【平安综治】 全域推广“雪亮工程”，新装监控366个。及时妥善化解各类矛盾纠纷13起，调处率达100%。建设完成乡级社会心理服务站和四个平台综合指挥中心。开展了综治条例、宪法、平安“三率”、“爱生命、防危行”铁路安全知识及防范电信网络诈骗等宣传。

【安全生产】 推广工业企业智慧用电74套，安全标准化复评企业6家，复评率100%。新增企业安全托管7家。

（田嘉媛）

长山乡

【概况】 长山乡乡域面积60.38平方千米，原下辖20个行政村（石门村于2018年6月划归开发区），2018年12月，行政村规模调整后合并为11个村。户籍数4940户、13395人。长山乡自然景观资源丰富，辖内有桐溪、漪溪两条主要河流，40余座山塘水库，森林面积4066.67公顷。2018年，获得市“三改一拆”行动突出贡献集体、小城镇环境综合整治省级样板单位、浙中生态廊道建设突出贡献集体、区乡村振兴建设突出贡献集体、创建全国文明城市工作突出贡献集体等荣誉。2018年，长山乡实现工业总产值39137.1万元，其中，规模以上工业产值12125.64万元，完成浙婺商回归7321万元，完成全年任务数的183%；引进内资7321万元，完成全年任务数的122%。成立长山乡农民专业合作社联合社，培育张思桥村中草药材基地专业大户，金华市然兰蔬菜专业合作社“然兰”商标成功创建为金华市著名商标。加强畜牧业日常管理，开展农产品检测。2018年税收总收入687万元，同比增长135.27%。

【重点工程】 石道畈区块连片土地综合开发项目

实施。项目总规模449公顷，涉及长山乡239.4公顷,农户756户。2018年已完成青苗政策处理、土地流转等前期工作，正在落实通信电力线路迁移、山塘水库承包权收回工作，一期工程通过区政府验收,新增水田面积46.67公顷。项目配套工程迎龙岗公墓通过区级验收,并投入运行。乌石屏“坡地村镇”试点项目落地。项目涉及乌石屏、下溪、上溪等3个村,完成21.69公顷土地征用等政策处理工作,同时,完成乌石屏村公墓等配套设施建设,为长山国际设计走廊项目落地提供用地保障。小城镇环境综合整治验收。小城镇环境综合整治总投资7980万元,27个小城镇项目,以规划设计引领,全面完成集镇建成区域的环境卫生、集镇秩序、集镇面貌等各项整治工作,顺利通过省、市验收,得到领导专家的好评,赢得群众良好的口碑。成功创建省级卫生乡镇,集镇一、二、三、四村被评为省级卫生村。

【精准扶贫】 2018年,长山乡行政村总收入全部达到10万元以上,经营性收入达到5万元以上,完成率100%。全乡6个省定薄弱村总收入均已超10万元,经营性收入均已达5万元以上。为切实增强村集体经济“造血”功能,提升内动力,6个经济薄弱村合资成立光伏发电公司,项目总投资220万元,项目运行后，可为每个村每年增加3.5万元经营性收入。继续做好低保户、残疾人和困难群众的救助工作,发放各类社会救助金和补助资金186.8041万元。

【文化宣传】 深入挖掘、系统梳理长山历史文化资源,建立乡文化礼堂、人文馆、乡贤馆、长山村史馆,把长山的文化、先贤、家规家训、历史大事记等做可视化展陈，整理制作“尚书故里·进士之乡”《长山忆·小城镇整治工作纪实》宣传画册及“走读长山”诗词作品集。完成二村、石道畈、宋家、四村、下溪等5家文化礼堂建设。举办“人文长山”系列春夏秋冬活动,开展“双堂双进”德育活动6场。将本地文化与小城镇整治相融合,充分利用二维码、H5等新媒体技术,进行文化阵地扩容,在整治开放空间打造立体感受,通过通俗易懂、群众接受的形式并利用3D墙绘、雕塑、实物镶嵌布置场景等进行政治性和渗入性的文化宣传，增强小城镇文化特色的凝聚力、影响力和竞争力。

【民生事业】 2018投入600余万元对长山集镇主、次干道强弱电进行下地改造,并对违规架设、胡乱附挂和私拉乱接的强弱电线进行整理。全面推行无害化卫生厕所,拆除旱厕、棚厕230个,新建或改造提升公共厕所9个。投资85万元完成集贸市场提升改造工程。投资215万元完成金大塘、桐溪东屏段等4个水毁修复项目。投资200万元实施桐溪石狮子头村段护岸水毁修复工程。改善长山交通网络,提升交通运行能力,实施古长线文化长廊绿道工程、姜新线镇区段实施白改黑改造及亮化工程,新建长山一村至长山二村农村联网公路,开通白龙桥—长山—邵村公交线路。完成长山乡总体规划修编,启动集镇规划编制。居家养老中心新建宋家、张思桥村2家,示范提升三村1家;对已建成的14家居家养老中心开展运行检查,对运行不规范的加以督促整改。

【社会保障】 2018年,做好医保缴费工作,基本医保缴费率98.69%,大病医保缴费率71.7%,均完成区下达任务。

【文明创建】 响应区委、区政府号召,严格按照网格片区分工,以党员干部为先锋,带头做文明城市创建的倡导者、参与者和宣传者。2018年,安装公益广告牌917处，创建宣传专栏30余期，印发倡议书1万余份;组织志愿服务活动20余次500余人次,全面落实“三个五”网格责任制,做好“两定点两面清”；投入600余万元对主、次干道强弱电下地改造、对强弱电线进行整理,有效解决空中、墙面“蜘蛛网”问题。在全市二环外乡镇中,创建工作测评排名保持前列。

【安全生产】 落实安全生产责任制，与20个行政村、31家企事业单位签订安全生产工作目标综合管理责任书。全乡共组织专业安委会开展安全生产检查13次,检查单位、工地等65家,查出各类隐患45处,已整改45处。全力以赴做好禁燃工作,乡辖内全面实现“零燃放”。

【平安综治】 以“最多跑一次”改革为抓手,有序推进“四个平台”建设,全乡建立20个网格,配备20名网格长和20名专职网格员，不断完善政务服务水平和社会治理能力。提升改造乡365便民服务中心，设立综合受理窗口。扎实开展社会治安综合治理工作，深入推进扫黑除恶行动；积极开展矛盾纠纷摸排10起，调解5起，涉及金额65万元。

【人口和计划生育】 实施农村部分计生家庭户奖励扶助和特别扶助制度；完成两癌筛查、生殖健康检查、优生国免检查1288人次。

【“五水共治”】 巩固“清三河”、畜牧业整治、“全域剿灭劣V类水”等工作成果，结合“污水零直排”和“省级卫生乡镇”创建工作。坚持“水岸同治”，全面深化河长制工作，在保证巡河次数的同时提高巡河质量。扎实推进清淤工程有序开展，先后完成倒流塘、则坞口塘、叶木塘、三眼溪等山塘清淤工作，清淤量8.5万立方米。全年水质检测均达Ⅲ类水以上。

【“三改一拆”】 全面开展“无违建乡镇”创建，以“治危拆违、乱搭乱建整治”为突破，以小城镇整治与“精品村”、“秀美村”建设为抓手，严格落实“两网化”巡查，强化主体责任，提高工作效能。全年拆除违法建筑267处，拆除面积81184.7万平方米。区第三方卫星图斑疑似新增违建摸排反馈529处，反馈率100%。

【基层党建】 持续推进“两学一做”学习教育常态化制度化建设，组织全乡700多名党员深入学习《中国共产党纪律处分条例》《中国共产党支部工作条例》等重要学习内容。深入开展“不忘初心、牢记使命、当好新时代答卷人”蹲点调研活动，发现并解决问题113件，涉及环境问题59件，民生问题34件，经济发展问题8件，党建问题9件，其他问题3件。进一步优化党员发展结构，全年共发展预备党员11名，其中大专以上文化3名，35周岁以下党员3名，女党员3名。提升入党积极分子和发展对象党的理论水平，集中组织全乡50多名入党积极分子和11名发展对象开展专题培训。响应建设“清廉村居”部署，以卢家村“清廉村居”示范点为基础，全面铺开“清廉村居”建设，打造“清廉乡镇”。推进“双整”工作，规范建设活动场所，对20个村党支部制度牌进行更新，建成一座以“红色客厅、百姓家园”为主题的长山乡党群服务中心。全面开展婺城籍在外高层次人才排摸，完善高层次人才信息库。多层次、多角度宣传婺城“人才新政”22条。全面排摸乡贤人才86条，成立乡贤联谊会并召开第一次全体会议。完善长山乡农村微信群建设和“婺彩云”网上家园平台推广工作，入群率均达到90%以上，传播党建声音和工作动态。

（丁 超）

沙畈乡

【概况】 沙畈乡乡域面积184.94平方千米，是金华市最大的纯山区乡，也是省级贫困乡。辖29个建制村，2018年12月行政村规模调整后合并为17个行政村，全乡人口4557户、12779人。耕地399公顷，山林14591公顷，主要特产是毛竹和茶叶，其中毛竹200公顷，茶园666.66公顷。2018年，完成财政税收1211万元，乡财政收入达338.15万元。

【基层党建】 开展“不忘初心、牢记使命，当好新时代婺城答卷人”全员大调研活动，由班子成员带队，全乡干部进行分组开展蹲点调研，发现问题75个，已解决65个，完成调研报告2篇，利用大调研活动全面宣传党的路线方针政策，引导党员、群众统一思想、提高认识。深入推行“走村入户”扫码制，运用“红动婺城”平台结合干部考核、党员积分制管理，真正推动党员干部沉到户头发挥实效。推行村主职干部“数字考核”，对群众评议不合格、不称职的村干部坚决予以处理，并把党员干部带头拆除危旧房、清理房前屋后乱堆放等纳入考核内容，激发党员在重大任务中发挥模范带头作用。开展“大执纪”活动。2018年，累计立案6起，其中自办案件2起，运用第一种形态18人，第二种形态3人，第三种形态2人。

【特色经济】 沙畈乡探寻山区经济新的增长点。发挥红色革命老区优势，慕名到银坑、芝肚坑参观学习的单位、个人络绎不绝，2018年接待约5万人次，帮助附近农户增加农副产品销售收入200万元。调整农业产业结构，积极引导开发种植有机山茶；在芝肚坑村打造土蜂一条街项目；推动灰树花、灵芝、香榧等新兴种植业发展，鼓励三叶青、金线莲、元胡、浙贝等中草药产业化培育发展。注重发挥功能区项目的帮扶作用,红豆杉、猕猴桃、香榧等经济作物的种植面积持续扩大;2018 年度实施 19 个项目涵盖生态公厕、人工造林等项目,极大程度上帮助了集体经济的发展;稳步推进移民异地搬迁工作,水碓基、半溪、黄家田等共计 164 户、468 人移民完成分房到户、旧房拆除工作。17 个村投资入股区消薄平台铂大工贸投资合伙项目;6 个村成立消薄公司,全面消除集体经济 10 万元以下的薄弱村,经营性收入 5 万元以达 100%。

【环境保护】 抓好“五水共治”工作。对白沙溪沙畈段的建筑垃圾和生活垃圾进行全面清理,累计使用器械 678 台次、3117 人次,对白沙溪沙畈段 15.3 千米的河道进行清理,清理各类垃圾 1200 余吨;严格落实“河长制”,巡河率 100%;部署开展“污水零直排区”工作。为加强水源保护区建设,2018 年 1 月成立沙畈乡综合行政执法中队,招聘 5 名行政执法合同制队员,由区执法局和沙畈乡政府共同管理,重要加强沙金兰水源涵养功能区的巡查工作。持续开展垃圾分类工作。认真贯彻《金华市农村生活垃圾分类管理条例》,推进垃圾分类长效管理的宣传贯彻工作,6 月 16 日,开出第一张罚单。做好森林保护工作。调整充实 3 支义务消防队,购置 2 套消防器材;385 棵古树名木进行挂牌工作,完成 12 棵古树保护工作。

【综合整治】 借力国家级卫生乡镇创建、“三改一拆”、全国文明城市创建等活动,推进城乡环境综合整治。开展国家级卫生乡镇创建活动。开展“红黄旗”评比活动,实施厕所革命,拆除旱厕 358 个。实施网格化管理,探索小城镇环境综合整治长效管理机制。美丽庭院创建 625 户,示范户 202 户。巩固深化“三改一拆”成果,开展治危拆违整治、卫片执法整治、四边三化整治、宗教场所整治等一系列行动,全乡拆违建筑面积 14110 平方米超额完成年度任务,拆除危房 61 户,修缮危房 6 户。开展卫生巡查、垃圾清理、去除牛皮癣、文明劝导等工作,为创建全国文明城市工作贡献沙畈力量。

【改善民生】 民心工程成效显著。秀美南山风景线各个节点工程完成施工,石宫溪、山脚片小流域农业生态工程基本完成;助力金华南山区自然保护区创建,配合完成科考工作;组织群众抗旱自救,推进 3 个村农村饮用水安全提升工程,最大限度减少旱灾损失。社会事业协调发展。2019 年基本医疗保险参保率达到 100%,大病保险参保率近 60%;大南山联网公路征用土地 10.33 公顷,涉及农户 340 户,工程顺利推进。安全生产防范有力。定期开展安全生产大检查,2018 年未发生重大火情和安全生产类事故。社会秩序平安稳定。对 93 名精神病人进行逐一排查,全面落实稳控措施,未发生越级上访情况。

(虞晓东)

12 月 14 日,新农村新气象文艺演出

(区文联供稿)

岭上乡

【概况】 岭上乡乡域面积 60.66 平方千米,是九峰水库移民乡。原下辖 9 个村,12 月底行政村规模调整后合并为 2 个行政村,人口 3522 户、8760 人。分别安置在汤溪镇南门和白龙桥镇上邵两个安置区。

【工业经济】 2018 年,全乡完成工业产值 2100 万元,完成出口交货值 960 万元。企业增加值 510 万元,完成税收 66 万元,财政收入 12 万元,发放来料加工费 504 万元,出租房、超市、旅馆等二三产业发展增速明显。

【基层组织建设】 推进“两学一做”学习教育常态化制度化,重点开展党员“三大先锋行动”,树立党员良好形象。及时更新公开栏内容,开展党徽亮起来工程，对两个村的党员活动场所进行改造提升，开展基层党建规范化建设。加强村级组织换届领导，强化村干部“8+X”履职考核。开展“推进环境革命、建设美丽家园”誓师大会，签订“8个带头”承诺书。深化农村党员网格化管理，出台党员联系群众网格化管理制度。以小街区划分网格，落实一名党员为网格长，负责网格内联系农户的垃圾分类、六乱整治等指导考评工作，出台《党建+垃圾分类工作考核办法》，由党员开展联系户垃圾分类优秀评比。认真落实红动婺城二维码扫码制，深化联村干部“走村不漏户，户户见干部”工作。

【美丽乡村建设】 以精品村创建为抓手，全面推进四治两化环境革命，形成长效管理机制。开展垃圾分类工作，共投资20余万元对农户垃圾桶进行统一更换，安装固定铁架；提升改造农村生活污水处理系统，将洗衣台污水管道统一接入污水管网，改善农村水环境；全面推进“三改一拆”工作，拆除挑梁违建；开展“五水共治”，定期对两条灌溉渠进行清淤和保洁。以支部为单位进行集中整治，拆除钢棚、简易棚245个，面积3000多平方米，清理乱堆乱放1200多处，面积2万平方米，切割雨棚8500米，清理杂物1000余车。

【平安建设】 化解移民历史遗留问题，16户遗留户安置房得到妥善解决，九峰水库移民办临时聘用人员妥善解除劳务关系。加快推进雪亮工程、出租房智能门禁系统和电瓶车智能充电桩建设，乡财政拿出专项资金给予扶持，安装视频监控70个，门禁系统44套，智能充电桩5处；加强矛盾纠纷调解工作，2018年成功调解处理一起九峰村建房坠楼死亡赔偿事件，避免矛盾纠纷扩大，联合公安、市场监管等部门开展安全生产和食品卫生大检查，重点对桃源村21家木材加工厂进行联合执法，行政处罚2家。

【民生事业】 2018年，城乡居民医疗保险参保率达98.6%，大病参保率达56%；投入资金40余万元改善居家养老照料中心条件，提高老年人就餐满意率；做好社会救助工作，对困难群众及残疾人做到应保尽保，应贴尽贴；推进天然气管道工程，其中桃源村已全部完成施工项目，九峰村完成施工总量的50%左右；完善村民生活配套设施，建设临时菜市场，创办幼儿园，配备村卫生室。

【队伍建设】 落实党委主体责任，研究制定党风廉政建设和惩防体系建设工作计划，落实“三书两报告”、“一岗双责”、记实制度，抓好责任分解、责任考核、责任追究3个关键环节，分解党风廉政建设责任制专项任务到班子成员及办公室。形成“一把手负总责，分管领导各负其责，班子成员齐抓共管、乡纪委协调督察”的领导体制和工作机制。运用好四种形态，坚决查处违纪案件，2018年提醒谈话49人、批评教育9人、通报批评4人、责其作出书面检讨3人，作出书面承诺1人。

（邱煜颖）

莘畈乡

【概况】 莘畈乡乡域面积73.04平方千米，原下辖11个行政村，2018年12月行政村规模调整后合并为7个行政村，全乡户籍数2199户、6036人。

【工业经济】 2018年莘畈乡完成工业总产值7825万元，发放来料加工费636.52万元，完成税收收入1620万元，财政收入401.25万元，比去年同期均有较大幅度增长。

【农业经济】 2018年，农业总产值4227万元；全乡效益农产品种植近66.67公顷(如在井下、大坞头流转土地近20公顷，引入专业经济合作社种植中药材玳玳；在祝村、吴村等发展林下经济，种植中药材黄精近10公顷；其他还包括茶叶13.33公顷、山茶6.67公顷、蜜梨5.33公顷、鲜切百合2.67公顷、无花果0.67公顷等)。举办中药材和农业种植培训班，为百姓送去种植技术和市场渠道，培养懂技能、懂市场、会服务的新型职业农民，帮助百姓增收。娃娃鱼、石蛙等特色养殖业稳步推进。鼓励土蜂养殖专业户统一规范生产，确保蜂产品质量安全，提升蜂产品品质，做大做强土蜂养殖产业。

【消除集体经济薄弱村】 2018年，莘畈乡积极向上级部门争取资金，申报消薄项目，完成投资300万元的体育休闲综合馆项目(祝村、方家、大立元联建)并投入使用；方家村体育休闲度假中心(高端民宿)项目完成招投标。

【“美丽农村”建设】 2018年,祝村小城镇建设继续推进,基础设施不断完善,完成垃圾收集点、公共厕所的建设并顺利投入使用;完成标准化公路养护站建设及两站两员规范化建设,投资212万元的祝村—大立元最美乡村公路景观提升工程完工,祝村西胡口公路完成拓宽硬化;投资600万元的最美莘畈溪工程完工,包括七条堰坝、清水平台景观节点、驳岸修砌等以及两岸绿化提升,通过市级“美丽河湖”验收。

【环境治理】 2018年,莘畈乡以创建国家级卫生乡镇为契机,继续抓好环境卫生和垃圾分类工作。硬件建设上,投资近40万元建设不可烂垃圾中转站,投入近15万元为全乡各村农户更换新型分类垃圾桶,联系阿拉善环保基金会为里片各村安装集装箱式不可烂垃圾房;软件建设方面,把环境卫生和垃圾分类工作作为一项重要内容纳入对各村的年度目标责任制考核中,层层落实责任,继续做好垃圾源头分类、卫生网格管理、长效全面覆盖,强化党员示范街、妇女街长制和支部主题党日活动,促进垃圾分类和环境卫生保洁常态化制度化。2018年,莘畈乡通过国家级卫生乡镇的市级验收。

【平安建设】 每季度召开安全生产专题会议,与各村签订安全生产目标管理责任书。对全乡的瓶装燃气进行拉网式排查,对宗教场所、农家乐和民宿的消防、食品安全和应急响应等进行检查,举行消防和防汛应急演练等,营造良好的安全生产氛围。抓防汛防火工作不放松。汛期洪峰到来期间,全乡干部全部在岗在位,24小时值守,按照山洪防范预案要求,组织各村抓好汛期山塘水库、水利设施的全面排查和防洪防汛工作。共检查山塘6处,小源溪、莘畈溪防洪堤坝27处,过水堰坝24座,机电排灌站6处。加大渔业资源保护管理,与渔政部门严厉查处电鱼毒鱼事件5起,有效控制违法捕鱼势头。汛前在祝村组织防汛山洪灾害应急抢险演练,提高村民防汛意识,落实防汛工作。开展“禁燃”和森林防火工作,特别在春节、清明、农历七月十五等重要时间节点,组织全乡干部、护林员全员上岗开展巡查,全年无森林火灾发生。

【社会事业】 稳步推进惠民工程。投资320万元的莘畈乡AAA级旅游精品区建设项目,已完成区平台招投标,其中兰源村投资100万元,已完成工程的95%,大立元村投资120万元,已完成工程的10%,方家村投资100万元,已完成工程的30%;投资50万元的祝村村竹山坞口村组道路已完成;投资50万元的学岭头生态休闲便道已完成。顺利完成兰源村饮用水提升改造工程的扫尾及验收,投资7万元的外东坑饮用水维修养护工程已完工。完成大立元和东坑片区小流域水土流失治理项目实施,两个高标准农田建设接近完工,投资20万元的寺垅山塘迎水面预制块滑坡项目已完工,投资18万元的清淤项目已完工。

进行土地确权山林管护。土地确权登记工作启动以后,莘畈乡层层落实责任,全乡各村有条不紊开展土地确权登记工作,在全区首先达到100%登记、100%签字,颁证工作也在有序进行当中。

投资6.8万元,对全乡古树名木采用挂牌和“一树一策”管理,对部分古树名木进行生长环境改造和专业保护;投资15万元,针对全乡范围内的春季松材线虫病疫病进行调查,并配合林业有害生物防治检疫站在发病区井下和方家针对枯死松木进行清理,共完成松林面积104公顷;加大林木采伐审批监管,对全乡范围内卫星遥感图斑有变化的53块林地进行现场实地勘察,加强6位护林员的日常巡逻监管,确保森林资源无违法事件发生保障民生工作。

推进居家养老服务中心建设,完成吴村老年活动中心建设,完成大立元村居家养老服务中心并投入使用;为解决老人就餐不便问题,祝村自创“送餐制”,为腿脚不便的独居老人们送餐上门,保证老人们身体健康的同时也给老人们带去了关爱;方家村2018年试点建设A级农村家宴放心厨房,保障农村集体聚餐食品安全,有效预防食物中毒和食源性疾病的发生。

关注弱势群体,认真核实低保、低保边缘户人员,完成全乡168户、303人的录入系统工作。

完成大坞头村和上范村岩石背自然村相关人员后续的下山脱贫工作,已安置72户、186人;10月,申请乾西安置点(剩余房源)33户、89人,申请蒋堂一期(剩余房源)安置点6户、12人;已兑现下山搬迁人员政策补助款37户、100人;同时加大残疾人就业和扶贫力度,共发放残联两项补贴17万元。

【文化工作】 加强文化建设,新建上范村文化礼堂一个,已完成资料收集工作,主体部分正在建设;联合老干局、宣传部、文体新局、文化馆等部门到乡开展各类活动,举办"送戏下乡""送电影下乡""草根艺术节""我们的节日"等各色活动7次,开展校村结对、双堂双进活动4次,组织开展"春泥计划""暑期夏令营"等相关活动,丰富村民的精神生活。

【生态旅游】 2018年,莘畈乡强化体旅基础设施,投资近600万元的莘畈溪环境综合整治工程完工,投资近380万元的体育综合休闲馆完工并投入使用,投资近300万元的最美乡村公路完工,环仙舟湖25千米毅行道(东线部分)已经完成贯通,学岭头沿溪游步道完工,与婺城团区委合力建设的青年桃树林第一期初具规模,再加上之前建成的游步道、骑行道、露营基地、周末菜园等,集体育、休闲、旅游为一体的"体旅莘畈"逐渐成型。深化体旅标签促进乡村旅游。2018年,莘畈乡利用已有"体旅"设施,继续引入体育赛事,承办浙江省毅行系列活动,深化"体旅"标签,打响毅行品牌。4月15日,举办2018浙江省毅行大会首站暨第二届浙江省毅行系列活动;4月21日,金地集团300余组家庭到莘畈乡开展"助力莘畈,益起前行"的毅行活动;4—7月,举办多批次市、区老年体协培训、小学生研学、健身气功培训班;9月,汤溪中学1100余名学生在莘畈乡开展"磨练精神意志 传承长征文化 助推乡村振兴"的远足活动;10月,举行金华市第六届老年人运动会健身气功表演赛;11月,区文体新局健身排舞(广场舞)培训会在莘畈举办,莘畈"体旅之乡"的知名度逐渐扩大。全年旅游(农家乐)营业额470万元。

(伊丽艳)

箬阳乡

【概况】 箬阳乡乡域面积60.38平方千米,全乡有山林面积5173.8公顷,耕地面积145.32公顷,原下辖14个建制村(横坑村已整村下山移民),2018年12月行政村规模调整后合并为8个行政村。户籍总数1609户、4136人。

【经济发展】 2018年,投入400万元实施二个标准茶加工和茶文化体验馆建设,为发展箬阳茶文化、壮大茶产业的提供平台和支撑。围绕精准扶贫、经济薄弱村消除工作,推进实施光伏发电项目。成立乡村农业发展公司,全面完成9个经济薄弱村消除工作任务;成立箬阳乡家政服务公司,帮助15名妇女实现上岗就业。2018年举办妇女家政培训班、茶农种养殖专题培训班等各类精准扶贫培训5期450人次。实施山区经济发展项目、库区扶持项目等各级各类政策项目7个。

【环境治理】 夯实"五水共治""垃圾分类"工作,全面加强对制作烧酒、豆腐等小作坊的监管;广泛开展禁渔、禁燃和《金华市农村生活垃圾分类管理条例》等的宣传;全乡新增公厕4处,改厕16个;两条溪交接断面水质稳定在Ⅱ类水以上,环境卫生和"垃圾分类"考核位居全区前列。投入180万元对琴坛、石井坑、瀛头3个村的饮用水工程进行提升改造;推进小流域治理工程建设,里片工程完成验收,外片工程稳步推进;加强生态公益林管护,发现制止管护区域内乱砍乱伐行为。

3月15日,茶花姐妹创文明

(胡茶花摄)

【新农村建设】 完成小城镇创建,通过省级验收,获评市级样板。不断探索长效管理机制,健全集镇环境卫生保洁体系。对标"万村景化"建设要求,创建AAA级村庄景区1个、AA级1个、A级1个。实施"一村万树"项目,在茶园村种植彩色珍贵树种和名贵苗木9000余株,各式果树近4000棵,打造7000米彩色观光路线。全面推进"美丽庭院"创建。深入推进"三改一拆"工作,2018年拆除违章建筑5016平方米,岩溪沿、琴坛、箬阳、戴村、大应、石井坑、沙坑等7个村通过无违建村创建验收。

【民生事业】 完成行政村规模调整工作,设置3个新村组织。大力开展环境卫生、死角盲区整治及烟头不落地活动,做好国家级卫生乡镇创建。开展重阳节敬老暨最美媳妇评选活动、妇女形象塑造和生殖健康培训活动,弘扬文明乡风,助力全国文明城市创建。"最多跑一次"改革实现一窗受理集成服务,乡村两级配套建立心理咨询室。设立退役士兵服务站,完成对全乡退役军人和其他优抚对象信息进行采集工作。不断完善社会救助体系建设,核减不符合低保标准16户、33人。发放残疾人两项补贴16.15万元。全乡居家养老中心100%有效运行,罗坪村通过示范型居家养老建设验收。医保缴费工作持续实现100%全员参保,大额医保参保率达60%以上,位居山区乡镇第一。积极争取实施10KV安地321线箬阳支线改造工程,投入500万元新架设铁塔14基,新立电杆89基。南坑、岩溪沿2个村无移动信号问题得到解决。协调保障石辽公路建设,推进石井坑弃土场政策处理工作。土地确权登记颁证工作基本完成。经济普查工作有序展开。

【平安建设】 2018年,新增社会面视频监控81个。矛盾纠纷排查调处20起,化解南周公路工程拖欠村民工资问题、榧龙公司与村民的山林矛盾纠纷问题。黄阳村获评市级民主法治村。健全安全生产分析研判和每月大排查工作机制,更新消防器材90个。完善基层维稳应急处置机制建设,开展防汛防灾演练2次,重要时节全面加强安保防控工作,两节期间未发生森林火警,推进扫黑除恶专项斗争工作。全面完成地质灾害点治理工作,涉及4个村、5个地质灾害点的农户房屋全部拆除,实现19户、48人下山移民、3户、5人本地安置。针对部分危房户无房户,积极协调沟通移民安置工作,确保群众居有所安。

(沈 丹)

12月27日,书法爱好者在箬阳乡进行写春联送春联活动 (马越山摄)

苏孟乡

【概况】 2018年,苏孟乡乡域面积37.98平方千米,全乡耕地面积1023.6公顷(包括市石门农场耕地235.6公顷),山林800公顷。8月,金华市石门农垦场定业新村社区移交给苏孟乡管理。同月,新成立湖海塘社区、和悦社区两个居民委员会。2018年年底,下辖34个行政村、3个社区,村民小组共158个,自然村54个,共有户数8703户,户籍人口23281人,人口自然增长率为9.10‰,流动人口1.42万人。2018年,实现财政总收入27622万元。

【经济指标】 2018年,实现规模以上工业总产值1.87亿元,实现固定资产投资51亿元。服务业投资完成51亿元,限上批零住餐销售额8.5亿元,限上社会消费品零售总额5437万元。

【征迁工作】 2018年,完成开发区交办征迁任务25项、市交办任务6项。其中,解决湖海塘以东区块征迁遗留问题12项,拆除房屋1.2万平方米,清表11.07公顷;完成苏桂11套带露台安置房竞价择拍和桥儿头、木杓塘第二批安置房、后山村安置房分配及清湖、清江桥、叶村等3个村的新增人口安置工作。完成市妇幼保健院、新东方国际学校等项目所涉及的3个路网项目和3个拟出让地块政策处理。完成三瑞堂、南塘村、石门农场共182.92公顷土地征收协议的签订,启动三瑞堂、南塘整村搬迁工作，三瑞堂农房拆迁评估进入公示和协议签订阶段；完成福特项目涉及苏孟乡 46.93 公顷政策土地处理；完成蟠龙变电所项目、BRT 首末站、纬五路涉及零跑科技政策处理。完成双龙变东区块 220 千伏线路迁改项目涉及 9.2 公顷范围青苗处理、清表及交地。完成后徐村 95.83 公顷土地流转、青苗及坟墓政策处理，农房签约 238 户，签约率 96.4%，拆除率 80%。完成茶堰村 37.65 公顷土地流转，青苗政策处理完成 70%，农房评估完成 100%，完成金武公路、西水东输、浙西南 500 千伏电力线路迁改等项目 15.33 公顷土地政策处理，确保重点项目无障碍施工。此外，完成金安公路改造(苏孟—牌楼)涉及 9 个村 16 公顷及梅溪流域综合治理 3 个遗留问题政策处理。

【文明创建】 开展形式多样的宣传活动，发放倡议书 2.7 万余份，3000 余人签订承诺书，增设公益广告 6000 余处。打造“网格化创建、全科型服务”示范点 3 个。围绕 17 项清零指标，出动 15500 人次，清理乱堆乱放 8350 处，清理废弃杂物 1860 车，清理粉刷楼道 160 个，施划机动车泊位 1800 个、非机动车停车线 5500 米。

9 月 30 日，苏孟乡召开创建全国文明城市迎检冲刺动员会 (苏孟乡人民政府供稿)

【新农村建设】 围绕浙中生态廊道建设，推进梅溪沿线治理工作。完成双枧头等 5 个村“秀美村”“精品村”创建；山下村 AAA 级旅游村通过验收并成功举办首届田园生活旅游节；全乡第一批 10 个村 972 户经营权证已全部发放到户并通过验收；完成后徐等 13 个村、566 公顷高标准农田提升改造项目。

【重点工程】 2018 年，苏孟小城镇环境综合治理工作通过省级验收；完成汤店、山下等村通村公路项目；完成山下村坛塘山塘整治工程。

【“三改一拆”】 2018 年，拆除违建 6.79 万平方米，完成任务数的 113.11%；深入推进农村危旧房改造工作，完成改造 438 户；开展“大棚房”问题专项清理整治行动，排查面积 3.6 万平方米。

【平安综治】 作为全市 5 个试点乡镇之一，苏孟乡完成“基层党建+社会治理”创新试点工作，国家信访局局长、市委书记陈龙等领导分别带队调研，召开全市现场会予以推广。

【“五水共治”】 2018 年，开展污水零直排整治，排查单位 205 家，排查雨污管网 7.35 千米；池塘清淤 3 万平方米；农村生活污水治理项目运维正常。完善农村环境卫生保洁长效机制，持续开展“以物换物”创新，置换 200 箱肥皂，清运废弃营养杯 18 车。

【农村旅游】 围绕乡村振兴开展调研，做好“农业+旅游”文章。山下村成功举办“田园生活旅游节”，逾千人参加当日活动，开创苏孟乡农村旅游新局面。

【社会保障】 开展卫生计生优质服务工作和“双拥”及优抚工作。按时足额发放各类优抚资金，加大对特殊困难群体的关心力度；成立退伍军人服务专班工作组，设立各村退役士兵服务站。

【文化宣传】 12 个村文化礼堂正在建设中，完成 2 个村小康体育提升工程，开展文艺类活动 13 场。

(宋雨禾)

塔石乡

【概况】 塔石乡乡域面积 136 平方千米，山林面积 1.13 万公顷，其中竹林 2000 公顷，耕地面积 809.6 公顷，原下辖 37 个行政村，2018 年 12 月行政村规模调整后合并为 22 个行政村，村平均人口由 404 人增加到 680 人。乡户籍数 5371 户、14142 人。2018 年，全乡工农业总产值 16450.8 万元，其中农业总产值 9946.4 万元，同比增长 7.5%，实现税收总收入 1358 万元。2018 年，塔石乡获小城镇治理工作金华市样板乡镇。

1月12日,省小城镇环境综合整治行动考核组在塔石集镇考核验收　　(塔石乡人民政府供稿)

【农业经济】 9月29日,“塔石物语”红领展销厅揭牌成立,塔石农业产业红盟以“O2O”线上到线下代购代售塔石农产品。截至2018年年底,塔石农产红盟带领200余户农户参与各类农产品的种植,流转集体耕地133.33公顷,开展农技服务培训10期、产业发展交流26次,红盟推动下的农产品年销售额超过1000万元。

【农业种植】 2018年,种植水稻面积66.67公顷,连片种植面积较大的点有岭边村14公顷,后畈村6.67公顷等。种植番薯约60公顷,主要种植点为银岭村、张村、珊瑚村。油菜种植因收益较低逐年减少,有26.67公顷,主要种植点为苏坑村。蔬菜种植约20公顷,主要产地为岱上村、石塘村。猕猴桃种植33.33公顷,主要种植点为井上村、桃连村、高田村、东店村、塘头村等;蓝莓种植6.67公顷,主要种植点为高田村西岭自然村,东店村等;桃子种植4.67公顷,主要种植点为文头村、石塘村、上阳村等;樱桃种植2.67公顷,主要种植点为上阳村、桃连村等;葡萄种植2公顷,主要种植点为上阳村、下塔石村等;梨树种植8公顷,主要种植点为余仓村、桃连村;西瓜种植5.33公顷,主要种植点为井上村、余仓村、石塘村。香榧种植面积22.67公顷;茶叶种植66.67公顷,主要种植点为井上村、上塔石村、下塔石村、高田村。

【新农村建设】 完成11个文化礼堂建设,其中新建2个。完成35个村居家养老中心,其中新建7个。岱后、后坞等15村基本完成“无违建村”创建,合计拆违5591.34平方米,完成全年任务数的111.83%,拆后利用率100%。拆除鱼潭村遗留危房10处300平方米。6月1日,出台《关于要求圈养牲畜家禽的通告》,全乡范围内开始严禁畜禽放养。

【便民服务】 2018年,完成村级代办点提升,37个行政村建立3个示范型便民服务中心,17个标准型便民服务中心,17个普通型便民服务中心,按相关要求组织配备。各村便民服务中心设立一个综合受理窗口,代办员AB岗轮守。完善权力事项清单,下放村级事项34项,其中直接办理12项,代办22项。

【文体活动】 4月3日,在塘头村举办为期3天的塘头美食节。6月23日,在大茗村开展“红色基因初心传承”革命主题教育,重走红军路。8月27日,在塘头村承办“金华棋王”围棋争霸赛。9月29日,在岭边村举办“第二届塔石高山梯田文化节”。11月25日,在塔石集镇协办婺城区第六届武术比赛。

(叶梦鸥)

4月3日,塔石乡塘头村长廊举办的美食节现场
(傅卫明摄)

4月29日,塔石乡岭边村举办第二届梯田文化节
(傅卫明摄)

附 录

统计公报

2018 年婺城区国民经济和社会发展统计公报

2018 年是"十三五"发展规划的关键之年，面对复杂多变的国内外经济形势，全区上下全面贯彻落实党的十九大和历次全会精神，认真落实市委、市政府和区委、区政府的决策部署，以"都市经济创新城，美好生活幸福城"为奋斗目标，聚精会神抓发展，全力以赴促转型，克服了各种困难，实现了经济平稳的发展态势，社会保持和谐稳定，人民生活不断改善。

一、综合

全区主要经济指标(含金华市经济技术开发区)全区实现生产总值(GDP)567.73 亿元，比上年增长 2.7%。其中：第一产业增加值 18.21 亿元，下降 4.7%；第二产业增加值 175.72 亿元，增长 4.1%；第三产业增加值 373.79 亿元，增长 2.4%。在第三产业中，交通运输、仓储和邮政业增长 7.7%，批发零售业增长 5.8%，住宿餐饮业增长 3.9%，金融业增长 5.4%，房地产业下降 17%，其他营利性服务业增长 13.8%，非营利性服务业下降 2.1%。土地总面积 1391.24 平方千米，年末户籍总人口 65.1 万人，人均生产总值(户籍人口)87546 元，比上年增长 1.8%。第一、二、三产业增加值占地区生产总值的比重由上年的 3.4:32.9:63.7 调整为 3.2:31:65.8。

区属主要经济指标(不含金华市经济技术开发区）实现区属生产总值(GDP)282.19 亿元，比上年增长 3.5%。其中：第一产业增加值 12.56 亿元，下降 3.5%；第二产业增加值 60.49 亿元，增长 4.4%；第三产业增加值 209.13 亿元，增长 3.6%。在第三产业中，交通运输、仓储和邮政业增长 8.3%，批发零售业增长 5.5%，住宿餐饮业增长 4.0%，金融业增长 5.3%，房地产业下降 19%，其他营利性服务业增长 19.5%，非营利性服务业下降 2.3%。土地总面积 1139.6 平方千米，年末户籍总人口 38.9 万人，人均生产总值(户籍人口)72760 元，比上年增长 3.0%。第一、二、三产业增加值占地区生产总值的比重由上年的 4.8:21.9:73.3 调整为 4.5:21.4:74.1。

二、农业

全年完成农林牧渔业总产值 21.6 亿元，同比下降 4.9%，完成农林牧渔业增加值 13.3 亿元，同比下降 3.1%。根据粮食监测统计，全年粮食作物播种面积 3800 公顷，同比下降 7.1%；粮食总产量 2.2 万吨，同比下降 6.2%。花卉苗木种植面积 7000 公顷，同比增长 2.8%。全区油菜籽产量 3090 吨，同比增长 4.9%；蔬菜产量 7.2 万吨，同比下降 0.2%；水果产量 3.46 万吨，同比下降 6.1%。全年生猪出栏 17.4 万头，同比下降 25.63%，年末生猪存栏 11.3 万头，同比增长 14.18%；家禽出栏 18.98 万羽，同比下降 53.34%；奶牛存栏数 6270 头，同比下降 6.3%；牛奶产量 23286 吨，同比增长 33.3%；水产品产量 9674.3 吨，同比增长 3.17%。

全年完成造林面积 167 公顷，迹地更新面积 327 公顷，低产林改造面积 20 公顷，封山育林面积 48515 公顷。

三、工业和建筑业

全区完成工业增加值46.62亿元，同比增长4.4%,工业增加值占GDP的比重16.5%。其中规模以上工业企业完成总产值164.52亿元，同比增长9.14%;完成销售产值163.53亿元,同比增长8.23%,工业品产销率为99.4%。规模以上工业企业完成出口交货值27.74亿元,同比增长3.43%,占销售产值比重为17%。全年规模以上工业企业实现主营业务收入165.32亿元,同比增长10.17%;实现利税总额16.94亿元,同比增长18.91%;其中利润总额11.74亿元,同比增长18.87%。

全年完成建筑业总产值115.12亿元。全区建筑施工企业全年房屋建筑施工面积1364.3万平方米,竣工房屋面积374.2万平方米。

四、固定资产投资

全年完成限额以上固定资产投资84.2亿元,同比增长4.1%。其中投资项目投资41.7亿元,同比下降21.3%；房地产开发投资42.5亿元，同比增长48.3%。投资项目中工业投资6.7亿元，同比下降24.2%。限额以上固定资产投资按产业分:第二产业完成投资6.7亿元,同比下降50.1%;第三产业完成投资77.5亿元,同比增长13.6%。

五、国内贸易和对外经济

全年完成社会消费品零售总额339.60亿元,同比增长9.4%。其中:商品零售327.94亿元,同比增长10.9%;餐饮收入11.66亿元,同比下降20.5%。

全年实现外贸进出口总额8.33亿美元,同比增长33.84%。其中外贸出口额7.98亿美元,同比增长34.76%;合同利用外资6.04亿美元,净增;实际利用外资100万美元,净增。

六、财政

全区财政总收入45.8亿元，同比增长8.4%;区级收入10.4亿元,同比增长0.8%;全区一般预算支出23亿元,同比增长2.4%。

七、科学技术

全年累计获省、市各类科技立项19项（省10项,市9项),其中省级重点研发项目1项,省级新产品试制计划9项;市科技项目8项(工业7项、农业1项)、市农业科技成果转化项目1项;万里扬股份有限公司获国家科技进步二等奖。培育创新主体能力加强。全年累计认定高新技术企业29家(国家级10家、市级19家)、省级科技型中小企业51家、市级农业科技企业2家。平台建设创新高。新增市级科技企业孵化器2家、市级以上研发中心12家。全区专利申请量2180件,其中发明专利申请量822件,发明专利申请占比37.71%,占比列全市第二;全区专利授权量1080件，其中发明专利授权量192件,发明专利授权占比17.78%,占比列全市第一。

八、教育、文化和体育

全面实施素质教育,深化教育改革,学校办学条件得到较大提升，实现教育资源的优化配置,教育教学质量稳步持续发展。启动第三轮“学前教育三年行动计划”,努力发展小学“特色教育”,切实推广初中“高效课堂”,积极推进职业教育产教融合,创新实施“警校家”联动护校。全区小学入学率、小学毕业升初中比例均为100%。年末全区有职业高中1所,专任教师220人,在校学生3598人;普通初中17所,专任教师1094人,在校学生15079人;小学31所,专任教师1909人,在校学生29836人;幼儿园120所,专任教师1113人(其中包括幼儿园园长137人),入园儿童16461人。

文化体育事业持续繁荣。深入实施重点文化惠民工程,大力推进公共文化服务体系建设;积极探索公共文化供需对接机制，超额完成惠民实事任务。全年送戏下乡218场,送电影下乡3600次,文化走亲7场。举办“担当赶超·婺城图强”庆祝改革开放40周年迎新诗歌朗诵大赛等大型文化活动61场,完成6个主题文化下乡演出48场,积极打造书香婺城。开展全民阅读系列活动7场,举办阅读推广活动102场;完成公益性讲座20场、展览20场,受益群众超10万人次。全年开展43项大型赛事活动，承办3个国字号赛事、2个省级赛事、8个市级赛事活动。截至2018年底，完成10个小康体育村提升工程、2个社区多功能运动场、1个笼式足球场、1个拆装式游泳池及婺城区全民健身中心实中分中心建设。

九、卫生事业

全区共有医疗卫生机构335家,其中政府举办医疗卫生计生单位22家，包括综合性公立医院1家(区人民医院),基层医疗机构18家(13家乡镇卫生院、5家街道社区卫生服务中心)，公共卫生计生机构3家(卫生监督所、疾病预防控制中心、妇幼保健计划生育服务中心);另有延伸(一体化管理)的社区卫生服务站28家。民营医疗机构33家,其中医院7家，门诊部26家。核定医疗床位636张,其中政府办医疗机构设置床位376张,社会力量办医疗机构设置床位260张。

十、人口、人民生活和社会保障

据公安人口年报统计,年末全区户籍管理人口38.9万人,其中男性19.4万人,女性19.5万人;全年出生人口4251人，人口出生率10.96‰，死亡人口2475人,死亡率6.38‰,人口自然增长率4.58‰。

据抽样调查,2018年城镇居民人均可支配收入53131元，同比增长9.5%；人均消费性支出30866元，同比增长6.3%，其中食品烟酒消费支出8605元,同比增长5.3%。农村居民人均可支配收入23134元,同比增长9.5%;人均生活消费支出15091元,同比增长5.6%;其中食品烟酒消费支出5378元,同比增长4.6%。

2018年12月，城乡低保标准调整到每人每月750元。截至2018年底,全区共有2410户、3305名城乡低保对象、397名特困对象、689户1614名低保边缘困难群众享受相应救助。累计发放低保、低保边缘、特困供养等各类救助款3124.13万余元;新增31家城乡社区居家养老服务照料中心，全区5600名老人受益，老年福利补助2374.84万元。开展“2018年慈善温暖行动”、慈善助学系列活动,发放慈善救助金70.5万元；宣传发动积极开展募捐,2018年共收到善款 (物)80万元。按政策落实全区符合条件的孤儿(或困境儿童)基本生活费的发放,发放儿童福利费105.24万元。

劳动部门积极做好就业服务工作。2018年,新增就业岗位5946个,失业人员实现再就业2594人,其中就业困难人员再就业165人，登记失业率1.47%。

注:1)本公报所列各项数据为年度快报数据。

2)本公报中生产总值和各产业增加值绝对数按现价计算,增长速度按可比价计算。

3)本公报中除标注(含金华市经济技术开发区)段落外,其余内容均不含金华市经济技术开发区。

2018年婺城区行政区划及土地总面积情况表

表8

乡镇名称	村民委员会(个)	社区居委会(个)	土地总面积(平方千米)
全区合计	410	105	1391.24
城东街道	—	5	2.99
城中街道	—	3	6.21
城西街道	—	5	1.66
城北街道	—	7	4.4
新狮街道	9	13	23.76
罗店镇	20	1	66.58
雅畈镇	22	—	74.33
安地镇	22	—	136.47
琅琊镇	18	—	93.07
蒋堂镇	17	—	54.29
竹马乡	7	—	19.58
长山乡	11	—	60.35
箬阳乡	8	—	60.38
沙畈乡	17	—	184.94
塔石乡	15	—	99.63
岭上乡	9	—	60.66
莘畈乡	7	—	73.04
婺城新城区小计	33	23	117.26
白龙桥镇	27	12	92.91
乾西乡	6	11	24.35
金西开发区小计	157	1	168.8
汤溪镇	72	1	106.36
罗埠镇	61	—	44.33
洋埠镇	24	—	18.11
金华市开发区小计	38	48	82.85
江南街道	—	7	3.03
三江街道	—	17	7.65
西关街道	—	7	4.57
秋滨街道	4	17	29.62
苏孟乡	34	—	37.98

2018年婺城区主要社会经济指标一览表

表9

指标名称	单位	全区	与2018同比(+%)	区属	与2018同比(+%)
人口	万人	65.1	0.80	38.86	0.55
年平均人口	万人	64.85	0.86	38.78	0.47
人口自然增长率	‰	5.91	—	4.58	—
土地总面积	平方千米	1391.24	—	1139.59	—
地区生产总值(当年价)	亿元	567.73	2.7	282.19	3.5
第一产业	亿元	18.21	−4.7	12.56	−3.5
第二产业	亿元	175.72	4.1	60.49	4.4
工业	亿元	149.21	5.3	46.62	7.4
建筑业	亿元	26.56	−3.5	13.89	−7.8
第三产业	亿元	373.79	2.4	209.13	3.6
规上工业总产值	亿元	—	—	164.52	9.14
农业总产值	亿元	—	—	21.57	−4.9
固定资产投资额	亿元	—	5.7	—	3.2
其中:房地产开发投资	亿元	—	32.6	—	48.3
社会消费品零售总额	亿元	471.29	10.0	339.60	9.4
自营出口总额	万美元	—	—	79751.2	34.8

2018年婺城区国民经济产业结构情况表

表10

项目	绝对值(亿元)		构成(%)	
	全区	区属	全区	区属
地区生产总值	567.73	282.19	100.00	100.00
第一产业	18.21	12.56	3.21	4.45
第二产业	175.72	60.49	30.95	21.44
第三产业	373.79	209.13	65.84	74.11

2018 年婺城区人口情况表(公安年报)

表 11

乡镇名称	年末数			
	总户数(户)	总人口(人)	其中:男(人)	其中:女(人)
全区合计	243372	651069	323698	327171
城东街道	9742	23113	11356	11757
城中街道	9157	24805	12221	12584
城西街道	5440	13228	6848	6380
城北街道	15618	39547	19414	20133
新狮街道	12248	33234	16233	17001
罗店镇	6810	18864	9324	9540
雅畈镇	8680	23229	11730	11499
安地镇	6298	16912	8640	8272
琅琊镇	6785	19491	9853	9638
蒋堂镇	7236	19697	9971	9726
竹马乡	4068	11891	6032	5859
长山乡	4940	13395	6684	6711
箬阳乡	1609	4136	2125	2011
沙畈乡	4606	12723	6517	6206
塔石乡	3856	10332	5451	4881
岭上乡	3522	8760	4378	4382
莘畈乡	2199	6036	3146	2890
婺城新城区小计	33648	89229	44121	45108
白龙桥镇	24877	65241	32307	32934
乾西乡	8771	23988	11814	12174
金华市开发区小计	96910	262447	129654	132593
江南街道	11104	29767	14661	15106
三江街道	26515	70707	34652	36055
西关街道	9635	24214	12058	12156
秋滨街道	6532	17707	8519	9188
汤溪镇	16161	46300	23357	22743
罗埠镇	12621	35061	17564	17497
洋埠镇	5639	15410	7757	7653
苏孟乡	8703	23281	11086	12195

2018年区级组织机构及其负责人名录

中国共产党婺城区第七届委员会

书　记：

蔡　艳(女)(2018年9月任职)

王　健(任职至2018年4月)

副书记：

黄国钧(2018年11月任职)

郭慧强(任职至2018年11月)

杨寿根

常　委：

方　鹰

丰炳春

李小庆

徐妙芳(女)

杜建明

潘国东

陈旭辉

贾恒飞(2018年4月任职)

杨旭峰(挂职)(2018年7月任职)

婺城区第九届人民代表大会常务委员会

主　任：

朱利群(女)

副主任：

贾献成

诸晓东

王国平(女)

王喜军(任职至2019年11月)

盛奇兵

钟春宏

婺城区第九届人民政府

区　长：

黄国钧(2018年11月任职)

郭慧强(任职至2018年11月)

副区长：

李小庆

方锦瑞

张　璞

范锋鑫

施礼干

赵燕华(女)

杨旭峰(挂职)(2018年7月任职)

扎　西(挂职)(任职至2018年4月)

叶　林(挂职)(任职至2018年7月)

中国人民政治协商会议第四届婺城区委员会

主　席：

张茹先(女)

副主席：

楼存根

吴月华(女)

张琳鑫(民进)

应跃成

舒理成

秘书长：

王金宝

中国共产党婺城区第七届纪律检查委员会

书　记：

潘国东

副书记：

范跃成

金跃园(女)

常　委：

俞玉园(女)

章丹东
徐君振
周　航

中国共产党婺城区监察委员会

主　任：
潘国东
副主任：
范跃成
金跃园(女)
委　员：
章丹东
徐君振
舒淼武
郑云汐

婺城区人民法院

院　长：
张永伟

婺城区人民检察院

检察长：
徐洪彬

婺城区2018年度十强企业

婺城区2018年度工业十强企业

浙江万里扬股份有限公司
浙江金圆水泥有限公司
浙江金华南方尖峰水泥有限公司
金华中燃城市燃气发展有限公司
浙江八达电子仪表有限公司
浙江虎鹰水泥有限公司
浙江东兴实业有限责任公司
浙江开创电气有限公司
浙江今飞亚达轮毂有限公司
浙江浙能金华燃机发电有限责任公司

婺城区2018年度区级工业财政贡献十强企业

浙江万里扬股份有限公司
浙江虎鹰水泥有限公司
浙江金圆水泥有限公司
浙江金华南方尖峰水泥有限公司
浙江开创电气有限公司
浙江今飞亚达轮毂有限公司
浙江浙能金华燃机发电有限责任公司
浙江万里扬股份有限公司金华分公司
金华乐嘉厨具有限公司
金华中燃城市燃气发展有限公司

婺城区2018年度工业亩产税收十强企业

浙江润华机电有限公司
浙江开创电气有限公司
浙江八达电子仪表有限公司
浙江家大夫健康产业股份有限公司
金华中燃城市燃气发展有限公司
浙江高峰控股集团有限公司
浙江虎鹰水泥有限公司
金华市巨龙商品混凝土有限公司
金华市新恒工具有限公司
金华华东环保设备有限公司

婺城区2018年度企业纳税大户

婺城区2018年度工业企业纳税大户

浙江万里扬股份有限公司
浙江虎鹰水泥有限公司
浙江开创电气有限公司
浙江金圆水泥有限公司

浙江金华南方尖峰水泥有限公司
浙江今飞亚达轮毂有限公司
浙江浙能金华燃机发电有限责任公司
浙江万里扬股份有限公司金华分公司
金华中燃城市燃气发展有限公司
金华乐嘉厨具有限公司
浙江时通电气制造有限公司
金华华东环保设备有限公司
金华市星球机械铸钢有限公司
浙江八达电子仪表有限公司
浙江瑞星氟化工业有限公司
浙江八达运动服饰有限公司
浙江巨龙管业科技有限公司
浙江润华机电有限公司
浙江赤诚工贸有限公司
金华双宏化工有限公司
浙江耐司康药业有限公司
金华市巨龙商品混凝土有限公司
浙江家大夫健康产业股份有限公司
浙江先创能源科技股份有限公司
金华市精工工具制造有限公司
浙江厚鹏化工有限公司
浙江精深实业有限公司
浙江金祥板业有限公司
金华市城建混凝土有限公司
浙江采云间茶业有限公司
金华市新恒工具有限公司
浙江天丰生物科学有限公司

婺城区 2018 年度建筑企业纳税大户

新世纪建设集团有限公司
金华送变电工程有限公司三为电力分公司
浙江金华兴达建设有限公司
金华市鑫隆路桥建设有限公司
晟元集团有限公司
浙江婺丰建设有限公司
浙江致远工程管理有限公司
浙江捷诚科技有限公司

婺城区 2018 年度纳税千万元以上企业

浙江省烟草公司金华市公司
浙江万里扬股份有限公司
中国工商银行股份有限公司金华分行
中国人民财产保险股份有限公司金华市分公司
新世纪建设集团有限公司
中国平安财产保险股份有限公司金华中心支公司
金华市美的房地产发展有限公司
中国建设银行股份有限公司金华分行
金华保润置业有限公司
金华意谱房地产开发有限公司
浙江虎鹰水泥有限公司
浙江师范大学
浙江茂新房地产开发有限公司
浙江金康医药有限公司
中国石化销售有限公司浙江金华石油分公司
金华市世腾房地产开发有限公司
浙江国贸集团金信资产经营有限公司
金华市中心医院
金华市环球房地产开发有限公司
金华市金沃房地产开发有限公司
金华银泰购物中心有限公司
浙江开创电气有限公司
金华市嘉恒房地产开发有限公司
浙江金圆水泥有限公司
金华市金航房地产开发有限公司
金华婺城万固置业有限公司
金华银行股份有限公司婺城支行
浙江金华南方尖峰水泥有限公司
浙江正方置业有限公司
中国农业银行股份有限公司金华婺城支行
浙江东兴实业有限责任公司
中国农业银行股份有限公司金华分行
北京红牛饮料销售有限公司金华分公司
浙江省交通投资集团有限公司杭金衢分公司金华管理处
金华市巨龙置业有限公司
浙江今飞亚达轮毂有限公司

金华市华阳房地产开发有限公司
金华雅筑房地产开发有限公司
浙江泰祥机械有限公司
金华市第一百货集团股份有限公司
中国铁路上海局集团有限公司金华车务段
浙江浙能金华燃机发电有限责任公司
金华市福瑞达科技有限公司
浙江开源置业有限公司
金华送变电工程有限公司三为电力分公司
金华汇昌置业有限公司
浙江万里扬股份有限公司金华分公司
上海浦东发展银行股份有限公司金华分行
金华中燃城市燃气发展有限公司
金华八达集团有限公司
浙江东昊工贸有限公司
金华乐嘉厨具有限公司
浙江时通电气制造有限公司
金华市玄元置业发展有限公司
浙江鹏友化工有限公司
中国农业发展银行金华市分行
浙江金华兴达建设有限公司
金华市鑫隆路桥建设有限公司
晟元集团有限公司
金华华东环保设备有限公司
金华市星球机械铸钢有限公司
金华市人民医院
金华市金海置业有限公司

婺城区 2018 年度重点企业

“2018 年度婺城区政府质量奖”获奖企业

金华欧仑催化科技有限公司
浙江金华兴达建设有限公司

婺城区 2018 年度重点骨干工业企业

浙江八达运动服饰有限公司
浙江天丰生物科学有限公司
浙江泰祥机械有限公司
浙江巨龙管业科技有限公司
浙江高峰控股集团有限公司
浙江赤诚工贸有限公司
金华华东环保设备有限公司
浙江精深实业有限公司
浙江润华机电有限公司
浙江耐司康药业有限公司
金华市巨龙商品混凝土有限公司
金华双宏化工有限公司
金华市城建混凝土有限公司
浙江先创能源科技股份有限公司
浙江远大铝业有限公司
浙江东昊工贸有限公司
浙江瑞星氟化工业有限公司
金华市精工工具制造有限公司
金华市星球机械铸钢有限公司
金华乐嘉厨具有限公司
浙江厚鹏化工有限公司
浙江金祥板业有限公司
金华市佳怡包装有限公司
浙江铂大工贸有限公司
金华市力扬五金制造有限公司
金华市捷达商品混凝土有限公司
浙江维力塑胶有限公司
金华市程凯合金材料有限公司
金华浩翔汽配有限公司
金华欧仑催化科技有限公司

婺城区 2018 年度自营出口超千万美元企业

浙江开创电气有限公司
金华卓罗进出口有限公司
金华磊益进出口有限公司
金华和开进出口有限公司
金华市捷顺贸易有限公司
浙江八达运动服饰有限公司
金华市精工工具制造有限公司

浙江嘉格进出口贸易有限公司
金华市汪毛进出口有限公司
浙江金祥板业有限公司
浙江孚泰科技有限公司
浙江润华机电有限公司
浙江厚鹏化工有限公司
金华市力扬五金制造有限公司
浙江铂大工贸有限公司
金华奥洋国际经贸有限公司
浙江金华蓝森装饰材料有限公司
浙江精深实业有限公司
金华市永强车辆厂
金华乐嘉厨具有限公司
金华市双宏园林工具有限公司
金华万丰缝制工艺有限公司

婺城区 2018 年度人才开发先进企业

浙江万里扬股份有限公司
浙江高峰控股集团有限公司
浙江润华机电有限公司
金华正方交通建设有限公司
和丰信息科技(金华)有限公司
浙江中科正方电子技术有限公司
浙江云安达物联信息技术有限公司
金华市锦程人才服务有限公司婺城分公司
金华永泰水电工程机械有限公司
浙江斯玛特信息科技有限公司

婺城区 2018 年度优秀企业科技人才

张秋贵(浙江万里扬股份有限公司)
黄斌元(浙江正方控股集团有限公司)
毛晓波(浙江高峰控股集团有限公司)
张小彬(浙江润华机电有限公司)
曹 炬(浙江中科正方电子技术有限公司)
胡锦阳(金华永泰水电工程机械有限公司)
陆国胜(浙江尖峰健康科技有限公司)
章景平(浙江八达电子仪表有限公司)
蒋罗辉(金华市德仁假肢矫形康复器材有限公司)
赵梅勤(浙江天丰生物科学有限公司)

婺城区 2018 年度
工业经济工作先进单位

乡镇(街道)

白龙桥镇、蒋堂镇、雅畈镇、新狮街道

机关部门(单位)

区委办、区府办、区经济商务局、区财政局
区应急管理局、区市场监管局

婺城区 2018 年度
外经贸工作先进单位

乡镇(街道)

白龙桥镇、新狮街道、乾西乡

机关部门(单位)

区财政局、婺城税务局

名词解释

两个维护 坚决维护习近平总书记在党中央的核心、全党的核心地位,坚决维护党中央权威和集中统一领导。

“双城”战略 都市经济创新城,美好生活幸福城。

“金茶花”计划 打造五朵金茶花。城北门户、新城区门户+西二环轴线”组团打造“科创文创”之花;“高铁新城、二七区块和西郊片区”组团打造“高端服务业”之花;“新城区”打造“智慧经济”之花;乡镇工业功能区及“临江栅川+龙蟠+界首区块”组团打造“智造材料”之花;“西南7个乡镇+古子城+金华山+竹马”组团打造“休闲旅游”之花。

两送两增 送政策、送服务,增感情、增信心。

三服务 服务企业、服务群众、服务基层。

九场硬战 实体经济翻身战、改革开放攻坚战、都市能级提升战、交通廊道突击战、民生改善持久战、生态环境保卫战、基层治理巩固战、文明创建荣誉战、清廉金华推进战。

两化融合 信息化和工业化的深度融合,两者在技术、产品、管理等层面相互交融,催生工业电子、工业软件、工业信息服务等新兴产业。

“亩均论英雄”改革 指的是用“亩均效益”而非“唯GDP”对经济效果进行评价,建立企业综合评价指标体系,推动资源要素向优质高效的领域集中,实现经济健康可持续发展。

医联体 即区域医疗联合体,城市三级医院与基层医疗机构合作,形成资源共享、分工协作的管理模式。

雪亮工程 是以县、乡、村三级综治中心为指挥平台、以综治信息化为支撑、以网格化管理为基础、以公共安全视频监控联网应用为重点的“群众性治安防控工程”。

工业“百千万”计划 指打造百亩园区、千亩园区和万亩园区。

2019“双1”行动 指招商引才和平台拓展、项目落地。

两园、三通道 合丰服务外包产业园、中铁鹰鹏国际环保工业城小微园;路上、海上、网上通道。

两个毫不动摇 要求毫不动摇地巩固和发展公有制经济,毫不动摇地鼓励、支持、引导非公有制经济发展。

四大四比 产业大招商比贡献、平台大拓展比担当、项目大会战比血性、基层大服务比作风。

一轴五区 “一轴”为以二环北路为主轴,“五区”分别指以浙江师范大学为核心利用电子商务创业园和城北工业园相融合的城北科创区,竹马铁路货场和乾西物流产业合作的智慧物流区,集商务、商业及部分高档住宅为一体的高铁经济区,以高新产业、信息产业为核心结合新能源汽配产业园为一体的智能创新区以及工业产业化集聚的临江栅川+龙蟠+界首区块的智造高新区。

一区一镇 农业产业集聚区和特色农业强镇。

一个核心、三大板块、多点联动 指以打造一二三产业深度融合的现代农业园区为核心,打造竹马茶花、安地桂花、蒋堂富硒小镇三大板块,重点农业开发平台联动。

四破 破“僵尸企业”、破围墙圈地、破低效用地、破既得利益。

四个意识 政治意识、大局意识、核心意识、看齐意识。

四个自信 中国特色社会主义道路自信、理论自信、制度自信、文化自信。

扫码制 各家庭门口都挂有各自专属二维码的展示牌。乡镇干部下村走访只需要扫码、上传图片、录入文字等信息，其联系工作的细节都会在云平台上清晰展现，同时乡镇干部也可通过这一平台对走访情况进行监督评价。

“4零”模式 沟通零距离、办理零障碍、协调零缝隙、效率零延误。

“五员五到” 当好政企联络员，结对帮扶必到；当好助企特派员，跟踪协调必到；当好联动服务员，组团问诊必到；当好政策信息员，咨询解读必到；当好推介宣传员，重大交流必到。

“五访五心” 聚力访民情，让群众暖心；聚力访民忧，让群众舒心；聚力访民需，让群众省心；要聚力访民智，让群众齐心；聚力访民风，让群众顺心。

“五爱五强” 一线关爱排忧解难，推动基层发展强；一线关爱减负松绑，推动基层活力强；一线关爱全科成长，推动基层风气强；一线关爱固本强基，推动基层党建强；一线关爱正风肃纪，推动基层作风强。

“三率”绩效评价体系 服务率、解决率、满意率。

四好农村路 指实现“建好、管好、护好、运营好”农村公路的总目标。

四项监督 指纪律监督、监察监督、派驻监督、巡察监督。

137快速落实机制 指区委区政府主要领导批示“一天见回音，三天见方案、七天见结果”。

三清理一规范 清理违规借贷、违规持股、低价购房和规范“一家两制”。

“33工作法” 三次宣传发动，三次讨论公示。经过三上三下，反复讨论，形成统一意见，最后经村民代表和党员表决通过。

“消薄” 全面消除集体经济薄弱村。

“三·四”主题日 浙江省检察机关服务非公企业主题日。

索 引

T

W

X

Y

Z

《婺城年鉴(2019)》撰稿人名单

胡　敏	何超华	骆尧天	项雅馨	洪志生	李俊杰	童　佳	张纯陆
叶小磊	王朱敏	鲁杭燕	郑俊杰	胡　珊	邵玲奕	袁倩蕾	项移娟
李荣飞	戴　翔	杨　倩	蒋　涛	李双双	朱艳萍	范升元	方素佳
黄晓佳	葛璇锟	曹巍杰	陈　昆	徐英剑	严　纯	方楚楚	陈小方
楼晓娜	林　可	黄慧华	李　朦	崔梦琪	郭　腾	金　琛	孔爱华
郑艳球	童健英	吴耀峰	郑池爱	季美珍	郑宏晟	彭　聪	徐美珍
何　凡	吴　靖	周玉南	李　迪	邓先辉	夏宇真	袁　也	张倩文
赵　晨	倪书宇	钟沧海	宋友余	刘　勇	贾玉珍	杨朝洋	李思锋
戴爱红	李玮峰	王　艳	黄净轩	董小红	傅丁帅	祁　雪	朱丽娜
李　宽	倪俭余	傅婷婷	王　莺	徐　斌	徐　刚	施　斌	宗顺荣
魏文涛	庄期寅	方建设	周济果	叶　锋	潘　建	钱海燕	问青青
董海均	王丛云	李沂轲	周哲权	张国良	曹瑶珩	汪　烨	胡群慧
朱林罡	倪　谦	吴　岑	余　悦	何　清	倪永洪	李竞丝	陈素娟
张　乐	杨秀清	王佳杰	翁燕鸿	包晗娜	吕爱姣	方翠荷	许美丹
谢　赞	朱小昌	周　蔷	卢珊珊	张之彬	陈一鸣	邢均林	方　潇
祝晓圆	孙傲雪	郑友建	张建红	张　嫦	郎亚红	朱明升	倪　超
邵玉婷	李英昌	池　清	章国新	章晓华	柳　毅	孟展麟	陈兆刚
倪庚耀	阮　华	张　宇	孔江宁	余　莉	徐　斌	谢文霞	刁　康
廖　亮	邱苗涵	黄快快	丁小璐	胡依玲	秦莉冰	王文辉	郑　旸
邵　敏	黄咏溦	范苏丞	陈　健	郑戈弋	陈元庆	郝兵勇	刘姗姗
张卜文	徐雍骏	余义丰	王海军	田嘉媛	丁　超	虞晓东	邱煜颖
伊丽艳	沈　丹	宋雨禾	叶梦鸥				